T0129716

WiWi klipp & klar

Reihe herausgegeben von

Peter Schuster, Fakultät Wirtschaftswissenschaften, Hochschule
Schmalkalden, Schmalkalden, Deutschland

WiWi klipp & klar steht für verständliche Einführungen und prägnante Darstellungen aller wirtschaftswissenschaftlichen Bereiche. Jeder Band ist didaktisch aufbereitet und behandelt ein Teilgebiet der Betriebs- oder Volkswirtschaftslehre, indem alle wichtigen Kenntnisse aufgezeigt werden, die in Studium und Berufspraxis benötigt werden.

Vertiefungsfragen und Verweise auf weiterführende Literatur helfen insbesondere bei der Prüfungsvorbereitung im Studium und zum Anregen und Auffinden weiterer Informationen. Alle Autoren der Reihe sind fundierte und akademisch geschulte Kenner ihres Gebietes und liefern innovative Darstellungen – WiWi klipp & klar.

Weitere Bände in der Reihe http://www.springer.com/series/15236

Jörn Redler • Sebastian Ullrich

Marketing klipp & klar

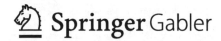
Springer Gabler

Jörn Redler
Fachbereich Wirtschaft
Hochschule Mainz
Mainz, Deutschland

Sebastian Ullrich
Fakultät Wirtschaftswissenschaften
Hochschule Schmalkaden
Schmalkalden, Deutschland

ISSN 2569-2194 ISSN 2569-2216 (electronic)
WiWi klipp & klar
ISBN 978-3-658-34537-2 ISBN 978-3-658-34538-9 (eBook)
https://doi.org/10.1007/978-3-658-34538-9

Die Deutsche Nationalbibliothek verzeichnet diese Publikation in der Deutschen Nationalbibliografie; detaillierte bibliografische Daten sind im Internet über http://dnb.d-nb.de abrufbar.

Springer Gabler

Lektorat: Carina Reibold
Springer Gabler ist ein Imprint der eingetragenen Gesellschaft Springer Fachmedien Wiesbaden GmbH und ist ein Teil von Springer Nature.
Die Anschrift der Gesellschaft ist: Abraham-Lincoln-Str. 46, 65189 Wiesbaden, Germany

Vorwort

Dieses Buch ist eine Einführung in die wichtigsten Bereiche des Marketing. Sie erfolgt knapp und fokussiert, doch hoffentlich weder oberflächlich noch unverbunden mit den relevanten theoretischen Grundlagen. Insgesamt wird die verhaltenswissenschaftliche Fundierung des Marketing betont. Veränderungen wie die Digitalisierung, der Perspektivenwechsel zu Service-Dominant Logic, Experience Economy sowie Co-Creation oder der Aufschwung qualitativer Methoden der Marketingforschung werden in allen Bereichen mitgedacht. Deutlich gemacht wird, dass Marketing heute nicht mehr funktionsorientiert aufgefasst, sondern als Business-Philosophie anzusehen ist. Die Schaffung von Kundennutzen und die Gestaltung langfristig wertschöpfender Austauschbeziehungen zwischen dem Unternehmen und seinen (Ziel-)Kunden ist der Kern.

Zahlreiche Abbildungen und Beispiele sollen helfen, die Inhalte leichter zu erschließen. Für die Rekapitulation und Vertiefung werden am Ende jedes Kapitels Leseverweise und Mindmaps angeboten.

Wir hoffen, eine aktuelle und verständliche Zusammenstellung verfasst zu haben. Über Anregungen, Hinweise und Verbesserungsvorschläge freuen wir uns.

Mainz, Deutschland Jörn Redler
Schmalkalden, Deutschland Sebastian Ullrich
Mai 2021

Inhaltsverzeichnis

Grundbegriffe

Lernziele

- Die Bedeutung der Marketingorientierung verstehen und die Rolle der Kundenorientierung beschreiben können
- Unterschiede zwischen zentralen Marketingauffassungen erkennen, um den Gegenstand und die Reichweite des Marketing im Unternehmen zu durchdringen
- Blickwinkel auf eine Marktabgrenzung kennen und Elemente des Marktsystems nutzen können, um den relevanten Markt zu charakterisieren
- Ebenen einer Marketingkonzeption verstehen und ihren Ausdruck in einem Marketingplan erläutern können
- Den Nutzen von Kundenzufriedenheit und Beziehungsorientierung für das Marketing und den Marketing-Return-on-Investment verstehen
- Aktuelle Herausforderungen für das Marketing kennen

Kap. 1 führt in das Marketingverständnis ein und zeigt dessen Verankerung im Markt auf. Aspekte zur Charakterisierung eines Marketingsystems werden aufgegriffen und Entwicklungsrichtungen des Marketing werden thematisiert. Das Kapitel liefert den Rahmen, auf dem die weiteren Kapitel dieses Buchs aufbauen.

1.1 Marketingauffassungen

Die Grundidee des modernen *Marketing*, nämlich die Führung eines Unternehmens von den Markterfordernissen her, scheint sich in den meisten Unternehmen und insbesondere in der Marketingforschung durchgesetzt zu haben. In der Konsequenz folgt das Marketing nachhaltig und stringent der Kundensicht, um Stoßrichtungen und Maßnahmen von Unternehmen sowie deren Erfolgsaussichten zu bewerten. Damit muss Marketing als Ausdruck des Market-based-View, insb. des Customer-based-View, charakterisiert werden (s. dazu Fritz und von der Oelsnitz 2019, S. 33 f.). Der Market-based-View (z. B. Caves und Porter 1978; Porter 1979) fokussiert sich auf relevante Märkte als Elemente außerhalb des Unternehmens, um die Entstehung von Unternehmenswerten zu verstehen. Der *Customer-based-View* des Unternehmens verknüpft die markt- bzw. kundenorientierte Sicht des Marketing mit dem Ressourcenansatz der Strategielehre (Ressourcenausstattung als Erfolgsfaktor für das Unternehmen) sowie der wertorientierten Unternehmensführung (Unternehmenswertmaximierung: Kapitalgeberinteressen stehen im Fokus). Ihm folgend ist – mittels der Kernkompetenzen des Unternehmens –

© Springer Fachmedien Wiesbaden GmbH, ein Teil von Springer Nature 2021
J. Redler, S. Ullrich, *Marketing klipp & klar*, WiWi klipp & klar,
https://doi.org/10.1007/978-3-658-34538-9_1

der Kundennutzen zu steigern, was zu einer höheren Kundenzufriedenheit führt und über diese wird z. B. durch Wiederholungskäufe, Cross-Selling, niedrigere Preissensibilitäten und Weiterempfehlungen eine Steigerung des Unternehmenswerts erreicht (Matzler et al. 2002, S. 5 f.).

Unterschiedliche Marketingbegriffe

Allerdings besteht nicht zwingend Einigkeit über den Marketingbegriff. Bei Marketingforschern und bei Marketingmanagern existieren mindestens *drei Grundauffassungen* dazu, was Marketing sein soll und kann: (I) Marketing als Absatzfunktion, (II) Marketing als Führungskonzept für Unternehmen und (III) Marketing als gestalteter Austauschprozess (Abb. 1.1).

(I) Marketing als Funktion

Diese Auffassung setzt Marketing mit der *Absatzpolitik* eines Unternehmens gleich. Die Anklänge an die klassische BWL deutscher Tradition sind damit unverkennbar. Mit dem Absatz ist jenes betriebliche Teilsystem gemeint, das sich mit der marktseitigen Verwertung erstellter Marktleistungen befasst (z. B. Gutenberg 1958, S. 23, oder Hopfenbeck 2002, S. 71) und dazu Absatzinstrumente wie Preismaßnahmen, Markenpolitik oder persönlichen Verkauf einsetzt. Marketing ist dieser Begriffsauffassung folgend ein Funktionalbereich, der anderen betrieblichen Funktionen teils gleichgeordnet und teils untergeordnet ist. Ein traditioneller Funktionalbereich hat damit lediglich ein anderes Label bekommen.

(II) Als Führungskonzept in Unternehmen

Nach dieser Auffassung wird Marketing als ein Konzept der *marktorientierten Unternehmensführung* gesehen. Marketing umfasst damit die Konzeption, Durchführung und Kontrolle aller Aktivitäten eines Unternehmens aus dem Blickwinkel des (Absatz)marktes. Prozessual gesehen beinhaltet dies neben der systematischen Analyse und Informationsgewinnung über den Markt die Entwicklung marktgerechter Strategien und die Koordination und Umsetzung von marktbezogenen (externen) Maßnahmen sowie die Schaffung der internen Voraussetzungen für deren Durchführung. Marketing spiegelt demnach die Idee, unternehmerisches Handeln streng an den Erfordernissen des Marktes auszurichten. Mit Markt ist dabei üblicherweise der Absatzmarkt gemeint. Allerdings kann sich Marketing auch auf andere Märkte beziehen, weshalb man auch von Beschaffungsmarketing, Personalmarketing oder Finanzmarktmarketing usw. spricht.

Im Fokus dieses Marketingansatzes steht der aktuelle sowie potenzielle Kunde mit seinen Erwartungen und Bedürfnissen. Er wird als „Engpassbereich" für den Geschäftserfolg gesehen. Daher widmet man sich ihm mit dem Marketingkonzept in besonderer Weise und setzt einen entsprechenden Schwerpunkt – mit dem Ziel, dass die eigenen Leistungen statt diejenigen von Konkurrenzanbietern beim Kunden Erfolg haben.

Für die weiteren Teile dieses Buchs wird im Wesentlichen auf diesem Verständnis von Marketing als ein spezifischer Ansatz der Unternehmensführung aufgebaut.

Abb. 1.1 Drei zentrale Marketingbegriffe

▶ **Marketing** Ein Konzept der Unternehmensführung. Es bezieht sich auf die konsequente Ausrichtung aller Unternehmensaktivitäten auf den Markt.

Offensichtlich steht diese Marketingauffassung mit ihren funktionsübergreifenden Ansprüchen in einem Spannungsfeld zum Verständnis von Marketing als Absatzfunktion. Daraus entstehen nach wie vor Kontroversen, Missverständnisse, unterschiedliche Annahmen und Kommunikationsprobleme zwischen Vertretern dieser Richtungen, oft auch zwischen Marketingpraktikern und Marketingforschern. Um mit diesem Spannungsfeld umzugehen, entwirft Meffert (2000) seinen Ansatz der „Dualität" des modernen Marketing: Marketing ist einerseits ein Leitkonzept für das Management. Gleichzeitig stellt sich Marketing aber auch als eine gleichberechtigte Unternehmensfunktion dar, die sich i. d. R. auch aufbauorganisatorisch zeigt.

(III) Marketing als Austauschprozess
Diese Sicht auf Marketing fasst Marketing als einen Prozess auf, mit dem Austauschbeziehungen gestaltet werden. Der Kern von Marketing besteht demzufolge in dem Prozess, mit dem eine Partei (Unternehmen) Werte schafft, die für andere Parteien (Kunden) nutzbringend sind, und diese für die anderen Parteien bereitstellt, um im Gegenzug dafür einen Wert zurückzubekommen (z. B. Kotler et al. 2017, S. 5 f.). Dabei sollen langfristige und für beide Seiten profitable Beziehungen aufgebaut werden.

Dies ist eine umfassende, sehr weite Perspektive (dazu Fritz und von der Oelsnitz 2019, S. 28 f.), die es ermöglicht, dass nicht nur erwerbswirtschaftliche Betriebe, sondern auch andere nicht-kommerzielle Einrichtungen, Personen oder Gruppen Marketing betreiben können. Marketing kann sich dabei zudem auch auf organisationsinterne Aspekte (Internal Marketing) beziehen sowie die sehr unterschiedlichen organisationsexternen Adressaten einbeziehen (z. B. die allgemeine Öffentlichkeit: Public-Marketing- oder die Beschaffungsinstitutionen: Beschaffungsmarketing). Auch auf die Gestaltung

von Austauschprozessen im sozialen Bereich ist Marketing damit anwendbar (Social Marketing). Diese Verbreiterung des Marketingverständnisses ist die Grundlage für Entwicklungen, die unter dem „Broadening" und „Deepening" des Marketing diskutiert werden. „Broadening" bezieht sich auf die Erweiterungen des Gegenstandbereichs, „Deepening" auf die Ergänzung von Blickwinkeln und Zielen des Marketing.

Diese Auffassung von Marketing als *Austauschprozesse* wird heute auch in der aktuellen (approved 2017) Definition durch die einflussreiche American Marketing Association (AMA) aufgegriffen. Sie löst sich damit von einer bisher eher funktionsorientierten Ausrichtung: „Marketing is the activity, set of institutions, and processes for creating, communicating, delivering, and exchanging offerings that have value for customers, clients, partners, and society at large" (AMA 2019).

Marketeers und CMOs
Personen, die in Unternehmen oder Organisationen mit (funktionalen) Marketingaufgaben betraut sind, werden oft als *Marketingmanager, Marketer* oder *Marketeers* bezeichnet. Auf oberster Führungsebene spiegeln Positionen wie Marketinggeschäftsführer, Marketingvorstand, Chief Marketing Officer (CMO) oder Chief Customer Officer (CCO) das Streben nach einer strategischen Marktorientierung.

Kundenorientierung als Kern
Ein wesentliches Element des Marketing ist die Idee der Kundenorientierung. Sie verlangt ein akkurates Verständnis des (potenziellen) Kunden. Dies umfasst die genaue Kenntnis der Wünsche, Wahrnehmungen, Einstellungen und Erwartungen einer definierten Zielgruppe. Ebenso bedeutet Kundenorientierung die Bereitstellung eines aus Kundensicht relevanten und zufriedenstellenden Leistungsangebots, also einer Marktleistung, die Bedürfnisse besser erfüllt, als es die der Konkurrenz kann. Mit anderen Worten: Neben den Zielkunden erfordert es auch, die Wettbewerber und Entwicklungen im Umfeld genau zu kennen.

Zur Konkretisierung der Forderung nach *Kundenorientierung* wird meist an der Ver-

besserung des Kundennutzens angesetzt. Im Speziellen sind dazu spezifische Konstrukte wie die
Unique Selling Proposition *(USP)* oder der komparative Konkurrenzvorteil *(KKV)* entwickelt
worden (dazu z. B. Backhaus und Schneider
2009, S. 27 f.). Solche Ansätze sollen helfen, die
Unternehmensziele (u. a. Sicherung und Entwicklung des Unternehmens sowie Gewinnerzielung) zu erreichen.

Aus Marketingsicht problematisch ist es,
wenn eine Innensicht dominiert. Diese liegt beispielsweise vor, wenn die eigenen Produkte mehr
Aufmerksamkeit bekommen als der Nutzen und
die Erlebnisse, die von diesen Produkten ausgehen. Unternehmen können zudem in die Falle
tappen, sich zu sehr auf den bestehenden Bedarf
zu fokussieren, und den Blick für die zugrunde
liegenden (möglicherweise auch sich zukünftig
entwickelnden) Bedürfnisse zu verlieren. Dieser
Problemkreis wird als „*Marketing Myopia*", also
als eine gewisse Kurzsichtigkeit, bezeichnet.
Eine Outside-In-Perspektive, eine klare Nutzen-
orientierung und die Berücksichtigung der Frage,
inwieweit Marketingleistungen Erlebnisbeiträge
für den Kunden beisteuern, sind insofern weitere
typische Facetten der Kunden- und Marketingorientierung.

Denken in Beziehungen und Kundenwerten
Das zeitgemäße Marketing stellt vor allem die
langfristige Bindung von Kunden in den Vordergrund. An vielen Stellen wurde nachgewiesen,
dass eine positive Beziehung zwischen Kundenbindung und Unternehmenserfolg besteht –
dass Austauschprozesse für ein Unternehmen
also u. a. umso profitabler werden, je konstan-
ter die Austauschpartner sind. Statt einer Vielzahl von Einzeltransaktionen („Transaktions-
marketing") werden daher ausgewählte
langfristige Kundenbeziehungen angestrebt
(„Beziehungsmarketing"). Eine besondere Aus-
drucksform finden diese Überlegungen im Konzept des Customer Relationship Management
(CRM). Mit diesem widmet man sich ganz besonders jenen Mechanismen und Logiken, die
darauf abzielen, die „richtigen" (also die langfristig profitablen) Kunden zu finden, zu halten
und deren Abwanderung zu verhindern. Neu ist

daran jedoch nicht die Erkenntnis über die Bedeutung von Kundenbindung, sondern ihre systematische Behandlung durch spezifische Konzepte.

▶ Kundenorientierung und Kundenbeziehungen
sind Schlüsselfaktoren des Marketing.

Zielmärkte
Erfolgreiches Marketing bezieht sich somit auf
(möglichst wiederholte) Transaktionen auf bestimmten Zielmärkten. Letztere kann man auffassen als die Gesamtheit der aktuellen und zukünftig angestrebten Käufer. Diesen aktuellen
Kunden und potenziellen Kunden (Zielgruppen)
ist gemeinsam, dass sie ein Bedürfnis oder einen
Bedarf teilen, welches durch Austauschhand-
lungen befriedigt werden kann. Ein wichtiges
Prinzip im Marketing ist es, diese Märkte so zu
steuern, dass profitable Kundenbeziehungen entstehen. Wie weiter unten gezeigt wird, fungieren
Anbieter und Zielmärkte als Teile eines Marktsystems (Abschn. 1.3). In Abschn. 1.2 werden
Aspekte von Märkten gesondert vorgestellt.

Wandel der Orientierungen mit der Zeit
Zeitlich gesehen hat es seit der Entstehung der
Betriebswirtschaftslehre eine Perspektivenver-
schiebung vom Verkaufskonzept hin zum
Marketingkonzept gegeben. Während das *Verkaufskonzept* darauf abzielt, bestehende Produkte
mittels plakativer Aktionen „an den Mann zu
bringen", legt das Marketingkonzept das Haupt-
augenmerk auf die tatsächlichen Bedürfnisse der
Kunden, die mittels eines integrierten Marketingansatzes langfristig befriedigt werden sollen.
Hergeleitet wird diese Veränderung im Blickwinkel regelmäßig anhand der Entwicklung vom
„Verkäufermarkt" hin zum „Käufermarkt" ab der
zweiten Hälfte des 20. Jahrhunderts (dazu
z. B. Meffert et al. 2019, S. 7 f.). Zur Zeit eines
Verkäufermarkts hatten die marktbezogenen
Funktionen im Unternehmen im Vergleich zu anderen Funktionen (z. B. Produktion) eine eher
untergeordnete Stellung. Beim heutigen Käufermarkt stellt der Käufer den Engpass dar, weshalb
den marktbezogenen Funktionen im Unternehmen mehr Einfluss zugesprochen wird. Nach

Kotler et al. (2017, S. 10) können, auch entlang der zeitlichen Entwicklung, fünf alternative Philosophien unterschieden werden, nach denen Unternehmen ihre marktbezogenen Aktivitäten entwickeln und umsetzen:

- Das *Produktionskonzept:* Dieses Konzept geht von der Annahme aus, dass Kunden vor allem jene Marktleistungen präferieren, die gut erhältlich und günstig sind. Daraus leitet sich ab, dass die Produktions- und Bereitstellungsaufgaben im Fokus der Unternehmensaktivität stehen. Die Absatzaufgabe hingegen erhält nachrangige Aufmerksamkeit, da mit ihr keine besonderen Herausforderungen verbunden zu sein scheinen.
- Das *Produktkonzept:* Diese Philosophie folgt hingegen der Vorstellung, Kunden würden sich vor allem nach der Produktqualität und dem Innovationsgrad der Marktleistungen richten. Daher liegt ein Schwerpunkt der Aufmerksamkeit auf der Entwicklung qualitativ hochwertiger Marktleistungen und der Arbeit an Produktverbesserungen.
- Das *Verkaufskonzept:* Sehr verbreitet ist nach wie vor das Verkaufskonzept. Bei diesem wird angenommen, dass für einen Markterfolg von Produkten vor allem umfangreiche Vertriebs- und Werbeaktivitäten bedeutsam sind. Der Fokus liegt damit insbesondere auf bestehenden Produkten, zu dessen Kauf der Kunde motiviert werden müsse.
- Das *Marketingkonzept:* Beim Marketingkonzept handelt es sich um einen Outside-In-Ansatz, der die Bedürfnisse des Kunden ins Zentrum stellt. Die Befriedigung dieser Bedürfnisse wird für Unternehmen als Weg zur Gewinnerzielung verstanden. Grundlage ist ein solides Verständnis des Kunden und seiner Wünsche. In letzter Kon-

sequenz resultiert die Customer-Driven-Company, weil alle Entscheidungen (auch zu Strukturen und Prozessen) des Unternehmens auf den Markt bzw. auf den Kunden ausgerichtet werden.

- Das *Societal-Marketingkonzept:* Diese Auffassung strebt danach, die Fokussierung des Marketingkonzepts auf kurz- bis mittelfristige Bedürfnisbefriedigung des Kunden um eine Ausrichtung auf die langfristige Wohlfahrt (von Kunden und Gesellschaft) zu ergänzen. Die Gewinnerzielung auf Basis der Bedürfnisbefriedigung des Kunden sollte demnach nicht die ökonomischen, ökologischen und sozialen Grundlagen der Gesellschaft beeinträchtigen, sondern diese eher verbessern. Marketing muss demnach vor allen auch einer Nachhaltigkeitsverantwortung nachkommen, indem es ökologische und gesellschaftlich relevante Belange nicht weiter ausblendet.

1.2 Markt, Austauschbeziehung und Marktabgrenzung

Der Markt wird verstanden als Schnittstelle von den Leistungen eines Unternehmens einerseits und der Nachfrage des potenziellen bzw. des aktuellen Kunden andererseits. Auf der Kundenseite tritt auf dem Markt nur jener Ausschnitt der Bedürfnisse in Erscheinung, der überhaupt mit Kaufkraft befriedigt werden kann und auch auf dem Markt geäußert wird (Abb. 1.2). Diesen bezeichnet man als *Nachfrage.* *Bedürfnisse* hingegen stellen ein Grundgefühl des Mangels dar. Unter *Bedarf* versteht man jenen Teil der Bedürfnisse, der mit Kaufkraft befriedigt werden kann.

Im strengen Sinne wird als Markt daher nur derjenige gedankliche Ort verstanden, an dem ein

Abb. 1.2 Bedürfnisse und Markt

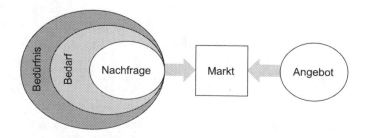

Angebot von Leistungen auf die Nachfrage nach diesen Leistungen trifft. Dabei kommt es zur Preisbildung und zu Austauschbeziehungen zwischen Anbieter und Nachfrager über den Markt. In der Marketingpraxis bezeichnet „der Markt" allerdings oft auch das Marktvolumen oder die vorhandenen Nachfrager.

Nach Bezugsobjekten und Teilnehmern unterscheidet man begrifflich zwischen Beschaffungs- und Absatzmärkten, zwischen regionalen, nationalen oder globalen Märkten sowie zwischen Konsumgüter-, Industriegüter- oder Dienstleistungsmärkten. Weitere wichtige sind Finanz- und Personalmärkte.

Ein Unternehmen ist meist mit mindestens vier Märkten eng verknüpft: dem Absatz-, dem Beschaffungs-, dem Finanz- und dem Arbeitsmarkt. Auf allen finden sogenannte Transaktionen statt. Dies sind diejenigen Prozesse, in denen eine Leistung gegen eine Gegenleistung ausgetauscht wird, z. B. ein Gut gegen Entgelt. Für jeden dieser Märkte können Marketingprinzipien genutzt werden.

▶ Unternehmen unterhalten Austauschbeziehungen auf mehreren Märkten.

Das Problem der Marktabgrenzung
Die Frage, auf welchem Absatzmarkt man agiert bzw. agieren möchte, ist für Unternehmen eine Schlüsselfrage. Denn aus dem definierten Markt folgen Ableitungen für die relevanten Zielkunden und die zu betrachtenden Wettbewerber. Es ist die Frage nach dem relevanten Markt, die über eine geeignete *Marktabgrenzung* zu beantworten ist.

▶ **Marktabgrenzung** Die Beschreibung des Zielmarktes und dessen definierende Charakteristika.

Eine Marktabgrenzung kann nach unterschiedlichen Kriterien vorgenommen werden. Man kann bspw.

- nach den Bedürfnissen einteilen („Markt für Schönheitsbedürfnisse"),
- räumliche Kriterien anlegen („spanischer Markt"),
- es direkt an den Leistungen festmachen („Markt für Tablets"),

- den Markt nach den vertretenen Anbietergruppen erfassen („Pharmamarkt") oder
- ihn über die konkreten Nachfrager oder deren Eigenschaften abgrenzen („Markt der jugendlichen Modekäufer").

Oft werden solche Kriterien kombiniert, um einen Markt sinnhaft zu beschreiben und genau zu begrenzen.

▶ Marketing setzt eine sinnvolle Abgrenzung des jeweils relevanten Markts voraus.

Die Marktabgrenzung steht in Wechselwirkung mit der Identifikation der relevanten Wettbewerber. Je nachdem, wie ein Unternehmen seinen Markt abgrenzt, können sich andere Wettbewerber ergeben. Für eine zielführende Definition des *relevanten Wettbewerbsumfelds* empfiehlt es sich, auch die Art des zu befriedigenden Bedürfnisses heranzuziehen. Dies verhindert, dass nicht ausschließlich jene Anbieter herausgefiltert werden, die gleiche oder ähnliche Leistungen anbieten. Dieser weitere Blick ermöglicht vielmehr, auch jene Wettbewerber zu erkennen, die aus Kundensicht mit den Leistungen des eigenen Unternehmens in Konkurrenz stehen. Mögliche *Substitute* für die eigene Marktleistung werden eher erkennbar. Unternehmen stehen vor der Herausforderung, den eigenen Markt einerseits nicht zu eng zu fassen, weil sonst relevante Wettbewerber künstlich ausgeblendet werden. Andererseits besteht die Gefahr, den Markt so umfassend und weit zu definieren, dass die Nützlichkeit der Marktabgrenzung infrage steht.

Ein Beispiel – Deutsche Bahn, Bereich Regionalverkehr: Im Sinne einer sehr engen Marktabgrenzung könnte das Unternehmen diesen Markt als den Markt für öffentlichen, schienengebundenen Personentransport definieren. Damit hätte die Bahn kaum Wettbewerber. Das würde ignorieren, dass zum einen auch private Anbieter von Personenverkehr auf der Schiene existieren. Zum anderen sind aus Kundensicht auch PKW in Privatbesitz, Autovermietungen, Busfahrtanbieter etc. Substitute für die Marktleistung der Deutschen Bahn im Regionalverkehr. Anbieter dieser Leistungen wären als Wettbewerber der Deutschen Bahn unbeachtet, wenn der Markt derart eng gefasst würde.

▶ Welche Anbieter als Wettbewerber angesehen werden, hängt wesentlich von der Marktabgrenzung ab.

Eine wichtige Einteilung von Märkten bezieht sich auf die Art der Kunden eines Unternehmens. Sind die Kunden Einzelpersonen oder Haushalte, die Marktleistungen für den eigenen Gebrauch erwerben, so spricht man von Konsumentenmärkten oder *B2C*-Märkten (Business-to-Consumer). Handelt es sich bei den Kunden um andere Unternehmen oder Organisationen, die Produkte und Dienstleistungen kaufen, um diese weiterzuverkaufen oder in den eigenen Produktionsprozess einfließen zu lassen, spricht man von *B2B*-Märkten (Business-to-Business). Unternehmen können nur auf B2B-Märkten, nur auf B2C-Märkten oder auf beiden in Kombination aktiv sein.

▶ **B2B-Märkte** Märkte, auf denen Unternehmen mit anderen Unternehmen, Behörden oder Organisationen interagieren.

B2C-Märkte
Märkte, auf denen Unternehmen mit Einzelkunden oder Haushalten interagieren.

Eine andere Einteilung richtet sich nach der Zahl der Marktteilnehmer auf Anbieter- und Nachfragerseite. Diesem Kriterium folgend werden verschiedene *Marktformen* unterschieden. Wichtige Grundformen sind das Monopol, das Polypol und das Oligopol. Bei einem *Monopol* steht ein Anbieter einer Mehrzahl von Nachfragern gegenüber, bei einem *Oligopol* gibt es einige wenige Anbieter für viele Nachfrager. Beim *Polypol* existieren sowohl auf der Nachfrager- als auch auf der Anbieterseite viele Akteure. Diese grundlegenden Marktkonstellationen bestimmen u. a., nach welchen Optimierungskalkülen die Akteure ihre Entscheidungen treffen und nach welchen Prinzipien sich Preise bilden.

▶ Polypol, Oligopol und Monopol sind wichtige Marktformen.

Insgesamt lässt sich zudem sagen, dass das Spannungsfeld aus eigenen Ressourcen, Kunden und Wettbewerb die konkrete Marktsituation eines Unternehmens charakterisiert (Abb. 1.3). Diese als *strategisches Dreieck* bezeichneten Wechselwirkungen zeigen, wie die Anforderungen von Kunden und die eigene relative Leistungsfähigkeit Wettbewerbsvorteile beeinflussen. Das Dreieck verdeutlicht, dass aus Sicht der marktorientierten Führung von Unternehmen eine simultane Kunden- und Wettbewerbsorientierung erforderlich ist, um erkennbare Wettbewerbsvorteile zu erzielen. Als Grundlage dafür muss das Marketing mehrere Komponenten umfassen. Auf der einen Seite Komponenten, die auf die Anforderungen und Verhaltensweisen von Kunde und Wettbewerb reagieren (Analyseseite). Auf der anderen Seite werden Komponenten benötigt, mit denen man Kunden und den Wettbewerb gezielt im Sinne der eigenen Ziele zu beeinflussen vermag (Gestaltungsseite).

Wesentliche Größen zur Beschreibung von Märkten sind das *Marktpotenzial* und das *Marktvolumen*.

▶ **Marktpotenzial** Die Aufnahmefähigkeit eines Marktes für eine bestimmte Leistung und damit die maximale Menge, die abgesetzt werden könnte, wenn alle potenziellen Kunden ihren Bedarf vollständig deckten.

Marktvolumen
Die tatsächlich realisierte Absatzmenge aller Anbieter in einem Markt.

Auf ein einzelnes Unternehmen bezogen verwendet man folgende Begriffe, um Marktsituationen zu quantifizieren:

- *Absatzpotenzial:* Absatzmenge, die ein einzelnes Unternehmen maximal erreichen kann.
- *Absatzvolumen:* Tatsächlich erzielte Absatzmenge eines Unternehmens in einem Markt.
- *Absoluter Marktanteil:* Mengen- oder wertmäßig bestimmtes Verhältnis aus Absatzvolumen und Marktvolumen. Er gibt die Ausschöpfung des Marktvolumens durch das Unternehmen an.
- *Relativer Marktanteil:* Verhältnis von Marktanteil des eigenen Unternehmens zum Marktanteil des stärksten Wettbewerbers.

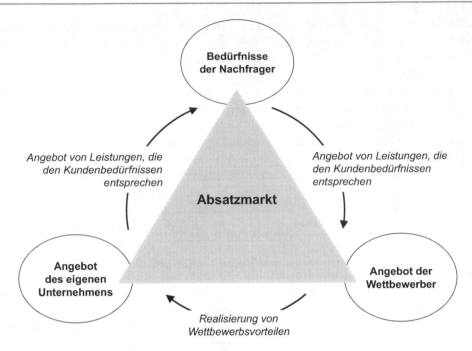

Abb. 1.3 Marktsituation im Spannungsfeld Unternehmen, Kunden, Wettbewerb. (Quelle: Redler 2019b, S. 10)

▷ Marketing kann einerseits so verstanden werden, dass das eigene unternehmerische Handeln möglichst stark auf die Erfordernisse von Kunden und Wettbewerbern einzustellen ist. Andererseits auch dahingehend, Erfahrungen und Erkenntnisse zu nutzen, um diese Marktteilnehmer im eigenen Interesse zu beeinflussen.

1.3 Marktsystem und Marketingumfeld

Das Umfeld, in dem Unternehmen agieren und marktorientierte Entscheidungen treffen, wird üblicherweise in ein Mikro- sowie ein Makro-Umfeld zerlegt.

Mikro-Umfeld
Das *Mikro-Umfeld* beinhaltet die nähere Umwelt des Marketingbereichs mit den Kräften innerhalb des Unternehmens sowie den engen Partnern außerhalb des Unternehmens. Diese Umweltelemente sind relevant, da sie auf die Schaffung dauerhafter Kundenbeziehungen Einfluss nehmen. So ist der Marketingerfolg eben

nicht nur von Entscheidungen der Marketingmanager in einem Unternehmen abhängig – sondern es nehmen auch andere Akteure im unmittelbaren Umfeld Einfluss. Beispiele sind andere Abteilungen des Unternehmens (z. B. Logistik), die Lieferanten oder andere Unternehmen als Partner im Absatzkanal. Zum Mikro-Umfeld werden insbesondere folgende Elemente mit ihren Ansprüchen und Einflussmöglichkeiten gezählt:

• Die Abnehmer mit ihren aktuell artikulierten Bedürfnissen, aber auch den zukünftigen spezifischen Anforderungen an zu erbringende Leistungen.
• Die anderen unternehmensinternen Bereiche, speziell andere Funktionsbereiche und Abteilungen (Finanzen, Beschaffung, Forschung und Entwicklung, Produktion etc.) mit den von ihnen verfolgten Zielen.
• Die Lieferanten, die Waren bereitstellen oder Dienste leisten, und ein wichtiges Bindeglied in der Wertschöpfungskette des Unternehmens darstellen.
• Die Wettbewerber, die das eigene Marketinghandeln in Bezug auf die Befriedigung von

Kundenbedürfnissen und die Gewinnung des Vertrauens herausfordern.

- Die Absatzorgane, die das Unternehmen beim Vertrieb und der Auslieferung der Leistungen an den Kunden sowie bei der Zahlungsabwicklung unterstützen (insb. Handel und Logistikdienstleister).
- Die Geldgeber, die Einfluss nehmen auf die Möglichkeiten des Unternehmens, sich Finanzmittel zu beschaffen.
- Die Öffentlichkeit und die Medien, die die externe Wahrnehmung von Marketingentscheidungen des Unternehmens durch Dritte beeinflussen.

Elemente, die zwischen Unternehmen und Kunden relevant werden, also letztlich zwischen diesen vermitteln, werden als *Intermediäre* bezeichnet. Sie sind typisch für das Mikro-Umfeld. Wichtige Kategorien von Intermediären sind Finanzintermediäre (wie Banken für die Zahlungsabwicklung), Logistik-Intermediäre (wie Dienstleister für Transporte zum Kunden) oder Marketing-Intermediäre (wie Werbeagenturen für die Gestaltung von Kommunikationsbotschaften).

Makro-Umfeld

Das *Makro-Umfeld* betrachtet die globale Umwelt des Unternehmens, also den größeren gesamtwirtschaftlichen und -gesellschaftlichen Zusammenhang. Auch aus diesem heraus wirken signifikante Einflüsse auf das Marketinghandeln.

Im Speziellen umfasst das Makro-Umfeld den Zustand und die Entwicklungen in folgenden Feldern:

- Politik und Recht (insb. wirtschaftsrelevante Gesetzgebung, ihre Stabilität, die Rolle von Interessenverbänden, die Durchsetzbarkeit von Rechtsansprüchen)
- Ökologie (insb. Einflüsse aus der Verknappung von Ressourcen und dem Bestreben nach nachhaltigem Handeln)
- Technologie (insb. technologische Trends, technologische Innovationen und Entwicklungen, Veränderungen bei Innovationszyklen, Verfügbarkeit und wirtschaftliche Nutzbarkeit von Technologien)
- Kultur und sozialer Rahmen (insb. kulturelle, auch religiöse Wertekonstellationen und ihre Veränderungen, demografische Entwicklungen, soziale oder ästhetische Trends)

Die Elemente des Mikro- und Makromarketingumfelds sind geeignet, um ein *Marktsystem* zu skizzieren (Abb. 1.4). Das Marktsystem erfasst alle Akteure in einem relevanten Markt, deren Beziehungen untereinander sowie bedeutsame Umweltfaktoren. Es wird i. d. R. grafisch dargelegt und arbeitet heraus, welchen Einflüssen der betrachtete Markt unterliegt.

▶ **Marktsystem** Alle Akteure, bedeutsame Umweltfaktoren und deren Beziehungen in einem relevanten Markt.

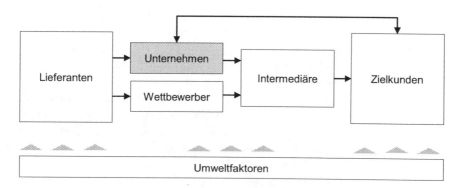

Abb. 1.4 Marktsystem. (Quelle: in Anlehnung an Kotler et al. 2017, S. 8)

Um die Art der Einflüsse zu ermitteln, die von Elementen des Marktsystems ausgehen, und deren Richtung zu erfassen sowie um zu bewerten, welche Möglichkeiten zur Einflussdurchsetzung bei den Beteiligten bestehen, wird i. d. R. eine *Stakeholderanalyse* durchgeführt.

Es bestehen zahlreiche Anlässe, um sich intensiv mit allen Elementen der Mikro- und Makro-Umwelt zu befassen. Der Eintritt in einen neuen Markt, die Ableitung von Marketingstrategien oder die Abschätzung des Erfolgs bestimmter Marketingprojekte sind einige Beispiele dafür. Dies wird in Kap. 4 aufgegriffen.

1.4 Langfristigkeit, Beziehungsorientierung und Profitabilität

Der Marketingauffassung folgend stellen positive und langfristige Beziehungen zu Kunden das wichtigste Kapital für Unternehmen dar. Betont wird daher stets, dass es nicht um die Gestaltung einzelner Transaktionen geht. Vielmehr ist die Gesamtheit der Bestrebungen, die dazu dient, langfristig wertvolle *Geschäftsbeziehungen* zu Kunden aufzubauen, zu erhalten und zu stärken, im Fokus. Das Mittel dazu ist die Erbringung überlegener Werte für den Kunden. Dies schließt die Schaffung von *Kundenzufriedenheit* ein, weil bei zufriedenen Kunden eine deutlich höhere Wahrscheinlichkeit besteht, dass diese treue Kunden sind, und sie dem Unternehmen damit eine erfolgreiche und eher stabile Geschäftstätigkeit ermöglichen. Dies ist eine weite Auffassung von dem, was unter *Customer Relationship Management* verstanden wird.

▷ **Customer Relationship Management (CRM)** Der Gesamtprozess, mit dem profitable Kundenbeziehungen aufgebaut und erhalten werden, indem überlegene Werte und Zufriedenheit beim Kunden geschaffen werden.

CRM ist Ausdruck der langfristigen Beziehungsorientierung im Marketing. Als weit entwickelter Ansatz spielt CRM in Vertriebsbereichen eine enorme Rolle (Abschn. 8.7). Dazu integriert es Perspektiven aus dem Business Process Management (um die Kundenprozesse zu strukturieren), dem Wissensmanagement (um das kontinuierlich im Umfang wachsende Wissen über Kunden und Märkte zu beherrschen) sowie der IT, insbesondere bzgl. kundenorientierter Informationssysteme. Dabei wird CRM als strategischer Zugang verstanden, um alle interaktiven Prozesse mit Kunden zu planen, zielgerichtet zu gestalten und zu steuern − um dadurch intern eine hohe Kundenorientierung und extern eine langfristige Kundenbindung zu erreichen. Dies impliziert streng genommen, dass sich CRM (analog zum Marketingverständnis) erstens auf das gesamte Unternehmen beziehen muss. Entsprechend sind Aspekte der Kultur, der Aufbauorganisation wie auch der Gesamtprozesse wichtige Parameter für den CRM-Erfolg. Zweitens muss CRM den kompletten Kundenlebenszyklus von Kunden betrachten. Drittens setzt erfolgreiches CRM voraus, dass man sich gewissenhaft mit der Kunden-Database sowie der zugehörigen Software als Steuerungsbasis auseinandersetzt.

Wertorientierung

Der *Wertbeitrag*, den das Unternehmen für den Kunden leistet, ist aus Kundensicht zu definieren und zu bewerten. Er wird verstanden als das vom Kunden subjektiv wahrgenommene Verhältnis aller Vorteile zu allen Kosten einer Marktleistung, relativ zu dem wahrgenommenen Verhältnis von Vorteilen und Kosten bei konkurrierenden Marktleistungen. Zu beachten ist, dass zu den Vorteilen auch nicht monetäre und nicht rationale Aspekte zählen wie Status oder Spaß. Ebenso sind bei den Kosten auch nicht monetäre Faktoren wie persönlicher Zeiteinsatz oder das Überwinden von Hemmschwellen zu berücksichtigen. Es handelt sich in beiden Fällen um subjektive Bewertungen individueller Kunden.

▷ **Wahrgenommener Wertbeitrag für den Kunden** Die subjektiv wahrgenommene Nutzen-Kosten-Relation eines Angebots im Vergleich zu diesen Relationen bei anderen Angeboten.

Auch die oben angesprochene *Kundenzufriedenheit* kann als Ausdruck überlegener

Wertbeiträge aufgefasst werden. Sie wird angesehen als Ergebnis eines subjektiven Abgleichs zwischen der wahrgenommenen Leistung von Marktleistungen einerseits sowie den subjektiven Erwartungen des Kunden andererseits (Abschn. 2.2.5). Erreicht die wahrgenommene Leistung die Erwartungen nicht, so resultiert ein unzufriedener Kunde. Übertrifft die Wahrnehmung der Marktleistung hingegen die Erwartungen, führt dies zu Zufriedenheit bzw. Begeisterung. Unternehmen streben nach hoher Kundenzufriedenheit, da viele Untersuchungen zeigen, dass sie zu loyalen Kunden führt. Langfristige Kundenbeziehungen setzen damit i. d. R. Zufriedenheit voraus. Andererseits stützen gute Kundenbeziehungen auch die Kundenzufriedenheit.

Man geht davon aus, dass es ca. fünfmal günstiger ist, Kunden zu halten als neue Kunden zu gewinnen. Solche loyalen Kunden kreieren höhere Einzahlungsströme für ein Unternehmen und sie erzeugen länger anhaltende Zahlungsreihen. Kundenbeziehungsmanagement macht somit auch ökonomisch Sinn. Kunden zu verlieren, bedeutet hingegen, Zahlungsreihen zu verlieren, die sich sonst über viele Perioden erstreckt hätten. Um diese Effekte zu erfassen, nutzt man den *Customer Lifetime Value (CLV)*. Er ist definiert als der gesamte Zahlungsstrom, der von einem Kunden in einer bestimmten Zeitspanne ausgeht. Pro Periode werden also vom konkreten Kunden ausgelöste Einzahlungen (z. B. durch Käufe) und Auszahlungen (z. B. durch Marketingmaßnahmen) zusammengestellt und der Nettoeffekt pro Periode berechnet. Die Nettoeffekte werden dann bspw. für einen Zeitraum über acht Jahre gesamthaft bewertet, indem auf den aktuellen Zeitpunkt diskontiert wird. Die Gesamtheit aller CLV der aktuellen Kunden bezeichnet man als *Customer Equity (CE)* eines Unternehmens (Abschn. 8.8).

▶ **Customer Lifetime Value (CLV)** Barwert der mit einem Kunden verbundenen Netto-Zahlungsströme.

Customer Equity (CE)
Summe der CLV aller Kunden zu einem Zeitpunkt.

Bewertung des Marketingengagements mit Kennzahlen
Um zu bewerten, ob Marketingmittel effizient eingesetzt werden, sind speziell die Konzepte des Netto-Marketingbeitrags und des Marketing-Return-on-Investment (MROI) bedeutsam. Der *Netto-Marketingbeitrag (Net Marketing Contribution, NMC)* drückt den Mehrwert aus, der sich ergibt, wenn man den Marketing- und den Wareneinsatz den Erlösen gegenüberstellt. Er berechnet sich als NMC = Nettoumsatz − Wareneinsatz − Marketingkosten. Bezieht man den NMC auf den Nettoumsatz, so ergibt sich der *Marketing-Return-on-Sales (MROS)*. Das bedeutet: MROS = NMC/Nettoumsatz. *Der MROI* wiederum bezieht die NMC auf die Marketinginvestitionen (bzw. Marketingkosten). Also: MROI = NMC/Marketinginvestitionen. Er spiegelt die kurzfristige Rendite des Marketingengagements wider.

▶ MROI = NMC/Marketinginvestitionen.

1.5 Marketingkonzeption, Marketingplan und Marketingmanagement

Marketingmanagement
Marketingmanagement bezieht sich auf den Gesamtprozess von der Zielentwicklung, der Strategieableitung, der Maßnahmendefinition und -umsetzung bis zur Zielerreichungskontrolle im Marketingkontext (Abb. 1.5). Es handelt sich um die aktive Gestaltung des Marktgeschehens zur Realisierung angestrebter Ziele auf definierten Märkten. Wesentlich ist das systematisch-reflektierte Vorgehen.

Kontext des Marketingmanagements sind die Ziele des Unternehmens. Sie bilden den Rahmen für die Entwicklung der Marketingziele (Abschn. 5.2), denn letztere müssen mit den Unternehmenszielen gleichgerichtet sein. Zudem sind Ziele anderer Funktionalbereiche zu beachten. Um festgelegte *Marketingziele* zu realisieren, werden anschließend *Marketingstrategien* formuliert (Abschn. 5.3), um mittels bestimmter Grundsatzentscheidungen eine Grobrichtung des Marketinghandelns fest-

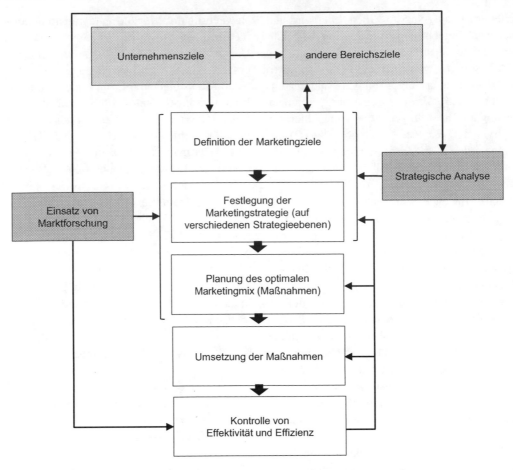

Abb. 1.5 Marketing als Managementprozess. (Quelle: Redler 2019b, S. 81)

zulegen. Diese marketingstrategischen Entscheidungen erfolgen dabei auf mehreren Ebenen. Für den dadurch aufgespannten Korridor
für das Handeln sind schließlich in sich stim-
mige, zieladäquate *Maßnahmenprogramme*
(der sog. *Marketingmix*, s. unten) zu formulieren (Kap. 6 ff.). Die einzelnen Maßnahmen
werden anschließend umgesetzt und letztlich
auf ihre Effektivität und Effizienz überprüft
(Marketingkontrolle). Strategische (insb. das
rationale Durchdringen des gegenwärtigen und
künftig zu erwartenden Markt- und Unter-
nehmensgeschchens) und empirische Analysen
(insb. Marktforschungsinputs) werden im
Marketingmanagement an mehreren Stellen
systematisch genutzt (Abb. 1.5).

Für erfolgreiches Marketing ist es wichtig,
nicht nur jene Aspekte zu betrachten, die direkt
nach extern gerichtet sind. Vielmehr ist ebenso
zu hinterfragen, ob auch die internen Ver-
antwortungen, Strukturen und Prozesse die notwendigen Voraussetzungen schaffen, um als
Unternehmen marktgerecht zu agieren. Ansätze
zum *internen Marketing* lenken den Blick auf die
besondere Bedeutung der Mitarbeiter. Beim internen Marketing geht es explizit um die Nutzung
von Marketingprinzipien hinsichtlich der eigenen
Organisation und ihrer Mitglieder. Bezüglich der
Organisation geht es vor allem darum, die
Wandlungsfähigkeit der Organisation und die be-
reichsübergreifende Kommunikation und Zusammenarbeit zu stärken. In Bezug auf die Mit-

arbeiter zielt das interne Marketing darauf ab, die Verbindung der Mitarbeiter mit dem Unternehmen zu erhöhen und die Beschäftigten zu hoher Kundenorientierung zu motivieren. Sie sollen in die Lage versetzt werden, vereinbarte Strategien zu verstehen und diese effektiv umzusetzen. Dadurch soll letztlich die Kundenzufriedenheit verbessert werden.

▶ **Marketingmanagement** Ein systematischer Prozess aus Analyse, Zieldefinition, Strategieformulierung, Maßnahmenentwicklung, Umsetzung und Kontrolle zur aktiven Gestaltung des Marktgeschehens.

Das systematische Vorgehen nach den Phasen des Marketingmanagements wird oft auch als *Marketingplanung* bezeichnet, an dessen Ende ein Marketingplan (s. unten) steht. Eine professionelle Marketingplanung bietet a) ganzheitlich orientierte Handlungsanweisungen im Sinne exakter Fahrpläne, und b) dennoch hinreichend Balance zwischen Stabilität und Anpassung der Vorgaben. Aus der Auffassung des Marketing als Unternehmensführungskonzept folgt eine enge Wechselwirkung des Marketingmanagement mit der Gesamtunternehmensplanung. Unter funktionalem Blickwinkel sind Marketingziele oft Bereichsziele, die sich in das Zielsystem eines Unternehmens einordnen.

Ebenen einer Marketingkonzeption
Die Gesamtformulierung aus

- Marketingzielen,
- Marketingstrategien und
- Marketing-Instrumenteneinsatz

wird als *Marketingkonzeption* bezeichnet. Sie dient zur Koordinierung aller markt- und kundenrelevanten Aktivitäten im gesamten Unternehmen über alle hierarchischen Stufen hinweg. Voraussetzung für diese Koordinationswirkung ist allerdings, dass sie von der Unternehmensleitung als verbindlich definiert und von den Mitarbeitern

akzeptiert wird. Neben der Anforderung der Geschlossenheit (sie muss in sich konsistent bzw. stimmig sein) sollte eine Marketingkonzeption insb. auch die Anforderung der Robustheit (sie muss unempfindlich gegenüber Änderungen in der Umweltkonstellation sein) erfüllen.

Marketingplan
Als Ergebnis der Marketingplanung entsteht der *Marketingplan*. Er ist das festgeschriebene Konzentrat der Marketingkonzeption und bezieht sich i. d. R. auf das kommende Geschäftsjahr. In ihm werden (jeweils knapp) die aktuelle Marketingsituation dargestellt, interne Stärken und Schwächen betrachtet, unternehmensexterne Chancen und Risiken zusammengestellt, Marketingziele dargelegt, der marketingstrategische Ansatz ausgeführt, Maßnahmenprogramme beschrieben, Kontrollparameter definiert und veranschlagte Budgets dargestellt. Für das praktische Marketingmanagement stellt der Marketingplan das zentrale Instrument dar, da er einerseits die Planung ergebnisbezogen kanalisiert, er andererseits die essenziellen Informationen für das Marketinghandeln eines Geschäftsjahres bereitstellt. Schematisch lässt sich die Struktur eines Marketingplans durch nachfolgende Punkte beschreiben:

- Summary
- Aktuelle Situation (Produkte und Zielgruppen, Wettbewerber, Entwicklungen)
- Analyse von Stärken, Schwächen, Chancen und Risiken (SWOT)
- Marketingziele
- Marketingstrategie(n)
- Marketingmaßnahmenprogramm inkl. sachlicher und zeitlicher Aufschlüsselung
- Notwendiges Budget und Kontrollgrößen

Marketingmix
Unter dem Begriff *Marketingmix* wird die konkrete und aufeinander abgestimmte Kombination des Instrumenteneinsatzes verstanden, die genutzt wird, um Ziele und Strategien des Marketing umzusetzen und Märkte zu beeinflussen.

▷ **Marketingmix** Das aufeinander abgestimmte Maßnahmenprogramm, das Ziele und Strategien des Marketing zum Leben erweckt. Der Marketingmix wird oft anhand des 7P-Ansatzes beschrieben.

Für die Vielzahl der existierenden Marketinginstrumente sind diverse Systematisierungsansätze entwickelt worden. In der deutschsprachigen marketingwissenschaftlichen Literatur dominiert ein 4er-System der Marketingbereiche, das sich an das amerikanische *4P*-System anlehnt (Product, Price, Place, Promotion). Es umfasst die Produktpolitik, die Preispolitik (inkl. Konditionen), die Distributionspolitik und die Kommunikationspolitik. Die Bereiche werden oft auch als Teil-Mixe (z. B. Kommunikationsmix) bezeichnet. Je nach Betrachtungs- bzw. Anwendungsschwerpunkt sind jedoch auch andere Systematisierungen der Instrumente entwickelt worden. Beispielsweise wurde der 4P-Ansatz für Dienstleistungsunternehmen zum *7P*-Ansatz erweitert. Eingefügt wurden hier – wegen der besonderen Bedeutung für diese Branche – noch Personnel (Personal), Physical Facilities (Gebäude und Räume) sowie Process Management (Prozesse). Speziell für den Einzelhandel differenziert Schröder (2012) die Instrumentenfelder Standort, Sortiment, Preis, Verkaufsraum und Warenplatzierung, Kommunikation innerhalb der Einkaufsstätte, Kommunikation außerhalb der Einkaufsstätte, Kundendienst und Handelsmarken. Im Kontext des Electronic Commerce ist als Gliederungsraster die 2P+2C+3S-Formel zu erwähnen. Sie verweist auf die Instrumentalbereiche Personalization, Privacy, Customer Service, Community, Site, Security, Sales Promotion (Otlacan 2005).

▷ **7P-Ansatz** Ein Ansatz zur Strukturierung von Marketinginstrumenten – Product, Price, Place, Promotion, Personnel, Physical Facilities, Processes.

1.6   Veränderungen

Märkte und das Marketing sind seit jeher in kontinuierlichem Wandel begriffen. Heute wird die Fähigkeit, sich den Veränderungen möglichst gut anzupassen, oft als ein eigener Wettbewerbsvorteil diskutiert. Nachfolgend werden fünf wichtige Veränderungen mit Auswirkung auf das Marketing thematisiert.

1. Fortschreitende *Internationalisierung*: Geschäftstätigkeit ist heute zunehmend global. Güter, Dienste und Unternehmen machen seit Langem nicht mehr an Ländergrenzen halt. Es existieren in vielen Feldern eng vernetzte Wechselwirkungen zwischen Volkswirtschaften und nicht wenige Unternehmen agieren mit globalen Marken in einer Vielzahl von Regionen dieser Welt. Im Marketing wird dadurch die Debatte um eine globale Standardisierung von Leistungen und Marken einerseits sowie die notwendige regionale Anpassung an Marktbesonderheiten andererseits weiter befeuert. Eine prominente Position ist die Konvergenzhypothese, die davon ausgeht, dass sich die Regionen und Kulturen durch die massive Verflechtung immer weiter aneinander annähern. Gegner der Hypothese betonen die beschränkte Standardisierbarkeit vieler Produkte und anderer Unternehmensaktivitäten, da unterschiedliche politisch-rechtliche, sozioökonomische, technische, soziale und kulturelle Gegebenheiten existieren. Aufgrund der Globalisierung kommt dem internationalen bzw. dem *globalen Marketing* als spezielle Richtung innerhalb des Marketing eine hohe Bedeutung zu. Kaum ein Unternehmen kann heute globale Betrachtungen aus seiner Marketingkonzeption ausblenden. Dies ist allein schon deshalb so, weil Kunden mobil sind und viele Wettbewerber übernational Wirkung entfalten.
2. *Digitalisierung*: Digitale Technologien haben sich explosionsartig ausgeweitet und für viele

Abb. 1.6 Veränderungsebenen der Digitalisierung. (Quelle: In Anlehnung an Redler 2019a, S. 522)

Bereiche steht die Digitalisierung von Produkten, Prozessen und Datengrundlagen noch bevor. Dies bedeutet u. a. neue Workflows, neue Geschäftsmodelle, neue Datengrundlagen und Auswertungsmöglichkeiten, neue Produkte und Services, aber auch völlig neue Kommunikations- und Vernetzungsmöglichkeiten mit neuen Geschwindigkeiten. Innerhalb des Marketing wird daher unter dem Begriff *Digital Marketing* untersucht, wie digitale Technologien für die marktorientierte Unternehmensführung einzusetzen sind, wie Chancen genutzt und Risiken abgeschwächt werden können. Wie Abb. 1.6 zeigt, bedeutet die Digitalisierung Veränderungen auf verschiedenen Ebenen, von denen die Technologie möglicherweise die offensichtlichste ist: Menschen benutzen Smartphones, die Marktkommunikation findet in weiten Teilen über digitale Medien und unabhängig von Ort und Zeit statt, soziale Medien sind entstanden, Chatbots antworten auf menschliche Aussagen, Bestellungen und Einkäufe können per Sprache über Onlineshops erledigt werden, menschliche Realitäten können virtuell angereichert und Regelentscheidungen können vollständig automatisiert werden. Auf der Ebene des Kommunikationsverständnisses kommt es von einem Übergang von der Push-Kommunikation zur Pull-Kommunikation (d. h., Adres-

saten entscheiden, welche Inhalte sie an sich heranlassen), die zudem mit anderen Instrumenten arbeitet und auch anders ausgeliefert wird. Zudem werden Geschäftsmodelle und Produkte möglich, die vollständig auf einer virtuellen Basis aufbauen. Offensichtlich entstehen damit neue Mengen und Formen von Daten und Datenspuren.

3. *Wertewandel*: Die die Gesellschaften bestimmenden Werte (Abschn. 2.7.3) wandeln sich mit Auswirkungen auf das Kaufverhalten. Dies kann an der Gegenüberstellung von Wertewelten der Generation X und der Generation Z verdeutlicht werden. Mit der *Generation X* sind Personen gemeint, die zwischen 1965 und 1976 geboren sind. Sie werden meist dadurch gekennzeichnet, dass sie eher erfolgsorientiert, individualistisch und wenig materialistisch eingestellt seien sowie Qualität wichtiger als Quantität ansehen. Autoritäten stünden sie zudem eher skeptisch gegenüber. Personen der *Generation Z* hingegen (geboren nach 1996) sind in der digitalen Welt sozialisiert. Sie werden beschrieben durch ein Streben nach Selbstverwirklichung, Authentizität und der Anerkennung von Gruppen. Sie sind der Klassifikation folgend eher zufrieden und optimistisch eingestellt und sehr familienorientiert. Bei ihnen herrschen somit durchaus traditionelle Werte vor, wes-

halb sie auch als die neuen Konservativen bezeichnet werden. Der Vergleich der Wertewelten dieser Kohorten zeigt, dass Marketingansätze durchaus anders ansetzen müssten, um zu diesen Gruppen langfristige Beziehungen aufzubauen.

4. *Ökonomische Ungleichheiten:* Der ökonomische Rahmen hat deutliche Zusammenhänge mit dem Verhalten von Kunden und Unternehmen auf Märkten. So wird u. a. die Kaufkraft wie auch die Kaufmotivation beeinflusst. Das Konsum- und Investitionsklima unterscheidet sich sichtlich zwischen Ländern und die wirtschaftlichen Entwicklungen einzelner Regionen stellen sich durchaus unterschiedlich dar. Beobachten lässt sich innerhalb vieler Volkswirtschaften die Fragmentierung von Marketingzielgruppen und eine stärkere Gleichzeitigkeit der Existenz von preis- und luxussensiblen Käufern. International besteht nach wie vor eine starke Ungleichverteilung von Kapital und Kaufkraft. Dabei wachsen und prosperieren einige Regionen und Länder sehr stark, während andere verlieren. Insgesamt ist davon auszugehen, dass sich, bei anhaltendem Wachstum der Weltbevölkerung, die Landkarte der wirtschaftlich einflussreichen Regionen langsam neu sortiert. Sozialökonomisch bestehen Trends der Urbanisierung, des immer schnelleren technologischen Wandels, der alternden Gesellschaften und der globalen Handelsinterdependenz von Regionen und Ländern.

5. *Ethik und Nachhaltigkeit*: Die zahlreichen Bewegungen für nachhaltigeren Konsum, einen sinnvollen Umgang mit knappen Ressourcen und die Beachtung ethischer Fragen beim Wirtschaften sind längst keine Randerscheinungen mehr. Marktorientierte Unternehmen wenden sich heute daher aktiv sogenannten *Corporate-Social-Responsibility*-(CSR)-Ansätzen zu. Entlang der drei Dimensionen wirtschaftlicher, sozialer und ökologischer Nachhaltigkeit werden Möglichkeiten ausgelotet, langfristige Kundenbeziehungen zu gestalten. Es geht darum, letztlich die gesamte Wertschöpfungs-

kette nicht nur an Kundenwünschen und -bedürfnissen auszurichten, sondern auch die Folgen der Entscheidungen für Umwelt und Gesellschaft zu beachten. Über die Integration des Kundenwunschs nach umweltbewusster und sozial einwandfreier Lebensführung soll andererseits ein zusätzlicher Nutzen gestiftet werden. Derartige Konzeptionen werden in der Marketingforschung unter dem Stichwort *Sustainable Marketing* untersucht.

Kernbotschaften zu den Lernzielen

- Die Marketingorientierung ist zentral für den Unternehmenserfolg. Sie baut auf der Kundenorientierung auf. Das Unternehmen ist in ein Marktsystem eingebunden.

- Es existieren divergente Marketingauffassungen. Als Konzept der Unternehmensführung bezieht sich Marketing auf die konsequente Ausrichtung aller Unternehmensaktivitäten an Zielkunden und Wettbewerb. Marketing gestaltet einen Austauschprozess, der Werte für Kunden und Unternehmen schafft. Es geht um profitable Kundenbeziehungen. Der MROI bezieht die NMC auf die Marketinginvestitionen und spiegelt die kurzfristige Rendite des Marketingengagements wider.

- Marketing setzt eine sinnvolle Marktbeschreibung und -abgrenzung voraus.

- Marketingmanagement ist ein Gesamtprozess von der Zielentwicklung, der Strategieableitung, der Maßnahmendefinition und -umsetzung bis zur Zielerreichungskontrolle im Marketingkontext. Entsprechend beinhaltet eine Marketingkonzeption Festlegungen auf eben diesen Ebenen. Der Marketingplan fasst deren Kernelemente zusammen.

- Die Marketinginstrumente werden oft nach dem 7P-Ansatz gegliedert: Product, Price, Place, Promotion, Personnel, Physical Facilities und Processes.

- Internationalisierung, Digitalisierung, Wertewandel, Technologie und ethische Vorstellungen sind wichtige Blickwinkel auf Veränderungen im Marketingumfeld.

Mindmap zum Kapitel 1

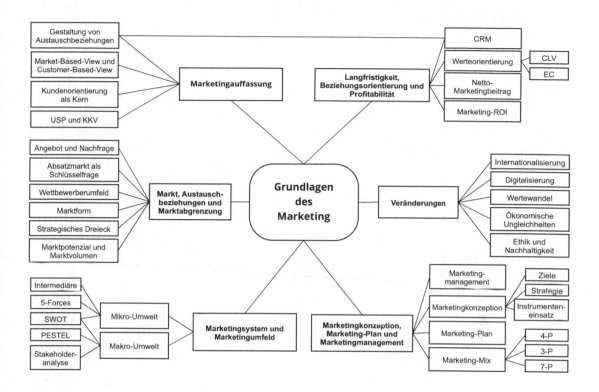

Literatur

Im Kapital zitierte Literatur

American Marketing Association (AMA). (2019). *Definition of Marketing.* https://www.ama.org/the-definition-of-marketing-what-is-marketing. Zugegriffen am 05.11.2019.

Backhaus, K., & Schneider, H. (2009). *Strategisches Marketing* (2. Aufl.). Schäffer-Poeschel.

Caves, R. E., & Porter, M. E. (1978). Market structure, oligopoly, and stability of market shares. *Journal of Industrial Economics, 29*(1), 289–313.

Fritz, W., & von der Oelsnitz, D. (2019). *Marketing: Elemente marktorientierter Unternehmensführung* (5. Aufl.). Kohlhammer.

Gutenberg, E. (1958). *Einführung in die Betriebswirtschaftslehre.* Gabler.

Hopfenbeck, W. (2002). *Allgemeine Betriebswirtschafts- und Managementlehre* (14. Aufl.). Redline.

Kotler, P., Armstrong, G., Harris, L. C., & Piercy, N. (2017). *Principles of Marketing. European Edition* (7. Aufl.). Pearson.

Matzler, K., Stahl, H. K., & Hinterhuber, H. H. (2002). Die Customer-based view der Unternehmung. In H. Hin-

terhuber & K. Matzler (Hrsg.), *Kundenorientierte Unternehmensführung* (6. Aufl., S. 3–31). Gabler.

Meffert, H. (2000). *Marketing – Grundlagen marktorientierter Unternehmensführung. Konzepte – Instrumente – Praxisbeispiele* (9. Aufl.). Gabler.

Meffert, H., Burmann, C., Kirchgeorg, M., & Eisenbeiß, M. (2019). *Marketing – Grundlagen marktorientierter Unternehmensführung. Konzepte – Instrumente – Praxisbeispiele* (13. Aufl.). Springer Gabler.

Otlacan, O. (2005). *e-Marketing Strategy – 7 Dimensions to Consider (the e-Marketing Mix).* http://EzineArticles.com/21976. Zugegriffen am 02.06.2012.

Porter, M. (1979). The structure within industries and companies' performance. *Review of Economics and Statistics, 61,* 214–227.

Redler, J. (2019a). Die digitale Transformation der Markenkommunikation verstehen, einordnen und nutzen. In F.-R. Esch, T. Tomczak, J. Kernstock, T. Langner & J. Redler (Hrsg.), *Corporate brand management* (4. Aufl., S. 521–560). Springer Gabler.

Redler, J. (2019b). *Grundzüge des Marketing* (2. Aufl.). BWV.

Schröder, H. (2012). *Handelsmarketing: Strategien und Instrumente für den stationären Einzelhandel und für Online-Shops mit Praxisbeispielen* (2. Aufl.). Springer Gabler.

Weiterführende Literaturhinweise

Knappe Übersichten zu Grundbegriffen des Marketing finden sich bei:

Blythe, J., & Martin, J. (2019). *Essentials of marketing* (7. Aufl.). Prentice Hall.

Redler, J. (2019). *Grundzüge des Marketing* (2. Aufl.). BWV.

Deutschsprachige Standardwerke sind u. a. die Bücher von

Esch, F.-R., Herrmann, A., & Sattler, H. (2017). *Marketing: Eine managementorientierte Einführung* (5. Aufl.). Vahlen.

Meffert, H., Burmann, C., Kirchgeorg, M., & Eisenbeiß, M. (2019). *Marketing – Grundlagen marktorientierter Unternehmensführung. Konzepte – Instrumente – Praxisbeispiele* (13. Aufl.). Springer Gabler.

Scharf, A., Schubert, B., & Hehn, P. (2015). *Marketing – Einführung in Theorie und Praxis* (6. Aufl.). Schäffer-Poeschel.

Aus der englischsprachigen Literatur seien als Grundlagenwerke empfohlen:

Dibb, G., Simkin, L., Pride, W. M., & Ferrell, O. C. (2019). *Marketing – Concepts and strategies* (8. Aufl.). Cengage.

Kotler, P., & Armstrong, G. (2017). *Principles of marketing* (14. Aufl.). Pearson.

Käuferverhalten

Lernziele

- Die Nutzung verschiedener Disziplinen für das Verständnis des Käuferverhaltens verstehen
- Das verhaltenswissenschaftliche Menschenbild verstehen und beschreiben können
- Psychische Variablen mit ihren aktivierenden und kognitiven Prozessen verstehen und erläutern können
- Das Entscheidungsverhalten von Konsumenten analysieren und typische Kaufentscheidungstypen differenzieren können
- Umwelteinflüsse der physischen und der sozialen Umwelt verstehen und beschreiben können

Kap. 2 stellt zunächst die verhaltenswissenschaftlichen Grundlagen dar und zeigt die Abkehr vom Bild des Homo oeconomicus auf. Für das Verständnis menschlichen Verhaltens werden dann aktivierende Prozesse wie Aktivierung, Emotionen und Motivationen und deren Relevanz für das Marketing beschrieben. Anschließend wird ein Überblick über kognitive Prozesse im Gedächtnis gegeben: Informationsaufnahme und -verarbeitung werden erläutert und auf Lerntheorien wird eingegangen. Nach einem Kapitel über das Selbst und die Persönlichkeit werden die reziproken Einflüsse von Menschen und Umwelt sowohl in der physischen Umwelt (wie z. B. mit Verkaufsraumgestaltung) als auch in der sozialen Umwelt (wie z. B. mit Familie und Bezugsgruppen) veranschaulicht.

2.1 Grundlagen

2.1.1 Grundlegende Forschungsdisziplinen

Elementar für erfolgreiches Marketing ist das Verständnis des Käuferverhaltens. Zwar sind Individuen in der Praxis mit dem Käuferverhalten vertraut, schließlich haben sie jahrelang subjektiv sowohl als Konsument als auch im täglichen Miteinander erhebliches Erfahrungswissen aufgebaut. Allerdings sind naiv-intuitive Ableitungen für Marketingentscheidungen oft problematisch. Der Einstieg in das Käuferverhalten ist somit mit vorhandenem Basiswissen einfach, jedoch ist es für Marketeers erforderlich, sich ein komplexes Fachgebiet zu erschließen. Gleichermaßen interessant und herausfordernd sind dabei die vielen unterschiedlichen Zugänge zur Erklärung des menschlichen Verhaltens, welches die Grundlage des Käuferverhaltens darstellt. Folgende Disziplinen sind für das Käuferverhalten besonders relevant:

© Springer Fachmedien Wiesbaden GmbH, ein Teil von Springer Nature 2021
J. Redler, S. Ullrich, *Marketing klipp & klar*, WiWi klipp & klar,
https://doi.org/10.1007/978-3-658-34538-9_2

Psychologie, Soziologie, Verhaltensbiologie, Neurowissenschaften und *physiologische Verhaltensforschung*.

▶ **Psychologie:** Erleben und Verhalten des Menschen
  Soziologie:
  Soziales Verhalten, Zusammenleben von Menschen
  Sozialpsychologie:
  Menschliches Verhalten im sozialen Kontext
  Physiologische Verhaltensforschung:
  Biologische und psychische Prozesse
  Verhaltensbiologie (Ethnologie):
  Erforschung des Verhaltens, vergleichende Verhaltensforschung
  Neurowissenschaften:
  Aufbau und Funktionsweise von Nervensystemen

In der Regel ergänzen sich diese *Forschungsdisziplinen* und ermöglichen damit einen tieferen Einblick in das Verhalten. Jedoch sind die mittels der einzelnen Disziplinen (und Theorien) gewonnenen Erkenntnisse zum Teil auch widersprüchlich. Stellenweise konnten die Neurowissenschaften, die nach wie vor im Bereich der Grundlagenwissenschaften ihren Platz haben, einige solcher Erkenntniskonflikte auflösen.

2.1.2 Forschungsrichtungen: Behaviorismus und Neobehaviorismus

Bei der Analyse des Käuferverhaltens dominieren heute neobehavioristische Forschungsrichtungen über behavioristische Ansätze.

In der behavioristischen Forschung wurde die *Reaktion* (Response: R) auf einen vorhergegangenen *Reiz* (Stimulus: S) betrachtet (*S-R-Modelle*). Dies greift im Marketingkontext zu kurz, da ein Marketingreiz unterschiedliche Reaktionen hervorrufen kann. Beispielsweise kann ein niedriger Preis dazu führen, dass mehr gekauft wird. Es ist aber auch möglich, dass als Folge dieses Reizes weniger gekauft wird, da Konsumenten nicht glauben, dass zu diesem

Preis die Qualität stimmen kann. In den 1920ern hat sich daher als Gegenströmung der *Neobehaviorismus* etabliert, bei dem die zwischen S und R liegende intervenierende Variable – der Organismus O – analysiert wird, die die Reaktion prägend beeinflussen kann (*S-O-R-Modelle*).

Beispielsweise könnte im obigen Beispiel analysiert werden, welche Auswirkungen die Preisreduktion (als Reiz R) auf die Qualitätswahrnehmung (als ein Aspekt, der im Organismus O verortet ist) hat. Diese wiederum kann konsumentenindividuell ganz unterschiedlich ausfallen. Von der Qualitätswahrnehmung hängt dann die Reaktion R ab.

▶ Im Fokus des Marketing steht der neobehavioristische S-O-R-Ansatz.

2.1.3 Psychische Prozesse und Umwelteinflüsse

Der Forschungstradition im deutschsprachigen Raum folgend wird das Käuferverhalten einerseits mit Blick auf die inneren (psychischen) Prozesse und andererseits hinsichtlich der äußeren Umwelteinflüsse betrachtet.

Nach Kroeber-Riel und Gröppel-Klein (2019, S. 51 ff.) lassen sich die *psychischen Prozesse* in aktivierende und kognitive Anteile zerlegen. Bei inneren Prozessen des Menschen besteht stets ein Zusammenspiel beider Anteile. Je nachdem, ob eher die aktivierende oder eher die kognitive Komponente dominiert, spricht man zur Vereinfachung aber oft von aktivierenden oder kognitiven Prozessen.

▶ **Aktivierende (auch: affektive) Prozesse:** Treiben das Verhalten mit inneren Erregungen und Spannungen an. Emotionen, Motivationen und Einstellungen.
  Kognitive Prozesse:
  Informationsaufnahme, -verarbeitung und -speicherung. Gedächtnis, Wahrnehmung, Lernen und Entscheidung.

Das Verhalten wird weiterhin von den *Umweltvariablen* beeinflusst. Zum einen leben Individuen in der Erfahrungsumwelt, die sie unmittelbar erleben. Diese lässt sich in die physische (z. B. Landschaft oder Gebäude) und die soziale (z. B. Menschen und ihre Interaktionen) Umwelt aufteilen. Oft wird die Medienumwelt separat betrachtet, da hier die Umwelt durch die Medien indirekt vermittelt wird (Kroeber-Riel und Gröppel-Klein 2019, S. 419 ff.).

▶ Konsumentenverhalten entsteht stets aus dem Zusammenspiel von inneren aktivierenden und kognitiven Prozessen.

Käuferverhalten beinhaltet das marktrelevante Verhalten von privat als auch von gewerblich tätigen Individuen sowie Organisationen.

2.1.4 Homo oeconomicus versus verhaltenswissenschaftliches Menschenbild

In den Wirtschaftswissenschaften geht man oft vom Homo oeconomicus aus, der uneingeschränkt rational zu seinem eigenen Nutzen handelt. Die damit verbundenen Annahmen wie die vollständige Kenntnis der eigenen Präferenzen, vollkommene Markttransparenz und die Kenntnis aller Alternativen sowie die zur Entscheidung nötigen Informationsverarbeitungskapazitäten entsprechen aber *nicht* der Realität menschlichen Verhaltens:

- Menschen haben nur eine begrenzte Informationskapazität. Nach Studien von Miller (1956) und zahlreichen weiteren Nachfolgeuntersuchungen können Menschen bewusst nur 7±2 Informationseinheiten gleichzeitig kognitiv verarbeiten.
- Menschen haben nur selten klar ausgeprägte Präferenzstrukturen. Statt auf Tests und rationale Abwägungen zurückzugreifen, werden oft Bauchentscheidungen gefällt.
- Das Verhalten ist mehr emotional als rational geprägt. Dies lässt sich einfach damit erklären, dass emotional gesteuerte Entscheidungen schneller und einfacher gefällt werden können als kognitiv strukturierte Entscheidungen:

Menschen sind innerhalb von einer zehntel Sekunde in der Lage, anhand von Fotos Menschen z. B. hinsichtlich ihrer Sympathie, Vertrauenswürdigkeit und Aggressivität einzuschätzen (Willis und Todorov 2006).
- Umweltfaktoren wie Werbung, Suchmaschinenmaschinenergebnisse oder Influencer beeinflussen das Entscheidungsverhalten.
- Konsumenten stützen sich auf ihre Erfahrungen und ihr gewohnheitsmäßiges Verhalten, statt regelmäßig neu rational zu entscheiden. Wenn Probanden in einer Entscheidungssituation auf ihre Lieblingskaffeemarke zugreifen konnten, führte dies nach einer Studie von Kenning et al. (2005) zu starken mentalen (auch: kortikalen) Entlastungen. Konsumenten begrüßen diese Reduzierungen der mentalen Anstrengung. Entscheidungen folgen damit oft derartigen vereinfachenden Mustern.

In der Folge hat sich die Theorie und Forschung zum Käuferverhalten vom rationalen Homo oeconomicus abgewendet. Stattdessen setzt man heute auf die *verhaltenswissenschaftliche Fundierung* des Marketing. Die Anerkennung einer begrenzten Rationalität des Käufers und die Nutzung der Erkenntnisse aus Psychologie, Neurowissenschaft, Sozialpsychologie oder Soziologie sind dafür zentrale Säulen. Das Marktverhalten von Kunden kann damit realitätsnäher und auch erkenntnisreicher analysiert, beschrieben und erklärt werden. Wichtige Ableitungen für Marketingstrategien und -techniken werden möglich. Die weiteren Teile dieses Kapitels führen in zentrale Aspekte der verhaltenswissenschaftlichen Perspektive auf das Käuferverhalten ein und bilden damit eine wichtige Basis zum Verständnis der später folgenden Ausführungen zu anderen Bereichen des zeitgemäßen Marketing.

2.2 Psychische Variablen: Aktivierende Prozesse

Im Folgenden werden die aktivierenden Prozesse dargestellt. Sie treiben das Verhalten mit inneren Erregungen und Spannungen an. Angeordnet nach ansteigendem Anteil kognitiver Vorgänge gehören dazu: Aktivierung, Emotion, Motivation, Einstellung und Zufriedenheit.

2.2.1 Aktivierung

▷ **Aktivierung** wird als „Erregungsvorgang verstanden, durch den der menschliche Organismus in einen Zustand der Leistungsfähigkeit und Leistungsbereitschaft versetzt wird" (Kroeber-Riel und Gröppel-Klein 2019, S. 54).

Die *Aktivierungsintensität* wird lang anhaltend (tonisch) geprägt von dem Lebensrhythmus. Morgens und am frühen Nachmittag sind Individuen aktiv, gegen Abend sinkt dagegen die Leistungsfähigkeit. Im Marketing ist im Wesentlichen nur die kurzfristige (phasische) *Aktivierung* beeinflussbar, z. B. durch eine laute Durchsage im Supermarkt. Neben den unterschiedlichen Ausprägungen der Aktivierungsintensität differiert auch der Bewusstseinsgrad über eben diese Intensität von unbewusst bis sehr bewusst.

Die körperliche Aktivierung hat zwei wichtige Wirkungen für das menschliche Verhalten: die Kontaktwirkung und die Verstärkerwirkung. Erstere dient der *Aufmerksamkeit* und als Orientierungsreaktion. Mittels der *Orientierungsreaktion* wenden Individuen ihre Aufmerksamkeit auf den Aktivierungsreiz. In der Regel werden Individuen heute zu vielen Reizen ausgesetzt. Aufgrund dieser Informationsüberlastung ist es deshalb schwierig, die Aufmerksamkeit z. B. auf eine Werbemaßnahme zu lenken. Richtet sich die Aufmerksamkeit bspw. auf ein Werbebanner aus einer Vielzahl anderer Reize, so spricht man von selektiver Aufmerksamkeit. Die zweite Wirkung, die *Verstärkerwirkung*, führt zu einer besseren Informationsverarbeitung und -speicherung: Konsumenten verarbeiten z. B. stark aktivierende Werbereize besser und können sich besser an diese erinnern. Möglichkeiten der gezielten Aktivierung von Konsumenten auf einen Reiz finden sich im Kapitel zur Kommunikation (Kap. 9).

Die Steigerung der Aktivierung wirkt je nach Aufgabenstellung unterschiedlich (Yerkes-Dodson-Gesetz): Bei komplexen Aufgaben, wie z. B. dem Schreiben einer Klausur, wirkt eine Steigerung der Aktivierung bis zu einem Scheitelpunkt positiv, danach sinkt die Leistungsfähigkeit wieder. Denn wenn ein panikartiger Aktivierungslevel erreicht wird, verhindert diese Panik die optimale Bearbeitung von komplexen Aufgaben. Die Panik muss erst wieder reduziert werden, um die Klausur optimal schreiben zu können. Bei einfachen Aufgaben steigt dagegen die Leistungsfähigkeit mit zunehmendem Aktivierungsgrad zunächst abnehmend weiter an, bis sie auf hohem Niveau verharrt. Deshalb können Individuen z. B. in einer Fluchtsituation in einem Panikzustand auch die kognitiv wenig anspruchsvolle Aufgabe des Wegrennens optimal bis zum Nachlassen der Kräfte bewältigen.

2.2.2 Emotion

Emotionen gehen über die allgemeine Aktivierung hinaus, indem hier eine spezifische Aktivierung vorliegt, die auch eine Bewertung des inneren Erlebens der Aktivierung beinhaltet.

Allerdings besteht keine Einigkeit über die Emotionsdefinition. Hilfreich ist der Überblick von Gröppel-Klein (2014, S. 9 ff.), den sie zusammengefasst wiedergibt (Kroeber-Riel und Gröppel-Klein 2019, S. 94): „*Emotionen* sind komplexe Reaktionen auf Ereignisse, die das individuelle Wohlbefinden beeinflussen. Emotionen bewirken physiologische Reaktionen, Veränderungen des Verhaltens (unter anderem des Gesichtsausdrucks) und der subjektiven Erfahrungen. Emotionen entstehen aus der bewussten oder unbewussten Bewertung des auslösenden Ereignisses und führen zu Verhaltensweisen, die teilweise evolutionär vorbestimmt sind. Sie unterscheiden sich von anderen affektiven Phänomenen, wie z. B. Stimmungen, dadurch, dass sie relativ rasch entstehen, normalerweise kürzer andauern und intensiver sind."

Zusammenfassend spiegelt die Definition von Myers und DeWall (2018, S. 427) Emotionen gut wider:

▷ **Emotion:** Reaktion des gesamten Organismus, welche die physiologische Erregung, expressive Verhaltensweisen und bewusste Erfahrung umfasst.

Einig scheint sich die Wissenschaft hingegen darüber zu sein, dass Menschen über angeborene, grundlegende Emotionen, sogenannte *Primäremotionen*, verfügen. Plutchik (1991) und Izard (1991) stimmen bei den Primäremotionen Angst, Ärger, Ekel, Freude, Kummer und Überraschung überein, zählen jedoch unterschiedlich Vertrauen und Erwartung (Plutchik) oder Interesse, Scham, Schuld und Verachtung (Izard) dazu. Diese Emotionen sind kulturübergreifend vorzufinden und werden mit der gleichen Mimik ausgedrückt. *Sekundäremotionen* gelten als Kombinationen von Primäremotionen, z. B. kann man Optimismus als Mischung aus Antizipation und Freude verstehen.

Im Marketing kann das Wissen über Emotionen unter anderem zur Vermittlung von emotionalen *Konsumerlebnissen* und zur Schaffung einer positiven *Wahrnehmungsatmosphäre* eingesetzt werden (Abschn. 9.8).

2.2.3 Motivation

▷ **Motivation:** Grundlegende Antriebskräfte (Emotionen und Triebe), die mit einer kognitiven Zielorientierung in Bezug auf das Verhalten verbunden sind.

Motivationen sind für das Verständnis relevant, warum Konsumenten sich wie verhalten. Warum stehen Menschen stundenlang an, um ein neues Modell des Smartphones von Apple zu erhalten? Oder warum sind Konsumenten bei vielen neuen Produktentwicklungen, wie z. B. E-Autos, erst einmal vorsichtig?

Vereinfachend können zwei Komponenten von Motivationen gesehen werden: Antriebskräfte und zielbezogene Bewertung. Die grundlegenden Antriebskräfte versorgen Konsumenten mit der Energie, (subjektive) Mangelzustände zu beseitigen sowie Zielsetzungen zu erreichen. Die Intensität der Motivation hängt von der wahrgenommenen Bedeutung der Ziele ab und der Bewertung, wie diese Ziele erreicht werden können.

Prozesstheorien der Motivation befassen sich mit der Entstehung, Aufrechterhaltung und Beendigung von Verhaltensintentionen, während *Motivtheorien* sich eher auf die treibenden Kräfte hinter Verhaltensintentionen konzentrieren. Eine bekannte Motivtheorie ist die Bedürfnisklassifikation von Maslow. Grundlegend in dieser sind Defizitbedürfnisse wie Hunger und Durst zur Aufrechterhaltung der Leistungsfähigkeit. Daneben existieren sog. Wachstumsbedürfnisse (Abb. 2.1). Die Maslowsche Bedürfnispyramide stellt einen guten Überblick über verschiedene

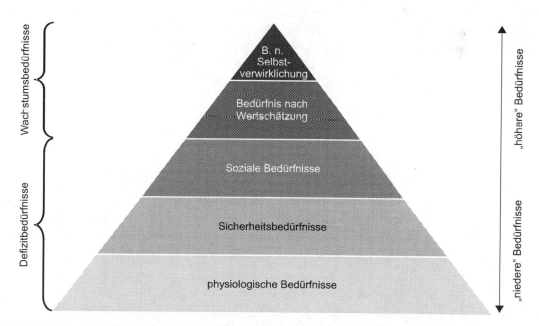

Abb. 2.1 Maslowsche Bedürfnispyramide. (Quelle: ähnlich Maslow 1943, S. 375 ff.; McDermid 1960, S. 94)

Bedürfnisarten dar, auch wenn seine These, dass die Stufen von unten nach oben erfüllt werden, nicht immer zutrifft. Die „idealtypische" Bedürfnispyramide steht eher für die Intention Maslows, ein emanzipiertes und humanistisches Menschenbild zu kreieren.

Eine andere Einteilung stammt von Trommsdorf und Teichert (2011, S. 109 ff.). Sie stellen sieben Konsummotivkategorien auf, die flexibel für unterschiedliche Produkte und Zielgruppen relevant sein können:

- Ökonomik, Sparsamkeit und Rationalität
- Prestige, Status und soziale Anerkennung
- Soziale Wünschbarkeit und Konformität
- Lust, Erregung und Neugier
- Sex und Erotik
- Angst, Furcht und Risikoabneigung
- Konsistenz, Dissonanz und Konflikt

Laddering-Technik zur Erfassung

Die Motivationen für den Kauf eines bestimmten Produktes kann man mit der Laddering-Technik aufdecken. Diese dient der Ermittlung der Means-End-Kette, die aus mentalen Verbindungen zwischen Eigenschaften eines Produktes, den Konsequenzen des Konsums und den persönlichen Werten besteht (Abb. 2.2). Die *Laddering*-Technik wird im Rahmen eines qualitativen Interviews angewendet und dient dabei der Erfassung des Produktwissens und der vom Konsumenten wahrgenommenen Produktvorteile, die

für seine Bedürfniserfüllung relevant sind (Reynolds und Gutman 1988). In einem ersten Schritt werden die wichtigsten Vorteile des zu erfassenden Produktes (oder der Dienstleistung) erfragt. In der Regel nennen Konsumenten Produkteigenschaften, jedoch nicht die für das Verhalten relevanten Nutzen und Werte. Diese können mit „Warum"-Fragen erhoben werden (z. B. „Warum ist OLED-Technik bei Fernsehern für Sie wichtig?"). Mit weiteren „Warum"-Fragen können tiefere Antwortebenen erreicht werden. Im zweiten Schritt werden aus den Antworten mittels inhaltlicher Erfassung Means-End-Ketten erstellt. Diese wiederum werden im dritten Schritt in einer Hierarchical Value Map zusammen visualisiert, sodass die Verknüpfungen der einzelnen Ketten sichtbar werden.

▷ Grundlegende Kaufmotive können mittels Laddering erforscht werden.

Reaktanz

Brehm (1966) stellte mit der *psychologischen Reaktanz* dar, wie Individuen sich verhalten, wenn sie sich in ihrer persönlichen Handlungsfreiheit eingeschränkt fühlen. Beispielsweise werden von Kinos gelegentlich Special Events angeboten, bei denen z. B. die komplette Filmtrilogie „Der Herr der Ringe" vorgeführt wird. Die Handlungsoption, an dem Special Event teilzunehmen, ist nur temporär möglich: Entweder sind nach einer kurzen Zeit alle Tickets ausverkauft oder das Spe-

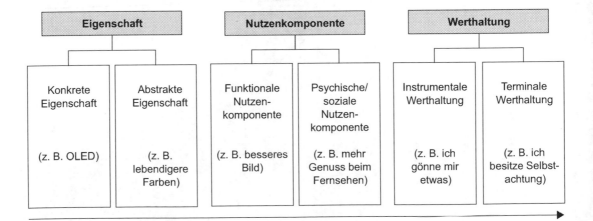

Abb. 2.2 Means-End-Kette am Beispiel Fernseher. (Quelle: In Anlehnung an Herrmann 1996, S. 75)

cial Event ist vorbei. Die Handlungsfreiheit, an dem Special Event teilzunehmen, wird also bald entfallen, sie ist nur noch kurzfristig gegeben. Dadurch tritt Reaktanz auf: Es entsteht Handlungsdruck, sich die letzten Plätze zu sichern, um die vollständige Handlungsfreiheit zu erhalten.

▶ **Psychologische Reaktanz** beschreibt die Motivation der Wiederherstellung der vollständigen Handlungsfreiheit, wenn Konsumenten Beeinflussungsversuche wahrnehmen und ihre Handlungsspielräume eingeschränkt werden.

Psychologische Reaktanz kann zu unterschiedlichen Verhaltensweisen führen. Zunächst kann versucht werden, die Handlungsfreiheit wiederherzustellen. Oft ist dies nicht möglich, oder, wie im obigen Beispiel nur eingeschränkt möglich, in dem schnell die Restplätze gebucht werden. Alternativ ist auch eine indirekte Wiederherstellung möglich, in dem man eine ähnliche Handlung ausübt, z. B. das Besuchen der Filme an anderen Terminen oder der Besuch einer anderen Filmvorführung am gleichen Tag. Wenig zielführend stellt sich Aggression wie eine laute Unmutsbekundung aufgrund der verlorenen Handlungsfreiheit dar. Wenn keine alternative Handlungsmöglichkeit gefunden werden kann, so helfen sich Individuen oft mit der Abwertung der verlorenen Handlungsfreiheit. Zum Beispiel könnte man aufführen, dass es vermutlich sowieso nicht lohnenswert sei, eine ganze Filmtrilogie am Stück zu sehen und damit die Einschränkung der Handlungsfreiheit wenig relevant ist.

2.2.4 Einstellung

Wie die Motivation ist die Einstellung ein hypothetisches *Konstrukt*, welches man nicht durch Beobachtung direkt erfassen kann. Es ist eines der am häufigsten verwendeten Konstrukte in der Marketingforschung. Als Einstellung wird ein innerer Zustand („psychologische Tendenz") bezeichnet, der sich in einer positiven, negativen oder neutralen Bewertung gegenüber einem bestimmten Objekt (z. B. Person, Gegenstand, Idee oder Verhalten) ausdrückt (Fischer et al. 2018, S. 97).

▶ **Einstellung:** Innerer Zustand, der sich in einer positiven, negativen oder neutralen Bewertung gegenüber einem bestimmten Objekt ausdrückt.

Der Einstellungsbegriff wird oft synchron verwendet mit dem mehrdimensional gefassten Begriff *Image*, dem Gesamtbild einer Person über einen Gegenstand. Auch bei den Begriffen Markenbild, Markeneinstellung und Markenimage hat sich eine Austauschbarkeit etabliert. Drei *Komponenten der Einstellung* lassen sich erfassen, mit denen die Einstellung genauer interpretiert werden kann:

- Affektive Komponente (z. B. „Die App gefällt mir sehr gut.", „Die App ist mir sympathisch.")
- Kognitive Komponente (z. B. „Die Qualität der App ist sehr gut.")
- Konative (Verhaltens-)Komponente (z. B. „Es ist wahrscheinlich, dass ich die App kaufen werde.")

Die große Bedeutung des Einstellungsbegriffes lässt sich auch daran erkennen, dass eine positiv ausgeprägte konative Einstellungskomponente unter bestimmten Bedingungen zum Kauf führt.

Zur Wirkung der Einstellung auf das Verhalten werden sehr oft die sozialpsychologische *Theorie des überlegten Handelns* (Theory of Reasoned Action (TRA); Fishbein und Ajzen 1975, S. 334) und vor allem deren Weiterentwicklung, die *Theorie des geplanten Verhaltens* (Theory of Planned Behavior (TPB); Ajzen 1991), herangezogen. Die TRA erklärt die Verhaltensabsicht mittels der Einstellung gegenüber einem Objekt sowie den relevanten subjektiven Normen. Bei letzteren können soziale Normen, wie z. B. die allgemeine Missachtung von umweltschädlichem Verhalten, und individuelle Normen, wie z. B. der Ablehnung des Kaufs eines SUVs, da man die Umwelt nicht schädigen möchte, unterschieden werden. Die TPB (Abb. 2.3) unterscheidet sich von der TRA durch die Ergänzung der wahrgenommenen eigenen Verhaltenskontrolle: Wie einfach oder wie schwierig es sub-

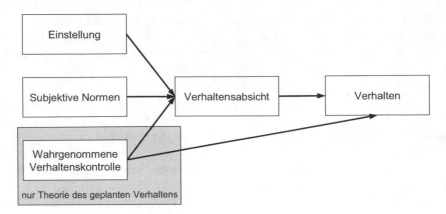

Abb. 2.3 Theorien des überlegten Handelns und des geplanten Verhaltens

jektiv ist, ein Verhalten zu realisieren, hat hier erheblichen Einfluss auf das Verhalten.

▷ Einstellungen besitzen mehrere Komponenten. Die TRA und TBA verbinden das Einstellungskonstrukt mit dem Verhalten.

Kritisch zu betrachten ist allerdings die Suggestion eines sehr rationalen Verhaltens durch die TRA und die TPB. In den Modellen werden habitualisierte und impulsive Kaufentscheidungen vernachlässigt, bei denen rationale Gründe nur eine geringe Rolle spielen und vor allem affektive Prozesse relevant sind (siehe Abschn. 2.4.3). Einmal mit hoher Anstrengung gebildete Einstellungen sind i. d. R. stabil und prägen das Kaufverhalten besonders stark. Nicht hinreichend berücksichtigt werden auch sogenannte Variety Seekers (Personen mit einem Bedürfnis nach Abwechslung), die sich nicht langfristig auf eine bestimmte Marke festlegen, sondern Abwechslung beim Einkaufen bevorzugen.

Bedeutung im Marketing
Einstellungen sind im Marketing somit relevant für die *Prognose* des Kaufverhaltens. Zudem können anhand der Einstellung *Zielgruppen* und *Marktsegmente* definiert werden, da ein Angebot sich für bestimmte Segmente besonders gut eignen kann. So haben Konsumenten ganz unterschiedliche Vorstellungen, was ein Auto leisten sollte. Auch können anhand der Einstellung *Optimierungsmöglichkeiten* für das Angebot ge-

funden werden. Schließlich kann mit Einstellungsmessung auch die Wirkung der Marketingkommunikation geprüft werden. Dies gilt insbesondere für Produkte, die in längeren Zeitabständen gekauft werden wie Autos. Hier stellt die Einstellung einen Frühindikator dar, während der Autokauf aufgrund einer Werbekampagne oft erst zu einem späteren Zeitpunkt erfolgt.

Konsistenz von Einstellungen und von Einstellung und Verhalten
Menschen streben in ihrem Denken und Handeln nach Konsistenz (*Konsistenztheorie*). Bestehen Widersprüche (Inkonsistenzen) im Rahmen von Einstellungen, die nicht erklärbar sind, oder stimmt das Verhalten nicht mit den Einstellungen überein, so löst dies oft unangenehme Gefühle aus: Hier handelt es sich um *kognitive Dissonanzen*. Zum Beispiel könnten Konsumenten das Angebot eines hochwertigen Staubsaugerroboters einer bekannten Marke für nur 149 € sehen. Dieser Preis ist außergewöhnlich niedrig, da Staubsaugerroboter dieser Marke i. d. R. zwischen 400 bis 700 € angeboten werden. Für Konsumenten könnte es somit bspw. nicht nachvollziehbar sein, warum der Preis so viel niedriger als üblich ist. Es kommt zu einer wahrgenommenen Inkonsistenz zwischen dem aktuell angebotenen Preis und der erwarteten Preisspanne bei diesem Anbieter.

Nach Festinger (1954) besteht bei Individuen das Bedürfnis, in ihren Einstellungssystemen *In-*

konsistenzen zu vermeiden oder falls dies misslingt, diese schnell aufzulösen, sobald diese über einer tolerierbaren Schwelle liegen. Hierzu verwenden Individuen vier verschiedene Techniken, die auch miteinander kombiniert werden können (Gerrig 2018, S. 673 f.):

- Umstrukturierung von Einstellungen: Im obigen Beispiel könnte man zu der Auffassung kommen, dass es sich um ein qualitativ weniger überzeugendes Einstiegsmodell der Marke handelt. Alternativ wäre es auch möglich, dass man von einem zunehmenden Preisverfall dieser Produktkategorie ausgeht oder von sinkenden Anschaffungskosten bei steigenden Betriebskosten, z. B. für Staubsaugerbeutel und Filter.
- Erklärung anhand der die Inkonsistenz erzeugenden Situation: Hierbei bleiben die Einstellungen an sich bestehen, die Inkonsistenz wird situativ erklärt: Es könnte sich im obigen Beispiel um ein Auslaufmodell oder einen Preisfehler handeln.
- Verdrängung von Inkonsistenzen: Viele Konsumenten entgehen kognitiven Dissonanzen, indem sie versuchen, nicht mehr an die bestehenden kognitiven Konflikte zu denken. Dies kann auch im Rahmen der subjektiven Abwertung der Zielvorstellung geschehen, wenn Ziele nicht mehr erreichbar scheinen (Devezer et al. 2008, S. 667).
- Vermeidung von Inkonsistenzen: Dies kann erreicht werden durch langfristige Markenbindungen, durch die man die Angebote der Konkurrenz nicht mehr beachtet. Insbesondere im Internet können sich Menschen in ihre „Filterblase" zurückziehen, in der sie nur noch Informationen wahrnehmen, die ihren Einstellungen entsprechen.

Im Marketing sind vor allem zwei Situationen relevant, die kognitive Dissonanzen erzeugen. Erstens sind dies neu aufgenommene Informationen, die im Kontrast zu bisherigen Einstellungen zur Marke stehen. Zweitens erleben Konsumenten oft Nachkaufdissonanzen, wenn sie ihre Kaufentscheidung erneut auf den Prüfstand stellen. Deshalb versuchen viele Unternehmen, den Konsumenten in seiner Kaufentscheidung zu bestätigen („Sie haben ein hervorragendes Produkt gekauft.").

▶ Konsumenten streben nach Konsistenz ihre Einstellungen, und sie bevorzugen Konsistenz zwischen den eigenen Einstellungen und an sich selbst beobachtetem Verhalten.

Der Aufbau und die Aktualisierung von Einstellungen erfolgen durch Erfahrungen und Beobachtungen. Hierbei sei auf das Elaboration-Likelihood-Modell und das Heuristic-Systematic-Modell verwiesen. Sie werden im Abschn. 9.3.3 dargestellt.

2.2.5 Zufriedenheit

In enger Beziehung zur Einstellung steht die Zufriedenheit, welche vor allem als Reaktion aufzufassen ist, z. B. auf ein Produkt, eine Dienstleistung, ein Erlebnis oder eine Website.

▶ **Zufriedenheit:** Positives Gefühl nach einer Handlung und Ergebnis eines Vergleichs von eigenen Erwartungen und wahrgenommener (Produkt-)Leistung.

Die Ausprägung von Zufriedenheit erfolgt i. d. R. mittels des Vergleiches einer wahrgenommenen Leistung mit der erwarteten Leistung (Abb. 2.4). Zufriedenheit ist jedoch nicht transaktionsspezifisch zu betrachten, sondern vielmehr als andauernder Prozess mit Interaktions- und Lernprozessen (z. B. Ullrich 2012, S. 103 f.).

Nicht jede Eigenschaft eines Produkts ist gleichermaßen relevant für die Zufriedenheit. Zu differenzieren sind Basisfaktoren, die hinreichend vorhanden sein müssen, um keine Unzufriedenheit auszulösen. So muss z. B. ein Hotelzimmer sauber sein. Je besser Leistungsfaktoren ausgeprägt sind, desto zufriedener sind Konsumenten, hierzu zählen z. B. die Bettengröße oder das Angebot an Hotelkosmetik. Begeisterungsfaktoren können zusätzlich für eine hohe Zufriedenheit sorgen, z. B. mit kostenfreien

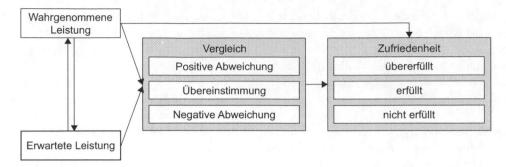

Abb. 2.4 Confirmation-Disconfirmation-Paradigma. (Quelle: In Anlehnung an Anderson und Sullivan 1993, S. 27)

regionalen Delikatessen in der Minibar oder einem Concierge, der einen Tisch in einem ausgebuchten Restaurant für seine Hotelgäste ergattert.

Zufriedenheit ist der Hauptfaktor für die Bindung zu einem Unternehmen, Produkt oder Markennamen. Bindung wiederum hat sowohl rationale als auch emotionale Anteile. Markenbindung – als Beispiel – ist oft vor allem durch die emotionale Bindung geprägt. Positive Gefühle, die durch die Markeninteraktion ausgelöst werden, führen zu einem Anreiz, diese Interaktionen aufrechtzuerhalten. Die breiter gefasste *Kundenbindung* bezieht hingegen sowohl emotionale als auch rationale Komponenten ein. Loyalitätsprogramme, zum Beispiel, setzen stark auf eher rationale Aspekte, um die Kundenbindung zu stärken. Neben der emotionalen und rationalen Bindung kann auch faktische Bindung wirken, wie bspw. bei länger laufenden Verträgen im Mobilfunkbereich. Abzugrenzen ist das bloße Wiederkaufverhalten, z. B. bei einer Einkaufsstätte, die vor allem deshalb regelmäßig frequentiert wird, weil sie auf dem Weg zur Arbeit liegt.

2.3 Psychische Variablen: kognitive Prozesse

Das Verhalten definiert sich sowohl durch aktivierende als auch kognitive Prozesse. *Kognitive Prozesse* sind gedankliche Prozesse, die im Gedächtnis ablaufen. Mittels dieser ist es Menschen möglich, Kenntnisse über sich selbst und ihre Umwelt zu gewinnen. Kognitive Prozesse sind eher rationaler Natur und unterliegen somit stär-

ker der Willenskontrolle. Auch wenn relevante kognitive Prozesse vorliegen, die unbewusst ablaufen (wie das implizite Lernen), so geht die kognitive Psychologie davon aus, dass Menschen ihr Verhalten aufgrund der kognitiven Prozesse relativ bewusst steuern können (Kroeber-Riel und Gröppel-Klein 2019, S. 257 ff.).

▶ **Kognitive Prozesse** Gedanklich kontrollierte Prozesse, oft eher bewusster Natur.

2.3.1 Gedächtnis

Das Gedächtnis ist zuständig für die Prozesse der Informationsaufnahme, -verarbeitung und -speicherung. Anatomisch umfasst es u. a. mehrere Bereiche des Gehirns. Hinsichtlich des Konsumentenverhaltens ist es jedoch sinnvoll und hinreichend, eine logisch-schematische Differenzierung verschiedener Gedächtnistypen vorzunehmen. Diese ist stark vereinfacht und abstrahiert von der physiologischen Situation. Ursprünglich wurde eine solche schematische Differenzierung von Atkinson und Shiffrin (1968) unter dem Begriff des Dreispeichermodells eingeführt. Heute wird stattdessen der Begriff „modales Modell" verwendet, da dieses Gedächtnisfunktionen und nicht nur Speicherfunktionen beinhaltet (Abb. 2.5):

- *Sensorisches Register* (sensorischer Speicher schnell vergänglicher Sinneseindrücke für die Aufnahme relevanter Informationen)
- *Arbeitsgedächtnis* (Bereich zur Enkodierung von Informationen)

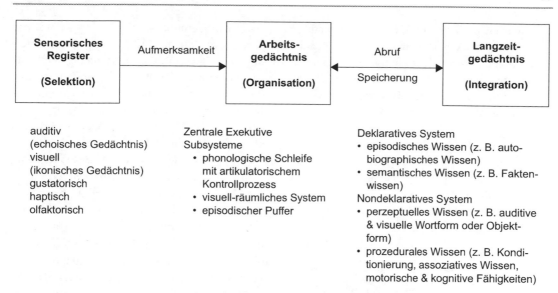

Abb. 2.5 Modales Modell. (Quelle: in Anlehnung an Buchner und Brandt 2017, S. 403)

- *Langzeitgedächtnis* (Speicher für den späteren Abruf von Informationen)

Sensorisches Register

Das *sensorische Register* nimmt alle erfassbaren Daten in einem reizspezifischen Format auf, speichert diese jedoch nur für Sekundenbruchteile. An dem einfachen Beispiel des aktuellen visuellen Blickfeldes ist zu erkennen, dass man sehr viele Informationen gleichzeitig erfasst, diese jedoch weitgehend wieder verloren gehen, wenn man die Augen schließt. Es stellt bereits ein erstes präattentives Verarbeitungssystem dar, in welchem physikalische Eigenschaften der aufgenommenen Reize hochautomatisch analysiert werden. Nur wenige Reize passieren die Schwelle der Aufmerksamkeit und gelangen in das Arbeitsgedächtnis.

Arbeitsgedächtnis

Das *Arbeitsgedächtnis* dient der Informationsverarbeitung und der Übertragung von zu speichernden Informationen in das Langzeitgedächtnis. Die Speicherkapazität ist stark begrenzt. Menschen sind nicht in der Lage, mehr als ungefähr sieben Informationen gleichzeitig bewusst zu verarbeiten (Miller 1956). Konsumenten erhalten einerseits notwendige Informationen aus dem sensorischen Speicher, andererseits ist der Zugriff auf das Langzeitgedächtnis möglich, um

bereits gespeicherte Informationen zu berücksichtigen. Anhand der Studie von Baddeley und Hitch (1974) ist davon auszugehen, dass das Arbeitsgedächtnis in mehrere Module gegliedert ist, da Menschen unterschiedliche Aufgaben simultan ausüben können, nicht jedoch gleiche oder ähnliche Aufgaben. Übergeordnet steht hier die zentrale Exekutive, die für die Steuerung der Reizauswahl aus dem sensorischen Speicher zuständig ist, das Arbeitsgedächtnis mit dem Langzeitgedächtnis verbindet und die folgenden Elemente steuert (Baddeley 2012):

- In der *phonologischen Schleife* werden akustische und artikulatorische Reize verarbeitet und visuell vorliegende Reize und durch „inneres Nachsprechen" in phonetische Laufformen übertragen. Die klangliche Bedeutung konnte Baddeley bekräftigen, indem er nachwies, dass unterschiedlich klingende Konsonanten einfacher memoriert werden als ähnlich klingende.
- Im *visuell-räumlichen Notizblock* werden visuelle und räumliche Informationen gespeichert. Es ist vorstellbar, dass es auch Notizblöcke für die weiteren Sinnesmodalitäten gibt.
- Der *episodische Puffer* ermöglicht eine Speichervergrößerung für inhaltlich verknüpfte Informationen. Während man sich meist nur um die fünf Wörter merken kann,

sind auch 15 Wörter möglich, wenn man diese z. B. in einem Gedicht oder in einem Merksatz verknüpft. Dies gelingt durch die bildlichen Assoziationen, die man durch das inhaltliche Zusammenwirken von z. B. verbalen Informationen generiert.

▶ Im Gedächtnis von Konsumenten werden Informationen verarbeitet und gespeichert. Nach dem modalen Gedächtnismodell existieren verschiedene Arten des Gedächtnisses, die unterschiedliche Fähigkeiten haben und miteinander interagieren.

Der physiologische Prozess wird folgend am Beispiel des Sehens dargestellt (dazu z. B. Myers und DeWall 2018, S. 224 ff.): Vereinfacht scheint Licht in dem Wellenlängenbereich von 380 bis 780 nm durch die Hornhaut des Auges (Cornea), die das Licht für die Fokussierung bricht. Die Lichtstrahlen passieren die Pupille, deren Größe durch die Iris (Regenbogenhaut) anhand der Lichtverhältnisse verkleinert (hell) oder vergrößert (dunkel) wird. Die Iris passt die Größe auch auf den Emotionen basierend an, so verschließt sie die Pupille z. B. bei ekelhaften Reizen mehr oder öffnet diese bei willkommenen Reizen. Die Lichtstrahlen treffen nun auf die Linse, die diese bündelt, um auf der Netzhaut ein scharfes Bild entstehen zu lassen, welche das Licht durch den aus Wasser, Hyaluronsäure und Kollagenfasern aufgebauten Glaskörper erreicht. In der Retina genannten Netzhaut geben die Lichtrezeptoren, genauer, ca. 120 Millionen Stäbchen (skotopisches Sehen im Dunkeln) und ca. 6 Millionen Zapfen (photopisches Sehen am Tag und Farbe), die Informationen an die Ganglienzellen weiter, die die elektrischen Erregungen an den Sehnerv weitergeben. Dessen Austrittsstelle aus der Netzhaut wird Papille (blinder Fleck) genannt, an dem keine Lichtrezeptoren sitzen. Die beiden Sehnerven kreuzen sich und gehen in die Sehbahn (Tractus opticus) über, die die elektrischen Erregungen erstens zu einem kleineren Teil zum Hypothalamus und zum Epithalamus weiterleitet. Diese verarbeiten die Signale für unbewusste Prozesse, wie z. B. Reflexe wie den Pupillenreflex oder als Zeitgeber für die zirkadiane Rhythmik (z. B. Schlaf-Wach-Rhythmus). Zweitens gelangt der Hauptteil der Erregungen zum Corpus geniculatum laterale (ein Kern des Thalamus) und von dort zum visuellen Cortex (auch: Sehrinde) im Occipitallappen im hintersten Teil des Großhirns.

Langzeitgedächtnis

Im *Langzeitgedächtnis* werden die Informationen gespeichert. Hierbei wird zwischen einem deklarativen und einem non-deklarativen Gedächtnissystem unterschieden. Das *deklarative Lang-*

zeitgedächtnis umfasst episodisches Wissen, welches persönliche Erinnerungen und deren räumliche und zeitliche Einordnung umfasst, z. B. die Erinnerung an die ersten Tage an der Hochschule. Ebenso gliedert sich hier semantisches Wissen ein, unter welchem Faktenwissen zu verstehen ist. Dies könnte z. B. die Zuordnung der Professorinnen und Professoren zu den im ersten Semester angebotenen Vorlesungen umfassen. Inhalte des *non-deklarativen Gedächtnisses* können Individuen nicht aktiv berichten, es zeigt sich stattdessen in ihren Handlungen (z. B. Fahrradfahren, Schwimmen) sowie Erfahrungsnachwirkungen. Letztere gehen zurück auf Effekte des *Primings* (auch Bahnung). Priming wird definiert als (oft unbewusste) Aktivierung bestimmter Assoziationen, die eine Wahrnehmung, Erinnerung oder Reaktion vorbereitet (Myers und DeWall 2018, S. 216). Ein erster Reiz, der wahrgenommen wird, beeinflusst also die Reaktion oder Interpretation der darauffolgenden Reize.

▶ **Priming** Unbewusste Aktivierung bestimmter Assoziationen im Gedächtnis, die eine Wahrnehmung, Erinnerung oder Reaktion vorbereitet.

Vergessen

Es ist umstritten und nicht prüfbar, ob eine permanente Speicherung erfolgt oder Gedächtnisinhalte geändert oder überschrieben werden. Wichtig ist vielmehr, warum man sich nicht immer an Inhalte des Langzeitgedächtnisses erinnern kann. Für das „*Vergessen*" sind, einer wichtigen Modellgruppe folgend, Interferenzprozesse verantwortlich: Den Zugriff auf die gesuchte Antwort erschweren andere zur Verfügung stehende Antwortalternativen. Zu unterscheiden sind proaktive *Interferenzen*, bei denen bereits gelernte Informationen den Zugriff auf später gelernte Informationen erschweren (z. B. Wechsel von alter auf neue PIN). Dagegen sorgen zeitlich später gelernte Informationen bei der retroaktiven Interferenz für eine schlechtere Abrufbarkeit von früher gelernten Informationen (Buchner und Brandt 2017, S. 415 ff.). Andere Erklärungen be-

ziehen sich auf die fehlende Auffindbarkeit er-
lernter Gedächtnisinhalte.

Schematheorie
Weitverbreitet ist die *Schematheorie zur Organisation und Interpretation von Informationen.*
Dieser folgend kann Wissen mit sog. Schemata
abgebildet werden (Abb. 2.6).

▶ **Schema** Mentale, hierarchisch organisierte
Wissensstruktur über Personen, Sachverhalte
oder Ereignisse.

Die einzelnen Schemata sind inhaltlich miteinander verknüpft, so besteht z. B. ein Zusammenhang zwischen Kaffee und Frühstück.
Übergeordnete Schemata wie Obst können Assoziationen an untergeordnete Schemata wie Apfel
oder Birne vererben. Je nach Wissensstand sind
Schemata über ein bestimmtes Objekt ganz
unterschiedlich ausgeprägt und können Leer-
stellen enthalten, die möglicherweise später aus-
gefüllt werden (Mandl et al. 1988). Konsumenten
können deshalb Elektroautos als Unterkategorie
des Schemas Auto verstehen und im Lauf der
technischen Entwicklung weitere Assoziationen
hinzufügen. Der Aufbau eines Schemas verfestigt
sich im Zeitablauf, wenn schemakonsistente Informationen wiederholt wahrgenommen werden.
Dadurch steigt die Resistenz gegen schema-
inkonsistente Informationen (Fiske und Taylor
2017). In der Praxis bedeutet dies, dass langfristig aufgebautes Produkt- oder Markenwissen
mit einem klaren Schema eine starke Resilienz
gegenüber inkongruenten Informationen aufweist.

▶ Das Wissen der Konsumenten kann mittels
   Schemamodellen beschrieben werden. Auch
   für die Erklärung des Erwerbs, der Veränderung
   und der Auswirkungen von Wissensinhalten
   sind schematheoretische Betrachtungen im
   Marketing hilfreich.

Relevant für das Marketing sind vor allem die
folgenden Funktionen und Wirkungen von Schemata:

- Lenkung der Aufmerksamkeit: Ein Schema
  wird nach Bedarf aufgerufen, wenn eingehende Reize diesem Schema zugeordnet
  werden können. Dies ermöglicht ein besseres
  Verständnis. Die selektive Aktivierung steuert
  dabei die Aufmerksamkeit.
- Unterstützung der Integration von neuen Informationen und bessere Erinnerung: Bei
  großen Übereinstimmungen („Fit") zwischen dem bestehenden Schema und den
  neuen Informationen kann die Informationsverarbeitung weitgehend automatisch und
  damit sehr einfach erfolgen. Dies ermöglicht
  eine bessere Informationsverarbeitung von
  Informationen, die zu bestehenden Schemata passen.

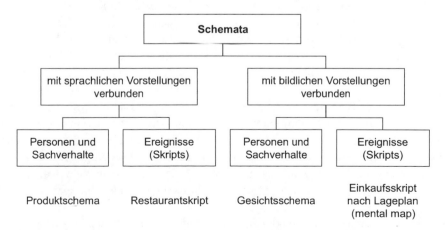

Abb. 2.6 Einteilung der Schemata. (Quelle: Kroeber-Riel und Gröppel-Klein 2019, S. 269)

- Beeinflussung der wahrgenommenen Informationen: Konsumenten präferieren meistens ihnen bekannte Schemata im Vergleich zu unbekannten Schemata. Schemakongruente Informationen wirken positiv auf die Akzeptanz, das Gefallen und die Vertrautheit des Konsumenten. Dies gilt auch noch für leicht inkongruente Informationen, mit denen man Differenzierungen zur Konkurrenz erreichen kann – zudem ist mit diesen eine bessere Erinnerungsleistung als bei schemakongruenten Informationen zu erreichen. Starke Inkongruenz wirkt dagegen negativ (Mandler 1982; Meyers-Levy und Tybout 1989).

2.3.2 Informationsaufnahme und -verarbeitung

Für das Konsumentenverhalten sind die Prozesse der Informationsaufnahme und -verarbeitung ebenso zentral wie die Informationsspeicherung, die im Rahmen des Lernens (Abschn. 2.3.3) dargestellt wird.

2.3.2.1 Informationsaufnahme und Informationsabruf

Die *Informationsaufnahme* umfasst die Vorgänge, die zur Übernahme einer Information in das Arbeitsgedächtnis führen, und sie kann entweder intern und/oder extern erfolgen.

Der interne Informationsabruf erfolgt durch den Abruf von Informationen aus dem Langzeitgedächtnis. Meist erfolgt dies wissentlich, man kann sich aber auch absichtslos an eine Information aus dem Langzeitgedächtnis erinnern, wenn diese z. B. durch einen mit dieser Assoziation in Verbindung stehenden Außenreiz aktiviert wird.

▶ Die **Informationsaufnahme** umfasst die Vorgänge, die zur Übernahme von externen Informationen in das Arbeitsgedächtnis führen.

Beim **internen Informationsabruf** werden Informationen aus dem Langzeitgedächtnis abgerufen.

Außenreize wie z. B. akustische, olfaktorische oder visuelle Reize werden wahrgenommen, wenn sie eine bestimmte physische Schwelle überschreiten. Die Informationsaufnahme kann dabei bewusst (z. B. das Lesen eines Werbeprospektes) oder unbewusst (z. B. von Gerüchen in einer Einkaufsstätte) erfolgen.

2.3.2.2 Informationsverarbeitung

Die *Informationsverarbeitung* umfasst die kognitiven Prozesse der Verarbeitung der empfangenen Reize der Sinnesmodalitäten Sehen, Hören, Riechen, Schmecken, Tasten und Empfinden (wie Schmerz, Kälte und Wärme, Gleichgewicht, Bewegung etc.). Die Informationsverarbeitung kann in unterschiedlichen Verarbeitungstiefen erfolgen. Je intensiver die Informationsverarbeitung abläuft, desto größer ist der Einfluss rationaler Prozesse (siehe Abschn. 9.3.3 und 2.3.3.4).

Wahrnehmung
Die Dekodierung der aufgenommenen Reize und deren weitere Verarbeitung zu für den Konsumenten sinnvollen Informationen wird als *Wahrnehmung* bezeichnet. Natürlich existieren daneben zum Teil andere Begriffsabgrenzungen, insb. in den verschiedenen Teilen der Psychologie.

▶ **Wahrnehmung** Der Informationsverarbeitungsprozess, durch den das Individuum Kenntnis von sich selbst und von seiner Umwelt erhält.

Subjektivität, Aktivität und Selektivität scheinen entscheidende Charakteristika der Wahrnehmung zu sein (Kroeber-Riel und Gröppel-Klein 2019, S. 304 ff.):

Wahrnehmung ist immer subjektiv, da Individuen diese basierend auf dem bzw. den von ihnen zur Verfügung stehenden Wissen, Erfahrungen und Werten aus unterschiedlichen Perspektiven interpretieren. Die aufgenommenen Sinneseindrücke müssen zudem verarbeitet werden. Wahrnehmung ist deshalb immer ein aktiver Vorgang, auch wenn dieser unbewusst geschehen kann. Aufgrund der überwältigenden Vielzahl an Reizen in der Umwelt müssen Individuen bei der Wahrnehmung außerdem extrem selektiv vorgehen.

Auf Marketing bezogen bedeutet es: Oft wird eine Kundensegmentierung erforderlich, um den verschiedenen Bedürfnissen und Wünschen gerecht zu werden und die Wahrnehmungschance zu sichern. Auch ist zu berücksichtigen, dass die Kommunikation gegenüber den Konsumenten verständlich und nutzenorientiert gestaltet werden sollte. Denn während der Produktnutzen für Konsumenten meist einfach verständlich ist, können viele Qualitätseigenschaften von Laien gar nicht hinreichend beurteilt werden, wie z. B. die Mineralstoffgehalte bei Mineralwässern.

Folgend werden Einflussfaktoren auf die Produktwahrnehmung dargestellt. Diese ist „ein aktueller, durch äußere Reizdarbietung ausgelöster Prozess. Dieser umfasst neben der Entschlüsselung des perzipierten Reizes auch seine gedankliche Weiterverarbeitung einschließlich einer Urteilsbildung" (Kroeber-Riel und Gröppel-Klein 2019, S. 313).

▶ **Produktwahrnehmung** Ein durch äußere Reizdarbietung ausgelöster Prozess, der neben der Entschlüsselung des Reizes auch seine gedankliche Weiterverarbeitung einschließlich einer ersten Urteilsbildung umfasst.

Produktinformationen

Zur Produktbeurteilung werden gespeicherte und aktuelle Informationen herangezogen. Dabei stehen jeweils Produkt- und Umfeldinformationen zur Verfügung. *Produktinformationen* beinhalten die physikalisch-technischen Eigenschaften des Produktes und darüber hinaus weitere Merkmale wie Preis oder Garantie. In der Regel konzentrieren sich Konsumenten auf wenige Informationen. Zahlreich wurde seit den 1970er-Jahren nachgewiesen, dass die Anzahl der beachteten Informationen im Wahrnehmungsprozess klein ist. Dörnyei, Krystallis und Chrysochou (2017, S. 197) stellten bspw. im Kontext von Konsumgütern fest, dass die Probanden nur durchschnittlich 3,88 Produkte und jeweils 3,63 Eigenschaften betrachteten. Auch wenn nur wenige Informationen beachtet werden, so kann die Wahrnehmung doch durch eine Steigerung der Anzahl der Eigenschaften das Verhalten lenken.

So stellten Sela und Berger (2012) fest, dass eine Steigerung der Eigenschaftenzahl tendenziell zur Wahl der hedonistischeren Alternativen führte. Shoham, Moldovan und Steinhart (2017) hingegen konzentrierten sich auf die Wirkung von negativen Informationen bei Kundenrezensionen. Sie konnten zeigen, dass die Bereitstellung von irrelevanten negativen Informationen zu einem positiveren Gesamtbild führte. Offensichtlich suchen viele Konsumenten insbesondere nach negativen Informationen, um zu prüfen, ob sich das Produkt für ihre Zwecke eignet oder ob relevante Probleme auftauchen können. Nicht direkt überprüfbare negative Kundenrezensionen können Konsumenten dagegen stark verunsichern (Ullrich und Brunner 2015). Insgesamt kann davon ausgegangen werden, dass im Regelfall nur wenige Eigenschaften betrachtet werden und deshalb Schlüsselinformationen wie Markenname, Vorteil, Preis oder positive Testurteile in den Fokus gerückt werden sollten.

Bei der Produktbeurteilung werden gespeicherte und aktuell eingehende Informationen herangezogen. Tendenziell werden dabei aber nur wenige Informationen genutzt. Daher fließen Schlüsselinformationen wie Testurteile oder Preis oft besonders stark ein.

Umfeldinformationen

Auch *Umfeldinformationen* beeinflussen die Informationsverarbeitung von Konsumenten stark, denn Konsumenten verwenden das Umfeld als Interpretationshilfe für eingehende Reize. Zwar nehmen Konsumenten die Umgebungsunterschiede war, jedoch sind sie sich dem Einfluss auf ihre Wahrnehmung nur wenig bewusst oder streiten diesen sogar ab. Beispielsweise bieten viele Mensen sehr gutes Essen an. Allerdings sind Mensen auf den Massenbetrieb ausgelegt und oft erfolgt die Essensausgabe in einfachen Menüschalen wie am Fließband. Dadurch wird die Qualität des Essens oft als wenig hochwertig eingeschätzt. Würde dagegen das gleiche Essen in einem gediegenen Restaurant auf hochwertigem Porzellan mit Silberbesteck angeboten, würde das Essen als wesentlich hochwertiger eingeschätzt.

2.3.3 Lernen

In der Konsumentenforschung des Marketing stehen heute behavioristische (Abschn. 2.1.2) und kognitive (neo-behavioristische) Lerntheorien zur Informationsspeicherung nebeneinander und können für die Erklärung und Prognose unterschiedlicher Lernsituationen herangezogen werden. Zu den behavioristischen Ansätzen zählen die Formen des Konditionierens. Kognitive Theorien in diesem Feld sind das Imagery-Lernen und das Lernen am Modell.

Lernsituationen liegen im Marketing bspw. bei Werbekampagnen oder bei Neuprodukteinführungen vor. Grundsätzlich bezeichnet *Lernen* den Prozess, mit dem Konsumenten sich neue und relativ beständige Informationen oder Verhaltensweisen aufgrund von eigenen Wahrnehmungen oder Erfahrungen aneignen (ähnlich Myers und DeWall 2018, S. 262). Mit Blick auf das modale Gedächtnismodell bedeutet Lernen den Aufbau oder die Veränderung von Inhalten im Langzeitgedächtnis.

▷ **Lernen** Der Prozess, sich neue und relativ beständige Informationen oder Verhaltensweisen aufgrund von Erfahrung anzueignen.

Hingewiesen sei an dieser Stelle auf die Unterscheidung zwischen bewusstem und unbewusstem (impliziten) Lernen. Nicht immer bemerken Konsumenten, dass sie etwas lernen. Insbesondere in komplexen Situationen lernt man oft intuitiv. Hierbei kann unbewusstes Wissen erworben werden. Wird der Lernprozess hingegen aktiv begleitet und an sich selbst erfahren, so spricht man von bewusstem Lernen. Es besteht in der Forschung noch keine Einigkeit, ob implizites Lernen anderen Lernmechanismen folgt als bewusstes Lernen.

▷ **Implizites Lernen** Unbeabsichtigtes Lernen von Strukturen einer relativ komplexen Reizumgebung. Das gelernte (implizite) Wissen ist schwer zu verbalisieren.

2.3.3.1 Klassische Konditionierung

Die beiden behavioristischen Lerntheorien der klassischen und der operanten Konditionierung beziehen sich auf assoziatives Lernen neuen Verhaltens, bei dem mentale Verbindungen zwischen Stimuli (auch: Reizen) sowie zwischen Stimuli und Reaktionen geschaffen werden. Im Rahmen der *klassischen Konditionierung* zeigte Pavlov (1927) die Bedeutung der räumlich-zeitlichen Nähe von zwei Stimuli auf (Kontiguitätsprinzip). In der Ausgangssituation konnte er beobachten, dass die von ihm trainierten Hunde auf seine Futterbereitstellung (unkonditionierter Stimulus US) mit Speichelfluss (unkoordinierte Reaktion UR) reagierten. Ein Glockenton dagegen löst bei Hunden als neutraler Stimulus (NS) keinen Speichelfluss aus. Durch wiederholte Darbietung von Futterbereitstellung (US) und gleichzeitigem Glockenton (NS) lernte der Hund, dass diese zusammengehören. Durch diese Lernphase wurde der Glockenton zum konditionierten Stimulus (CS), durch den ohne Futterbereitstellung die konditionierte Reaktion (CR) des Speichelflusses ausgelöst werden konnte. Rescorla (1988) verdeutlichte eine Vorbedingung für den Erfolg der klassischen Konditionierung: Der neutrale Stimulus sollte im Wesentlichen nur in der Kontiguitätssituation vorkommen. Falls der neutrale Stimulus dagegen auch in anderen Situationen erlebt werden kann, so wird die Verknüpfung mit dem unkonditionierten Stimulus nicht klar. Anders formuliert: Der unkonditionierte Stimulus muss ein klares Signal für den unkonditionierten Stimulus sein. Eine Redundanz an weiteren neutralen Stimuli, die den unkonditionierten Stimulus eventuell sogar noch besser vorhersagen, reduziert ebenso die Erfolgswahrscheinlichkeit.

2.3.3.2 Evaluative Konditionierung

Heute wird die klassische Konditionierung meist getrennt in das Signallernen (Stimulus-Reaktion; Pavlov) und die für das Marketing relevante *evaluative Konditionierung* zur Einstellungsbildung (Stimulus-Stimulus). Bei letzterer wird ein zu konditionierender unkonditionierter Stimulus (US) mit einem anderen positiven oder negativen unkonditionierten Stimulus (US) zusammen präsentiert. Durch die Paarung des ersteren US mit dem positiven US wird der erstere US konditioniert und folgend als nun konditionierter Stimulus (CS) positiver wahrgenommen. Neben der positiven Bewertung (Valenz) können auch weitere Schemabestandteile mit übertragen werden: Somit wird z. B. eine Konditionierung eines Produktes mit einem emotionalen Erlebnis ermöglicht.

Das Produkt Radeberger Pilsner ist eines der sogenannten TV-Biere, die häufig im Fernsehen beworben werden. Es entspricht wie alle Biere dem deutschen Reinheitsgebot und wird nach Pilsner Brauart hergestellt. Qualitativ und geschmacklich ähnelt das Radeberger Pilsner (Stimulus) logischerweise anderen Bieren Pilsner Brauart, es sticht nicht aus diesen heraus. Um eine Differenzierung zu erreichen, wird die evaluative Konditionierung mittels Fernsehwerbung und digitalen Kampagnen eingesetzt. Jahrelang wurde und wird in diesen der Konsum von Radeberger Pilsner stets in kulturell gehobener Atmosphäre (US), meist mit dem Bild der Dresdner Semperoper, dargestellt. Dadurch erfolgte eine Schemaübertragung der kulturell gehobenen Atmosphäre auf das Radeberger Pilsner (nun CS). Dieses wird heute als Bier verstanden, welches eng mit der Dresdner Kulturszene verbunden ist und in einer besonders gepflegten Atmosphäre getrunken wird. Durch dieses emotionale Konsumerlebnis wird es als „gehobeneres" Bier betrachtet.

2.3.3.3 Operante Konditionierung

Bei der *operanten Konditionierung* (auch: instrumentelles Lernen) erfolgt die Konditionierung nach dem Verstärkerprinzip. Das Lernen wird hier als Ergebnis der positiven oder negativen Reaktion auf den Stimulus verstanden (Skinner 1938). Erfolgt eine positive Reaktion, z. B. ein Lob, so wird man diese belohnende Tätigkeit häufiger ausüben oder sogar weiter optimieren, um noch mehr Lob zu erfahren. Belohnende Reaktionen sind z. B. Geld, Komfort, Prestige, Spaß oder soziale Anerkennung. Wird dagegen eine negative Reaktion wie schmerzhafte Reize oder soziale Missbilligung verursacht, so wird die Bestrafung auslösende Tätigkeit vermieden oder eingestellt.

2.3.3.4 Einschränkungen der behavioristischen Ansätze

Die behavioristischen Lerntheorien reichen zur Erklärung des Lernens von Konsumenten nicht aus. So ist es z. B. möglich etwas zu lernen, ohne selbst in Stimulus-Reaktionssituationen eingebunden zu sein. Zudem werden die eigentlichen Lernvorgänge nicht betrachtet, sondern eher Lerneffekte.

Bessere Möglichkeiten bieten hierzu die kognitiven Ansätze. Der Aufbau von Wissensstrukturen wird bei diesen mit mentalen Prozessen erklärt (siehe Abschn. 2.3.1). Bei einem bewussten *Wissensaufbau durch kognitive Verarbeitung* (auch: explizites Lernen) erfolgt als Erstes die Aufnahme von Reizen, dann deren Kodierung (Übersetzung der Reize in gedankliche Einheiten) und die Speicherung der gedanklichen Einheiten im Langzeitgedächtnis, aus dem diese wieder abgerufen werden können. Vorhandene Schemata als Form von Wissensstrukturen können einfach ergänzt werden, wenn ein Wissenszuwachs erfolgt (z. B. Vita Cola auch in 0,33l-Glasflaschen erhältlich). Auch größere Umstrukturierungen von Schemata (z. B. die Neuausrichtung des Smarts als E-Modelle) oder Schemaneubildungen sind möglich. Der Lernerfolg hängt hier unter anderem von der Verarbeitungstiefe ab (z. B. Craik und Lockhart 1972; Lindsay und Norman 1981): Je größer die mentale Anstrengung ist, desto stabileres und tiefergehendes Wissen kann generiert werden. Bei hinreichend großer Anstrengung ist kein wiederholtes Lernen erforderlich.

2.3.3.5 Imagery-Prozesse

Beim Lernen spielt auch die mentale Verarbeitung von Bildern, welche als *Imagery-Prozess* bezeichnet wird, eine wichtige Rolle. Für die holistische Bildwahrnehmung ist nur ein geringer mentaler Aufwand erforderlich, sodass auch passive (wenig involvierte, Abschn. 2.4.2) Konsumenten Bilder gut verarbeiten können. Zu unterscheiden sind Wahrnehmungsbilder, die man vor Augen hat, und Gedächtnisbilder (auch: innere Bilder), die man aus der Erinnerung abrufen kann. Wenn man die Augen schließt, so kann man sich meist problemlos die eigene Wohnung vorstellen, vor dem inneren Auge sogar durch die Wohnung gehen und die Fenster zählen. Innere Bilder, oder genauer nonverbale Eindrücke, zu denen z. B. auch olfaktorische Reize gehören, sind besonders einfach mit emotionalen Erlebnissen zu verknüpfen und prägen stark das Verhalten von Konsumenten.

▷ Konsumenten lernen nicht nur verbale Informationen, sondern auch ganzheitlich-bildliche Inhalte. Dies erfolgt in einem gesonderten System. Bildliche Gedächtnisinhalte sind verbalen Inhalten bei Erinnerung und Verhaltenswirkung überlegen.

Die Erklärung liefert Paivios (1986) Theorie der dualen Codierung. Ihr folgend läuft die Informationsverarbeitung von verbalen und nonverbalen Informationen in verbundenen, aber unterschiedlichen System ab. Bildliche Informationen können in einen verbalen Code übertragen werden und somit dual verarbeitet werden, verbale Informationen jedoch nicht ohne Weiteres in Imagery. Durch diese duale Verarbeitung nichtverbaler Inhalte ergibt sich eine bessere Erinnerbarkeit an reale Objekte im Vergleich zu Bildern, von Bildern im Vergleich zu Worten, und von konkreten Worten wie z. B. Uhr, die bildhaft dargestellt werden können, gegenüber abstrakten Worten, wie z. B. Gerechtigkeit.

2.3.3.6 Lernen am Modell

Das *Lernen am Modell* nach Bandura (1977) (auch: Beobachtungslernen, Nachahmungslernen oder soziale Lerntheorie) fußt auf den beobachteten Tätigkeiten von anderen Personen. Es ist komplexer Natur und besteht aus einer Aneignungs- und einer Ausführungsphase:

- *Aufmerksamkeitsprozesse:* Das Individuum beobachtet das Verhalten des Vorbildes genau und nimmt dieses bewusst war.
- *Behaltensprozesse:* Das Individuum memoriert dieses Verhalten im Gedächtnis.
- *Reproduktionsprozesse:* Das Individuum ist durch das gespeicherte Verhalten in der Lage, das Verhalten nachzuahmen, zu üben und sich dabei selbst zu beobachten.

- *Motivationsprozesse*: Das Individuum führt das Verhalten in Situationen aus, in denen dieses sinnvoll erscheint. Zum Beispiel sind viele Konsumenten zum spontanen Kaufen eines Eises motiviert, um Glücksgefühle erleben, wenn sie sehen, dass andere Menschen mit Freude ihr Eis genießen.

▷ Konsumenten lernen auch durch das Beobachten und Nachahmen von anderen Konsumenten. Dies kann für Marketingzwecke genutzt werden.

2.3.4   Embodied Cognition

In der kognitiven Psychologie hat die Theorie der *Embodied Cognition* (auch: Embodiment oder Grounded Cognition) in den letzten Jahren an Bedeutung gewonnen. Sie beschreibt die Wechselwirkungen zwischen Kognition, Sensorik und Motorik. Kognition ist somit nicht unabhängig vom Körper zu betrachten: Das Denken beeinflusst den Körper und vice versa (Barsalou 2008). Einfach ist dies z. B. daran nachvollziehbar, dass allein ein Anheben der Mundwinkel zu einem Lächeln führt, dadurch Glückshormone (Endorphine) produziert werden und in dieser positiven Stimmung die Umwelt besser bewertet werden sollte. Im Marketing können die Erkenntnisse der Embodied Cognition eingesetzt werden, indem z. B. ein positives multisensuales Erlebnis präsentiert wird, welches Konsumenten in gute Laune versetzt, wodurch sie Entscheidungen gegenüber positiver eingestellt sind. Ebenso können motorische Markenhandlungen, wie z. B. wie die typische Haltung beim Auskratzen eines Nutellaglases, zur Verknüpfung von Kognition und Motorik verwendet werden.

2.4   Psychische Variablen: Entscheidungen

2.4.1   Grundlagen

Konsumenten treffen permanent Entscheidungen. Ein wichtiges Feld sind private Kaufentscheidungen von Konsumenten (die von einer oder mehreren Personen mit unterschiedlichem Einfluss getroffen werden), und auf die hier der Fokus gesetzt werden soll. Neben diesen privaten Käufen existieren auch gewerbliche Käufe, sie sind Thema des B2B-Käuferverhaltens.

Tatsächlich *rationale* und genau abgewogene *Entscheidungen* treten bei Konsumenten sehr selten auf, da diese meist zeitlich und gedanklich zu aufwendig oder zu komplex sind. Statt „perfekter" Entscheidungen sind Menschen vielmehr subjektiv zufriedenstellende Entscheidungen wichtig. Das können auch sehr vereinfacht und oberflächlich getroffene Entscheidungen sein (begrenzte Rationalität).

Das weithin akzeptierte Entscheidungsmodell von Bettman, Luce und Payne (1998) berücksichtigt, dass vollständig optimale Entscheidungen ein Sonderfall wären. So beginnen die Autoren ihre Darstellungen mit der Aussage, dass Konsumenten Entscheidungen vornehmen, um Ziele zu erreichen. Dabei möchten die Konsumenten die Richtigkeit ihrer Entscheidung maximieren, während sie den mentalen Aufwand und negative Emotionen *minimieren*, um möglichst einfach zu ihrer Entscheidung zu kommen. Sie berücksichtigen in dem Modell daher unterschiedliche Informationsumfänge für die Entscheidung, verschiedene Arten der Informationsverarbeitung und der Alternativenbewertung, und sie gehen auch darauf ein, dass die Kompensation von schlechten Eigenschaften durch gute Eigenschaften auftreten kann. Mit einem solchen Ansatz wird anerkannt, dass menschliche Kaufentscheidungen nicht vollkommen rationaler Natur sind. Problematisch an diesem Modell ist dennoch die Dominanz kognitiver Prozesse und damit die mangelnde Berücksichtigung aktivierender Prozesse für Konsumentenentscheidungen.

Folgend werden deshalb verschiedene Entscheidungsprozesse mit ihren aktivierenden, kognitiven und reaktiven Prozessen anhand unterschiedlicher Entscheidungssituationen vorgestellt. Das hypothetische Konstrukt des *Involvements* ist der prägende Faktor dafür, wann welcher Entscheidungsprozess vorliegt.

▷ Das Involvement prägt den Typ der Kaufentscheidung bei Konsumenten.

2.4.2 Involvement

Das Involvement gegenüber einem Objekt entspricht der von einer Person wahrgenommenen Relevanz des Objektes, basierend auf den eigenen Bedürfnissen, Werten und Interessen (Zaichkowsky 1985, S. 342).

▷ **Involvement** Das innere Engagement, sich mit etwas auseinanderzusetzen.

Bei hohem Involvement ist das mentale Engagement des Konsumenten höher. Dies kann einerseits für kognitive Prozesse gelten (kognitives Involvement) und andererseits für aktivierende Prozesse (emotionales Involvement). Kapferer und Laurent (1993) zeigen, dass folgende Faktoren relevant für das *Produktinvolvement* sind:

- Persönliches Interesse an einer Produktkategorie, ihre persönliche Bedeutung oder Wichtigkeit
- Hedonistischer Wert des Produkts, dessen Fähigkeit, Freude und Genuss zu bereiten
- Symbolischer Wert des Produkts, Bezug zur Bestätigung oder Verstärkung des Selbstschemas
- Risikobedeutung: Wahrgenommene mögliche negativen Konsequenzen bei Fehlentscheidung
- Risikowahrscheinlichkeit, eine solche Fehlentscheidung zu treffen

In den heutigen, meist gesättigten Märkten unterscheiden sich Produkte häufig nur wenig. Ohne Bedenken können auch die meisten dieser Produkte gekauft werden, denn die Risiken sind i. d. R. gering. Trotzdem können die in Tab. 2.1 genannten Risikoarten zu einem höheren Involvement bei Konsumenten führen.

Nimmt eine Person beim Kauf eines Kleidungsstückes bspw. ein höheres funktionales oder soziales Risiko wahr, so wird das Involvement in der Kaufsituation gesteigert.

▷ Bestimmte wahrgenommene Risiken führen zu einer Erhöhung des Konsumenteninvolvements.

Tab. 2.1 Wahrgenommene Risikoarten. (Roselius 1971 und Kaplan et al. 1974)

Finanzielles Risiko	Unangemessener Preis oder/und große finanzielle Belastung
Funktionales Risiko	Mangelnde Leistungsfähigkeit
Physisches Risiko	Gefährdung der Gesundheit oder Sicherheit des Käufers
Psychisches Risiko	Frustrationen oder Dissonanzen sowie mangelnder Fit zum Selbstschema
Soziales Risiko	Schaden der sozialen Stellung
Zeitliches Risiko	Zu großer zeitlicher Aufwand für Kauf, Nutzung und/oder die Entsorgung

Neben den obigen Punkten beeinflussen weitere Faktoren das Involvement:

1. Persönliche Eigenschaften. Zum Beispiel ist anzunehmen, dass Personen mit einem hohen „Need for Cognition" (Kognitionsbedürfnis, Freude an kognitiven Anstrengungen) oft ein überdurchschnittlich hohes kognitives Involvement aufzeigen.
2. Starke Marken. Sie lösen ein höheres Markeninvolvement als schwache Marken aus.
3. Medium. Das grundlegende Involvement lässt sich auch anhand des genutzten Mediums unterscheiden. Das Medieninvolvement beim Fernsehen ist meist niedrig, da ein passiver Konsum möglich ist. Beim Zeitunglesen ist dagegen mehr Involvement nötig. Zu unterscheiden ist das Involvement auch anhand der Mediennutzung, so gibt es z. B. zwei Nutzungsextreme „Browser" und „Searcher" im Internet: Sogenannte Searcher suchen im Internet gezielt nach Informationen (hohes kognitives Involvement). Dagegen verfügen Browser über ein niedriges kognitives Involvement, da sie zur Unterhaltung online sind und z. B. YouTube durchstöbern bei möglicherweise hohem emotionalem Involvement. Auch Mischformen zwischen dem Browsing und Searching sind möglich.
4. Botschaften. Das Botschaftsinvolvement (auch: Reaktionsinvolvement) wird von der Kommunikationsgestaltung geprägt. Aktivie-

rende Kommunikation kann ein höheres Involvement auslösen.

5. Situation. Eine wesentliche Rolle spielt das situative Involvement der Wahrnehmungssituation: Konsumenten, die eine baldige Neuanschaffung eines Notebooks anstreben, werden eine entsprechende Werbung meist mit mehr Interesse lesen als jene, bei denen ein Kauf erst in ferner Zukunft zu erwarten ist. Zeitdruck in der Kommunikationssituation führt dagegen zu flüchtiger Lektüre mit wenig Involvement.

2.4.3 Konsumentenentscheidungen

Aufbauend auf den Vorüberlegungen können nach dem Grad des Involvements vier unterschiedliche Arten des Entscheidungsverhaltens betrachtet werden, die vor allem für Kaufentscheidungen gelten (Abb. 2.7):

- Extensive Kaufentscheidung
- Limitierte Kaufentscheidung
- Habitualisierte Kaufentscheidung
- Impulsive Kaufentscheidung

Extensive Entscheidungen
Extensive Entscheidungen (auch: echte Entscheidung, komplexe Entscheidung oder Suchkauf) werden selten getroffen. Es sind Entscheidungen mit hohem emotionalem und kognitivem Involvement, die langfristig relevant sind, neuartig sind oder innovative Produkte betreffen. In der Regel sind diese mit einem hohen Informationsbedarf und einer langen Entscheidungsdauer verbunden. Um das angestrebte Anspruchsniveau zu erreichen, ist Gründlichkeit hier wichtiger als Schnelligkeit. Die Produktauswahl erfolgt nach Alternativen, d. h., es werden zunächst Bewertungskriterien aufgestellt und dann die Produktalternativen anhand diesen bewertet und verglichen (Kosten-Nutzen-Algebra). Beispiele: Hauskauf, Smarthome-System, 3D-Drucker oder Kunst. Extensive Entscheidungen sind Sonderfälle, da sie ein hohes Involvement der Person voraussetzen.

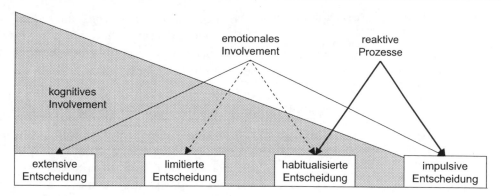

Abb. 2.7 Typen des Entscheidungsverhaltens. (Quelle: In Anlehnung an Kroeber-Riel und Gröppel-Klein 2019, S. 389)

Limitierte Entscheidungen

Limitierte Entscheidungen gehen, im Vergleich zu extensiven Entscheidungen, mit erheblicher kognitiver Vereinfachung einher. Diese ist notwendig, da das Involvement weniger ausgeprägt ist. Die Vereinfachungen äußern sich i. d. R. dadurch, dass Konsumenten der Auffassung sind, bereits über hinreichend Produktwissen zu verfügen, sodass sie im Wesentlichen anhand ihrer intern verfügbaren Informationen entscheiden können. Erst wenn Konsumenten merken, dass ihr Wissensstand nicht ausreicht, suchen sie nach externen Informationen. Dabei konzentrieren sie sich insb. auf Schlüsselinformationen wie Markenname, Preis oder Testergebnisse. Zudem sind hier meist nur die wenigen Alternativen des *Evoked Sets* relevant. Das Evoked Set enthält die Alternativen, die von dem Konsumenten bei der Kaufentscheidung positiv berücksichtigt werden. Das Auswahlverfahren läuft vereinfacht ab, indem nur wenige Attributen verglichen werden. Dominant werden *Heuristiken* eingesetzt. Dies sind Faustregeln, die einerseits die Problemkomplexität reduzieren, die andererseits aber ausreichende (jedoch nicht immer optimale) Ergebnisse liefern. Nach Parkinson und Reilly (1979) sind hier z. B. die konjunktive Strategie (Alternativen, die den vorgegebenen Mindeststandard bei allen Attributen aufweisen), die disjunktive Strategie (Alternative, die den vorgegebenen Mindeststandard bei einem Attribut überschreitet) oder die lexikografische Strategie möglich (Anordnung der Attribute nach deren

Bedeutung: zuerst Überprüfung des Mindeststandards des wichtigsten Attributes, dann des zweitwichtigsten usw.). Weitere Vereinfachungen sind möglich, z. B. immer der Kauf des Testsiegers, immer der Kauf des günstigsten Produktes oder die Wahl der nächstbesten passenden Alternative. Beispiele: Smartphones, Flüge oder Fernseher.

▶ Extensive Käufe sind der Sonderfall. Limitierte Entscheidungen spiegeln das geringe Involvement in Kaufentscheidungen. Die Entscheidungsfindung beruht auf Heuristiken oder starken Vereinfachungen wie der Fokussierung auf wenige Alternativen oder wenige Vergleichskriterien.

Während Heuristiken dabei helfen, Komplexität zu reduzieren, können diese auch zu Verzerrungen (Bias) und damit Fehlentscheidungen führen. Im Rahmen von *Verfügbarkeitsheuristiken* greifen Konsumenten auf schnell und einfach verfügbare Informationen zurück (Tversky und Kahneman 1974). Beispielsweise könnte man irrtümlich annehmen, dass der Beruf des Polizeibeamten gefährlicher ist als der des Holzfällers, da dem Fernsehpublikum in Krimis die Gefährlichkeit dieses Berufs vor Augen geführt wird, während man nur wenig Wissen über die Unfallhäufigkeit beim Holzfällen hat. Bei den *Repräsentativitätsheuristiken* beziehen sich Individuen auf die subjektive Wahrscheinlichkeit eines Ereignisses. Hierbei werden aber oft Wahrscheinlichkeiten falsch eingeschätzt. Im Lotto würde man sich vermutlich für die Zahlen 5-20-22-29-44-45 entscheiden als für 1-2-3-4-5-6, obwohl die Wahrscheinlichkeit für beide Zahlenkombinationen genauso groß ist. Beim *Ankereffekt* orientieren sich Konsumenten zu stark an Umgebungsinformationen, auch wenn diese irrelevant für die Entscheidung sind. Tversky und Kahneman gaben Probanden die Aufgabe, den prozentualen Anteil der afrikanischen Länder in den Vereinten Nationen einzuschätzen. Zunächst sollten sie angeben, ob dieser höher oder niedriger als die mit einem Glücksrad ermittelte Zahl ist. Folgend sollten sie den Prozentsatz genau einschätzen. Durchschnittlich wurde der Prozentsatz auf 25 % geschätzt, wenn das manipulierte Glücksrad vorab die Zahl 10 anzeigte. Dagegen gaben andere Probandengruppe durchschnittlich 45 %, nachdem ihr Glücksrad die Zahl 65 anzeigte. Während die Probanden vermutlich genau wussten, dass die Glücksradzahl keinen Einfluss auf ihre Antwort haben sollte, so ließen sie sich doch unbewusst von dieser beeinflussen: Die Glücksradzahl diente als Anker, von dem aus die Probanden ihre Antwort nicht hinreichend korrigierten. Redler (2003) zeigte diese Effekte bei der Beurteilung von Produkten, die zwei Markennamen kombinieren.

Habitualisierte Entscheidungen

Habitualisierte Entscheidungen (Gewohnheitsentscheidungen) fußen auf verfestigten Verhaltensmustern, die auf der eigenen Erfahrung basieren oder von der Umwelt durch Sozialisation vermittelt werden. Die kognitive Entlastung ist noch höher als bei den limitierten Entscheidungen. Habitualisierte Entscheidungen laufen bei geringem kognitivem Involvement ab. Aufgrund der bisherigen Erfahrungen bestehen aus Kundensicht subjektiv kaum Risiken. Markentreue von Konsumenten kann Ausdruck habitualisierten Entscheidens sein. Beispiele sind Käufe von Pflegeprodukten, Milchprodukten oder Tee.

Impulsive Entscheidungen

Impulsive Entscheidungen werden meist durch Außenreize ausgelöst und somit reaktiv gefällt. Sie sind zudem mit inneren emotionalen Reaktionen und i. d. R. mit sehr geringer kognitiver Kontrolle verbunden. Durch die technischen Möglichkeiten von Onlineshops (z. B. Kaufempfehlungen durch Collaborative Filtering) habe sie noch an Bedeutung gewonnen. Persönlichkeitseigenschaften (z. B. impulsive Verhaltenstendenzen, Sensationsgier oder mangelnde Selbstkontrolle), Motive (z. B. utilitaristisch oder hedonistisch), Normen, Ressourcen (z. B. Geld und Zeit), Stimmungslage (z. B. Käufe zur Emotionsregulation) und Marketingstimuli erweisen sich als wichtige Faktoren beim Auslösen von Impulskäufen. Für die

Produkte, die eher impulsiv gekauft werden, werden die o. a. Risiken nicht empfunden. Beispiele sind Eis, Blumen oder Süßigkeiten. Das kognitive Involvement ist gering.

So definierte Impulskäufe sind aufgrund der emotionalen Anteile abzugrenzen von ungeplanten Käufen *(Spontankauf)*. Allerdings können auch ungeplante Käufe durch externe Impulse angeregt sein. Nach Stern (1962) existieren Formen des erinnerungsgesteuerten Spontankaufs (Erinnerung, dass Nachkauf nötig oder an eine Werbung) sowie des gestützten Spontankaufs (mit Bedürfniserkennung gestützter Erstkauf für ein neues Produkt ohne Vorwissen). Zudem sind auch Formen des geplanten Spontankaufs bekannt (Absicht, Sonderangebote zu kaufen oder sich verführen zu lassen).

▷ Impulskäufe erfolgen ohne gedankliche Kontrolle und sind stark von aktivierenden Schubkräften geprägt. Sie sind eher passive Reaktion als aktives Handeln.

2.4.4 Kaufentscheidungen in Organisationen

Obgleich sowohl bei privaten als auch bei professionellen B2B-Entscheidungen auf der individuellen Ebene die gleichen psychologischen Prozesse ablaufen, unterscheiden sich organisationale Kaufentscheidungen doch grundsätzlich: Es sind i. d. R. mehrere Personen beteiligt, bei Einzelentscheidungen liegt ein höherer Formalisierungsgrad vor, sie dauern länger, und die beteiligten Personen müssen sich für ihre Kaufentscheidungen meist rational rechtfertigen können.

Die am Beschaffungsprozess beteiligte Gruppe von Personen wird als *Buying Center* bezeichnet. Hierbei lassen sich die Beteiligten aufteilen in (Webster und Wind 1972; Bonoma 1982):

- Benutzer: Personen, die die gekauften Produkte und Dienstleistungen nutzen
- Einkäufer: Personen mit formaler Verantwortung und Befugnis für die Auftragsvergabe an Lieferanten

- Beeinflusser: Personen, die den Entscheidungsprozess direkt oder indirekt beeinflussen, indem sie Informationen und Kriterien für die Bewertung der Kaufalternativen bereitstellen
- Entscheider: Personen mit der formalen (Hierarchie) oder informalen (Erfahrung) Befugnis, die zu kaufende Alternative auszuwählen
- Informationsbereitsteller: Personen, die den Informationsfluss in das Buying Center steuern
- Initiator: Person, die den Beschaffungsprozess auslöst

Weitere Rollen können Genehmigungsinstanzen, Coaches und Gegner darstellen.

Für Marketeers folgt, dass sie die Rollen und Personen des Buying Centers beim Kunden genau kennen müssen, um erfolgreiche Marktbeeinflussung zu betreiben.

2.4.5 Priming und Nudging

Sowohl bei Privatkäufen als auch organisationalen Entscheidungen wird nicht immer bewusst gehandelt. Wie bereits bei der Darstellung des Langzeitgedächtnisses (Abschn. 2.3.1) angesprochen, werden Individuen von bereits im Gedächtnis aktivierten Assoziationen beeinflusst. Es wirken *Priming-Effekte:* Wenn Probanden in einer ersten Aufgabe Sätze mit prestigeträchtigen Wörtern bilden, um in einer zweiten Aufgabe Socken für einen Kauf auszuwählen, suchen sie teurere Socken aus als Probanden, die sich mit Sätzen beschäftigten, die Sparsamkeit suggerierten (Chartrand et al. 2008). Mit Priming ist es somit möglich, unbewusste Prozesse auszulösen, die das Entscheidungsverhalten in die intendierte Richtung beeinflussen.

▶ **Nudging** Verhaltensökonomische Methode, um zu erreichen, dass sich eine Person unbewusst in die gewünschte Richtung entscheidet.

Als *Nudging* wird das mehr oder weniger subtile Anstupsen (Nudge) in einer Entscheidungssituation verstanden. Diese Nudges lenken das menschliche Verhalten meist in einer vorhersehbaren Weise, ohne dass signifikante ökonomische Anreize dargeboten oder Alternativen verboten werden (Thaler und Sunstein 2008). So führen beispielsweise Bodenmarkierungen (im Sinne von Nudges) dazu, dass Konsumenten an der Kasse deutlich größere Abstände einhalten. Die Bodenmarkierungen wirken als Anstupser, direkt hinter diesen stehen zu bleiben, auch wenn ein Überschreiten möglich wäre.

Andere Beispiele: Im Internet müssen Konsumenten gefragt werden, ob sie mit den Datenschutzeinstellungen einverstanden sind. In der Praxis wählen die meisten Nutzer in der Abfrage bevorzugt einen roten Button („Alle akzeptieren"), statt die Datenschutzeinstellungen über den grauen Button („Einstellungen") zu konfigurieren – und Call-to-Action-Buttons (z. B. „Jetzt informieren" oder „Jetzt kaufen") auf Websites führen zu mehr Klicks und Käufen. Sie fungieren als Nudges.

Sunstein (2014) führt zehn wichtige Nudging-Möglichkeiten auf:

- Standardeinstellungen, z. B. doppelseitiges Drucken zum Sparen von Papier oder die Organspendebereitschaft in Frankreich mit Widerspruchsmöglichkeit
- Vereinfachung von komplexen Programmen: einfache, intuitive Nutzungsmöglichkeiten
- Verwendung von sozialen Normen, z. B. „fast alle Hotelgäste benutzen ihre Handtücher für mehrere Tage"
- Bequemlichkeit und Vereinfachung des Zugangs, z. B. gesundes Essen zum einfachen Entnehmen bereitstellen
- Offenlegung, z. B. Darstellung der externen Kosten des Autofahrens
- Warnungen, z. B. grafische Darstellung der Gesundheitsrisiken auf Zigarettenschachteln
- Vorabverpflichtungen, durch die sich Menschen auf eine bestimmte Handlungsweise festlegen
- Erinnerungen, z. B. per E-Mail für unbezahlte Rechnungen
- Handlungsintentionen erfragen, z. B. „Planen Sie, sich impfen zu lassen?"

- Informationen über die eigenen Entscheidungen und ihre Konsequenzen in der Vergangenheit bereitstellen, um Änderungen anzustoßen

2.5 Persönlichkeit und das Selbst

Menschen verhalten sich auf der ganzen Welt einerseits ähnlich, so ist bspw. die mit den Emotionen verbundene Mimik bei allen Menschen aufgrund der psychischen Prozesse weitgehend gleich. Andererseits verhalten sich Menschen ganz unterschiedlich. Dies basiert auf den unterschiedlichen Persönlichkeitseigenschaften und die Vorstellungen zur eigenen Person (Selbstkonzept), die durch Erfahrungen sowie unterschiedliche Umweltbedingungen geprägt wurden.

2.5.1 Persönlichkeit

Das Konstrukt Persönlichkeit beschreibt das für ein Individuum charakteristische Muster des Denkens, Fühlens und Handelns (Myers und DeWall 2018, S. 528). In der Psychologie und im Käuferverhalten sind heute vor allem Trait-Theorien relevant, nach denen Persönlichkeitseigenschaften zu konstanten Reaktionen unter unterschiedlichen Bedingungen führen und damit das Verhalten definieren. Individuen können anhand unterschiedlicher Persönlichkeitseigenschaften differenziert werden. Bekannt ist vor allem das Fünf-Faktoren-Modell (auch: Big Five oder OCEAN), welches sich aus den folgenden Faktoren zusammensetzt (Neyer und Asendorpf 2018. S. 104 ff.): Offenheit gegenüber neuen Erfahrungen, Gewissenhaftigkeit, Extraversion, Verträglichkeit und Neurotizismus. Es liegen unterschiedliche Varianten zur Selbst- und Fremderfassung vor. In europäischen und asiatischen Kulturen wird auch das neuere HEXACO-Modell angewendet, welches zusätzlich den Faktor Ehrlichkeit/Bescheidenheit umfasst (Lee und Ashton 2004).

▷ **Persönlichkeit** Das für ein Individuum charakteristische Muster des Denkens, Fühlens und Handelns.

Trait (Merkmal, Persönlichkeitszug)
Ein charakteristisches Verhaltens- oder Veranlagungsmuster, auf bestimmte Art und Weise zu fühlen und zu handeln.

Die Persönlichkeitseigenschaften sind für das Marketing relevant, da sie das Kaufverhalten erheblich beeinflussen. Die unterschiedliche Reaktion auf Umweltreize basierend auf den Persönlichkeitseigenschaften wird u. a. damit begründet, dass auch Marken eine Persönlichkeit haben und Konsumenten oft Marken wählen, wenn die Markenpersönlichkeiten zu ihnen passen. Zudem sind Informationsaufnahme und -verarbeitung sowie das individuelle emotionale Erleben abhängig von der Persönlichkeit.

2.5.2 Selbstkonzept

Neben zahlreichen Schemata, die im Langzeitgedächtnis zu Produkten, Prozessen oder der Umwelt existieren, verfügen Menschen auch über ein Schema, in dem sie Informationen über sich selbst sammeln. Dieses *Selbstkonzept* (auch: Selbstschema), welches Informationen über das eigene Selbst und die Interaktion mit dem eigenen Umfeld enthält, ist besonders relevant für das Verhalten. Es beschreibt, warum Individuen so sind, wie sie sind.

▷ **Selbstkonzept:** Alle Assoziationen (Gedanken und Gefühle) über das eigene Individuum als Antwort auf die Frage „Wer bin ich?"

Das Selbstschema ist i. d. R. besonders stabil, da man sein Leben lang bewusst und unbewusst die eigene Persönlichkeit und die eigenen Ziele erfahren sowie sein eigenes Wirken und die Umgebung erlebt hat. Das Selbstkonzept enthält auch die Einstellung zur eigenen Person, die i. d. R. positiv geprägt ist. Das Selbstkonzept ist einerseits für das Verhalten bedeutsam, da es die Wahrnehmung beeinflusst. Besonders stark betrifft dies die Aufmerksamkeit. Konsumenten achten automatisch auf Reize, die mit dem Selbstkonzept assoziiert werden, wie z. B. besonders ausgeprägt auf den eigenen Namen.

Andererseits spiegelt sich der Einfluss des Selbstkonzepts auch im Konsumverhalten wider, vor allem bei der Produkt- und Markenwahl. Güter werden bevorzugt, wenn diese dem Selbstkonzept (wie Individuen sich selbst sehen) ähneln. Damit wird das Selbstkonzept erhalten und gestützt. Zudem versuchen Individuen, sich mit Gütern zu umgeben, die ihr Selbstkonzept in Richtung ihrer eigenen Idealvorstellung des Selbstkonzepts sowie der gewünschten Außenwirkung des Selbstkonzepts aufwerten. Beispiele sind vegane Ernährung, der überwiegende Kauf von Bioprodukten oder auch der Kauf der jeweils aktuellsten Technik.

Das Selbstkonzept schlägt auch auf das Kommunikationsverhalten durch. Wenn Konsumenten mit Produkten unzufrieden sind, können sie sich zur eigenen Selbstbestätigung, nichts falsch gemacht zu haben, negativ über das Produkt äußern. Zum Beispiel können sie in einer Kundenrezension die nicht hinreichende Leistung eines Produktes beschreiben, um vor sich selbst zu rechtfertigen, dass ihnen beim Kauf kein Fehler unterlaufen ist. Gleichzeitig dienen negative Äußerungen auch der Emotionsregulierung. Positive Äußerungen dienen dagegen zur Aufwertung des eigenen Selbstkonzepts. Bspw. kann das ein Grund dafür sein, dass sich nach dem Kauf von sozial auffälligen Produkten besonders viele positive Rezensionen oder Social-Media-Posts finden.

▶ Persönlichkeitseigenschaften und das Selbstkonzept beeinflussen das individuelle Käuferverhalten.

2.6 Umwelteinflüsse: physische Umwelt

Gründe für das individuell unterschiedliche Verhalten sind zudem in der *sozialen Umwelt* zu finden, also den Menschen um das Individuum herum und den Interaktionen mit ihnen. Zudem spielt auch die *physische Umwelt* eine wichtige Rolle. Diese umfasst die natürliche und die künstlich geschaffene Umwelt.

In diesem Abschnitt wird das Augenmerk auf die physische Umwelt als Faktor für individuelles Verhalten gelegt. Denn: Menschen passen sich an ihre physische Umwelt an. Gleichzeitig wirken sie durch ihr Handeln auch auf die Umwelt. Der Einfluss der physischen Umwelt auf Konsum- und Verhaltensmuster zeigt sich z. B. in der Fortbewegung und den zugehörigen Produkten. So ist im Mittleren Westen der USA das tägliche Fahren weiter Strecken mit SUVs üblich, während viele Bewohner von Großstädten weltweit kein Auto besitzen und den öffentlichen Nahverkehr bevorzugen.

2.6.1 Erfahrungs- und Medienumwelt

Bei Umwelten lassen sich jeweils die *nähere* (z. B. die eigene Wohnung oder der Hörsaal) und die *weitere* Umwelt (z. B. das Rheintal oder der Thüringer Wald) unterscheiden, wobei Konsumenten naturgemäß durch die nähere Umwelt stärker beeinflusst werden. Zudem kann die Umwelt einerseits von Konsumenten direkt erlebt *(Erfahrungsumwelt)*, andererseits diese auch indirekt über die Medien erfahren *(Medienumwelt)* werden.

Während früher vor allem die Erfahrungsumwelt dominant war, gewinnt die Medienumwelt zunehmend an Bedeutung für Marketingkontexte. So führte die Herausbildung der Social Media bei vielen Konsumenten zu einer Art Dauerbeschallung oder zumindest bei vielen Individuen zur ständigen Erwartung neuer Nachrichten aus der Medienwelt. Auch erscheinen heute hochauflösende YouTube-Videos und Simulationen teilweise so realitätsnah, als würde man sie direkt erleben. Einschränkungen, wie die fehlenden Zusatzinformationen durch das alleinige Lesen von WhatsApp-Nachrichten, können z. B. durch Emoticons teilweise abgemindert werden. Als weitere Variante treten inzwischen Mischformen der Erfahrungs- und Medienumwelt auf, z. B. Augmented Reality oder Virtual Reality, die versuchen, in der Medienumwelt nicht vorhandene Sinnesebenen zu kompensieren.

In den weiteren Ausführungen liegt der Fokus auf der Erfahrungsumwelt, wobei die Erkenntnisse auf die Medienumwelt in weiten Teilen übertragen werden können.

2.6.2 Modell der Umweltpsychologie

Einen *affektiv* geprägten Ansatz für die Erklärung der Wirkungen der physischen Umwelt auf Konsumenten liefert das Umweltmodell von Mehrabian und Russell (1974). Zentral in diesem Modell sind die primären emotionalen Reaktionen des Vergnügens, der Erregung und der Dominanz (Abb. 2.8). Sie werden von den eingehenden Umweltreizen ausgelöst, je nach deren Ausprägungen wie Informationsrate und angesprochenen Sinnesmodalitäten. Auf die gleichen Umweltreize können Empfänger unterschiedlich reagieren. Die Reaktion hängt zudem von ihrer Persönlichkeit ab, z. B. von deren Erregungsbedürfnis, also der Präferenz reizarmer oder reizstarker Umwelten. Je nach primärer emotionaler Reaktion erfolgt eine Annäherung an oder eine Abwendung von den Umweltreizen. Eine Annäherung wäre bspw. eine längere Verweildauer auf einer Website, eine Abwendung würde dagegen die Vermeidung weiterer Besuche eines Einkaufszentrums darstellen.

Die Bedeutung der jeweiligen primären emotionalen Reaktionen wurde für unterschiedliche Szenarien in verschiedenen Kulturen untersucht. Donovan und Rossiter (1982) stellten bei amerikanischen Studierenden, die zu Einkaufsstätten befragt wurden, fest, dass Vergnügen der wichtigste

Faktor für eine Annäherung ist, sowie Erregung, wenn diese mit Vergnügen interagiert. Dagegen konnten sie kaum Einflüsse durch das Dominanzgefühl feststellen. Gröppel-Klein (1998) stellte dagegen fest, dass Dominanz bei deutschen Probanden positiv auf die wahrgenommene Preiswürdigkeit wirkt. In neueren Studien konnte festgestellt werden, dass für Besucher eines europäischen Museums vor allem das Vergnügen relevant war, welches wiederum von der wahrgenommenen Erregung und Dominanz positiv beeinflusst wurde (Miniero et al. 2014).

▷ Die emotionale Reaktion auf Umwelten nimmt Einfluss auf das Käuferverhalten. Das kann für die Marktbeeinflussung genutzt werden.

2.6.3 Cognitive Maps und Cognitive Graphs

Für die Erklärung der Umweltreaktionen von Konsumenten aus *kognitiver* Sicht dienen die Ansätze zu Cognitive Maps bzw. Cognitive Graphs.

Zur Orientierung nutzen Individuen *Cognitive Maps*, die das Gehirn Schritt für Schritt für die räumliche Umgebung in einer Art Koordinatenraum aufbaut. Diese gedankliche Repräsentation hilft Menschen dabei, sich zu orientieren und zukünftige Handlungen zu steuern: Erstens werden kartenähnliche räumliche Koordinaten angelegt. Zweitens spielen Orientierungspunkte eine große Rolle, die Individuen einfach wahrnehmen können, wie z. B. Gebäude, Berge, Statuen oder auch

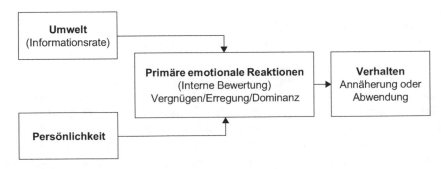

Abb. 2.8 Verhaltensmodell von Mehrabian und Russell. (Quelle: In Anlehnung an Mehrabian und Russell 1974, S. 8)

Warenregale und Wände in Einkaufsstätten. Diese dienen als Anker in den Cognitive Maps. Drittens existieren auch gedankliche Mechanismen zur Routenplanung.

Inzwischen geht man davon aus, dass die Vorstellung der Cognitive Maps um Cognitive Graphs ergänzt werden muss. Bei Cognitive Graphs werden Orte (Nodes) durch Pfade (Links) verbunden (Peer et al. 2021). Umwelten sind heute nicht nur oft komplex gestaltet, sondern es besteht auch die Möglichkeit von „Wurmlöchern", mit denen man direkt von A nach B gelangt. Wurmlochähnliche Sprünge sind z. B. als Links im Internet, bei Computerspielen wie Pac-Man oder auch bei Abkürzungen in mehrgeschossigen Einkaufsstätten relevant. Warren et al. (2017) untersuchten die Orientierung in ebensolchen Umwelten, bei denen Wurmlochabkürzungen zur Verfügung standen. Es zeigte sich, dass das Gehirn auf derartige Umgebungen eingestellt ist. Da dies anhand von Cognitive Maps nicht erklärbar ist, führten sie auf, dass räumliche Vorstellungen auch mithilfe von Cognitive Graphs abgebildet werden können. Diese Graphen werden mit metrischen Informationen wie Distanzen oder Richtungen gespeichert. Die aus den Cognitive Maps bekannten Ankerpunkte werden dabei approximativ dargestellt, sind geometrisch aber inkonsistent und somit nicht Teil eines übergeordneten Koordinatensystems. Deshalb ist Konsumenten auch dann die Orientierung in Umwelten möglich, wenn sie mit diesen nur wenig vertraut sind. Routenfindung, spontane und/oder neuartige Umwege können dadurch einfach realisiert werden.

Für das Marketing ist vor allem relevant, dass *Ankerpunkte* geschaffen werden müssen, um eine einfache Orientierung zu ermöglichen. Konsumenten wird dadurch der Aufbau von Cognitive Graphs und Cognitive Maps erleichtert.

- In der Anfangszeit des Internets wurden Onlineshops eingesetzt, die herkömmliche Einkaufswelten detailgetreu abgebildet haben, z. B. mit einer Empfangstheke mit Bedienelementen. Diese haben sich nicht durchgesetzt – vermutlich, weil sich dadurch die Navigation zu umständlich gestaltete. In den letzten beiden Jahrzehnten hat sich gezeigt, dass es den meisten Internetnutzern einfach fällt, mit neuen räumlichen Navigationskonzepten zurechtzukommen. Scrollen mit oder ohne Parallaxeneffekt (inkongruente Scrollgeschwindigkeiten der unterschiedlichen Webseite-Ebenen) hat sich z. B. innerhalb von wenigen Jahren etabliert.
- In physisch realen Einkaufsstätten ist es notwendig, wahrnehmbare Ankerpunkte zu setzen, anhand denen Konsumenten sich orientieren können und die beim Aufbau des mentalen Abbildes unterstützend wirken. Das können z. B. Gänge oder architektonische Elemente sein. Häufige Wechsel der Produktplatzierungen können dagegen auf Kundenseite für Frustration sorgen.

▶ Konsumenten schaffen sich mentale Abbilder ihrer Umwelten. Diese gedanklichen Lagepläne können durch Marketingmaßnahmen beeinflusst werden und Marketingmaßnahmen können auf vorhandenen Mental Maps aufbauen.

2.7 Umwelteinflüsse: soziale Umwelt

Ebenso wie an die physische Umwelt passen sich Menschen auch an die soziale Umwelt an und werden durch diese geprägt. Ein Beispiel: Studierende benehmen sich in ihrer Familie, in der Vorlesung und bei einer Party ganz unterschiedlich. Auch hier beeinflusst der Einzelne wiederum durch sein Verhalten die soziale Umwelt. So wirkt sich Gelassenheit und Ruhe von Individuen auf eine insgesamt entspanntere Atmosphäre in einer Gruppe aus.

Mit seiner *näheren Umwelt* steht der Konsument in regelmäßigem, persönlichem Kontakt. Hierzu zählen z. B. die Familie, Freunde, Kommilitonen oder Kollegen. Dagegen bestehen keine regelmäßigen persönlichen Beziehungen zur *weiteren sozialen Umwelt*, stattdessen nehmen Individuen diese oft über die Medien indirekt war. Bestandteile der weiteren sozialen Umwelt sind vor allem Organisationen (z. B. Behörden, Kirchen oder Parteien), bekannte Persönlichkeiten (z. B. Schauspieler oder Politiker) und Kultur sowie Subkulturen. Die Prägung durch die soziale Umwelt wird als Sozialisation bezeichnet. Nach Scherr (2018, S. 419) ist Sozialisation ein „Prozess, in dem der Mensch in die ihn umgebenden sozialen Kontexte hineinwächst, die dort gegebenen Sprache(n), Gewohnheiten, Regeln und Normen erwirbt und zugleich zu einem eigenverantwortlich und eigensinnig handlungsfähigen Individuum wird". Das gilt auch für Konsumenten, deren Konsumverhalten damit geprägt wird.

▶ **Sozialisation** Prozess, in dem der Mensch in die ihn umgebenden sozialen Kontexte hineinwächst und die dort gegebenen Sprache(n), Gewohnheiten, Regeln und Normen erwirbt.

2.7.1 Familie

Die Familie ist in den ersten Lebensjahren besonders relevant für die Prägung von Individuen. Sie dient als Sozialisationsagent zwischen dem Heranwachsenden und der sozialen Umwelt (Kroeber-Riel und Gröppel-Klein 2019, S. 601 f.). Zwischen den Begriffen der Familie und des Haushaltes kann klar differenziert werden, da Familien eben auch über die Haushaltsschwelle hinaus existieren und zusammenwirken. *Familien* lassen sich nach Nave-Herz (2013, S. 36 ff.) durch drei Elemente definieren:

- Mindestens eine Generationendifferenz durch Vorhandensein einer Mutter- und/oder Vater-Position gegenüber der nachkommenden Generation der Kinder
- Soziale Elternschaft mit Sozialisationsfunktion zur Integration der Kinder in der Gesellschaft. Die zusätzliche biologische Elternschaft (Reproduktion) ist nicht mehr immer die Regel.
- Einzigartiges Kooperations- und Solidaritätsverhältnis mit einer spezifischen Rollen-

struktur (z. B. Vater, Mutter, Tochter, Sohn, Bruder, Schwester oder Enkel)

Für Marketeers interessant ist, dass die Entwicklung und Zusammensetzung der Familienstruktur das Konsumverhalten beeinflusst. So haben junge Paare ohne Kinder (DINKS – Double Income No Kids) i. d. R. mehr finanzielle Freiheiten und Ansprüche als junge Familien (volles Nest) oder Alleinerziehende. Spätestens nachdem die Kinder den Haushalt verlassen haben (leeres Nest), steigen die finanziellen Möglichkeiten wieder. In den letzten Jahrzehnten haben sich zunehmend alternative Familientypen herausgebildet, wie die Patchworkfamilie (mindestens ein Kind aus einer früheren Beziehung in der Familie) oder Familien mit länger als üblich zu Hause wohnenden Kindern (Crowded Nest).

2.7.2 Soziale Einheiten

Neben der Familie spielen mit zunehmendem Alter auch andere soziale Einheiten eine relevante Rolle.

Vor allem die eigene Urteilsbildung wird durch andere stark beeinflusst. Das zeigte Asch (1956) in einem eindrucksvollen Experiment: Probanden, die in neutralen Gruppen selbst beurteilten, welche der gezeigten Vergleichslinien gleich lang wie die vorgegebene Linie war, machten in mehreren Durchgängen kaum Fehler in der richtigen Einschätzung. Wenn jedoch die anderen Teilnehmer der Gruppe, die vorher vom Untersuchungsleiter ohne das Wissen des eigentlichen Probanden instruiert wurden, die falsche Linie aussuchten, so folgten viele der Probanden dem erkennbaren Gruppenvotum und wählten ebenfalls die falsche Linie aus.

Die sozialen Einheiten lassen sich in drei Kategorien einteilen:

- Soziale Kategorie: Personenmenge, die über ähnliche Merkmalsausprägungen verfügt (z. B. Erstsemester oder die weibliche Bevölkerung). Im Sonderfall der sozialen Schichten verfügen diese über vergleichbare soziale Positionen bzw. sozialen Status.

- Soziales Aggregat: Räumlich angesammelte Personenmenge mit allenfalls losen Beziehungen zu einem bestimmten Zeitpunkt (z. B. Bewohner eines Stadtteils oder Passagiere auf einem Flug)
- *Gruppe:* Personenmenge, die in nicht zufälliger und wiederholter Beziehung zueinandersteht. Gruppen haben eine eigene Identität, eine soziale Ordnung, Verhaltensnormen sowie gemeinsame Gruppenwerte und -ziele.

▷ **Soziale Gruppe** Personenmehrheit, die in nicht zufälliger und wiederholter Beziehung zueinandersteht. Gruppen bilden eine Identität, eigene Werte und Ziele sowie Verhaltensnormen aus.

Gruppen

Gruppen lassen sich unterteilen in kleine *Primärgruppen* (z. B. Freunde oder Nachbarn) und große *Sekundärgruppen* (z. B. Organisationen und Gruppen mit formeller Mitgliedschaft; unpersönliche Beziehungen). Ist man Mitglied einer Gruppe, so spricht man von Mitgliedschaftsgruppen (mit nomineller Mitgliedschaft, z. B. in einem Fitnessstudio, welches man nach dem Probetraining trotz Vertrag nicht mehr besucht, oder faktischer Mitgliedschaft, z. B. als aktives Vereinsmitglied). Fremdgruppen gehört man dagegen nicht an. Neben klassischen Gruppen, bei denen Begegnungen überwiegend in der Erfahrungsumwelt stattfinden, gibt es zunehmend Gruppen, mit denen man vorwiegend oder nur virtuelle Kontakte pflegt, z. B. mit einer Facebook-Gruppe.

Die unterschiedlichen Gruppen haben sozialen Einfluss auf das Verhalten der Konsumenten:

- *Bezugsgruppen* (Reference Groups) sind Gruppen oder Persönlichkeiten, an denen sich Individuen orientieren. Sie sind beeindruckt von diesen und versuchen, ihnen zu folgen und deren Ideale zu übernehmen. Konsumenten können sowohl Mitglied in Bezugs-

gruppen sein (z. B. ihrem Freundeskreis), als auch Bezugsgruppen folgen, in denen sie kein Mitglied sein können (z. B. einer Rockband oder eines Sportlers oder einer Influencerin).
- Dagegen setzen sich *Peergroups* aus Menschen zusammen, die etwa gleich alt sind, sowie ähnliche Interessen und einen ähnlichen Status haben. Peergroups bestehen unabhängig von bestimmten Aktivitäten oder Kontakten zwischen den impliziten Mitgliedern.

Die Beeinflussung durch diese Gruppen erfolgt a) durch den informativen sozialen Vergleich mit Mitgliedern dieser und b) durch den normativen Einfluss der Gruppe (Kelley 1952). Einerseits ermöglicht der soziale Vergleich Konsumenten, ihre Einstellungen und Verhaltensweisen an diejenigen der für sie idealnahen Bezugsgruppen anzupassen. Andererseits haben Gruppen auch einen normativen Einfluss. Die in Gruppen vorliegenden sozialen Normen (gemeinsam geteilte Erwartungen für akzeptiertes, angemessenes Verhalten) sollen von ihren Mitgliedern eingehalten werden. Deshalb ist ein gruppenkonformes Verhalten erforderlich, um möglichen Sanktionen aufgrund von Verstößen gegen diese Normen zu entgehen. Individuen können sich aber auch dem normativen Einfluss von Gruppen entziehen. Entweder verhalten sie sich dann neutral oder antikonform (entgegengesetzt) der wahrgenommenen Beeinflussungsrichtung.

▷ **Normativer sozialer Einfluss** Das Individuum richtet sich nach der Gruppenmajorität, um negative Sanktionen durch die Gruppe zu vermeiden.

Informativer sozialer Einfluss
Individuen nutzen die Gruppe als nützliche Informationsquelle.

Bearden und Etzel (1982) konnten zeigen, dass sich der Einfluss von Bezugsgruppen auf das Kaufverhalten in Abhängigkeit von den Produktarten (Alltagsgüter oder Luxusgüter) und der Konsumpraxis (öffentlich oder privat) unterscheidet (Abb. 2.9). Bei öffentlichem Konsum (z. B. Smartphones oder Skiausrüstungen) ist der Einfluss der Bezugsgruppen auf die Markenwahl stark. Die Ursache liegt in der symbolischen Ausstrahlungskraft der verwendeten Produkte auf die eigene Persönlichkeit. Starke Marken sind deshalb vor allem für Produkte relevant, die in der Öffentlichkeit verwendet werden. Etwas schwächer ausgeprägt ist der Einfluss der Bezugsgruppe bei der Produktauswahl, der vor allem bei sozial auffälligen Produkten wie Luxusgütern relevant ist. Am höchsten ist der Einfluss der Bezugsgruppe beim Kauf von öffentlich verwendeten Luxusgütern, da sich hier der Einfluss auf die Produkt- und Markenwahl summiert.

2.7.3 Kultur und Subkulturen

Geprägt werden Konsumenten weiterhin von Kultur und Subkulturen. Oft sind sich Konsumenten dessen gar nicht bewusst. Innerhalb einer Kultur nehmen Konsumenten die vorhandenen Werte und Denk- und Handlungsmuster als gegeben an. Erst beim Erleben von anderen Kulturen werden die Unterschiede erkennbar.

Kultur
Kultur besteht aus über Symbole erworbenen und weitergegebenen, expliziten und impliziten Mustern von und für das Verhalten, die die charakte-

ristischen Errungenschaften menschlicher Gruppen und ihrer Artefakte abbilden. Der innere Kern einer Kultur besteht aus den traditionellen, d. h. historisch gewachsenen und ausgewählten Ideen und insbesondere den mit ihnen verbundenen Werten (Kroeber et al. 1952, S. 181). Kulturelle Systeme können dabei einerseits als Handlungsergebnisse, andererseits als bedingende Elemente für zukünftiges Handeln betrachtet werden.

▶ **Kultur** Über Symbole erworbene und weitergegebene, explizite und implizite Muster von und für das Verhalten, die die charakteristischen Errungenschaften menschlicher Gruppen und ihrer Artefakte abbilden. Im Kern stehen historisch gewachsene Ideen und insbesondere die mit ihnen verbundenen Werte.

Für kulturelle Verhaltensmuster sind vor allem prägend:

• Die grundlegenden Werte und Normen
• Typische Handlungsmuster
• Das für eine Kultur relevante Wissen

Um Kultur und Kulturunterschiede zu erfassen, liefert Hofstede (2011) aggregierte *Kulturdimensionen*, nach denen Kulturen in unterschiedlichen Ländern eingeordnet werden können (Werte für Deutschland sowie die Länder mit den jeweils extremsten Ausprägungen. Ein

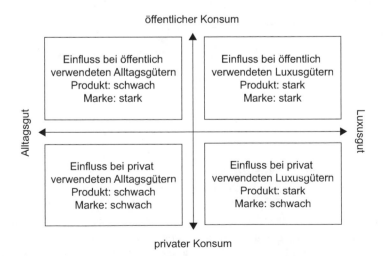

öffentlicher Konsum

| Einfluss bei öffentlich verwendeten Alltagsgütern Produkt: schwach Marke: stark | Einfluss bei öffentlich verwendeten Luxusgütern Produkt: stark Marke: stark |
| Einfluss bei privat verwendeten Alltagsgütern Produkt: schwach Marke: schwach | Einfluss bei privat verwendeten Luxusgütern Produkt: stark Marke: schwach |

Alltagsgut ← → Luxusgut

privater Konsum

Abb. 2.9 Bezugsgruppeneinfluss auf Kaufentscheidungen. (Quelle: Bearden und Etzel 1982, S. 185)

hoher Zahlenwert steht für eine hohe Ausprägung des jeweils erstgenannten Dimensionspunktes. Hofstede et al. 2010):

- Hohe Machtdistanz – niedrige Machtdistanz (Deutschland: 35, Malaysia: 104 und Österreich: 11)
- Hohe Unsicherheitsvermeidung – niedrige Unsicherheitsvermeidung (Deutschland: 65, Griechenland: 112 und Singapur: 8)
- Individualismus – Kollektivismus (Deutschland: 67, USA: 91 und Guatemala: 6)
- Maskulinität – Femininität (Deutschland: 66, Slowakei: 110 und Schweden: 5)
- Langfristige Ausrichtung – kurzfristige Ausrichtung (Deutschland: 83, Südkorea: 100 und Puerto Rico: 0)
- Nachgiebigkeit (eigenen Genuss und Wünsche ungehindert erfüllen) – Beherrschung (Moralische Disziplin) (Deutschland: 40, Venezuela: 100 und Pakistan: 0)

Das Käuferverhalten wird durch die Kultur geprägt. Deshalb unterscheiden sich die Verhaltensweisen zwischen den Kulturen. Beispielsweise spielt in Deutschland die Unsicherheitsvermeidung eine viel größere Rolle als in Singapur. Auf dem deutschen Markt sind deshalb Garantien, langlebigere Produkte und Qualitätsversprechen viel wichtiger als in Singapur.

Subkultur und Wertewelten der Generation
Eine *Subkultur* wird analog der Kultur definiert und stellt eine Teilgruppe der Gesellschaft mit übereinstimmenden charakteristischen Werten und Verhaltensmustern dar. Hierbei können z. B. Alter (z. B. die Jugend), Region (z. B. die Franken), soziale Schicht (z. B. Arbeiterschicht) oder sonstige Faktoren (z. B. Hipster oder Punks) differenzierend wirken.

Für Marketingzwecke viel beachtet ist zudem die Beschreibung der *Generationen* von den Babyboomern bis zur Generation Alpha (s. auch „Wertewandel" in Abschn. 1.6). Innerhalb der Generationen finden sich unterschiedliche Individuen mit differierenden Werten. Zugleich gewinnen Individuen an Erfahrung und übernehmen auch zunehmend familiäre Verantwortung. Eine Fortentwicklung der Generationen ist deshalb selbstverständlich (Dabija et al. 2018): Die inzwischen finanzkräftigen, 1955 bis 1964 geborenen Babyboomer erlebten den Kalten Krieg und das Wirtschaftswunder. Ihnen werden allgemein Tatkraft und hohe Karriereziele zugeschrieben. Die folgende *Generation X* (1965–1976) wuchs im Wohlstand auf, machte in ihrer Jugend erste Computererfahrungen und erlebte die Wiedervereinigung. Oft werden sie mit einem hohen Markenbewusstsein und als individualistisch gekennzeichnet. Die *Generation Y*, ebenso im Wohlstand aufgewachsen, hatte in ihrer Jugend bereits Zugriff auf Handys und E-Mail-Kommunikation. Selbstbestimmung und Toleranz gelten als prägend für sie. Angst vor einem Wohlstandsverlust hat die *Generation Z* (1996–2009), die mit Smartphones aufgewachsen ist und vermehrt auch Krisen und Terroranschläge wahrnehmen konnte. Ihr Kommunikationsverhalten scheint stark auf Social Media und Apps zu basieren. Es bestehen Zukunftsängste und Sicherheit wird wichtiger. Bei der Entwicklung der Generation Alpha mit Geburten ab dem Jahr 2010 ist noch nicht vorauszusehen, wie sich der Zugang zu Smartphones, Tablets und Smarthome-Technologien schon im Kindesalter auswirkt.

Lebensstil
Über Kulturen und Subkulturen hinaus existieren weitere Möglichkeiten, Personengruppen zusammenzufassen, die sich in vielen Situationen vergleichbar verhalten. Ein wichtiger Ansatz ist die Bildung von *Lebensstil*-Clustern. Dies ist beispielsweise hilfreich für die Marktsegmentierung oder die Entwicklung symbolischer Nutzen in der Produktpolitik. Veal (1993, S. 247) versteht unter einem Lebensstil das konkrete Muster des persönlichen und sozialen Verhaltens, das für ein Individuum oder eine Gruppe charakteristisch ist.

▶ **Lebensstil** Ausgeprägtes Muster der persönlichen und sozialen Lebensführung, welches sich durch Aktivitäten, Interessen und Einstellungen ausdrückt.

Der *A-I-O-Ansatz* war einer der ersten Zugänge zur Erfassung von Lebensstil-Clustern. Wells und Tigert (1971) bauen dabei auf die Faktoren

- Aktivitäten (z. B. Arbeit, Hobbys, gesellschaftliche Ereignisse oder Urlaub),
- Interessen (z. B. Beruf, Familie, Gemeinschaft, Erholung, Technik oder Mode) und
- Meinungen (Opinions; z. B. über die eigene Person, Bildung, Politik, Wirtschaft und soziale Fragen).

In den letzten 50 Jahren wurden zahlreiche weitere Lebensstilanalysen entwickelt bzw. weiterentwickelt. Gerade für die Erfassung und Beschreibung von Marktsegmenten bzw. Zielgruppen haben sie eine hohe Bedeutung für Marketingmanager.

Ein bekanntes Beispiel sind die Sinus-Milieus (Abb. 2.10), die anhand der Faktoren „soziale Lage" und „Grundorientierung" bestimmt werden. Jede dieser Dimensionen beruht dabei auf Antworten auf zahlreiche Fragen, die einer geeigneten Auswahl der deutschen Bevölkerung regelmäßig gestellt werden.

Kernbotschaften zu den Lernzielen
- Die Anwendung verschiedener Disziplinen ist für das Verständnis des Käuferverhaltens erforderlich. Im Rahmen des Neobehaviorismus liegt der Erklärungsfokus auf dem Organismus selbst, da Individuen auf die gleichen Reizsituationen ganz unterschiedlich reagieren können.
- Hierbei hat sich ein verhaltenswissenschaftliches Menschenbild etabliert – in einer Abkehr vom Bild des Homo oeconomicus – welches sich durch ein nur begrenzt rationales und stark emotional geprägtes Verhalten ausdrückt.

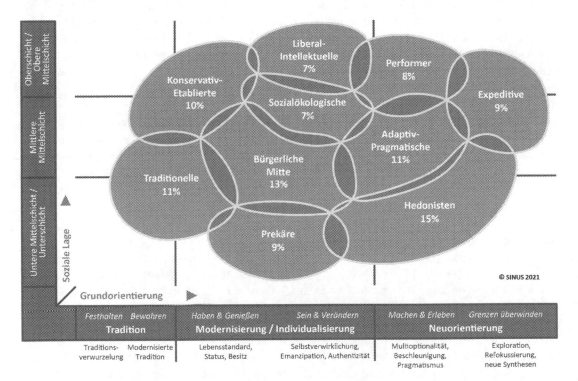

Abb. 2.10 Die Sinus-Milieus in Deutschland, 2020. (Quelle: Sinus Markt- und Sozialforschung GmbH 2021)

- Das Verhalten wird einerseits durch psychische Variablen gesteuert, wie erstens die aktivierenden Prozesse, die für die menschliche Leistungsfähigkeit erforderlich sind. Zu diesen gehören in zunehmend spezifischer Ausprägung Emotionen, Motivationen und Einstellungen. Zweitens wird das Verhalten bewusst durch gedanklich kontrollierte, kognitive Prozesse wie die Informationsaufnahme, -verarbeitung und -speicherung gesteuert. Die Tiefe der Informationsverarbeitung ist u. a. vom Involvement, dem mentalen Engagement, abhängig. Die Informationsspeicherung (auch: Lernen) ist mit unterschiedlichen Modellen zu erklären.

- Entscheidungsverhaltenstypen unterscheiden sich hinsichtlich der Intensität des emotionalen als auch des kognitiven Involvements sowie der Reaktivität der Entscheidungsfindung.
- Andererseits ist auch der Einfluss der physischen Umwelt relevant für das Verhalten. Individuen lernen sich in der physischen Umwelt zu orientieren und mit dieser zu leben. Noch relevanter beeinflusst die soziale Umwelt, z. B. die Familie oder Bezugsgruppen, das menschliche Verhalten z. B. durch Sozialisationsprozesse oder durch die Orientierung an Bezugsgruppen.

Mindmap zum Kapitel 2

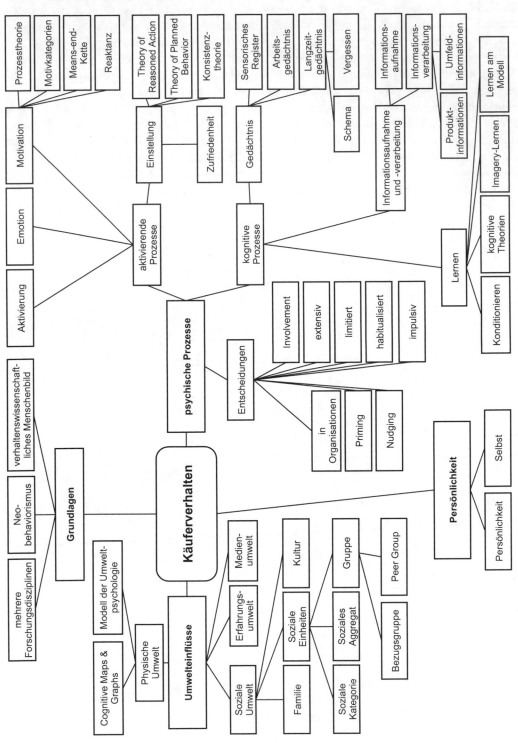

Literatur

Im Kapital zitierte Literatur

Ajzen, I. (1991). The theory of planned behavior. *Organizational Behavior and Human Decision Processes, 50*(2), 179–211.

Anderson, E. W., & Sullivan, M. W. (1993). The antecedents and consequences of customer satisfaction for firms. *Marketing Science, 12*(2), 125–143.

Asch, S. E. (1956). Studies of independence and conformity: I. A minority of one against a unanimous majority. *Psychological Monographs: General and Applied, 70*(9), 1–70.

Atkinson, R. C., & Shiffrin, R. M. (1968). Human memory: A proposed system and its control processes. *Psychology of Learning and Motivation, 2*(1), 89–195.

Baddeley, A. (2012). Working memory: Theories, models, and controversies. *Annual Review of Psychology, 63*, 1–29.

Baddeley, A. D., & Hitch, G. J. (1974). Working memory. *Psychology of Learning and Motivation: Advances in Research and Theory, 8*, 47–89.

Bandura, A. (1977). *Social learning theory*. Prentice-Hall.

Barsalou, L. W. (2008). Grounded cognition. *Annual Review of Psychology, 59*(1), 617–645.

Bearden, W. O., & Etzel, M. J. (1982). Reference group influence on product and brand purchase decisions. *Journal of Consumer Research, 9*(2), 183–194.

Bettman, J. R., Luce, M. F., & Payne, J. W. (1998). Constructive consumer choice processes. *Journal of Consumer Research, 25*(3), 187–217.

Bonoma, T. V. (1982). Who really does the buying? *Harvard Business Review, 60*(3), 111–119.

Brehm, J. W. (1966). *A theory of psychological reactance*. Academic Press.

Buchner, A., & Brandt, M. (2017). Gedächtniskonzeptionen und Wissensrepräsentationen. In J. Müsseler & M. Rieger (Hrsg.), *Allgemeine Psychologie* (3. Aufl., S. 401–434). Springer.

Chartrand, T. L., Huber, J., Shiv, B., & Tanner, R. J. (2008). Nonconscious goals and consumer choice. *Journal of Consumer Research, 35*(2), 189–201.

Craik, F. I. M., & Lockhart, R. S. (1972). Levels of processing: A framework for memory research. *Journal of Verbal Learning and Verbal Behavior, 11*(6), 671–684.

Dabija, D.-C., Bejan, B. M., & Tipi, N. (2018). Generation X versus Millennials communication behaviour on social media when purchasing food versus tourist services. *E&M Economics and Management, 21*(1), 191–205.

Devezer, B., Sprott, D. E., & Spangenberg, E. R. (2008). Is failure a blessing or a curse? Behavioral goal violation, cognitive dissonance and consumer welfare. *Advances in Consumer Research, 35*, 667–668.

Donovan, R. J., & Rossiter, J. R. (1982). Store atmosphere: An environmental psychology approach. *Journal of Retailing, 58*(1), 34–57.

Dörnyei, K. R., Krystallis, A., & Chrysochou, P. (2017). The impact of product assortment size and attribute quantity on information searches. *Journal of Consumer Marketing, 34*(3), 191–201.

Festinger, L. (1954). A theory of social comparison processes. *Human Relations, 7*(2), 117–140.

Fischer, P., Jander, K., & Krueger, J. (2018). *Sozialpsychologie für Bachelor* (2. Aufl.). Springer.

Fishbein, M., & Ajzen, I. (1975). *Belief, attitude, intention, and behavior: An introduction to theory and research*. Addison-Wesley.

Fiske, S. T., & Taylor, S. E. (2017). *Social Cognition – From Brains to Culture* (3. Aufl.). Sage Publications.

Gerrig, R. J. (2018). *Psychologie* (21. Aufl.). Pearson.

Gröppel-Klein, A. (1998). The influence of the dominance perceived at the point-of-sale on the price assessment. In B. G. Englis & A. Olofsson (Hrsg.), *European advances in consumer research* (Bd. 3, S. 304–311). Association for Consumer Research.

Gröppel-Klein, A. (2014). No motion without emotion: Getting started with hard facts on a soft topic. *GfK Marketing Intelligence Review, 6*(1), 8–15.

Herrmann, A. (1996). *Nachfrageorientierte Produktgestaltung: Ein Ansatz auf Basis der „means-end"-Theorie*. Gabler.

Hofstede, G. (2011). *Dimensionalizing cultures: The Hofstede model in context. Online Readings in Psychology and Culture, Unit 2*. http://scholarworks.gvsu.edu/orpc/vol2/iss1/8. Zugegriffen am 12.01.2021.

Hofstede, G., Hofstede, G. J., & Minkov, M. (2010). *Cultures and organizations, software of the mind* (3. Aufl.). McGrawHill.

Izard, C. E. (1991). *The psychology of emotions*. Plenum Publishing.

Kapferer, J.-N., & Laurent, G. (1993). Further evidence on the consumer involvement profile: Five antecedents of involvement. *Psychology & Marketing, 10*(4), 347–355.

Kaplan, L. B., Szybillo, G. J., & Jacoby, J. (1974). Components of perceived risk in product purchase: A cross validation. *Journal of Applied Psychology, 59*(3), 287–291.

Kelley, H. H. (1952). Two functions of reference groups. In G. Swanson, T. Newcomb & E. Hartley (Hrsg.), *Society for the psychological study of social issues: Readings in social psychology* (S. 410–414). Holt.

Kenning, P., Plassmann, H., Deppe, M., Kugel, H., & Schwindt, W. (2005). Wie eine starke Marke wirkt. *Harvard Business Manager, 3*, 53–57.

Kroeber, A. L., Kluckhohn, C., Untereiner, W., & Meyer, A. G. (1952). *Culture. A critical review of concepts and definitions*. Papers of the Peabody Museum of American Archaeology and Ethnology, Harvard University, *47*(1), Cambridge, MA.

Kroeber-Riel, W., & Gröppel-Klein, A. (2019). *Konsumentenverhalten* (11. Aufl.). Vahlen.

Lee, K., & Ashton, M. C. (2004). Psychometric properties of the HEXACO personality inventory. *Multivariate Behavioral Research, 39*(2), 329–358.

Lindsay, P. H., & Norman, D. H. (1981). *Einführung in die Psychologie: Informationsaufnahme und -verarbeitung beim Menschen.* Springer.

Mandl, H., Friedrich, H. F., & Hron, A. (1988). Theoretische Ansätze zum Wissenserwerb. In H. Mandl & H. Spada (Hrsg.), *Wissenspsychologie* (S. 123–160). Psychologie Verlags Union.

Mandler, G. (1982). The structure of value: Accounting for taste. In M. S. Clark & S. . T. Fiske (Hrsg.), *Affect and cognition: The 17th annual Carnegie symposium* (S. 3–36). Lawrence Erlbaum Associates.

Maslow, A. H. (1943). A theory of human motivation. *Psychological Review, 50*(4), 370–396.

McDermid, C. D. (1960). How money motivates men. *Business Horizons, 3*(4), 93–100.

Mehrabian, A., & Russell, J. A. (1974). *An approach to environmental psychology.* MIT Press.

Meyers-Levy, J., & Tybout, A. M. (1989). Schema congruity as a basis for product evaluation. *Journal of Consumer Research, 16*(1), 39–54.

Miller, G. A. (1956). The magical number seven, plus or minus two: Some limits on our capacity for processing information. *The Psychological Review, 63*(2), 81–97.

Miniero, G., Rurale, A., & Addis, M. (2014). Effects of arousal, dominance, and their interaction on pleasure in a cultural environment. *Psychology & Marketing, 31*(8), 628–634.

Myers, D. G., & DeWall, C. N. (2018). *Psychology* (12. Aufl.). Worth Publishers.

Nave-Herz, R. (2013). *Ehe- und Familiensoziologie. Eine Einführung in Geschichte, theoretische Ansätze und empirische Befunde* (3. Aufl.). Beltz Juventa.

Neyer, F. J., & Asendorpf, J. B. (2018). *Psychologie der Persönlichkeit* (6. Aufl.). Springer.

Paivio, A. (1986). *Mental representations. A dual coding approach.* Oxford University Press.

Parkinson, T. L., & Reilly, M. (1979). An information processing approach to evoked set formation. *Advances in Consumer Research, 6*(1), 227–231.

Pavlov, I. (1927). *Conditioned reflexes: An investigation of the physiological activity of the cerebral cortex.* Oxford University Press.

Peer, M., Brunec, I. K., Newcombe, N. S., & Epstein, R. A. (2021). Structuring knowledge with cognitive maps and cognitive graphs. *Trends in Cognitive Sciences, 25*(1), 37–54.

Plutchik, R. E. (1991). *The emotions.* University Press of America.

Redler, J. (2003). *Management von Markenallianzen.* Logos.

Rescorla, R. A. (1988). Pavlovian conditioning: It's not what you think it is. *American Psychologist, 43*(2), 151–160.

Reynolds, T. J., & Gutman, J. (1988). Laddering theory, method, analysis, and interpretation. *Journal of Advertising Research, 28*(1), 11–31.

Roselius, T. (1971). Consumer rankings of risk reduction methods. *Journal of Marketing, 35*(1), 56–61.

Scherr, A. (2018). Sozialisation. In J. Kopp & A. Steinbach (Hrsg.), *Grundbegriffe der Soziologie* (12. Aufl., S. 409–413). Springer.

Sela, A., & Berger, J. (2012). How attribute quantity influences option choice. *Journal of Marketing Research, 49*(6), 942–953.

Shoham, M., Moldovan, S., & Steinhart, Y. (2017). Positively useless: Irrelevant negative information enhances positive impressions. *Journal of Consumer Psychology, 27*(2), 147–159.

Skinner, B. F. (1938). *The behavior of organisms.* Appleton-Century-Crofts.

Stern, H. (1962). The significance of impulse buying today. *Journal of Marketing, 26*(2), 59–62.

Sunstein, C. R. (2014). Nudging: A very short guide. *Journal of Consumer Policy, 37*(4), 583–588.

Thaler, R. C., & Sunstein, C. R. (2008). *Nudge. Improving decisions about health, wealth and happiness.* Penguin.

Trommsdorf, V., & Teichert, T. (2011). *Konsumentenverhalten* (8. Aufl.). Kohlhammer.

Tversky, A., & Kahneman, D. (1974). Judgment under uncertainty: Heuristics and biases. *Science, 185*(4157), 1124–1131.

Ullrich, S. (2012). *Markenbindung durch personalisierte Internetauftritte.* Springer Gabler.

Ullrich, S., & Brunner, C. B. (2015). Negative online consumer reviews: Effects of different responses. *Journal of Product & Brand Management, 24*(1), 66–77.

Veal, A. J. (1993). The concept of lifestyle: A review. *Leisure Studies, 12*(4), 233–252.

Warren, W. H., Rothman, D. B., Schnapp, B. H., & Ericson, J. D. (2017). Wormholes in virtual space: From cognitive maps to cognitive graphs. *Cognition, 166,* 152–163.

Webster, F., & Wind, Y. (1972). A general model for understanding organizational buying behavior. *Journal of Marketing, 36*(2), 12–19.

Wells, W. D., & Tigert, D. J. (1971). Activities, interests and opinions. *Journal of Advertising Research, 11*(4), 27–35.

Willis, J., & Todorov, A. (2006). First impressions: Making up your mind after a 100-Ms exposure to a face. *Psychological Science, 17*(7), 592–598.

Zaichkowsky, J. L. (1985). Measuring the involvement construct. *Journal of Consumer Research, 12*(3), 341–352.

Weiterführende Literaturhinweise

Fischer, P., Jander, K., & Krueger, J. (2018). *Sozialpsychologie für Bachelor* (2. Aufl.). Springer.

Foscht, T., Swoboda, B., & Schramm-Klein, H. (2017). *Käuferverhalten. Grundlagen – Perspektiven – Anwendungen* (6. Aufl.). Springer Gabler.

Kroeber-Riel, W., & Gröppel-Klein, A. (2019). *Konsumentenverhalten* (11. Aufl.). Vahlen.

Marktforschung

3

Lernziele

- Die Bedeutung von Marktforschung kennen und verstehen
- Den Marktforschungsprozess kennen und beschreiben können
- Die Unterschiede zwischen deskriptiven, explorativen und kausalen Forschungsdesigns kennen und erläutern können
- Unterschiede zwischen qualitativen und quantitativen Forschungsmethoden verstehen und darstellen können
- Möglichkeiten der Datenerhebung durch Befragung und Beobachtung kennen und sie für die Konzeption von Studien einsetzen können
- Datenanalysetechniken verstehen und ihre Anwendung einordnen können

In Kap. 3 erfolgt eine Einführung in die Grundlagen der Marktforschung. Dazu wird der gesamte Marktforschungsprozess vorgestellt und Schritt für Schritt erläutert: Aufbauend auf den grundlegenden Forschungsdesigns und den methodischen Ansätzen werden die Möglichkeiten der Datenerhebung beschrieben. Ausführliche Darstellungen von explorativen Untersuchungen, Befragungen und Beobachtungen folgen. Das Kapitel schließt mit einem Überblick zum Umgang mit Daten und Datenanalysen.

3.1 Grundlagen

Um im Marketing Entscheidungen treffen zu können, sind Kenntnisse über Kundenbedürfnisse und das Kundenverhalten erforderlich. Klassisch stellt sich dabei die Frage: *„Wer benötigt warum was wann wo in welcher Menge über welche Kanäle zu welchem Preis und zu welchen Bedingungen?"* (Hammann und Erichson 2000, S. 37). Zugleich sind für Unternehmen Erkenntnisse bspw. dazu wichtig, welche Marketingmaßnahmen auf den Märkten situationsspezifisch am besten wirken.

Mittels *Marktforschung* können die Informationen gewonnen werden, die zur Beantwortung von Absatz- und Beschaffungsmärkte betreffenden Fragestellungen notwendig sind. Hierbei gilt es, anlassspezifische (z. B. Produkttests) und begleitende Marktforschung (z. B. Beobachtung von Entwicklungen bei Marktsegmenten) zu unterscheiden. Altobelli (2017, S. 16) folgend kann Marktforschung als ein systematisches Vorgehen definiert werden, dass sich mit der zielgerichteten Sammlung, Aufbereitung, Auswertung und Interpretation von Informationen über Märkte und Marktbeeinflussungs-

© Springer Fachmedien Wiesbaden GmbH, ein Teil von Springer Nature 2021
J. Redler, S. Ullrich, *Marketing klipp & klar*, WiWi klipp & klar,
https://doi.org/10.1007/978-3-658-34538-9_3

möglichkeiten befasst, um Grundlagen für Marketingentscheidungen zu liefern.

▶ **Marktforschung** Die systematische und zielgerichtete Sammlung, Aufbereitung, Auswertung und Interpretation von Informationen über Märkte und Marktbeeinflussungsmöglichkeiten als Grundlage für Marketingentscheidungen.

Im Vergleich zur Marktforschung umfasst die *Marketingforschung* zusätzlich marketingrelevante Unternehmensinformationen und Umweltinformationen. Der Beschaffungsmarkt ist für die Marketingforschung dagegen kein Untersuchungsgegenstand.

Phasen des Marktforschungsprozesses
Um Marktforschung systematisch und zielgerichtet zu betreiben, bietet sich die Konzeption und Durchführung dieser gemäß des in Abb. 3.1 dargestellten Phasenmodells an. Je nach Marketingherausforderung ist es vorstellbar, dass das Phasenmodell oder zumindest Teile davon mehrfach durchlaufen werden müssen, um die für die Marketingentscheidungen nötigen Kenntnisse zu gewinnen.

3.2 Prozess der Marktforschung

3.2.1 Forschungsthema und Forschungsfrage

Zur Planung und Durchführung von Marktforschung ist zunächst zu spezifizieren, was das *Forschungsthema* ist und *welche Forschungsfrage* beantwortet werden soll. Das Forschungsthema stellt den groben Rahmen für die Forschung dar. Beispiele sind z. B. E-Autos oder Influencer Marketing. Aufbauend ist die Forschungsfrage zu definieren. Dies darf dabei nicht zu breit gestaltet werden, um unnötige Marktforschung zu vermeiden bzw. um diese handhabbar zu gestalten. Forschungsfragen könnten z. B. sein:

- Welche Faktoren sind für die Kaufentscheidung von E-Autos relevant?
- Welche Auswirkungen haben Reichweiten auf den Absatz von E-Autos?
- Wie wird sich der Absatz von E-Autos entwickeln?
- Welches Potenzial hat Influencer Marketing?
- Welche Rolle spielt der Fit zwischen Marke und Influencer?

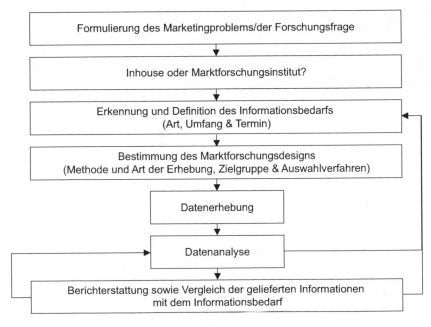

Abb. 3.1 Phasen des Marktforschungsprozesses

In der Marketingforschung, also auch bei Bachelor- und Masterarbeiten, ist i. d. R. zunächst eine *Forschungsfrage* (auch: *zentrale Fragestellung*, *Research Question*) herauszuarbeiten. Deren Relevanz für die Praxis und die Forschung wird zunächst begründet. Bei wissenschaftlichen Arbeiten darf die spezifische Forschungsfrage noch nicht anderswo beantwortet sein. Deshalb werden in der Wissenschaft zunächst die Forschungsfrage tangierende vorliegende Forschungsstudien dargestellt.

3.2.2 Eigene Marktforschung im Vergleich zum Outsourcing

Nicht für jedes Unternehmen ist es möglich oder sinnvoll, eine *eigene Marktforschungsabteilung* zu unterhalten. Insbesondere kleine und mittelständische Unternehmen greifen regelmäßig auf *Marktforschungsinstitute* zurück. Aber auch große Unternehmen lagern teilweise Marktforschungsprojekte aus, wenn das notwendige Fachwissen nicht vorhanden ist oder Kapazitäten fehlen. Die Beauftragung von Marktforschungsinstituten hat mehrere Vorteile (Pepels 2014, S. 26 f.):

- Keine fixen Kosten für die Marktforschung, sondern nur projektbezogene Kosten
- Erfahrung der Marktforschungsinstitute mit ähnlichen Projekten, oft leistungsfähigere Erhebungsinstrumente, meist bessere und aktuellere Methodenkenntnisse und Vorliegen eines Probandenpools
- Größere Objektivität durch Unabhängigkeit, weniger interessengeleitete Auskünfte und keine Betriebsblindheit

Allerdings liegen bei sog. Fremdforschung auch Nachteile vor (Pepels 2014, S. 26 f.):

- Geringeres unternehmens- und branchenbezogenes Fachwissen
- Kommunikations- und Interpretationsschwierigkeiten
- Gefahr der nicht fachgerechten Auftragserfüllung
- Höhere Kosten und teilweise längere Ausführungszeiten
- Keine Wissensakkumulation, da Fremdausführung

3.2.3 Bestimmung des Informationsbedarfes

Zur *Bestimmung des Informationsbedarfes* ist zunächst hinsichtlich der *Art* der benötigten Informationen zu unterscheiden: Quantitative Daten über das Nutzungsverhalten von Autos umfassen zum Beispiel die Pendeldistanzen zwischen Arbeitsplätzen und Wohnort, Anzahl der Autos pro Haushalt und die Freizeitnutzung des Autos für Besuche und Urlaube. Qualitative Daten sind nichtnumerischer Natur. Dies können zum Beispiel verbale, in einem Interview erhobene Daten in Form von Protokollen oder Audiodateien sein. Je nach Untersuchungszweck (Abschn. 3.3.1) und angestrebter Auswertung (Abschn. 3.9) ist der Bedarf der benötigten Datenart zu spezifizieren.

Auch muss der *Informationsumfang* bestimmt werden: Bei qualitativer Forschung können bereits Daten von wenigen Probanden ausreichen, um Einblicke und Verständnis zu gewinnen. In der quantitativen Forschung gilt i. d. R. dagegen: Je mehr Probanden befragt oder beobachtet werden, desto genauer werden die Ergebnisse. Gegen sehr umfangreiche Datenerhebungen sprechen meist die steigenden Kosten, wenn die Daten nicht sowieso anfallen wie z. B. bei elektronischen Kassensystemen im Handel.

Schließlich ist es von Bedeutung, *wann* die Informationen vorliegen sollen. Liegt ein bestimmter Untersuchungszweck einmalig vor, so werden die Daten in einer *Ad-hoc-Studie* erhoben. Bei langfristigen Untersuchungen, zum Beispiel über die Markenbekanntheit, werden *Trackingstudien (auch: Längsschnittstudien)* durchgeführt. Hierbei handelt es sich um Wiederholungsstudien zu unterschiedlichen Zeitpunkten mit dem gleichen Untersuchungsgegenstand und der gleichen Grundgesamtheit. Durch Trackingstudien können Änderungen zeitnah wahrgenommen und auf diese reagiert werden. Ein bekanntes Beispiel stellt die „Sonntagsfrage Bundestageswahl" dar, mit welcher mehrere Marktforschungsinstitute die Wahltrends mit der wöchentlichen Frage festhalten, welche Partei gewählt würde, wenn am nächsten Sonntag Bundestagswahl wäre.

3.3 Bestimmung des Marktforschungsdesigns

Im nächsten Schritt ist das passende Marktforschungsdesign für den definierten Informationsbedarf zu wählen. Drei mögliche Forschungsdesigns stehen zur Auswahl: deskriptives, exploratives und kausales Forschungsdesign.

▶ **Forschungsdesign** Das Forschungsdesign bildet den Rahmen für die Durchführung des Marketingforschungsprojekts. Es beschreibt die Verfahren, die notwendig sind, um die Informationen zu erhalten, die zur Strukturierung oder Lösung von Marktforschungsproblemen benötigt werden.

3.3.1 Deskriptive, explorative und kausale Forschungsdesigns

Deskription

Ein *deskriptives Forschungsdesign* eignet sich, wenn die Charakteristika von bestimmten Gruppen oder Situationen beschrieben werden sollen. Ebenso ist es bspw. möglich, die Ausprägung und die Zusammensetzung von Marktsegmenten zu eruieren oder die Entwicklung des Smartphone-Markts zu beschreiben. Typische deskriptive Forschungsziele sind z. B. die Charakterisierung von Käufergruppen von E-Autos oder die Beschreibung der typischen Nutzungsgewohnheiten von City Scootern durch unterschiedliche Marktsegmente. Auswertungsmethodisch finden sich hier z. B. Häufigkeitsberechnungen oder Prognosemodelle.

Exploration

Bestehen bisher keine oder nur geringe Kenntnisse über eine Untersuchungsthematik, so können Studien mit einem *explorativen Forschungsdesign* eine allgemeine Orientierung erlauben. Dabei sollen sich Möglichkeiten zur Strukturierung der Untersuchungsthematik und zur Entdeckung von Zusammenhängen eröffnen. Explorative Studien sind vergleichbar mit einem Lernprozess. In der Regel sind daran nur wenige Studienteilnehmer beteiligt. Allerdings erhofft man sich von ihnen relevante Einblicke aus unterschiedlichen Perspektiven sowie eine situationsgebundene Tiefe der Betrachtung. Typisch wäre es, mittels explorativer Studien z. B. relevante Variablen, Einflussfaktoren und Zusammenhänge für ein Untersuchungsthema zu erschließen. Darauf aufbauend könnten später spezifische Hypothesen abgeleitet werden, die in weiteren Studien überprüft werden.

Typische explorative Forschungsziele sind z. B. die Aufdeckung von Gründen für Markenpräferenzen bei E-Autos oder der Erkenntnisgewinn über Argumente, die Konsumenten bei einem Neuwagenkauf von E-Autos überzeugen könnten. Auswertungsmethodisch finden sich hier z. B. Inhaltsanalysen von Fokusgruppeninterviews, Expertengesprächen oder Social-Media-Beiträgen.

Kausale Forschungspläne

Mit einem *kausalen Forschungsdesign* können Ursache-Wirkungs-Zusammenhänge aufgezeigt und erklärt werden. Wurden bspw. mittels explorativer Studien Vermutungen zu Ursache-Wirkungs-Beziehungen entwickelt, so können diese mit kausalen Forschungsplänen überprüft bzw. exakt bestimmt werden. Typische Fragestellungen, die kausale Designs erfordern, sind bspw. der Einfluss der Reichweite von E-Autos auf deren Absatzzahlen oder die Bedeutung von Benzinpreisen für die Reduktion von mit Autos zurückgelegten Kilometern. Kausale Designs werden als Experimente oder Längsschnittstudien umgesetzt. Experimente werden i. d. R. varianzanalytisch ausgewertet (Abschn. 3.9).

3.3.2 Methodische Ansätze: qualitative und quantitative Forschung sowie Mixed Methods

Ist der Informationsbedarf bestimmt, so werden Marketeers und Marktforscher die Art der Forschung an diesem ausrichten. Die Wahl zwischen qualitativer oder quantitativer Forschung richtet sich insb. nach dem wissenschaftstheoretischen Grund der Vorgehensweise. Die Differenzierung der beiden Forschungsparadigmen manifestiert sich u. a. in der Frage, wie mit verhaltenswissenschaftlicher Forschung überhaupt fundierte Erkenntnisse über das Käuferverhalten gewonnen werden können. Hier unterscheiden sie sich in ihren Menschenbildern und Denkweisen (Wichmann 2019, S. 7 ff.):

▷ **Qualitative Forschung** Sinnverstehende, wenig standardisierte Herangehensweisen der Forschung, basierend auf dem Interpretativismus (menschliches Verhalten auf der Basis von Sinn und Intention).

Quantitative Forschung

Eher naturwissenschaftliche Herangehensweisen der Forschung basierend auf dem Positivismus (menschliches Verhalten gemäß Stimulus-Response-Schema (siehe Abschn. 2.1.2), welches objektiv erforscht und „gemessen" werden kann).

In der quantitativen Forschungslogik werden somit hochstrukturierte, standardisierte Prozesse bevorzugt werden, die den aus den Naturwissenschaften bekannten objektiven Prinzipien und Forschungsmethoden ähneln. Dagegen werden in der qualitativen Forschungslogik offenere Prozesse eingesetzt, um den Sinn des menschlichen Handelns zu verstehen. Auf der Datenebene ergeben sich dadurch Unterschiede (qualitative Forschung: vor allem verbale Daten; quantitative Forschung: vor allem numerische Daten). Beide Welten können zudem in sog. Mixed-Methods-Ansätzen kombiniert werden.

Qualitative Forschung

Beim *qualitativen Forschungsansatz* dominieren wenig strukturierte Datenerhebungsmethoden. Mit einer relativ geringen Anzahl von Untersuchungselementen werden offene Forschungsfragen untersucht. Dabei gibt es keine lineare Vorgehensweise, stattdessen wird der Untersuchungsgegenstand mittels Literaturarbeit, Datenerhebung und Datenauswertung immer wieder umzirkelt und detaillierter erfasst. Ein Fokus liegt insbesondere auf dem explorativen Beschreiben und *Verstehen* der für die Frage-

stellung relevanten Aspekte, die zu einer Theoriebildung führen können.

In der qualitativen Forschung werden vor allem *verbale* (und visuelle) *Daten* erhoben. Diese werden durch Interpretation ausgewertet. Im Datenformat liegt aber nicht der Unterschied zwischen den beiden Forschungsansätzen begründet, es ist lediglich das Ergebnis der unterschiedlichen Methoden der Ansätze.

Prinzipien der qualitativen Forschung (Döring und Bortz, S. 63 ff.):

• Ganzheitliche und rekonstruktive Untersuchung lebensweltlicher Phänomene
• Reflektierte theoretische Offenheit zwecks Bildung neuer Theorien
• Zirkularität und Flexibilität des Forschungsprozesses zwecks Annäherung an den Gegenstand
• Forschung als Kommunikation und Kooperation zwischen Forschenden und Beforschten
• Selbstreflexion der Subjektivität und Perspektivität der Forschenden

Einsatzzwecke sind die genaue Eruierung des Forschungsproblems, das Entdecken von Strukturen, das Herausarbeiten von Besonderheiten sowie die Generierung von Hypothesen. Oft dienen qualitative Untersuchungen auch der besseren Interpretation von Ergebnissen aus quantitativen Studien. Zum Beispiel können Probanden in quantitativen Untersuchungen zahlreiche Gründe aufzählen, die aktuell noch gegen den Kauf eines E-Autos sprechen. Mit qualitativen Methoden kann dann ermittelt werden, welche dieser Gründe echte Kaufhindernisse darstellen und welche Gründe eher vorgeschobener Natur sind.

Quantitative Forschung

Beim quantitativen Forschungsparadigma wird einem linearen, klar strukturierten Forschungsprozess gefolgt. Hierzu müssen präzise Fragestellungen vorliegen, oft werden aus der Theorie Hypothesen abgeleitet. Zur Prüfung dieser werden mit standardisierten Datenerhebungs-

methoden und anhand vieler Untersuchungselemente numerische Daten erhoben. Mit diesen
können die Hypothesen mittels statistischer
Datenanalyse geprüft werden. Eine Gegenüberstellung der beiden Forschungsansätze findet sich
in Tab. 3.1.

Mixed Methods

Sowohl qualitative als auch quantitative Methoden haben ihre Berechtigung. Die sich ergänzende
Untersuchung eines Unternehmensgegenstandes
aus beiden Perspektiven (*Triangulation*) ermöglicht in vielen Konstellationen eine bessere Eruierung und damit aussagekräftigere Ergebnisse.

▷ **Mixed Methods** Forschungsmethode, die eine
Kombination von Elementen qualitativer und
quantitativer Forschungstraditionen beinhaltet.

Die Reihenfolge und die Gewichtung der Methoden können bei den Mixed Methods unterschiedlich ausfallen. In der Praxis finden sich
häufig zwei einfache Varianten:

- Vorstudienmodell: Eine qualitative Studie
  wird als Vorstudie zur Strukturierung des
  Untersuchungsgegenstandes und zur Generierung von Hypothesen durchgeführt. In der

Hauptstudie werden die generierten Hypothesen quantitativ geprüft.
- Vertiefungsmodell: In der ersten Studie werden Hypothesen mit quantitativen Ansätzen
  geprüft. Statistisch relevante Effekte werden
  mit einer qualitativen Vertiefungsstudie genauer exploriert.

▷ Quantitative und qualitative Methoden ent-
stammen unterschiedlichen Forschungstraditionen und sind insofern gleichberechtigt.
Sie können kombiniert eingesetzt werden.

3.4 Grundlagen der Datenerhebung

Hinsichtlich der *Möglichkeiten zur Informationsgewinnung* unterscheidet man zwischen
Primärforschung, bei der Daten neu erhoben
werden, und *Sekundärforschung*, bei der auf
bereits vorliegende Daten zurückgegriffen
wird. In der Praxis erfolgt vor Beginn der
Primärforschung oft zunächst eine sekundäre
Analyse.

Tab. 3.1 Eigenschaften qualitativer und quantitativer Forschung. (Quelle: McDaniel und Gates 2018, S. 89)

	Qualitative Forschung	Quantitative Forschung
Fragetypen	Tiefgehende Fragen	Eingeschränkte Fragentiefe
Stichprobengröße	Klein	Groß
Informationsmenge pro Teilnehmer	Erheblich	Unterschiedlich
Voraussetzungen für den Untersuchungsleiter	Qualifizierter Interviewer	Interviewer mit wenig Erfahrung oder kein Interviewer
Analyseart	Subjektiv, interpretativ	Statistisch, summierend
Ausstattung	Aufnahmegeräte, Projektionsgeräte, Videorekorder, Bilder oder Diskussionsleitfäden	Fragebögen, Computer, Ausdrucke, mobile Geräte, Smartphones, Tablets oder Laptops
Reproduzierbarkeit	Niedrig	Hoch
Ausbildung des Untersuchungsleiters	Psychologie, Soziologie, Sozialpsychologie, Konsumentenverhalten, Marketing, Marketingforschung	Statistik, Entscheidungsmodelle, Entscheidungsunterstützungssysteme, Computerprogrammierung, Marketing, Marketingforschung, Datenwissenschaftler
Forschungsdesign	V. a. explorativ	Deskriptiv oder kausal

3.4.1 Sekundärerhebung: Zugriff auf sekundäre Daten

Vorhandenes Datenmaterial, welches nicht für das spezifische Marketingproblem erhoben wurde, kann auch für neue, konkrete Vorhaben betrachtet und ausgewertet werden. Der Fundus an Daten ist heute sehr groß: Einerseits können unternehmensintern bereits relevante Daten vorliegen, andererseits gibt es zahlreiche unternehmensexterne Quellen, bei denen Daten entweder unentgeltlich veröffentlicht zugänglich sind oder erworben werden können.

Beispiele für *unternehmensinterne Sekundärquellen* sind Vertriebsstatistiken (z. B. Aufträge oder Absätze), Onlineshop-Statistiken (z. B. Besucher, Abbruchraten, Bestellungen oder Rücksendequoten), Customer-Relationship-Daten (z. B. Kunden, Customer Lifetime Value), das Rechnungswesen oder frühere Primärerhebungen. Im Zeitalter der *Big Data* können die Daten in sogenannten Data Warehouses (zentrale Datenbanken mit Daten aus unterschiedlichen Kanälen) gespeichert werden, um sowohl mit Data-Mining nicht offen erkennbare Muster zu entdecken als auch mit Neural Network Software mit nachgeahmten menschlichen Informationsverarbeitungsprozessen Datenmuster zu finden. Auch Datenvisualisierungen können dabei helfen, Beziehungen und Muster in vorliegenden Daten zu erkennen.

Noch umfassender sind die Zugänge zu *unternehmensexternen Sekundärquellen*. Beispiele für kostenfreie Datenquellen sind amtliche Statistiken, Berichte und Statistiken von Institutionen, Organisationen und Verbänden, Medien, Publikationen oder die Kommunikation von anderen Unternehmen. Kostenpflichtig können Daten beispielsweise von Adressverlagen, Beratungsunternehmen, Marktforschungsinstituten, Statistikportalen und Datenbankanbietern bezogen werden. Im Internet ist eine regelrechte Datenflut vorzufinden: Meist müssen Daten, z. B. Texte und Bilder in den Social Media, erst codiert werden, teilweise liegen Rohdaten vor, die mit Statistiksoftware analysiert werden können. Manche Anbieter bieten Online-Analysetools an wie z. B. das zur Trendforschung geeignete Google Trends oder der zur Analyse des Suchverhaltens geeignete Google Keyword Planner.

▶ **Sekundärforschung** Bereits vorhandene Daten werden neu analysiert.

Im Vergleich zur Primärerhebung bieten Sekundärerhebungen Vorteile und Nachteile (Tab. 3.2).

Tab. 3.2 Vorteile und Nachteile von Sekundärerhebungen. (Pepels 2014, S. 38 f.)

Vorteile	Nachteile
Geringerer Arbeitsaufwand führt zu geringeren Kosten	Mangelnde Aktualität aufgrund oft veralteter Daten
Schnellerer Zugang zu Ergebnissen, da bereits vorliegende Daten analysiert werden können	Die Sicherheit und Genauigkeit der Daten kann nicht garantiert werden
Ansonsten nicht zu erhebende Daten können dargestellt werden	Daten aus mehreren Erhebungen sind aufgrund meist unterschiedlicher Bedingungen nicht vergleichbar
Bessere Einarbeitung in den Forschungsgegenstand wird ermöglicht	Die vollständige Abdeckung der relevanten Faktoren des Untersuchungsgegenstandes kann aufgrund unterschiedlicher Problemstellungen nicht gegeben sein
Zusatzinformationen bzw. eine erweiterte Perspektive ergeben ein umfassenderes Bild zur eigenen Primärerhebung	Die Daten können oft zwar einen Überblick geben, jedoch nicht detailliert genug vorliegen
	Sinnvolle Umgruppierungen und Verknüpfungen sind schwierig aufgrund der Differenzen zwischen Erhebungs- und Verwendungszweck
	Da die Wettbewerber Zugriff auf die Daten haben, ist die Generierung echter Wettbewerbsvorteile schwierig

3.4.2 Primärerhebung: Datengewinnung durch Beobachtung oder Befragung

Im Gegensatz zur Sekundärerhebung wird bei der Primärerhebung für das vorliegende Marketingproblem neues Datenmaterial erhoben. Hierbei liegen nur zwei Möglichkeiten für die Datenerhebung vor:

- Die *Befragung*, bei der sich Probanden zu einem Erhebungsgegenstand äußern, ist zur Erhebung von Fakten (z. B. Beruf oder Restaurantbesuche im Monat), Wissensfragen (Prüfung des Informationsgrades des Befragten) und Meinungen (z. B. Einstellungen oder Bedürfnisse) sinnvoll.
- Bei der *Beobachtung* werden wahrnehmbare Sachverhalte bei Personen (objektive Sachverhalte: z. B. Kleidung; subjektive Sachverhalte: z. B. Einkaufsstress) und Objekten zum Zeitpunkt (z. B. Abverkaufserfassung über Scannerkassen) ihres Geschehens von anderen Personen oder mit technischen Hilfsmitteln systematisch erfasst. Eine große Bedeutung hat heute die apparative Beobachtung, bei der Verhalten mittels technischer Geräte aufgezeichnet wird.

▶ **Primärforschung** Daten werden für einen Untersuchungszweck eigens neu erhoben.

3.4.2.1 Grundgesamtheit, Vollerhebung und Teilerhebung

Bei beiden Verfahren muss zunächst geprüft werden, von welchen *Untersuchungseinheiten* (auch: Studienteilnehmer, Proband oder Testperson) Daten erhoben werden sollen. Insofern ist zunächst die *Grundgesamtheit* zu bestimmen (Berekoven et al. 2009, S. 43). Bei deren Bestimmung zählt deren Relevanz für das Marketingproblem. Sodann ist zu beachten, dass die Ergebnisse der geplanten Studie dann auch nur für die ausgewählte Grundgesamtheit gültig sind. Wenn z. B. die Kaufmotive für E-Autos zu analysieren sind, so entspricht die Grundgesamtheit z. B. allen Personen in einem bestimmten Gebiet, die

in den nächsten Jahren ein Auto kaufen möchten. Dagegen wäre der Einschluss von Anwohnern, die kein Auto kaufen möchten, in die Grundgesamtheit nicht zielführend: Zwar sind diese vermutlich aufgrund der zu erwartenden geringeren Schadstoffemissionen positiv gegenüber E-Autos gesinnt, jedoch spielen sie für die Analyse der Kaufmotive keine Rolle.

Obwohl eine *Vollerhebung* (auch: Totalerhebung oder Zensus) den Vorteil vollkommener Information suggeriert, wird diese nur selten durchgeführt. Bei einer Vollerhebung werden alle Mitglieder einer Grundgesamtheit einbezogen, für die eine Zielpopulationsliste vorliegen muss. Vollerhebungen sind damit sehr aufwendig und mit hohen Kosten verbunden. Zudem sind sie organisatorisch oft nicht durchführbar, auch aufgrund von Datenschutzproblemen und Antwortverweigerern. Erfassungsfehler (z. B. durch falsches Interviewerverhalten) und mangelnde Aktualität basierend auf langen Erhebungsdauern stellen typische weitere Nachteile dar. Vollerhebungen sind i. d. R. nur dann sinnvoll, wenn die Grundgesamtheit überschaubar ist oder die Merkmalsausprägungen der Untersuchungseinheiten stark differieren. Zum Beispiel könnten im Rahmen einer Vollerhebung alle Automobilzulieferer eines bestimmten Bauteils für E-Autos befragt werden.

In der Praxis häufiger sind *Teilerhebungen:* Bei diesen wird lediglich ein Ausschnittes der Grundgesamtheit in die Untersuchung einbezogen, der als Stichprobe (Sample) die Grundgesamtheit möglichst exakt abbildet.

▶ **Teilerhebung** Untersuchung lediglich eines Ausschnittes der Grundgesamtheit.

Teilerhebungen sind fast immer sinnvoll, da sie bei ausreichend genauer Information schneller und kostengünstiger sind. Bei Situationen, in denen durch eine (Voll-)Erhebung die Untersuchungseinheiten zerstört würden (z. B. Crashtests von E-Autos), sind sie sogar die einzige Möglichkeit. Nachteile bei Teilerhebungen sind die nicht vollständige Informationserhebung von allen Untersuchungseinheiten. Dadurch entstehen Fehlerspannen, die jedoch statistisch berechnet werden können. Schließlich liegt die Herausforderung der Auswahl der Stichprobe vor, die im Folgenden dargestellt wird.

3.4.2.2 Stichprobenauswahl bei quantitativer Forschung

Meist sollen die Ergebnisse für die ausgewählte Stichprobe auf die Grundgesamtheit übertragen werden können. Deswegen sind Stichprobenfehler, die aufgrund einer nicht repräsentativen Stichprobe entstehen, zu vermeiden. Eine Stichprobe ist dann *repräsentativ*, wenn die relevanten Merkmale der Untersuchungsobjekte der Verteilung dieser Merkmale in der Grundgesamtheit entsprechen und sich die Ergebnisse somit unverzerrt auf die Grundgesamtheit übertragen lassen. Die zu wählende Stichprobengröße sollte aus Kostengründen niedrig gehalten werden, muss aber umso größer sein,

- je sicherer die Ergebnisse sein sollen,
- je geringer die Fehlerspanne sein soll und
- je heterogener die Grundgesamtheit ist.

▶ **Repräsentative Stichprobe** Die relevanten Merkmale der Untersuchungsobjekte entsprechen der Verteilung dieser Merkmale in der Grundgesamtheit.

In der Marktforschung haben sich Mindestgrößen für Stichproben etabliert (Tab. 3.3).

Es gibt nach der Festlegung der Grundgesamtheit für Teilerhebungen unterschiedliche Methoden zur Stichprobenauswahl, die mittels des Aus-wahlplanes bestimmt ausgewählt werden können (Abb. 3.2).

(I) Zufällige Auswahlverfahren

Bei zufälligen Auswahlverfahren ist es dem statistischen Zufall überlassen, welche Untersuchungselemente an der Stichprobe beteiligt werden (Urnenmodell). Dadurch werden Verzerrungen der nichtzufälligen Auswahl vermieden, zudem kann die Sicherheit und die Fehlerspanne der Ergebnisse berechnet werden. Unter optimalen Voraussetzungen sollte eine vollständige Zielpopulationsliste vorliegen, aus der die Elemente gezogen werden. Dies ist in der Praxis nur selten gegeben und selbst dann können Datenschutzgründe im Weg stehen. Deshalb wird i. d. R. mit unvollständigen bzw. verzerrten Auswahlgrundlagen gearbeitet, die Ergebnisverzerrungen zur Folge haben können. Um die zufällige Auswahl nicht weiter zu verzerren, sollten alle ausgelosten Untersuchungselemente an der Erhebung teilnehmen. Um prüfen zu können, ob dies auch der Fall ist, müssen die Teilnehmer codiert werden. Dadurch kann eine hundertprozentige Anonymität nicht gewährleistet werden. Denn nur so kann erfasst werden, ob die Teilnehmer erreichbar waren und die Antwort nicht verweigert haben. Folgende Verfahren sind üblich (Kuß et al. 2021, S. 74 ff.):

- *Einfache Stichprobenverfahren*: Beim klassischen Urnenmodell wird jedes Element zufällig aus der Grundgesamtheit (z. B. Kundendatenbank) gezogen.

Tab. 3.3 Übliche Stichprobengrößen. (Malhotra 2019, S. 359)

Studientyp	Minimum	Typisch
Problemidentifizierungsforschung (z. B. Marktpotenzial)	500	1000–2500
Problemlösungsforschung (z. B. Preisgestaltung), Produkttests und Testmarktforschung	200	300–500
Werbung (TV, Radio oder Print)	150	200–300
Testgeschäfte	10 Geschäfte	10–20 Geschäfte
Fokusgruppen	2 Gruppen	6–15 Gruppen
Wissenschaftliche Marketingexperimente (pro Gruppe bei Grundgesamtheiten mit großer Homogenität)	30	40–80

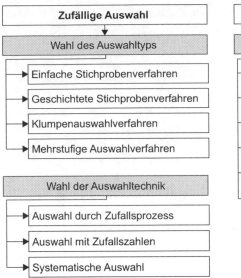
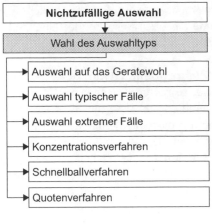

Abb. 3.2 Auswahlplan für Teilerhebungen

- *Geschichtete Stichprobenverfahren*: Aufteilung der Grundgesamtheit in Untergruppen (Schichten), aus denen die Untersuchungselemente als einfache Zufallsstichprobe gezogen werden. Vorteil: Neben Gesamtinformationen sind schichtspezifische Informationen möglich.
- *Klumpenauswahlverfahren (auch: Clusterauswahl)*: Unterteilung der Grundgesamtheit in Teilgesamtheiten („Klumpen", meist vorhandene Konglomerate, z. B. Listen von Betrieben). Aus den per Zufall gezogenen Klumpen werden alle Untersuchungseinheiten erhoben.
- *Mehrstufiges Auswahlverfahren*: Die Grundgesamtheit wird zerlegt in Primäreinheiten (z. B. Landkreise), aus denen eine Zwischenstichprobe gezogen wird, aus der wiederum eine zufällige oder nichtzufällige Auswahl der Sekundäreinheiten erfolgt. Aus letzterer sind wiederum Stichproben möglich. Bei diesen Auswahlverfahren sind zusätzlich Schichtungen möglich.

Bei allen zufälligen Auswahlverfahren ist die *Definition der Auswahltechnik* notwendig:

- Zufallsprozess: Zufallsgenerator
- Zufallszahlen: Verwendung einer Zufallszahlentafel (Randomtafel)

- Systematische Vorgehensweisen: mit Zufallsstart – z. B. jedes n. Element, Buchstabenverfahren, Geburtstagsverfahren oder Schlussziffernverfahren

(II) Nichtzufällige Auswahlverfahren
Bei nichtzufälligen Auswahlverfahren erfolgt die Auswahl entweder willkürlich (Auswahl aufs Geratewohl) oder bewusst. Für diese gezielten Auswahlverfahren sind im Gegensatz zu den zufälligen Auswahlverfahren weder Zugangsmöglichkeiten zu allen Mitgliedern der Grundgesamtheit noch Zielpopulationslisten nötig (Abschn. 3.4.2.1), sodass Anonymität gewahrt werden kann. Weitere Vorteile sind geringe Kosten und die schnelle Durchführungsmöglichkeit. Erforderlich für die bewusste Auswahl ist die Kenntnis der Verteilung relevanter Merkmale in der Grundgesamtheit, wobei insbesondere die Quotierbarkeit psychografischer Merkmale, wie z. B. Persönlichkeit, aufwendig ist. Da die Wahrscheinlichkeit für die Auswahl ein bestimmtes Untersuchungselement nicht bestimmt werden kann, sind Fehler- und Sicherheitsberechnungen nicht möglich. Fälschungsmöglichkeiten durch die Interviewer und Antwortverweigerungen limitieren die Repräsentativität zusätzlich.

- *Auswahl aufs Geratewohl (auch: Convenience Sampling)*: Willkürliche Auswahl der Untersuchungselemente, die am leichtesten erreichbar sind
- *Auswahl typischer Fälle*: Nach eigenem Ermessen werden Untersuchungselemente ausgewählt, die für die Grundgesamtheit als besonders charakteristisch betrachtet werden.
- *Auswahl extremer Fälle*: Auswahl von Untersuchungselementen, die bei den für das Marketingproblem relevanten Eigenschaften extreme Auswirkungen ausweisen
- *Konzentrationsverfahren*: Auswahl von Untersuchungselementen, die für das Marketingproblem als besonders relevant betrachtet werden
- *Schneeballverfahren*: Auswahlverfahren, mit dem ein Zugang zu schlecht erreichbaren Subpopulationen ermöglicht wird. Da diese häufig durch ein Netzwerk verbunden sind, werden bereits Befragte gebeten, weitere potenziell zu befragende Teilnehmer zu benennen.
- *Quota-Verfahren*: Auswahl einer verkleinerten, wirklichkeitsgetreuen Population der Grundgesamtheit, die in der Verteilung der untersuchungsrelevanten Merkmale (Alter, Geschlecht, Wohnort usw.) der Grundgesamtheit entspricht

▷ In der praktischen Marktforschung wird beim Sampling häufig mit Quotierungen gearbeitet.

3.4.2.3 Sampling bei qualitativer Forschung

Im Rahmen der qualitativen Forschung wird i. d. R. mit relativ kleinen Teilnehmergruppen gearbeitet. Studien mit mehr als 30 Probanden sind dabei aus forschungsökonomischen Gründen wenig verbreitet, denn jeder einzelne Studienteilnehmer erfordert einen relativ hohen Arbeitsaufwand. Für die Auswahl der Probanden sind hier *nichtzufällige Auswahlverfahren* verbreitet (Döring und Bortz 2016, S. 302 ff.):

- Theoretische Stichprobe: bewusste Auswahl zur Erzielung eines maximalen theoretischen Erkenntniswerts. Die Anzahl der Untersuchungselemente steht vorab noch nicht fest. In einem Stufenverfahren werden nach jeder Datenerhebung die bisherigen Ergebnisse interpretiert und es wird entschieden, welche weiteren Untersuchungselemente im nächsten Schritt in das Sample aufgenommen werden. Die zirkuläre Datenerhebung und Datenanalyse kann abgeschlossen werden, wenn mit den Ergebnissen nachvollziehbar begründet werden kann, dass kein neuer Informationsgehalt zur Theoriebildung mehr erwartet werden kann (theoretische Sättigung).
- Fallauswahl gemäß einem qualitativen Stichprobenplan: ähnlich dem Quota-Verfahren, hier v. a. Orientierung an sozidemografischen Kriterien
- Gezielte Auswahl bestimmter Arten von Fällen: a) Homogene gezielte Stichprobe mit sehr wenigen Probanden aus der interessierenden Zielgruppe, die über einen oder wenige Rekrutierungswege akquiriert werden. b) Heterogene gezielte Stichprobe mit relativ vielen breit gestreuten Probanden aus dem interessierenden Feld, die über unterschiedliche Rekrutierungswege angesprochen werden.

3.4.2.4 Fehler bei der Erhebung

Bei jeder Erhebung gibt es zwei Fehlerarten: Zufallsfehler und systematische Fehler. *Zufallsfehler* (auch: *statistische Fehler*) sind i. d. R. normalverteilte Abweichungen um den erwarteten Mittelwert. Sie sind auf nicht kontrollierbare Störfaktoren zurückzuführen. Mit zunehmender Stichprobengröße sinkt der Zufallsfehler. Anhand der gewünschten Genauigkeit (Streuung) und Sicherheit (Wahrscheinlichkeit) kann die benötigte Stichprobengröße berechnet werden.

Systematische Fehler werden durch eine zunehmende Stichprobengröße nicht aufgehoben und sind statistisch nicht berechenbar. Wenn z. B. ein Messgerät falsch geeicht ist, wird es durchgehend falsch messen. Systematische Fehler können auftreten bei der Erhebungsplanung (z. B. inkorrekte Grundgesamtheit oder fehlerhafter Fragebogen), Erhebungs-durchführung (z. B. schlechte Koordination der Interviewer), Auswertung (z. B. fehlerhafte Methodenanwendung) sowie der Interpretation und Darstellung der Ergebnisse. Probanden können durch Antwortverweigerung oder Falschbeantwortungen ebenso die Ergebnisse systematisch verzerren. Schließlich müssen auch die Interviewer Verzerrungen vermeiden (siehe Abschn. 3.6; Berekoven et al. 2009, S. 61 f.).

3.4.2.5 Quantitative Marktforschung: Grundlagen der Messung und Skalierung

Messung

Bei der Erhebung werden die für den Unter-suchungsgegenstand relevanten Merkmalsaus-prägungen der Untersuchungselemente be-trachtet. Da die Merkmalsausprägungen bei den Untersuchungselementen unterschiedlich sind, werden diese Merkmale als *Variablen* bezeichnet. Um Variablen erheben zu können, müssen Zahlenwerte vorliegen, das heißt, sie müssen ge-messen werden. Messen wird definiert als „Zu-ordnung von Zahlen zu Objekten oder Ereig-nissen, sofern diese Zuordnung eine homomorphe (strukturerhaltende) Abbildung eines empiri-schen Relativs in ein numerisches Relativ ist (Döring und Bortz 2016, S. 235)."

Bei der Messung der Variablen sind so-wohl *Aspekte der Untersuchungsdurchführung* (Praktikabilität und Objektivität) als auch die *Qualität der empirischen Messinstrumente* (Reliabilität und Validität) zu beachten. Markt-forscher legen daher bei quantitativen Studien folgende Gütekriterien an:

- *Objektivität*: Unabhängigkeit der Unter-suchenden hinsichtlich der Durchführung (ge-ringe soziale Interaktion mit Auskunfts-personen), Auswertung (möglichst geringe Freiheitsgrade bei der Auswertung: standardi-sierte Befragungen sind hier vorteilhaft) und Interpretation (Messergebnisse müssen ohne individuelle Deutungen objektiv in gleicher Weise interpretiert werden).

- *Reliabilität*: Zuverlässigkeit der Messung. Die Messergebnisse sollen frei von Zufallsfehlern sein, d. h., sie sollen bei Wiederholungen unter gleichen Voraussetzungen identisch repro-duzierbar sein.
- *Validität*: Mit dem Messinstrument muss genau das gemessen werden können, was zu messen ist. Die Messung muss gültig, also frei von systematischen Fehlern sein.
- *Praktikabilität*: Messungen müssen praktika-bel sowie kosten- und zeiteffizient durchführ-bar sein.

▶ Objektivität, Reliabilität und Validität sind die zentralen Gütekriterien der klassischen Test-theorie.

Skalierung

Die *Skalierung* kann als eine Erweiterung der Mes-sung betrachtet werden, indem mit dieser ein Konti-nuum *geschaffen* wird, auf dem sich die gemessenen Merkmale befinden. Je höher das *Skalenniveau (auch: Messniveau)* ist, desto größer ist der Informationsgehalt (Malhotra 2019, S. 269 ff.):

- *Nominalskala*: Zuordnung von Objekten zu Klassen. Zum Beispiel: „Welche Automarke fahren Sie?"
- *Ordinalskala (auch: Rangskala)*: Darstellung von „Kleiner-größer"-Relationen. Zum Bei-spiel: „Ordnen Sie die Automarken Audi, BMW und Mercedes absteigend nach Ihrer Präferenz." Oder: „Wie häufig nutzen Sie ein Auto? Nie, gelegentlich, oft."
- *Intervallskala:* Bei dieser Skala liegen gleiche Bewertungsabstände zwischen den Werten einer Skala. Zum Beispiel Datumsangaben oder: „Wie sollte die Federung Ihres Autos ausgelegt sein? Bequem (-3) (-2) (-1) (0) $(+1)$ $(+2)$ $(+3)$ sportlich."
- *Ratingskala:* Intervallskala mit Nullpunkt. Somit können hier auch Verhältnisse be-rechnet werden. Acht Jahre sind beispiels-weise doppelt so viel wie vier Jahre. Somit ist die statistische Auswertbarkeit bei Rating-skalen am besten. Zum Beispiel: „Wie alt ist Ihr Auto? ___ Jahr(e)."

Ratingskalen können unterschiedlich ausgeprägt sein:

- Monopolar (z. B. „trifft nicht zu – trifft voll und ganz zu") vs. bipolar (z. B. „preisgünstig – teuer")
- Ungegliedert (reines Kontinuum) vs. gegliedert (mit Stufen)
- Verbal oder nonverbal: Eine verbale Beschreibung der Stufen ist ergänzend zur numerischen Beschriftung oder ersetzend möglich.
- Numerisch oder grafisch: Grafische Darstellungen (z. B. Smileys) können numerische Beschriftungen ergänzen oder ersetzen.

Für den richtigen Einsatz von Ratingskalen sind drei Herausforderungen zu meistern:

- Interpretationsprobleme
  - Interpretierbarkeit der Items (Wird die Frage richtig verstanden?)
  - Interpretation des Indifferenzpunktes bei zweipoligen Skalen
    Beispiel: Was ist bei E-Autos wichtiger – lange Reichweite oder Leistung?
    Dies kann dem Befragten egal sein (Indifferenz), oder beides kann für ihn wichtig sein (Ambivalenz).
- Probleme der Antworttendenzen im Kontext
  - Neigung, entweder Extrempositionen oder mittlere Positionen anzukreuzen
  - Halo-Effekt: Das Thema des Fragebogens beeinflusst die einzelnen Antworten
  - Inter-Skalen-Interaktion: Befragte lesen die einzelnen Items nicht mehr, sondern kreuzen von oben nach unten durch. Eine Gegenmaßnahme hierzu ist das Rotieren der Skalen. Dagegen erzeugt der Wechsel der Beurteilungsrichtung von einzelnen Items zur Vermeidung von Routinebeantwortungen eher Verwirrung oder zur falschen Beantwortung, wenn der Richtungswechsel nicht bemerkt wird (Weijters et al. 2010).
- Probleme des Skalenniveaus
  - Gerade oder ungerade Abstufungen: Das Fehlen einer Ausweichmöglichkeit zur Nichtbeantwortung sorgt für Verzerrungen bei den Ergebnissen (Weijters et al. 2010), deshalb sind ungerade Abstufungen zu empfehlen.
  - Anzahl der Abstufungen: Siebenstufige Skalen bieten den besten Kompromiss zwischen Reliabilität und Unterscheidungsvermögen für Studierende, während für die Gesamtbevölkerung fünfstufige Skalen zu empfehlen sind (Cox III 1980, S. 420; Weijters et al. 2010).
  - Forcierte Ratings oder Ausweichmöglichkeiten: Ankreuzpflichten führen zu verzerrten Ergebnissen oder Befragungsabbrüchen. Deshalb sind Ausweichmöglichkeiten zumindest bei geraden Abstufungen zu integrieren.

▷ Beim Einsatz von Ratingskalen können erhebliche Datenverzerrungen entstehen.

Dimensionalität von Skalen
Skalierung bedeutet, Messskalen und die Zahlenzuordnung zwischen Eigenschaften oder Objekten und den Skalenpunkten festzulegen. Skalen können ein- oder mehrdimensional sein.

- *Eindimensionale Skalierung:* Die am häufigsten verwendete Skala ist hier die sog. Likert-Skala. Diese ordinale Skala bezieht sich definitionsgemäß auf eine Dimension, ursprünglich war dies die affektive Komponente der Einstellung. Likert-Skalen können mehrere Items beinhalten. Zur Konstruktion der Likert-Skalierung erfolgt die Sammlung von Statements mit sehr negativen und sehr positiven Positionen an den Polen (z. B. stimme überhaupt nicht zu – stimme voll und ganz zu). Folgend werden die Statements in einer Vorstudie einer Testgruppe vorgelegt. Dann werden die insgesamten Skalendurchschnitte für jeden Befragten berechnet und zwei Extremgruppen (unteres und oberes Quartil). Innerhalb jeder der beiden Gruppen werden die Durchschnittswerte für jedes Statement berechnet. Die Statements mit der größten Differenz zwischen den beiden Gruppen haben das größte Diskriminationsvermögen. Diese werden somit ausgewählt und für die Skalierung verwendet. Als Messwerte werden die Durchschnitte aller Statements verwendet.

▷ **Item** Grundelement einer Skala. Inhalt eines Items können bspw. Aussagen oder Fragen sein.

Skala

Zuordnungsregel zur Erfassung eines empirischen Relativs in ein numerisches Relativ. Meist Mess- oder Erhebungsinstrument – bspw. eine Instruktion mit zugehörigen Antwortmöglichkeiten in einem Fragebogen. Eine Skala kann mehrere Items umfassen.

- *Mehrdimensionale Skalierung:* Von Osgood (1952) zur Messung des Bedeutungsgehaltes entwickelt, liegt mit dem semantischen Differenzial ein mehrdimensionales Instrument vor. Es wird heute vor allem zur Messung von Images von Marken, Personen und Objekten angewendet. Die Fragenbatterie umfasst ca. 10 bis 20 verbale Gegensatzpaare in den drei Dimensionen Aktivierung, Dominanz und Gefallen, die den semantischen Raum aufspannen. Bei der Verwendung kann auf die ursprüngliche Skala (Abb. 3.3) zurückgegriffen werden oder es kann in einem Skalierungsprozess ein spezifisches Differenzial als Messinstrument entwickelt werden. Längere Itembatterien in Fragebögen bilden ebenso oftmals

mehrere Dimensionen eines zu messenden Konstrukts ab.

Operationalisierungsbegriff im quantitativen Kontext

Vereinzelt ist im Marketing die Erfassung von direkt messbaren Variablen notwendig. Öfter jedoch wird die Messung latenter Konstrukte wie z. B. dem Involvement oder der Markenpersönlichkeit erforderlich. Solche latenten Konstrukte sind nicht direkt messbar.

Um latente Konstrukte messbar zu machen sowie im Allgemeinen Messergebnisse zu verbessern, werden *Multi-Item-Skalen* verwendet, welche mehrere empirisch wahrnehmbare Items (auch: Indikatoren) umfassen (sogenannte Item-Batterie). Den Prozess der Zusammenstellung von Items, mit denen man Konstrukte in Items übersetzt, wird als *Operationalisierung* bezeichnet. Operationalisierungen können ein- oder mehrdimensional gebildet werden. In der Regel bietet sich der Rückgriff auf bewährte (d. h. mit nachgewiesen gut erfüllten Validitäts- und Reliabilitätskriterien) und in spezifischen Handbüchern oder wissenschaftlichen Studien veröffentlichte Skalen an. Vielseitig problembehaftet ist die spontane, intuitive (also ohne systematischen Entwicklungsprozess) Verwendung von selbst kreierten Skalen.

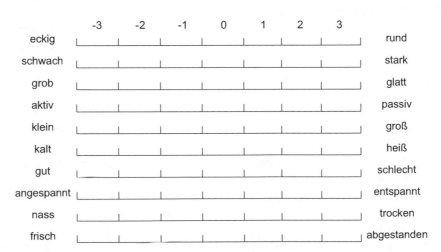

Abb. 3.3 Semantisches Differenzial. (ähnlich Osgood 1952, S. 229)

▷ Die Operationalisierung ist oft die Achillesferse von quantitativen Marktforschungsstudien.

3.4.2.6 Herausforderungen bei Messungen durch Befragungen

Das Erheben von Daten durch Befragung ist durch verschiedene Herausforderungen gekennzeichnet.

a. Als Erstes ist das *Bewusstseinsproblem* zu nennen. Hierbei handelt es sich entweder um die fehlende Zugreifbarkeit auf Informationen im Gedächtnis, da diese z. B. von anderen Informationen überlagert werden. Ebenso können die Gründe für das eigene Verhalten nicht bewusst sein. So läuft z. B. die visuelle Informationsverarbeitung weniger gedanklich kontrolliert und weniger bewusst ab als die sprachliche Informationsverarbeitung. Die automatische, implizite Informationsverarbeitung verläuft deshalb ohne wesentliche rationale Prozesse, und wird deshalb von Konsumenten häufig nur wenig wahrgenommen. Um Zugriff auf unbewusstes, aber wichtiges Wissen zu erhalten, sind projektive Verfahren (siehe Abschn. 3.5.3) einzusetzen, z. B. nonverbale Fragetechniken, Beobachtung oder auch implizite Gedächtnistests. Ein Beispiel für letztere ist eine Wortstammergänzungsaufgabe, die in zwei Phasen durchgeführt wird. In der ersten Phase erhalten die Befragten eine Wortliste mit einer unabhängigen Aufgabe, z. B. der Einschätzung der Häufigkeit der dargestellten Wörter im täglichen Sprachgebrauch (z. B.: Arbeit – häufig und Tiegel – eher selten). Die Befragten wissen nicht, dass sie später zu den Wörtern auf der Liste befragt werden und lernen deshalb die Wörter allenfalls beiläufig (inzidentell) als Nebenprodukt der eigentlichen Aufgabe. In einer späteren zweiten Phase ergänzen die Befragten Wortstämme wie „Ar___" und „Tie___" (z. B. Tier, Tiefe oder Tiegel). Befragte, die an der ersten Phase teilgenommen haben, werden die Wörter aus der ersten Phase häufiger ergänzen als die Probanden einer Kontrollgruppe, die daran nicht teilgenommen hatten. Für diese Erfahrungsnachwirkung müssen sich die Probanden nicht explizit an die erste Phase erinnern (Buchner und Brandt 2017, S. 408).

Ebenso werden durch konventionelle Messungen überwiegend Informationen des kognitiven Systems gemessen, die bewusste Informationsverarbeitung (*explizites System*) setzt sich also bei der Beantwortung durch. Deshalb stehen die rationalen Argumente im Vordergrund, während die unbewusste, automatische Verhaltenssteuerung (*implizites System*) mit ihrem großen Einfluss auf das tatsächliche Verhalten insbesondere bei den quantitativen Verfahren nicht hinreichend berücksichtigt wird. Die Faktoren des *impliziten Systems* können mit qualitativen Methoden, mit der Beobachtung, mit neurowissenschaftlichen Methoden sowie mit *reaktionszeitbasierten Methoden* gemessen werden. Da Menschen zur bewussten Informationsverarbeitung Zeit benötigen, kann auf der expliziten Ebene erst deutlich später als auf der impliziten Ebene geantwortet werden (Florack und Scarabis 2019, S. 1123 ff.). Basierend auf der Wirkung des *Primings* (auch: *Bahnung*), dass bei der Wahrnehmung von Reizen implizite Gedächtnisinhalte aktiviert werden, ist die implizite Ebene bereits in Sekundenbruchteilen verfügbar. Wenn nur solche Assoziationen berücksichtigt werden, die mit hinreichender Lesezeit, aber auch innerhalb von einer Sekunde gewählt wurden, so erhebt man die impliziten, unbewussten Eindrücke. Eine gute Übersicht über mögliche Verfahren bieten Uhlmann et al. (2012).

b. Zweitens kann bei der Fragebeantwortung ein *Verbalisierungsproblem* vorliegen. Hier sind sich die Befragten der relevanten Information zwar bewusst, können diese aber nicht artikulieren. Lösungsmöglichkeit sind z. B. nonverbale Fragetechniken oder Listentests mit vielen Begriffen, bei denen die Befragten die passenden Begriffe nur noch auswählen müssen.

Ähnlich ist die *Modalitätsbarriere* gelagert: Wissen des non-deklarativen Systems ist i. d. R. nicht sprachlich gespeichert. Deshalb sind modalitätsspezifische Verfahren zur Lösung nötig, die der visuellen Codierung gerecht werden, z. B. wiederum nonverbale Fragetechniken, Experimente, Bilderpuzzles oder Beobachtungen.

c. Drittens verhalten sich Personen meist anders, wenn sie sich beobachtet oder getestet fühlen. Bei der Datenerhebung wird dies als *Reaktivitätsproblem* bezeichnet. In der Regel strengen sich Probanden bei der Datenerhebung mehr an, sie handeln also rationaler und weniger spontan. Dies bedeutet aber nicht, dass Probanden immer versuchen, ihr Verhalten möglichst perfekt an die Erwartungen anzupassen. Dabei können sie auch aus ihrer Perspektive passenden sozial erwünschte, Antworten ausweichen. Andererseits können sich Probanden auch bemühen, ihr eigentlich zu erwartendes Verhalten in der Situation zu verschleiern, da sie ihre Einstellungen und ihr Wissen nicht preisgeben möchten. Das Reaktivitätsproblem kann mit indirekten Fragen, anonymen Befragungen ohne Interviewerpräsenz oder Beobachtungen gemindert werden.

▷ Bei Befragungen äußern Probanden vor allem ihnen explizit bewusste, verbalisierbare Informationen.

3.5 Explorative Untersuchungen mit qualitativen Methoden

Wie oben gezeigt, bieten sich qualitative Studien häufig als explorativer Zugang zu einem Untersuchungsgegenstand an. Mit ihnen kann der Untersuchungsgegenstand vertieft werden und dessen *Strukturierung* erfolgen. Die zu gewinnenden Erkenntnisse liegen auf einem relativ niedrigen Abstraktionsniveau und es erfolgen keine statistischen Analysen. Stattdessen werden nichtnumerische Daten mit spezifischen Methoden ausgewertet. Zu diesen Methoden zählen u. a. die hermeneutische Paraphrase, die phänomenologische Analyse, die typologische Analyse, die qualitative Inhaltsanalyse oder die hermeneutische Deutung. Damit können – als ein Beispiel – nicht bekannte oder falsch ein-

geschätzte *Ursachen* für das Käuferverhalten unter möglichst natürlichen Bedingungen sehr gut identifiziert werden.

Aufgrund der recht freien und kreativen Vorgehensweisen, in denen die unterschiedlichen Perspektiven der Teilnehmer zur Geltung kommen, sind qualitative Untersuchungen auch zur *Ideengenerierung* geeignet. Zudem erlauben sie bspw. das *Screening* von zu prüfenden Neuproduktvarianten, sodass in späteren quantitativen Studien nur ausgewählte Alternativen analysiert werden müssen. Somit kann die qualitative Forschung einen guten Wegbereiter für die quantitative Forschung darstellen. Qualitative Studien sind aber zu Recht auch zur alleinstehenden Untersuchung geeignet.

In Tab. 3.4 werden einige qualitative Erhebungsmethoden anhand von Einsatzfeldern charakterisiert.

3.5.1 Qualitatives Einzelinterview

Basierend auf einem Interviewleitfaden werden mit *qualitativen Einzelinterviews* unterschiedliche Aspekte des Untersuchungsgegenstandes beleuchtet. Im Gegensatz zu quantitativen Interviews wird hier jedoch nicht in einer standardisierten Reihenfolge mit festen Frageformulierungen agiert, sondern ein individueller Verlauf angestrebt, bei dem Interviewer situativ auf den Befragten eingehen. Dazu werden oft Gesprächsleitfäden konzipiert.

Beim *explorativen Interview* steht die erzählende Darstellung des Befragten im Vordergrund, bei dem er sein subjektiv relevantes Wissen darstellt. Der Interviewer ermittelt Einstellungen, Erfahrungen, Know-how und Wissen von den Befragten. Typisch sind hier Expertengespräche.

Eine Herausforderung bei Befragungen besteht darin, dass viele Befragten ihre wahren Einstellungen nicht preisgeben möchten. Dies kann z. B. daran liegen, dass sie das Gefühl haben, dass ihre Meinung gesellschaftlich nicht akzeptabel oder unerwünscht ist. Cooper und Branthwaite (1977) stellen dar, dass Menschen deswegen zwischen öffentlich zu teilenden Informationen und

Tab. 3.4 Methoden und Aufgabenfelder der qualitativen Marktforschung. (Kepper 2008, S. 210)

Methoden	Aufgabenfelder				
	Strukturierung	Qualitative Prognose	Ideengenerierung	Screening	Ursachenforschung
Exploratives Interview	✓	✓	(✓)	(✓)	–
Tiefeninterview	(✓)	–	–	–	✓
Fokussiertes Interview	✓	–	–	✓	✓
Fokusgruppen	✓	(✓)	✓	✓	(✓)
Gelenkte Kreativgruppe	(✓)	(✓)	✓	(✓)	–
Delphi-Methode	(✓)	✓	(✓)	–	–
Projektive Verfahren	✓	–	(✓)	(✓)	✓
Assoziative Verfahren	✓	–	–	(✓)	(✓)
Qualitative Beobachtung	✓	–	–	–	(✓)

Legende: ✓ gut geeignet, (✓) mit Einschränkungen geeignet, – weniger oder nicht geeignet

privat zu haltenden Informationen differieren, die sie lieber nicht äußern. Wenn bei einer Befragung die eigentlich privat zu haltenden Informationen gefragt sind, greifen die Befragten auf Ausweichstrategien, um ihre echte Einstellung verbergen zu können. Insbesondere bei sensiblen Themen setzen sie deshalb auf rationale, zurechtgelegte Antworten, mit denen sie ebenso ihre Einstellung verbergen. Wesentlich öfter erfolgen aber spontane, stereotype Antworten, die der Meinung der Befragten nach akzeptabel oder vielleicht sogar vom Interviewer erwünscht sind. Des Weiteren antworten auch viele Befragten aus Bequemlichkeit stereotypisch, um nicht nachdenken zu müssen. Für die Analyse vieler Konsumentenentscheidungen ist es jedoch relevant, die wahren Motivationsstrukturen zu erheben. Deshalb gilt es, sich nicht auf oberflächliche Antworten zu verlassen, sondern weiter nachzufragen.

Wenn die Befragenden weitergehend nachfragen, wehren sich Befragte gegen als zu eindringlich wahrgenommene Fragen z. B. mit gespielten Verteidigungsstrategien, wie erfundenen oder scherzhaften, die Frage ins Lächerliche ziehenden Antworten. Statt die wahren Hinderungsgründe zu nennen, die gegen den Kauf eines E-Autos sprechen, würde mit stereotypischen Antworten („zu geringe Reichweite") oder durch Überspielen (scherzhaftes „Kann ich mir nicht leisten") reagiert. Mit *psychologischen Tiefeninterviews* (auch: *Intensivinterview*) ist es aber

möglich, auch diese privaten, verborgenen Informationen aufzudecken, die die Befragten normalerweise nicht äußern würden. Der Zugriff auf die verborgenen oder unbewussten Hinderungsgründe, wie z. B. die eigene Bequemlichkeit, das Verlassen auf Bewährtes oder aber auch die Befürchtung, mit einem E-Auto sozial nicht akzeptiert zu werden, ist geschulten psychologischen Interviewern möglich. Dabei werden zwanglose Gesprächsformen eingesetzt, in dem das Thema unauffällig gelenkt wird. Mit ganz alltäglichen Fragen kann der Zugang zu verborgenen Bedeutungsstrukturen am ehesten gelingen, die der Interviewer sucht, und möglicherweise dem Befragten selbst unbewusst sind (Lamnek und Krell 2016, S. 351 f.). Eine Sonderform des Tiefeninterviews ist das *Laddering* (auch: *Leitertechnik*) zur Aufdeckung kognitiver Strukturen (siehe Abschn. 2.2.3).

▶ Qualitative Interviews sind wenig strukturiert und es wird mit offenen Fragen gearbeitet, sodass die befragte Person den Interviewverlauf mitgestalten und tiefer gehende Auskünfte geben kann.

   Psychologische Tiefeninterviews ermöglichen den Einblick in private, verborgene Informationen.

In qualitativen Interviews kann durchaus Stimulusmaterial integriert werden, z. B. eine

Werbeanzeige oder ein Film. Im *fokussierten Interview* konzentrieren sich die Fragen auf bestimmte Themen. Durch wiederholtes Fragen zu den relevanten Punkten kann herausgearbeitet werden, wie der Befragte den Stimulus wahrnimmt und interpretiert. Ein fokussiertes Interview mit Einsatz von Stimulusmaterial kann sich bspw. um eine Verpackungsgestaltung drehen.

3.5.2   Gruppendiskussion

Der Vorteil von Gruppendiskussionen gegenüber Einzelinterviews liegt im Erfolgsfaktor der Gruppendynamik. Diese ist geprägt durch die Interaktion zwischen den Beteiligten. Statt wie beim Einzelinterview auf Fragen zu reagieren, entwickelt sich ein Dialog im Wechselspiel zwischen den Beteiligten. Eine Idee führt zur nächsten Idee, woraus sich deutlich mehr und tiefergehende Antworten ergeben.

▷ **Fokusgruppe** Gruppendiskussion über ein bestimmtes Thema mit sechs bis zwölf Teilnehmern, die von einem Moderator offen geleitet wird, der sich aber auch ohne Offenlegung seines Status beteiligen kann. Ebenso sind Fokusgruppen ohne Moderator möglich.

Fokusgruppen finden i. d. R. in angenehmer Atmosphäre an einem runden Tisch statt, dauern ein bis drei Stunden und können durch einen Einwegspiegel und/oder audiovisuelle Übertragung beobachtet werden. Ein verdeckter oder allen bekannten Moderator kann anwesend sein. Kleine Gruppen eignen sich für intensive Auseinandersetzungen sowie komplexe Aufgabenstellungen. Liegt der Fokus auf der Ideengenerierung, so sind größere Gruppen zu präferieren. Die Teilnehmer können entweder die Grundgesamtheit repräsentieren oder eine Expertengruppe darstellen. Je homogener Teilnehmergruppen geprägt sind, desto weniger treten Hierarchisierungen und Polarisierungen auf, Machtkämpfe lassen sich somit minimieren. Dagegen eignet sich eine heterogene Zusammensetzung, wenn sehr unterschiedliche Perspektiven diskutiert werden sollen.

Gruppendruck kann zu Nichtäußerungen führen, aber auch in positiver Weise dazu beitragen, dass entwickelte Konzepte realistisch gehalten werden. Einerseits können die Teilnehmer in der Sicherheit der Gruppe sich zu sensitiveren Themen äußern, andererseits teilen einige Teilnehmer Sensibles lieber in Einzelinterviews mit. Eine Herausforderung können *Meinungsführer* sein, die sich in der Diskussion überproportional beteiligen. Dadurch kann die Meinungsvielfalt leiden und die Leitung der Fokusgruppe wird für den Moderator schwieriger. Schweigende Teilnehmer können vom Moderator in der Fokusgruppe zur Kommunikation ermuntert werden (Kepper 2008, S. 186 ff.).

Fokusgruppen können auch kumulativ nacheinander mit unterschiedlichen Teilnehmern in mehreren Runden aufeinander aufbauend eingesetzt werden. Inzwischen wird verstärkt aus Kostengründen auf *Online-Fokusgruppen* gesetzt, die mittels Videokonferenzschaltungen miteinander in Aktion treten. Vorteile sind zudem die einfachere Teilnehmerakquise und eine größere Offenheit aufgrund der größeren sozialen Distanz. Es gibt jedoch auch Nachteile hinsichtlich reduzierter Gruppendynamiken und der Steuerbarkeit durch den Moderator. Auch könnten einzelne Gruppenmitglieder die Videokonferenz unberechtigt mitaufzeichnen.

Der Unterschied von *gelenkten Kreativgruppen* zu Fokusgruppen liegt in der Integration von Kreativitätstechniken zur Steigerung der methodisch-technischen Fähigkeiten der Teilnehmer. Dadurch liegt der Fokus auf einer strukturierten Vorgehensweise statt auf einer üblichen Gesprächssituation (Kepper 2008, S. 189 f.).

Bei der *Delphi-Methode* treten die Gruppenmitglieder, i. d. R. Experten, nicht miteinander in Kontakt. Die Gruppenmitglieder äußern sich zunächst jeweils allein schriftlich zu einem Sachverhalt. Alle Gruppenmitglieder erhalten danach Zugang zu ihren schriftlichen Äußerungen, wobei die Anonymität der Teilnehmer gewährleistet bleibt. Anhand der erhaltenen Informationen werden die Teilnehmer aufgefordert, ihre Positionen weiter zu optimieren. Es können mehrere Runden durchgeführt werden, um eine stabile Gruppenmeinung zu bilden. Vorteilhaft ist hier die Begrenzung des Einflusses von dominanten Teilnehmern (McDaniel und Gates 2018, S. 10).

3.5.3 Indirekte Befragungen

Neben den direkten Verfahren der individuellen und Gruppeninterviews eignen sich projektive Verfahren und Assoziationstests als indirekte Befragungen. *Projektive Verfahren* sind Techniken zur Aufdeckung (impliziter) Motive und Einstellungen, wenn Kunden entweder nicht in der Lage sind, diese zu äußern oder sozial erwünscht ausweichend antworten könnten. Die Techniken sind i. d. R. unstrukturierter Natur und umfassen unvollständige oder mehrdeutige Stimuli und/oder ungewohnte Aufgabenstellungen, deren Zweck sich für die Teilnehmer nicht sofort erschließt. Dabei werden die Fragen so formuliert, dass sich die Befragten einerseits zu ihnen eigentlich nicht bewussten Inhalten äußern können und sich andererseits nicht bloßgestellt oder bedroht fühlen, indem die zu gebenden Antworten sie scheinbar nicht selbst betreffen. Dadurch entsteht bei den Befragten nicht das Bedürfnis, ihre eigenen Meinungen oder Gefühle zu verstecken. Ihre (impliziten) Einstellungen finden sich deshalb in ihrem Antwortverhalten. Für eine fachgerechte Anwendung der projektiven Verfahren ist eine spezielle Ausbildung sinnvoll.

▶ **Projektive Verfahren** Techniken zur Aufdeckung (impliziter) Motive und Einstellungen, die von den Befragten sonst nicht preisgeben werden oder nicht bewusst geäußert werden können.

Projektive Verfahren lassen sich in drei Gruppen kategorisieren, die im Folgenden dargestellt werden (Kepper 2008, S. 198 ff.; Kirchmair 2011, S. 354 ff.):

Bei *Ergänzungstechniken* sind vorgegebene unvollständige Stimuli zu ergänzen oder zu vervollständigen.

- *Satz-, Handlungsergänzungs- und Geschichten-Erzähl-Tests:* Sätze oder ganze Handlungsstränge sind zu vervollständigen bzw. eine Geschichte ist zu entwickeln. Beispiel: „Menschen, die ein E-Auto kaufen, wollen damit zeigen, dass …"
- *Sprechblasentest (auch: Ballontest, Cartoon-Test oder Comicstrip-Test),* basierend auf dem *Picture-Frustration-Test* von Rosenberg: Mindestens zwei Personen werden in einem Dialog gezeigt, die Sprechblase der ersten Person ist vorgegeben, z. B. „Ich denke nicht, dass E-Autos eine Zukunft haben.". Die Sprechblase der zweiten Person ist vom Befragten zu füllen.
- *Analogienbildung:* Befragte sollen darstellen, welchem Objekt (z. B. Auto, Ereignis, Farbe, Person, Tier, Pflanze oder Nahrungsmittel) der Untersuchungsgegenstand zugeordnet werden könnte. Beispiel: „Stellen Sie sich vor, der Smart EQ fortwo wäre ein Tier. Welches Tier wäre er dann?" Folgend kann um eine Erklärung gebeten werden, aus welchen Gründen die Zuordnung erfolgte.

Bei *Konstruktionstechniken* soll aufbauend auf einem Stimulus eine umfangreiche Aussage konstruiert werden. Im Vergleich zu den Ergänzungstechniken ist hier mehr Kreativität und Ausdrucksvermögen nötig.

- *Drittpersonentechniken:* Mit der projektiven Frage werden Fragen zu Vermutungen zu dem Wissen und Verhalten Dritter gestellt, z. B. „Warum kauft Ihr Nachbar ein E-Auto?". Da die dritten Personen meist dem Befragten ähneln, äußern diese letztendlich ihre eigene Meinung. Wenn die Meinung eines typischen Verbrauchers erfragt wird, können z. B. Nutzungsmotive sowie das Produkt- oder Markenimage ermittelt werden.
- *Einkaufslistenverfahren:* Die Persönlichkeitseigenschaften der vermutlichen Besitzer von zwei unterschiedlichen Einkaufslisten sind zu beschreiben. Da die Einkaufslisten nur bei einem oder wenigen Produkten differieren, sind diese ausschlaggebend für die Unterschiede der beschriebenen Persönlichkeit.
- *Familienbildung*: Marken oder Produkte sind aus der subjektiven Perspektive des Befragten zu gruppieren. Folgend können die Be-

gründungen für die Zusammenstellungen der Gruppen erfragt werden.

- *Bildererzähltest*: basierend auf dem thematischen Apperzeptionstest (TAT) von Murray: Der Befragte soll eine zu einem oder mehreren Bildern mit Personen passende Geschichte erzählen. Die ausgewählten Bilder müssen insgesamt vage gehalten sein, aber doch zum Untersuchungsgegenstand passen, um eine problemorientierte Erzählung zu erhalten.
- *Wunschprobe:* Die Befragten sollen sich vorstellen, dass sie die Rolle z. B. einer Marke oder eines Produktes annehmen könnten und ihre Rolle folgend ausführlich beschreiben.

Bei expressiven Techniken (auch: Ausdruckstechniken) soll eine selbstständige freie Entwicklung zu einem Thema realisiert werden, entweder verbal oder nonverbal. Sowohl das Entwicklungsprozedere als auch das Ergebnis sind relevant für die Analyse.

- *Fantasiereise:* Befragten wird erklärt, dass sie auf einer Fantasiereise sind und in einer nicht vertrauten Gegend landen, einer Wüste oder auf einem Planeten. Dort werden Sie gebeten, den Untersuchungsgegenstand, z. B. ein E-Auto, ausführlich zu erklären und zu prüfen, ob dieser dort eventuell vorliegende Probleme lösen kann.
- *Psychodrawing:* Anfertigen einer Zeichnung oder eines Bildes zum Untersuchungsgegenstand, was im Vergleich zur Drittpersonentechnik höhere Anforderungen stellt, aber auch mehr Entfaltungsmöglichkeiten ermöglicht.
- *Imagery-Techniken:* Innere Bilder spielen eine wesentliche Rolle für das Verhalten (siehe Abschn. 2.3.3.5). Mittels *Collagen* können Markenvorstellungen oder auch da optimale Hotelzimmer abgebildet werden. Bildzuordnungen aus einer Bildauswahl ermöglichen z. B. Erkenntnisse zur Vorstellung von typischen Kunden einer Produktkategorie.
- *Rollenspiel* (auch: *Psychodrama*): Die Probanden übernehmen bestimmte Rollen wie Käufer, Verkäufer oder auch ein Produkt oder

eine Marke und verhalten sich der Rolle entsprechend. Auch die Interaktion mit anderen Rollenspielen in einem Psychodrama ist möglich.

Assoziative Verfahren unterscheiden sich von den projektiven Verfahren in der Spontanität, mit der möglichst unbeeinflusst die eigenen Assoziationen zu Stimuli geäußert werden sollen. Die Befragten nennen ohne langes Überlegen alles, was ihnen gerade zum präsentierten Stimulus, z. B. einem Produkt, einfällt.

- *Freie Assoziationen:* Die Befragten nennen alles, was ihnen spontan zu einem gegebenen Wort oder einem Bild einfällt. Es empfiehlt sich, mit einem Beispiel voranzugehen, um den Befragten Zugangsmöglichkeiten zu Assoziationen aufzuzeigen. Beispiel: „Bitte denken Sie an das Wort E-Auto. Nennen Sie alles ganz spontan, was Ihnen dazu einfällt. Alle Gedanken sind richtig und wichtig, auch Nebensächliches ist relevant."
- *Gelenkte Assoziationen:* Hier erfolgt eine Eingrenzung der Antwortmöglichkeiten durch eine konkrete Vorgabe in Form eines Satzergänzungstests: „Bitte vervollständigen Sie den Satz ‚E-Autos sind die Autos der Zukunft, weil …‘".

▶ **Assoziative Verfahren** Techniken zur spontanen Verbalisierung von Assoziationen.

3.5.4 Gütekriterien qualitativer Methoden

Für die qualitative Forschung sind eigenständige Gütekriterien entwickelt worden, die dem zugehörigen Forschungsparadigma gerecht werden. Zwar liegt eine Vielzahl von Kriterienkatalogen vor, jedoch hat sich noch kein Standard etabliert. Steinke (1999, S. 207 ff.) führt sieben Basisanforderungen an gute qualitative Studien auf. Diese beziehen sich nicht nur auf die bei den quantitativen Gütekriterien übliche methodische Strenge. Vielmehr berücksichtigen sie auch die

Prinzipien, die sich aus dem spezifischen Weltbild hinter der qualitativen Forschung ergeben:

- Intersubjektive Nachvollziehbarkeit: Verständlichkeit der Forschung für Dritte
- Indikation der Methoden: angemessener Methodeneinsatz
- Empirische Verankerung: Qualität der Theoriebildung und -prüfung
- Limitation: Darstellung der Forschungsbedingungen und der möglichen Verallgemeinerbarkeit
- Reflektierte Subjektivität: Dokumentation der subjektiven Sicht- und Verhaltensweisen des Forschenden und ihr Einfluss
- Kohärenz: Stimmigkeit der Theorie in Bezug auf die Studie
- Relevanz: Praktische Relevanz bzw. Beitrag für den wissenschaftlichen Erkenntnisfortschritt

3.5.5 Auswertungsmöglichkeiten qualitativer Methoden

Um die Forschungsfragen nachvollziehbar mit den erhobenen Daten zu beantworten, ist eine Analyse dieser erforderlich. Die im Rahmen der qualitativen Forschungsmethoden erhobenen nichtnumerischen, meist verbalen oder visuellen Daten fallen zirkulär an, d. h., es erfolgt ein mehrfacher Zirkelschluss zwischen Datenerhebung und Datenanalyse. Es ist möglich, nichtnumerische Daten mittels einer quantitativen Inhaltsanalyse so aufzubereiten, dass quantitative Auswertungen möglich sind. In der Regel werden aber qualitative Datenanalyseverfahren verwendet. Hier sind allgemeine und spezifische Verfahren zu unterscheiden. Allgemeine Verfahren eignen sich für unterschiedliches Datenmaterial und verschiedene Fragestellungen (Döring und Bortz 2016, S. 602 f.):

- Qualitative Inhaltsanalyse: Inhalte systematisch mittels Kategorienbildung aus den Daten herausarbeiten, mit den Schritten der Zusammenfassung, Explikation (Kontext der Äußerung wird zur Analyse und Weiterentwicklung dieser herangezogen) und Strukturierung
- Dokumentarische Methode: Formulierende und folgend reflektierende Interpretation der Daten. Im Anschluss fallübergreifende komparative Analyse und Typenbildung.
- Objektive Hermeneutik: Untersuchung von psychischen, sozialen und kulturellen Erscheinungen (z. B. Emotionen oder Gedanken) ist über ihre Ausdrucksgestalten (z. B. Erzählungen oder Bilder) möglich. Das vorliegende Material wird sequenzanalytisch hinsichtlich ihrer algorithmischen Erzeugungsregeln analysiert.
- Grounded-Theory-Methodologie: Codiermethode des permanenten Vergleichs mit mehreren Techniken: offenes Codieren, axiales Codieren (Kategorien des offenen Codierens werden zu Hauptkategorien verknüpft) und selektives Codieren (Kernkategorien werden aus den axialen Hauptkategorien entwickelt).

Spezialisierte Verfahren sind auf spezifisches qualitatives Datenmaterial und/oder bestimmte Frageinhalte ausgerichtet (Döring und Bortz 2016, S. 600 ff.):

- Qualitative Analyse von Kinderzeichnungen
- Qualitative Analyse von Videomaterial
- Metaphernanalyse: Analyse von Merkmalen der Daten, hier die Verwendung von Metaphern
- Narrative Analyse: Inhaltliche und formale Auswertung von (autobiografischen) Erzählungen
- Interpretative phänomenologische Analyse (IPA): Analyse der Interpretation und Verarbeitung kritischer (autobiografischer) Ereignisse
- Konversationsanalyse: Analyse der interpersonalen Kommunikation und Interaktion, z. B. bei Gesprächen, Gruppendiskussion oder Onlineforen.
- Kritische Diskursanalyse: Herausarbeiten der durch Diskurse widergespiegelten verdeckten Machtverhältnisse
- Tiefenhermeneutik: Auswertung kultureller

Artefakte basierend auf psychoanalytischen Theorien, Erschließung von latenten Bedeutungsinhalten

Da bei diesen Verfahren ein erheblicher Interpretationsspielraum möglich ist, werden die vorliegenden Daten oft von zwei Personen unabhängig voneinander codiert. Folgend wird verglichen, inwiefern die einzelnen Daten einer Kategorie übereinstimmend zugeordnet wurden (Intercoderreliabilität).

▷ **Intercoderreliabilität** Übereinstimmung der Codierungen von zwei unabhängigen Personen.

Bei der Codierung und Auswertung kann Qualitative Datenanalyse Software (QDA) eingesetzt werden, z. B. Atlast.ti, MaxQDA oder Nvivo. QDA-Software dient vor allem der Unterstützung bei der Systematisierung des Datenmaterials, kann aber nicht direkt Analyseergebnisse berechnen.

▷ Qualitative Auswertungsverfahren erfordern erheblichen manuellen Aufwand. Bisher liegen nur sehr begrenzte Automatisierungsmöglichkeiten vor.

3.6   Datenerhebung durch Befragung

Befragungen werden heute zunehmend online (46 %) durchgeführt, aber auch persönliche Befragungen (23 %), telefonische Befragungen (21 %) und schriftliche Befragungen (6 %) finden weiterhin statt. Seit einigen Jahren nehmen zudem Befragungen per App (4 %) zu (Zahlen für Marktforschungsunternehmen im Jahr 2019: ADM 2021).

3.6.1   Online-Befragungen

Für *Online-Befragungen* spricht die schnelle und kostengünstige Einsetzbarkeit. Da auf Interviewer verzichtet werden kann, sind anonymisierte zeitunabhängige Befragungen möglich. Aufgrund automatisierter Steuerungsmöglichkeiten (z. B. Filterregeln mit Individualisierung, Fragen- und Itemrotation, Quotensteuerung, sofortige Fehlerkontrolle und Antwortzeitmessung) sowie visueller Veranschaulichungsmöglichkeiten können komplexe Befragungen individuell durchgeführt werden. Die Datenerfassung und -auswertung kann automatisiert erfolgen. Nachteilig sind Repräsentanzprobleme aufgrund von relativ geringen Rücklaufquoten. Eine Identifikation der Befragten ist nicht hundertprozentig möglich. Da keine Rückfragen möglich sind, bestehen hohe Ansprüche an die Verständlichkeit des Online-Fragebogens.

▷ Online-Befragungen können schnell und einfach durchgeführt werden, können aber Repräsentanzprobleme aufweisen.

3.6.2   Persönliche Befragungen

Im Kontrast dazu sind bei *persönlichen* (auch: *Face-to-Face-)Befragungen* die Identität des Befragten und die Erhebungsbedingungen feststellbar. Damit können repräsentative Stichproben leichter gebildet werden. Dies wird auch durch die meist hohen Rücklaufquoten gestützt. Vorteilhaft ist auch, dass Befragte die zu untersuchenden Objekte in die Hand nehmen und komplexere Aufgabenstellungen lösen können. Interviewer können individuell weitere Fragen stellen oder übergehen und den Befragten ergänzend beobachten. Ebenso können Fragen des Interviewten beantwortet und Unklarheiten beseitigt werden. Nachteilig sind der hohe monetäre und zeitliche Aufwand sowie der große *Interviewereinfluss* (auch: *Interviewerbias*). Letzterer gilt als systematischer Fehler, der einerseits im Rahmen des Auswahlplans (z. B. Selbstausfüllung oder Quotenfälschung) und andererseits in der Verzerrung der Antworten (z. B. beeinflussende Wirkungen durch das äußere Erscheinungsbild und Auftreten, suggestives Fragen und selektive Antworttranskription) liegen kann (Berekoven et al. 2009, S. 62). Interviewer sollten deshalb so neutral wie möglich agieren.

Eine gute Übersicht der Vor- und Nachteile der Befragungsarten findet sich bei Pepels (2014, S. 121 ff.).

▶ Der Erfolg von persönlichen Befragungen hängt stark von den Interviewerkompetenzen ab.

3.6.3 Fragebogenentwicklung

Fragebögen sind professionell zu gestalten. Hierbei sind sie neutral zu halten, das heißt, das Antwortverhalten beeinflussende Elemente sind zu vermeiden. Aufbauend auf dem *Informationsbedarf* gilt es zunächst zu prüfen, *welche Befragungsart* sich am besten eignet. Bei Online-Befragungen gibt es zahlreiche leistungsstarke Plattformen wie soSci Survey, LimeSurvey oder UmfrageOnline, die für wissenschaftliche Projekte kostenfrei eingesetzt werden können. Auch bei kommerzieller Anwendung lohnt sich i. d. R. der Einsatz der Plattformen im Vergleich zur Programmierung eigener Onlinelösungen. Quantitative Befragungen werden i. d. R. standardisiert für alle Befragten gleich durchgeführt, können aber auch (automatisiert) gesteuert werden.

▶ Eine sorgfältige Fragenbogenentwicklung ist für die Aussagekraft der Ergebnisse elementar.

3.6.3.1 Fragenerstellung

Im nächsten Schritt sind die *zu stellenden Fragen* festzulegen. Dabei sollte berücksichtigt werden, dass der Fragebogen in angemessener Zeit beantwortet werden kann (ca. 5–15 Minuten). Lediglich in Ausnahmefällen sind längere Fragebögen empfehlenswert. Es empfiehlt sich bei jeder einzelnen Frage zu prüfen, ob diese sinnvoll ist (Malhotra 2019, S. 322 ff.):

- Ist die Frage relevant für den Informationsbedarf oder ist es nur eine „Nice-to-know"-Frage?
- Ist die Frage erforderlich oder ist sie bereits in anderen Fragen enthalten?
- Kann mit einer Frage ein relevanter Informationsbereich abgedeckt werden oder sind mehrere Fragen erforderlich?

- Ist die Frage von den Befragten beantwortbar?
  - Wenn ja, so kann der Befragte direkt befragt werden, wenn davon ausgegangen wird, dass er die Information mitteilen wird.
  - Ist man dagegen der Auffassung, dass der Befragte die Information nicht preisgeben möchte oder dass ein *Verbalisierungsproblem* vorliegt, sind *indirekte Befragungen* empfehlenswert.
  - Zudem kann es auch sinnvoll sein, Filterfragen zum Kenntnisstand der Befragten zu einem Thema einzubauen, um abschätzen zu können, ob Antworten trotz fehlenden Wissens und/oder Erinnerungsvermögen abgegeben werden. Liegt ein *Bewusstseinsproblem* vor, so sind *projektive Verfahren* anzuwenden (siehe Abschn. 3.5.3). Schließlich gibt es auch Informationen, die nur durch Beobachtungen erhoben werden können.

3.6.3.2 Antwortmöglichkeiten

Als Nächstes sind die *Antwortmöglichkeiten* für die Befragten festzulegen. Für unstrukturierte Antwortmöglichkeiten bieten sich *offene Fragen* an, z. B. „Was ist Ihnen beim Autokauf wichtig?". Offene Fragen bieten sich vor allem für die explorative Forschung an, aber auch z. B. zur Erhebung von Markenassoziationen. Den Befragten wird die Möglichkeit gegeben, ihre freie Meinung zu äußern. Dadurch können unverzerrt auch unerwartete Antworten auf die Frage gesammelt werden. Nachteilig ist die zeitaufwendige und kostspielige Auswertung mittels Codierung, bei der zudem die Gefahr von Fehlinterpretationen besteht. Offene Fragen eignen sich vor allem bei persönlichen und telefonischen Befragungen, da Probanden sich kurzfassen, wenn sie die Antworten selbst aufschreiben müssen, oder auf diese Fragen gar nicht erst antworten (Malhotra 2019, S. 327).

Dagegen kann bei Erhebungen mit *geschlossenen Fragen* nur aus vorgegebenen Antwortmöglichkeiten gewählt werden:

- Alternativfragen bieten nur zwei Antwortmöglichkeiten (z. B. ja und nein) sowie teilweise eine Ausweichmöglichkeit (z. B. weiß nicht, trifft nicht zu, unbekannt). Als Sonderform gilt die Dialogfrage, bei der Befragte zwischen zwei Alternativen entscheiden kann. Altobelli (2017, S. 82) stellt als Beispiel die Auswahl der Zustimmung zu einer von zwei Personen vor, die ihre Meinung über einen Urlaub in Sprechblasenform äußern.

- Mehrfachauswahlfragen (auch: Multiple-Choice-Fragen) ermöglichen die Zustimmung zu mehreren Antwortmöglichkeiten. Zudem sollte eine Antwortmöglichkeit „Sonstiges" mit Spezialisierungsoption gegeben sein.
- Die Sonderform der Skalafrage ermöglicht das Ankreuzen eines Wertes auf einer Skala (z. B. Likert-Skala).

3.6.3.3 Frageformulierung

Bei der *Frageformulierung* sind neben praktischer Erfahrung folgende Richtlinien relevant (Malhotra 2019, S. 330 ff.):

- Fragestellung so präzise fassen wie möglich: „Welches Shampoo verwenden Sie?" liefert weniger präzise Antworten als „Welche Markenshampoos haben Sie selber zu Hause während des letzten Monats verwendet?".
- Fragestellung in verständlicher, einfacher Sprache: Befragte haben oft kein Fachwissen und würden dann falsch oder ausweichend („weiß nicht") antworten.
- Fragestellung mit eindeutigem Vokabular: Vermeidung von vagen Wörtern wie „häufig" oder „oft"
- Suggestive Fragestellungen sind zu vermeiden: So führt die Suggestivfrage „Denken Sie, dass Werbezeitungen in Anbetracht der Verdienstmöglichkeiten für die Zeitungszusteller beibehalten werden sollen?" zu Antwortverzerrungen.
- Um Verzerrungen zu vermeiden, sollten einzelne Antwortalternativen nicht in Fragestellungen integriert werden. Ersatzweise besteht die Aufführung aller Möglichkeiten. Noelle-Neumann (1970, S. 200) bewies dies anhand einer Studie mit 500 befragten Hausfrauen, in der 19 % die Tätigkeit als Hausfrau bei der Fragestellung „Würden Sie gerne

einen Arbeitsplatz haben, wenn dies möglich wäre?" präferierten, während 68 % sich gerne als Hausfrau sahen bei der Frage „Würden Sie gerne einen Arbeitsplatz haben oder möchten Sie lieber Ihre Hausarbeit erledigen?".

- Fragestellungen sollten nicht so formuliert werden, dass die Antwort des Befragten von impliziten Annahmen abhängt, die als Folge eintreten würden. Die Fragestellung „Befürworten Sie einen ausgeglichenen Haushalt, wenn dies zu einer Erhöhung der persönlichen Einkommenssteuer führen würde?" würde also zu genaueren Ergebnissen führen als „Befürworten Sie einen ausgeglichenen Haushalt?".
- Fragestellungen, die komplexe Antworten oder Berechnungen erfordern, sollten vermieden werden.
- Fragestellungen sollten konsequent positiv formuliert werden, um Verzerrungen zugunsten der positiven Formulierungen gegenüber den negativen Formulierungen zu vermeiden. Wenn dies nicht möglich ist, sollten Fragestellungen für die Hälfte der befragten Gruppe je zu 50 % positiv und negativ formuliert werden. Für die andere Hälfte der befragten Gruppe würden die Fragestellungen dann genau umgekehrt formuliert.

Möglichkeiten *indirekter Befragungen* finden sich im Abschn. 3.5.

3.6.3.4 Reihenfolge der Fragen

Auch die *Reihenfolge der Fragen* ist von großer Bedeutung. In der Regel sollte ein Fragebogen mit einfach zu beantwortenden Kontaktfragen (auch: Eisbrecherfragen) beginnen, bevor Sachfragen zum eigentlichen Untersuchungszweck gestellt werden. Mit Filterfragen können Befragte von für sie irrelevanten Teilen des Fragebogens ausgeschlossen werden, während mit Gabelungsfragen Befragte zu unterschiedlichen Fragebogenteilen gelenkt werden. Der Einsatz von Füllfragen (auch: Pufferfragen) bietet sich an, wenn die Befragten von den bisher gestellten Fragen abgelenkt werden sollen, um Halo-Effekte letzterer zu reduzieren. Besonders wichtige Antworten bei den Sachfragen können mittels Kontrollfragen folgend überprüft werden. Traditionell finden sich am Ende des Fragebogens Ergänzungsfragen, mit denen die soziodemografischen Daten wie Alter und Geschlecht erhoben werden (Berekoven et al. 2009, S. 92 ff.; Pepels 2014, S. 108 ff.). Bei Online-Fragebögen zeigt die Praxis aber auch, dass eine Erhebung der soziodemografischen Daten am Anfang zu einer höheren Anzahl an verwertbaren Stichproben führt, deren Fragebögen wenigstens für einen Teil der Fragen berücksichtigt werden können. Zudem ist es relevant, auf mögliche Aktualisierungs-, Lern- und Konsistenzeffekte der Befragten zu achten: Wenn z. B. in einem Fragebogen Stimuli gezeigt werden, aufgrund derer Reaktionen von den Befragten erwartet werden, sollte sichergestellt werden, dass die Befragten nicht mehr zu diesen zurückklicken können.

Jeder Fragebogen sollte einem sogenannten *Pretest* mit einer kleinen Probandenzahl unterzogen werden. Durch das Beobachten der Probanden sowie deren Fragen und Hinweise können sich Optimierungsmöglichkeiten hinsichtlich möglicher Probleme und des Verständnisses ergeben.

3.7 Datenerhebung durch Beobachtung

Die zweite grundsätzliche Erhebungsform neben der Befragung ist die Beobachtung. Diese hat in den letzten Jahren erheblich an Bedeutung gewonnen. Dies spiegelt sich insbesondere auch bei der Entwicklung der Definition der Beobachtung wider, die sich früher auf sinnlich wahrnehmbare Sachverhalte bezog, beispielsweise: „Beobachtet werden kann alles, was visuell erfassbar ist – und zwar punktuell oder häufiger zeitraumbezogen – in Gestalt von Vorgängen oder Abläufen" (Berekoven et al. 2009a, S. 141). Damit können z. B. das Verhalten bei Wartezeiten in Restaurants, Wege in Discountern oder das nonverbale Ausdrucksverhalten bei Verkaufsgesprächen beobachtet werden. Wesentlich häufiger wird die Beobachtung heute aber im Rahmen von aufgezeichneten Daten eingesetzt, z. B. beim Track-

ing von Website-Besuchern oder mit Warenwirtschaftssystemen. Beobachtungsverfahren sind aufgrund der heute vorliegenden Datenerfassungsmöglichkeiten oft erheblich effizienter, realitätsnäher und schneller einsetzbar als Befragungen. Die Definition der Beobachtung ist somit heute sehr weit zu fassen (McDaniel und Gates 2018, S. 154):

▶ **Beobachtung** Systematischer Prozess der Aufzeichnung von Mustern von Ereignissen oder Verhaltensweisen, der i. d. R. ohne Kommunikation mit den beteiligten Personen durchgeführt wird.

3.7.1 Persönliche Beobachtung

Beobachtungen können unterschiedlich gestaltet werden. Hierzu werden zunächst Eigenschaften von *persönlichen Beobachtungen* dargestellt: Der *Bewusstseinsgrad* des Beobachteten reicht von vollkommener Ahnungslosigkeit über die Beobachtung (biotische Situation), das Wissen allein über das Beobachtetwerden an sich (quasibiotische Situation), die Kenntnis der eigenen Aufgabe in der Beobachtungssituation bis hin zur offenen Situation, in der der beobachteten Person auch der Beobachtungszweck bekannt ist (Berekoven et al. 2009a, S. 141 ff.). Auch wird zwischen *teilnehmender und nicht teilnehmender Beobachtung* unterschieden. Der Beobachter kann also z. B. selbst eine Rolle spielen, wie die des Verkäufers oder des Bewohners in einem sozialen Brennpunkt (Whyte 1943/1993). Eine Sonderform der teilnehmenden Beobachtung ist das *Mystery Shopping*, bei dem Testkäufer die Einkaufssituation aus der Kundenperspektive wahrnehmen, indem sie als scheinbar normale Kunden auftreten. Der *Standardisierungsgrad* kann erheblich differieren: Explorative Studien werden vor allem nicht standardisiert durchgeführt, während z. B. das Einkaufsverhalten standardisiert beobachtet werden kann. Die Beobachtung kann *direkt* mit unmittelbarer Aufzeichnung durch den Beobachtenden oder *indirekt mithilfe von Videoaufzeichnungen* durchgeführt werden, die eine wiederholte Analyse der aufgezeichneten Szenen ermöglicht. Ebenso ist die Analyse von Fotoalben eine indirekte Methode zur Beobachtung von Konsumverhalten und Lebensstilen. Wie bei Experimenten sind *Feld- und Laborbeobachtungen* möglich.

Eine Besonderheit der persönlichen Beobachtung sind qualitative *ethnografische Verfahren*: Konsumenten werden in ihrer vertrauten Umgebung bei der alltäglichen Nutzung ihrer Produkte beobachtet. Auch Verwendungsbarrieren, nicht bekannte Nutzungsbarrieren oder Unzufriedenheit mit einzelnen Produktfunktionen können so erfasst werden (Kuß et al. 2021, S. 58 f.). Oft enthält dieses Verfahren ein ergänzendes psychologisches Tiefeninterview. Werden ethnografische Verfahren zur Analyse von Online-Communitys verwendet, so spricht man von *Netnographie*.

Die Vor- und Nachteile in Tab. 3.5 gelten angepasst und erweitert auch für die folgenden Beobachtungsverfahren.

3.7.2 Technische Beobachtung

Bei einer *technischen Beobachtung* werden Ereignisse und Sachverhalte von technischen Geräten protokolliert. Diese können einfache Drehsperren mit Zählfunktion sein oder elektronische Kassensysteme, die mithilfe von EAN-Codes Abverkäufe durchgehend erfassen. Auch aufwendige computergesteuerte Datenerfassungen

sind möglich. Im Internet wird nicht nur jeder Besucher gezählt, sondern mit Webanalysewerkzeugen wie Adobe Analytics, Google Analytics oder WebTrekk können z. B. auch die geografische Herkunft, die Geräteform (Smartphone, Tablet oder PC), Betriebssystem, Browser und die Besucherquelle (z. B. Direkteingabe, Suchmaschine oder Link) erfasst und ausgewertet werden. Zur langfristigen Erfassung und Verknüpfung von Besuchsdaten werden hierzu Cookies eingesetzt, mit denen jedes Zugriffsgerät erneut identifiziert werden kann.

▷ In der Praxis werden heute mit technischer Beobachtung große Datenmengen erhoben.

Eine weitere technische Beobachtungsmöglichkeit bieten Geräte zur Blickaufzeichnung (auch: Eyetracking), mit denen der Blickverlauf z. B. auf Webseiten, beim Einkaufen oder auf Werbeanzeigen gemessen werden kann. Ebenso gibt es Geräte zur Analyse der Stimmlage, mit welchen Gefühle und Einstellung gegenüber einer Anzeige getestet werden können.

Relevant für die technische Beobachtung sind die seit einigen Jahren im Fokus stehenden Forschungsmethoden der multidisziplinären *Neurowissenschaften*, in denen das Nervensystem wissenschaftlich untersucht wird. Die komplexen Aktivitäten des Nervensystems können dank der Hilfe von unterschiedlichen Forschungsdisziplinen analysiert werden, wie

Tab. 3.5 Vorteile und Nachteile von Beobachtungen. (Pepels 2014, S. 144 f.)

Vorteile	Nachteile
Manche Sachverhalte wie das Blickverhalten, Gruppenverhalten oder den Beobachteten nicht bewusste Handlungen sind nur per Beobachtung erhebbar	Die beobachteten Sachverhalte sind unterschiedlich interpretierbar und können vom Beobachter bewusst und unbewusst missinterpretiert werden
Beobachtung im situativen Praxiskontext ohne Interviewereinfluss und Reaktionsprobleme möglich bei verdeckten Beobachtungen	Nur das aktuelle Verhalten ist beobachtbar, aber nicht die Gründe dafür, da Einstellungen und andere innere Vorgänge nicht erfasst werden
Auskunftsbereitschaft und Verbalisierungsfähigkeit des Beobachtenden sind nicht relevant, sofern die Erfassung erlaubt ist (EU-DSGVO)	Reaktionsprobleme bei offenen Beobachtungen sowie Verzerrungen bei teilnehmender Beobachtung
Die Erfassung von Verhaltenssequenzen statt mehrmaliger Befragung ist möglich	Aufgrund der geringen mentalen Kapazität kann bei direkten Beobachtungen nicht alles erfasst werden
Eine Ergänzungs- und Verifizierungsmöglichkeit von Befragungen wird gegeben	Beobachtungssituationen sind kaum reproduzierbar, ebenso können Repräsentanzprobleme auftreten
	Beobachtungen können aufwendig und teuer sein

z. B. den Entwicklungs-, Evolutions- und Molekularbiologien, der Neuroanatomie, -pharmakologie und -physiologie sowie den Computer- und Verhaltenswissenschaften. Auch heute können die Potenziale der Neuroforschung noch nicht vollständig ausgeschöpft werden. Noch beschränken sich die Neurowissenschaften vor allem auf die Grundlagenbestätigung sowie zur Prüfung von herkömmlichen wissenschaftlichen Studien. Neurowissenschaftliche Methoden (Büchel et al. 2012, S. 10 ff.) sind einerseits nichtbildgebende Verfahren wie die Elektroenzephalografie (EEG) zur Messung und damit auch zur Beobachtung der elektrischen Gehirnaktivität, die hinsichtlich der Dynamik der Hirnaktivität sehr gut geeignet sind, aber die Aktivität räumlich nicht so gut darstellen können. Die räumliche Darstellung gelingt mit den modernen bildgebenden Verfahren der Positronenemissionstomographie (PET) und insbesondere der funktionellen Magnetresonanztomografie (fMRT) deutlich besser: Die Sauerstoffsättigung verschiedener Hirnregionen kann hiermit millimetergenau abgebildet werden. Damit erhält man Kenntnisse, welche Hirnregion in welcher Stärke wie lange aktiv ist und kann diese beobachten. Da die Funktionen der Hirnregionen gut bekannt sind, kann daraus geschlossen werden, welche Prozesse in welcher Intensität ablaufen. Allerdings bedeutet dies noch nicht, dass man z. B. ohne weitere Vorbedingungen erkennen kann, was Menschen gerade denken.

3.7.3 Auditfahren, Inhaltsanalyse und Spurenanalyse

Bei *Auditverfahren* werden bei dem alle verfügbaren Materialien zu einem Untersuchungsobjekt zusammengetragen und teilweise zusätzlich erhoben. Ein *Marken-Audit* besteht z. B. aus zwei Teilen, erstens, dem Markeninventar (auch: Brand Inventory), mit dem ein Überblick über alle Markenkontaktpunkte geschaffen wird. Zweiter Bestandteil ist die Markenerforschung (auch: Brand Exploratory), mit der die Vorstellung der Konsumenten dargestellt wird (Keller und Swaminathan 2019, S. 329 ff.). Bei einem *Pantry Audit* werden die Marken, Mengen und Packungsgrößen von Produkten in der Wohnung von Konsumenten inventarisiert (Malhotra 2019, S. 215).

Inhaltsanalysen (auch: *Content Analysis*) dienen der systematischen, objektiven und quantitativen Beschreibung des textlichen Inhaltes, z. B. beim Kundenfeedback, bei Kundenrezensionen oder auch Influencer-Kommunikation. Dabei bestehen unterschiedliche Ansatzmöglichkeiten zur Analyse, z. B. die Themenwahl, der Tenor der Texte, die Wortwahl oder auch der Sprachstil und die Textlängen. Beispielsweise könnte man zur Bestimmung der relevanten Kriterien für die Hochschulwahlentscheidung die entsprechenden Onlineforen oder Blogs auf häufig angesprochene Themen untersuchen. *Social Listening* steht für das Monitoring und die Analyse von Social-Media-Kommunikation. Auf dem Markt finden sich unterschiedliche Tools, mit denen Inhalte codiert und automatisiert ausgewertet werden können.

Die Beobachtungsvariante der *Spurenanalyse* kann kreativ angewendet werden, indem man sinnvoll Spuren der Konsumenten beobachtet und analysiert. So sind auf den Supermarktfußböden nach einiger Zeit genau an den Stellen zuerst Abnutzungsspuren zu entdecken, die von Konsumenten häufig frequentiert werden. Ebenso ist es möglich, anhand des Alters und der Marken von Fahrzeugen auf einem Kundenparkplatz erste Schlüsse über die Zielgruppen des Anbieters zu ziehen. Eine Sondervariante ist das eigene Platzieren eines Reizes. Dropbox musste anfangs die Nachfrage nach Cloud-Speicherdiensten einschätzen, die es so auf dem Markt noch nicht gab. Noch bevor sie eine erste Version ihres Dienstes veröffentlichen konnten, erstellten sie ein dreiminütiges Video, mit welchem die Technologie präsentiert wurde. Im Anschluss an das Video konnten sich Interessierte in eine Warteliste eintragen lassen. Dropbox erhielt so Zugang zu 70.000 potenziellen Kunden und wusste somit, dass Nachfrage auf dem Markt vorhanden war (Techcrunch 2011).

3.8   Besondere Versuchsanordnungen

3.8.1 Experimente

Beim Experiment handelt es sich um eine Sonderform des Untersuchungsdesigns. Es dient der Analyse von Wirkungen von Einflussgrößen. Dabei wird oft die Befragung als Form der Datenerhebung eingesetzt, aber auch eine Erhebung mittels Beobachtung ist bei Experimenten möglich. In der Regel werden Experimente im Rahmen von kausalen Forschungsdesigns eingesetzt, um Ursache-Wirkungs-Beziehungen aufzudecken und zu manifestieren. Zur Verdeutlichung der Definition des Experimentes sind Begriffe zu erklären.

▷ **Experiment** Empirische Überprüfung einer Hypothese durch wiederholte Versuchsanordnung unter kontrollierten, vorher festgelegten Umfeldbedingungen zur Messung der Wirkung unabhängiger auf abhängige Variablen.
  Hypothese
  Aus bestehendem Wissen erarbeitete eindeutige, generalisierbare Aussage über reale Sachverhalte, die empirisch überprüfbar und falsifizierbar ist. Sie wird in der Form eines Konditionalsatzes in den Grundformen Je-desto oder Wenn-dann dargestellt (Popper 1935, S. 12 ff. & 40 ff.).

Hypothesen können durch empirische Tests unterstützt (auch: gestützt oder bekräftigt) oder widerlegt (auch: verworfen) werden. Es ist aber nicht möglich, Hypothesen als wahr „anzunehmen", da es immer Ausreißer geben kann, auf die die Hypothese eben nicht zutrifft. Ebenso gibt es keine vollständige Falsifizierbarkeit.

3.8.1.1 Unabhängige und abhängige Variablen

Zur Darstellung der Hypothese sind zumindest eine unabhängige (z. B. wahrgenommene Glaubwürdigkeit eines Influencers) und zumindest eine abhängige Variable (z. B. Kaufbereitschaft des vom Influencer beworbenen Produktes) erforderlich, z. B. „Je höher die wahrgenommene Glaubwürdigkeit eines Influ-

encers ist, desto größer ist die Kaufbereitschaft des vom Influencer beworbenen Produktes". Die unabhängigen Variablen werden in Form von Stimuli (auch: Treatments) vom Experimentalleiter in ihrer für das Experiment relevanten Ausprägung manipuliert: So kann im obigen Beispiel der Influencer in einer Gruppe unglaubwürdig auftreten, während er sich in der anderen Gruppe glaubwürdig präsentiert. Bei den abhängigen Variablen werden die Auswirkungen der unabhängigen Variablen gemessen.

Für die kausale Beziehung der unabhängigen Variablen (UV) und abhängigen Variablen (AV) sind vier Voraussetzungen erforderlich:

- Der theoretische Zusammenhang zwischen UV und AV muss begründet werden.
- UV und AV müssen korrelieren: Eine Änderung bei der UV muss eine Veränderung der AV bewirken.
- Die Änderung der AV muss zeitlich nach der der UV erfolgen.
- Die Kausalität zwischen der UV und der AV muss unabhängig von dritten Variablen verursacht werden.

▷ Hypothesen beinhalten mindestens eine unabhängige und mindestens eine abhängige Variable.

3.8.1.2 Störvariablen

Dritte Variablen werden als *Störvariablen* (auch: *Störgrößen*) bezeichnet. Im obigen Beispiel könnten z. B. demografische und psychografische Merkmale, das Produktinvolvement oder die Markeneinstellung als Störvariable für die Kausalität zwischen der Glaubwürdigkeit und der Kaufbereitschaft auftreten. Um Einflüsse auf die Kausalität zu minimieren, gibt es verschiedene Techniken, die auch kombiniert eingesetzt werden können (Berekoven et al. 2009, S. 147):

- *Konstanthaltung:* Das Experiment könnte z. B. nur mit Probanden durchgeführt werden, die ein relativ hohes Produktinvolvement haben. Probanden sollten also eine möglichst homogene Ausprägung hinsichtlich der Störvariablen haben.

- *Einbau in das Design:* Die Störvariable kann als unabhängige Variable in das Untersuchungsdesign integriert werden. Beispielsweise können Probanden mit niedrigem gegenüber Probanden mit hohem Produktinvolvement als zweite unabhängige Variable getestet werden.

- *Matching:* In allen Untersuchungsgruppen (z. B. Experimental- und Kontrollgruppen) werden ähnliche Probandenstrukturen aufgenommen, z. B. gleiche Anteile an Probanden mit hohem und niedrigem Produktinvolvement.

- *Randomisierung:* Probanden werden den Untersuchungsgruppen nach dem Zufallsprinzip zugeteilt. Es wird durch die Randomisierung versucht, bei genügend großen Stichproben gleichartige Strukturen zu bilden.

- *Statistische Kontrolle:* Einige statistische Methoden erlauben das Herausrechnen der Effekte der Störgrößen. Mit bivariaten Methoden kann die Ergebnispräsentation in abgestuften Ausprägungen der Störvariablen erfolgen. Bei Kovarianzanalysen (z. B. ANCOVA) werden die Auswirkungen der Störvariablen auf die abhängige Variable beseitigt.

3.8.1.3 Versuchsanordnungen

Zur Neutralisierung der Störvariablen können auch die Versuchsanordnungen beitragen. Zunächst sind zwei Varianten zum Vergleich von zwei zu untersuchenden Stimuli möglich. Beim *Within-Subjects-Design* werden einem Probanden beide Stimuli vorgeführt und der Unterschied bei jedem Probanden verglichen. Dagegen wird beim *Between-Subjects-Design* jeder Gruppe ein Stimulus präsentiert und es erfolgt ein Vergleich zwischen den Probanden der Gruppen. Zur empirischen Überprüfung der Hypothesen werden i. d. R. im Between-Subjects-Design Versuchsgruppen gebildet: Experimentalgruppen (EG), denen Stimuli (X) präsentiert werden, sowie Kontrollgruppen (CG), die die gleichen Messungen (O) durchlaufen, jedoch ohne dabei Stimuli präsentiert

zu bekommen. Malhotra (2019, S. 244 ff.) beschreibt unterschiedliche Untersuchungsdesigns:

Nicht vollständig experimentale Designs fehlen Elemente der Randomisierung (R) und/oder Kontrollgruppen: Einzelfallstudie (EG: $X \ O_1$), Einzelgruppe mit Pre- und Posttest (EG: $O_1 \ X \ O_2$) und statische Gruppe (EG: $X \ O_1$ und CG: $X \ O_2$).

Echte Experimente sind dagegen vollständig aufgebaut: Beim Pre- und Posttest mit Kontrollgruppe (EG: $R \ O_1 \ X \ O_2$ und CG: $R \ O_1 \ X \ O_2$) besteht die Schwierigkeit, dass aufgrund des Pretests und damit möglichen *Priminge-Effekten* die Probanden anders agieren als in der Praxis. Deshalb findet man oft auch nur Posttests mit einer Kontrollgruppe (EG: $R \ X \ O_2$ und CG: $R \ X \ O_2$). Dabei wird aufgrund der Randomisierung davon ausgegangen, dass die beiden Gruppen vor der Präsentation der Stimuli annähernd gleich strukturiert sind. Beim Vier-Gruppen-Design nach Solomon werden beide vorigen Designs parallel durchgeführt, um die Effekte herausrechnen zu können. Da dies die doppelte Anzahl an Probanden erfordert, wird dieses Design in der Praxis und Wissenschaft nur selten verwendet.

Während bei einem Experiment die Zuordnung der Probanden zu den experimentellen Bedingungen zufällig angeordnet sein muss und deshalb die experimentellen Bedingungen bewusst erstellt werden, ist dies bei einem *Quasi-Experiment* (auch: *Ex-post-facto-Experiment*) nicht der Fall. Stattdessen können hier im Nachhinein gemessene unabhängige Variablen verwendet werden. Da sich die Versuchsgruppen durch die nichtzufällige Zuordnung unterscheiden können, kann die interne Validität reduziert sein. Auch Zeitreihenstudien sind Quasi-Experimente (EG: $O_1 \ O_2 \ O_3 \ X \ O_4 \ O_5 \ O_6$), auch hier ist parallel eine Kontrollgruppe möglich.

Ferner sind statistische Designs möglich, die auf einer Vielzahl an kleinen Experimenten basieren. Hierdurch können mehrere unabhängige Variablen getestet werden. So besteht z. B. mithilfe des lateinischen Quadrates die Möglichkeit, drei oder mehr Haupteffekte zu testen, wenn keine Interaktionseffekte zwischen diesen zu erwarten sind.

▶ Versuchsanordnungen sind so auszuwählen, dass mit diesen die Forschungsfragen forschungsökonomisch abgedeckt werden können.

Wenn die Wirkungen mehrerer Variablen in mehreren Ausprägungen untersucht werden sollen, so benötigt man für jede mögliche Ausprägung eine Experimentalgruppe. Wenn z. B. die Wirkungen von Antworten auf Kundenrezensionen getestet werden sollen, so könnte folgendes Untersuchungsdesign verwendet werden: 2 (Markenstärke: stark/schwach) x 3 (Reaktion: Marke/Konsument/keine Reaktion). Hier sind bei echten Experimenten sechs homogene Gruppen mit i. d. R. je mindestens 30 bis 40 Probanden notwendig, um statistisch signifikante Ergebnisse berechnen zu können.

Das experimentelle Umfeld bestimmt, ob es sich um ein künstlich hergestelltes *Laborexperiment* unter kontrollierten Bedingungen handelt, welches damit möglichst unter Ausschluss externer Faktoren durchgeführt wird. Dadurch kann eine hohe interne Validität erreicht werden. Laborexperimente, welche Internetwerbebanner Probanden am besten gefallen, können z. B. in Computerlabors, aber auch mit Onlinefragebogen durchgeführt werden. Dagegen liegt der Vorteil eines *Feldexperimentes* in seiner externen Validität aufgrund der Durchführung in der Praxis oder durch die Verwendung von Praxisdaten. Hier würde man z. B. verschiedene Banner direkt im Internet schalten und sowohl Klickzahlen als auch Kaufraten messen. In der Praxis wird oft der sogenannte A/B-Test (auch: Split-Test) angewendet: So werden z. B. je 200 E-Mails der Varianten A und B an zwei unterschiedliche, aber vergleichbare Kundengruppen gesendet. Innerhalb von wenigen Stunden kann festgestellt werden, welche der Varianten bei den Kunden zu mehr Aktivität, z. B. dem Besuch der Website, führte. Folgend wird die bessere Variante an die große Mehrheit der restlichen Kunden gesendet.

▶ Laborexperimente können eine hohe interne Validität aufweisen, während Feldexperimente bei der externen Validität besser abschneiden.

3.8.2 Panelforschung

Für die strategische Planung sind auch *Längsschnittstudien* erforderlich, bei denen Entwicklungen festgestellt werden können, weil Messungen zu mehreren Zeitpunkten erfolgen. Während mit den bisher vorgestellten *Ad-hoc-Studien* aktuelle Einblicke in das Käuferverhalten ermöglicht werden, kann mit der Panelforschung das Käuferverhalten im Zeitablauf festgehalten werden.

▶ **Panelerhebung** In regelmäßigen Abständen wiederholte Teilerhebung mit einem Panel (gleiche Teilauswahl) zum gleichen Untersuchungsgegenstand.

Die üblichsten Panels sind *Handelspanels* und *Verbraucherpanels*. Am bedeutsamsten sind *Haushaltspanels*, bei denen durch im Quota-Verfahren eingesetzte Panelmitglieder alle Einkäufe über eine App protokollieren und an ein Marktforschungsinstitut senden. Auf Handelsseite ist das *Scanner-Handelspanel* heute die üblichste Variante, bei dem über die Warenwirtschaftssysteme vor allem die Abverkäufe und die geforderten Preise erhoben werden.

3.9 Datenanalyse und Berichterstattung

3.9.1 Datenanalyseprogramme

Die Datenanalyse erfolgt heute i. d. R. mit Computerprogrammen. Während noch vor einem Jahrzehnt das *Statistikprogramm* SPSS insbesondere an Hochschulen weitverbreitet war, findet sich heute neben den ebenfalls kommerziellen Konkurrenten SAS und STATA auch oft die Open-Source-Statistik-Umgebung R, die ohne Nutzungsentgelte inzwischen einen großen

Funktionsumfang aufweist, sowie die leistungs-
fähige und interpretierbare Open-Source-Pro-
grammiersprache Python, die auch in vielen
Data-Science-Szenarien angewendet wird.

3.9.2 Datenaufbereitung und fehlende Daten

Um die erhobenen Daten berichten und inter-
pretieren zu können, sind diese zu analysieren.
Heute erfolgt die Datensatzerstellung bei Online-
fragebögen meist automatisch und auch die aus
Beobachtungen erfassten Daten liegen bereits als
Datensätze vor. Damit ist der Schritt der Daten-
codierung nur noch bei wenigen Erhebungsmethoden wie schriftlichen Fragebögen oder
Interviews erforderlich. Eine Herausforderung
sind für einzelne Probanden nicht vollständige
Datensätze, bei denen *fehlende Daten* (auch:
Missing Values) vorliegen. Zunächst gilt es zu
klären (Schnell 1986, S. 5 ff.), ob die fehlenden
Werte zufällig vorliegen (z. B. Eintragung vergessen) oder nichtzufällig (z. B. bewusst nicht
beantwortet). Meist geht die Marktforschung von
zufällig fehlenden Werten aus: Deswegen wird
entweder der gesamte Datensatz eines Probanden
durch den Untersuchungsleiter entfernt oder nur
die betreffende Variable des Datensatzes – von
den meisten Statistikprogrammen automatisch –
nicht berücksichtigt. Bei nichtzufällig fehlenden
Daten sind diese mit Imputationsverfahren zu ersetzen, z. B. indem der Untersuchungsleiter plau-
sible Annahmen trifft, oder einer Annäherung mit
statistischen Verfahren wie dem Expectation Ma-
ximization Algorithm.

3.9.3 Uni- und bivariate Verfahren

Mit *deskriptiver Statistik* ist es möglich, die
Eigenschaften (z. B. *Lagewerte* wie Mittelwerte
und *Streuungsparameter* wie die Standardab-
weichung) einer Stichprobe zu beschreiben.
Diese gelten nur für die Stichprobe, eine Ver-
allgemeinerung auf die Grundgesamtheit ist nicht
möglich. Am einfachsten sind *univariate Verfahren*, bei denen die Daten nur anhand von einer
Dimension dargestellt werden. Ein typisches Verfahren sind hier eindimensionale Häufigkeitsver-
teilungen. So werden z. B. die Wahlergebnisse
der Bundestagswahlen mit Häufigkeitstabellen
dargestellt, die mit Säulendiagrammen abgebildet
werden. *Bivariate Verfahren* bieten die Möglichkeit der Analyse von Zusammenhängen zwischen
zwei Variablen. Mit der Kreuztabellierung können obig bereits aufgeführte Wahlergebnisse
nach Wahlkreisen dargestellt werden.

Nicht nur in der Marktforschung ist es von
Bedeutung, Ergebnisse einer Stichprobe auf
die Grundgesamtheit zu verallgemeinern, welches mittels *induktiver Statistik* erfolgen kann.
Dies kann z. B. mit Tests zur Überprüfung von
Unterschiedshypothesen (Bortz und Schuster
2010, S. 117 ff.) realisiert werden: Der *t-test* ist
hier der bekannteste Test für normalverteilte
Stichproben, der U-Test von Mann-Whitney ist
eine nichtparametrische Testalternative für
nicht normalverteilte Daten. Bei bivariaten
Häufigkeitstabellen kann mittels $\chi 2$-Unab-
hängigkeitstest die Unabhängigkeit dieser in
der Grundgesamtheit getestet werden (ebenda,
S. 137 ff.).

3.9.4 Multivariate Verfahren

Sollen drei oder mehr Variablen gleichzeitig
geprüft werden, sind *multivariate Verfahren*
anzuwenden. Zu unterscheiden sind die strukturentdeckenden Verfahren (auch: Interdependenz-
analysen) und die strukturprüfenden Verfahren
(auch: Dependenzanalysen).

(I) Strukturprüfende Verfahren
Bei den *strukturprüfenden Verfahren*, werden die
Zusammenhänge zwischen den Variablen über-
prüft (Backhaus et al. 2018, 2015):

Mit einer *Regressionsanalyse* kann der quantitative Zusammenhang von einer oder mehreren
metrischen unabhängigen Variablen und einer
metrischen abhängigen Variablen beschrieben
werden. Beispiel: Wie wirken Reichweite, Kaufpreis und laufende Kosten auf die Absatzmenge
eines E-Autos? (a* Reichweite + b* Kaufpreis +
c* laufende Kosten + d = e* Absatzmenge).

Mit der *Varianzanalyse* (auch: ANOVA) können die Wirkungen von einer oder mehreren unabhängigen Variablen, die nur auf Nominalskalenniveau vorliegen müssen, auf eine oder mehrere metrische abhängige Variablen untersucht werden. Deshalb wird dieses Verfahren sehr oft bei Experimenten verwendet. Bei Kovarianzanalysen (ANCOVA) können nicht relevante unabhängige Faktoren wie Störvariablen herausgerechnet sowie deren Einfluss dargestellt werden. Beispiel: Welche Wirkung haben verschiedene Kommunikationsmaßnahmen (z. B. Internetwerbung, Zeitungsanzeigen oder Direct Mail) auf die Höhe der abgesetzten Menge von E-Autos? Mit einer ANCOVA könnte hierbei das Produktinvolvement der Probanden herausgerechnet werden.

▶ **Strukturprüfende Verfahren** Überprüfung von Zusammenhängen zwischen den Variablen.

Strukturentdeckende Verfahren: Aufdecken von Zusammenhängen zwischen Variablen.

Die *Diskriminanzanalyse* dient der Analyse von Gruppenunterschieden, sowohl hinsichtlich der Unterscheidung von Gruppen mit nominalem Skalenniveau als auch bei der Identifizierung der relevanten Unterscheidungsvariablen mit metrischem Skalenniveau. Beispiel: Welche Variablen sind zur Unterscheidung von BMW- und Mercedeskäufern geeignet?

Mit dem *Conjoint Measurement* (auch: *Conjoint-Analyse*) wird oft die relative Bedeutung von den relevanten Eigenschaften eines Produktes gemessen. Hierbei werden den Probanden verschiedene Produkte mit unterschiedlichen Merkmalsausprägungen gezeigt, die von diesen in eine Präferenzreihenfolge zu bringen sind (Tab. 3.6). Dabei ist es meist nicht möglich, alle Varianten zu vergleichen. Bei Produkten mit

fünf Merkmalen, für die jeweils vier verschiedene Ausprägungen möglich sind, gibt es bereits 1024 Varianten. Deshalb werden unvollständige (fraktionelle) faktorielle Designs verwendet, mit denen nur eine Auswahl abgefragt wird. Hieraus werden dann Teilnutzenwerte für jede Merkmalsausprägung berechnet. Beispiel Präferenzen bei E-Autos der unteren Mittelklasse: 1) Marke: BMW, Mercedes, Opel oder Renault, 2) Leistung: 50 kw, 100 kw, 150 kw oder 200 kw, 3) Reichweite: 50 km, 200 km, 350 km, 500 km, Preis: 18.000 €, 27.000 €, 36.000 € oder 48.000 €.

In den letzten Jahrzehnten hat die Bedeutung der *Strukturgleichungsmodellierung* zugenommen, mit der die Kausalitäten in komplexen Modellen parallel geprüft werden können (Abb. 3.4). Das zu analysierende Modell wird in einem Messmodell mit latenten Variablen dargestellt, welche nicht direkt beobachtbar sind, sondern mit beobachtbaren Indikatorvariablen gemessen werden (Weiber und Mühlhaus 2014, S. 36 ff.). Zur Analyse von Strukturgleichungsmodellen stehen beispielsweise SPSS AMOS, LISREL, Mplus und SmartPLS zur Verfügung.

(II) Strukturentdeckende Verfahren

Das Ziel der *strukturentdeckenden Verfahren* ist das Aufdecken von Zusammenhängen zwischen Variablen (Backhaus et al. 2018, 2015):

Viele Produkte weisen zahlreiche Variablen auf, die sich mit anderen Variablen überlappen. Mit der *Faktorenanalyse* können Gruppen miteinander korrelierender Variablen identifiziert werden. Dadurch ist eine Bündelung der Variablen und eine Reduktion zu jeweils einem zu bildenden Faktor möglich. Beispielsweise können beim E-Auto die Eigenschaften der Anschaffungskosten, Betriebskosten und Werkstattkosten zu Faktor „Wirtschaftlichkeit" zusammengefasst werden.

Tab. 3.6 Beispielfrage Conjoint Measurement

Rang	Bitte sortieren Sie die folgenden E-Autos gemäß Ihren Präferenzen
	BMW, 200 kw, 200 km, 48.000 €
	Mercedes, 50 kw, 350 km, 36.000 €
	Opel, 100 kw, 200 km, 18.000 €
	Renault, 150 kw, 500 km, 27.000 €

Abb. 3.4 Wissens- und
Beziehungswirkungen
bei Websites. (Ullrich
2012, S. 198)

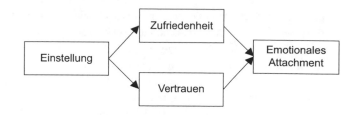

Das Ziel der *Clusteranalyse* ist die Bündelung von Objekten. Dazu werden möglichst
homogene Objekte in eine Gruppe gefasst, die
gegenüber anderen Gruppen möglichst hetero-
gen sind. Ein typisches Beispiel für Cluster sind
die verschiedenen Lebensstile. Beim E-Auto
könnte es z. B. Cluster der Umweltbewussten,
der Modernen und der Kurzstreckenfahrer
geben.

Bei der *multidimensionalen Skalierung* werden die von den Probanden wahrgenommenen
Positionen von Objekten sowie deren Präferenzen in einer räumlichen zwei- oder drei-
dimensionalen Darstellung aufgezeigt. Ein Tesla
S wäre also relativ nahe bei einem Porsche Tay-
can platziert und beide weit entfernt von einem
Smart EQ fortwo.

3.9.5 Berichterstattung

(I) Berichterstattung in der Praxis
In der Regel sollte dem Bericht eine kurze Management Summary vorangestellt werden. Einem
einleitenden Kapitel mit der Beschreibung des
Untersuchungsgegenstandes, der Untersuchungs-
methoden, der Grundgesamtheit sowie der Stichprobe folgt der Hauptteil mit der Präsentation
aller ausgewerteten Ergebnisse. Während eine
klar strukturierte Konzentration auf die zentralen
Ergebnisse erwünscht ist, sollte auf eine Darstellung weniger aussagekräftige Studien-
bestandteile nicht verzichtet werden, um die
Studienergebnisse nicht zu verfälschen. Das Verständnis der Daten ist durch den sinnvollen Einsatz von Diagrammen zu unterstützen. Die Ergebnisse sollten interpretiert werden, wobei auch
die Grenzen der Studienergebnisse dargestellt
werden sollten. Der Bericht schließt mit Hand-

lungsempfehlungen für das Management. Statistische Berechnungen können im Anhang unter-
gebracht werden.

(II) Berichterstattung in der Wissenschaft
Grundsätzlich ähnelt die Präsentation der Be-
richterstattung der Praxis. Allerdings werden die
Ergebnisse ausführlicher diskutiert, d. h., im
Zusammenhang mit Theorien und früheren
Forschungsergebnissen verglichen und auf den
Erkenntnisfortschritt geprüft. Neben den Hand-
lungsempfehlungen für das Management sind
auch weitere Forschungsmöglichkeiten für die
Wissenschaft aufzuzeigen.

Kernbotschaften zu den Lernzielen
- Für das Marketing sind Erkenntnisse über
  Märkte, ihre Teilnehmer und die Marktbeeinflussungsmöglichkeiten erforderlich. Diese
  können über Marktforschung systematisch
  und zielgerichtet gewonnen werden.
- Im Marktforschungsprozess wird zunächst die
  Problemstellung formuliert und geprüft, ob
  die Marktforschung im Unternehmen oder
  von Dritten durchgeführt werden soll. Es folgt
  die Festlegung auf den nötigen Informationsbedarf und die Bestimmung des Markt-
  forschungsdesigns.
- Deskriptive Forschungsdesigns dienen der
  Beschreibung von bestimmten Sachver-
  halten, während explorative Forschungsdesigns eingesetzt werden, um erste Einblicke in Sachverhalte zu gewinnen. Im
  Rahmen von kausalen Forschungsdesigns
  können Ursache-Wirkungs-Zusammenhänge
  aufgezeigt und statistisch geprüft werden.
- Von besonderer Bedeutung ist die Differenzierung von quantitativer und qualitativer Forschung. Ursprünglich dominierte die quantita-

tive Forschung, bei der dem Leitmotiv des Positivismus in der Annahme gefolgt wird, dass menschliches Verhalten mittels Reiz-Reaktions-Schemata objektiv gemessen werden kann. In vielen Bereichen ist heute die qualitative Marktforschung ebenbürtig oder sogar überlegen. Bei dieser werden sinnverstehende, nicht standardisierte Forschungsmethoden angewendet, um das menschliche Verhalten besser verstehen und interpretieren zu können.

- Die Datenerhebung erfolgt immer entweder per Befragung (z. B. qualitatives Einzelinterview oder Online-Befragung) oder Beobachtung (z. B. persönliche oder technische Beobachtung).

- Für die Auswertung sind spezialisierte qualitative Auswertungsverfahren und/oder Statistikkenntnisse erforderlich. Mit letzteren können Daten beschrieben werden, z. B. mit Mittelwertvergleichen, oder aber auch mit strukturprüfenden und strukturentdeckenden Verfahren.

Mindmap zum Kapitel 3

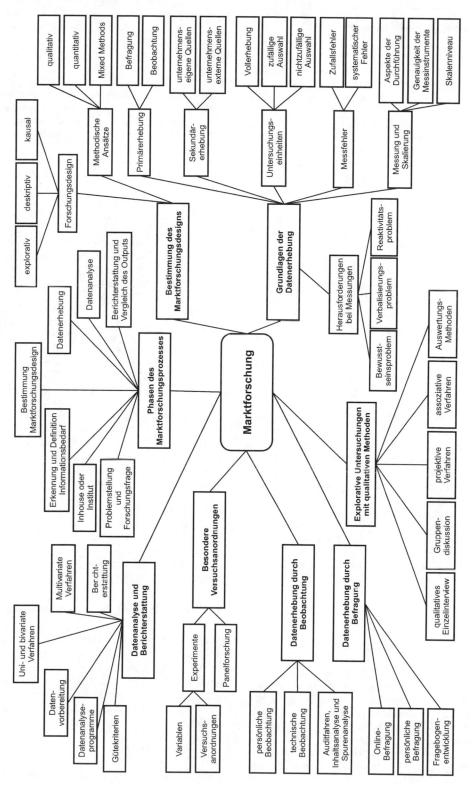

Literatur

Im Kapital zitierte Literatur

ADM Arbeitskreis Deutscher Markt- und Sozialforschungsinstitute e. V. (2021). *Infos zur Branche und Marktforschung in Zahlen.* https://www.adm-ev.de/die-branche/mafo-zahlen. Zugegriffen am 20.05.2021.

Altobelli, C. F. (2017). *Marktforschung: Methoden, Anwendungen, Praxisbeispiele* (3. Aufl.). UVK Verlagsgesellschaft mbH.

Backhaus, K., Erichson, B., Plinke, W., & Weiber, R. (2018). *Multivariate Analysemethoden. Eine anwendungsorientierte Einführung* (15. Aufl.). Springer Gabler.

Backhaus, K., Erichson, B., & Weiber, R. (2015). *Fortgeschrittene Multivariate Analysemethoden. Eine anwendungsorientierte Einführung* (3. Aufl.). Springer Gabler.

Berekoven, L., Eckert, L., & Ellenrieder, P. (2009a). *Marktforschung: Methodische Grundlagen und praktische Anwendung* (12. Aufl.). Gabler.

Büchel, C., Karnath, H.-O., & Thier, P. (2012). Methoden der kognitiven Neurowissenschaften. In X. Karnat & X. Thier (Hrsg.), *Kognitive Neurowissenschaften* (3. Aufl., S. 9–32). Springer.

Büchner, A., & Brandt, M. (2017). Gedächtniskonzeptionen und Wissensrepräsentationen. In J. Müsseler & M. Rieger (Hrsg.), *Allgemeine Psychologie* (3. Aufl., S. 401–434). Springer.

Cooper, P., & Branthwaite, A. (1977). Qualitative technology: New perspectives in measurement and meaning through qualitative research. In *Proceedings of the Market Research Society conference.* The Market Research Society.

Cox, E. P., III. (1980). The optimal number of response alternatives for a scale: A review. *Journal of Marketing Research, 17*(4), 407–422.

Döring, N., & Bortz, J. (2016a). *Forschungsmethoden und Evaluation in den Sozial- und Humanwissenschaften* (5. Aufl.). Springer.

Florack, A., & Scarabis, M. (2019). Implizite Messung der psychologischen Markenstärke. In F.-R. Esch (Hrsg.), *Handbuch Markenführung* (S. 1121–1137). Springer.

Hammann, P., & Erichson, B. (2000). *Marktforschung* (4. Aufl.). UTB Lucius & Lucius.

Keller, K. L., & Swaminathan, V. (2019). *Strategic brand management. Building, measuring, and managing brand equity. Global edition* (5. Aufl.). Pearson.

Kepper, G. (2008). Methoden der Qualitativen Marktforschung. In A. Herrmann, C. Homburg & M. Klarmann (Hrsg.), *Handbuch Marktforschung* (3. Aufl., S. 175–212). Gabler.

Kirchmair, R. (2011). Indirekte psychologische Methoden. In G. Naderer & E. Balzer (Hrsg.), *Qualitative Marktforschung in Theorie und Praxis* (2. Aufl., S. 347–365). Gabler.

Lamnek, S., & Krell, C. (2016). *Qualitative Sozialforschung* (6. Aufl.). Beltz.

Malhotra, N. K. (2019). *Marketing research: An applied orientation. Global Edition* (7. Aufl.). Pearson Prentice Hall.

McDaniel, C., Jr., & Gates, R. (2018). *Marketing research* (11. Aufl.). Wiley.

Osgood, C. E. (1952). The nature and measurement of meaning. *Psychological Bulletin, 49*(3), 197–237.

Pepels, W. (2014a). *Moderne Marktforschung: Systematische Einführung mit zahlreichen Beispielen und Praxisanwendungen* (3. Aufl.). Duncker & Humblot GmbH.

Popper, K. (1935). *Logik der Forschung. Zur Erkenntnistheorie der modernen Naturwissenschaft.* Springer.

Schnell, R. (1986). *Missing-Data-Probleme in der empirischen Sozialforschung,* Dissertation. http://nbn-resolving.de/urn:nbn:de:bsz:352-opus-5490. Zugegriffen am 20.05.2021.

Steinke, I. (1999). *Kriterien qualitativer Forschung. Ansätze zur Bewertung qualitativ-empirischer Sozialforschung.* Juventa.

Techcrunch. (2011). *How DropBox started as a minimal viable product.* https://techcrunch.com/2011/10/19/dropbox-minimal-viable-product. Zugegriffen am 16.04.2020.

Uhlmann, E. L., Leavitt, K., Menges, J. I., Koopman, J., Howe, M., & Johnson, R. E. (2012). Getting explicit about the implicit: A taxonomy of implicit measures and guide for their use in organizational research. *Organizational Research Methods, 15*(4), 553–601.

Weiber, R., & Mühlhaus, D. (2014). *Strukturgleichungsmodellierung. Eine anwendungsorientierte Einführung in die Kausalanalyse mit Hilfe von AMOS, SmartPLS und SPSS* (2. Aufl.). Springer Gabler.

Weijters, B., Cabooter, E., & Schillewaert, N. (2010). The effect of rating scale format on response styles: The number of response categories and response category labels. *International Journal of Research in Marketing, 27*(4), 236–247.

Wichmann, A. (2019). *Quantitative und Qualitative Forschung im Vergleich. Denkweisen, Zielsetzungen und Arbeitsprozesse.* Springer.

Whyte, W. F. (1943). *Street corner society. The social structure of an Italian slum* (4. Aufl.). The University of Chicago Press.

Weiterführende Literaturhinweise

Altobelli, C. F. (2017). *Marktforschung: Methoden, Anwendungen, Praxisbeispiele* (3. Aufl.). Konstanz: UVK Verlagsgesellschaft mbH.

Berekoven, L., Eckert, L., & Ellenrieder, P. (2009b). *Marktforschung: Methodische Grundlagen und praktische Anwendung* (12. Aufl.). Wiesbaden: Gabler.

Bortz, J., & Schuster, C. (2010). *Statistik für Human- und Sozialwissenschaftler* (7. Aufl.), Springer.

Döring, N., & Bortz, J. (2016b). *Forschungsmethoden und Evaluation* (5. Aufl.). Heidelberg: Springer.

Kuß, A., Wildner, R., & Kreis, H. (2021). *Marktforschung: Datenerhebung und Datenanalyse* (7. Aufl.). Springer Gabler.

Magerhans, A. (2016). *Marktforschung: Eine praxisorientierte Einführung*. Springer Gabler.

Mayring, P. (2016). *Einführung in die qualitative Sozialforschung* (6. Aufl.). Beltz.

Mey, G., & Mruck, K. (Hrsg.). (2020). *Handbuch Qualitative Forschung in der Psychologie* (2. Aufl., Bd. I & II). Springer.

Noelle-Neumann, E. (1970). Wanted: Rules for Wording Structured Questionnaires. *Public Opinion Quarterly, 34*(2), 191–201.

Pepels, W. (2014b). *Moderne Marktforschung: Systematische Einführung mit zahlreichen Beispielen und Praxisanwendungen* (3. Aufl.). Berlin: Duncker & Humblot GmbH.

Ullrich, S. (2012). *Markenbindung durch personalisierte Internetauftritte*. Springer Gabler.

Strategisches Marketing 1: Begriff, Analysen und Tools

4

Lernziele

- Die Verortung strategischer Fragen im Marketingmanagementprozess kennen
- Die Notwendigkeit interner wie externer Analysen verstehen
- Zentrale Perspektiven zur internen Situationsanalyse kennen und durchdringen
- Zentrale Perspektiven der externen Analyse kennen und durchdringen

In Kap. 4 wird zunächst knapp auf das Themenfeld des strategischen Marketing eingegangen. Die weiteren Teile stellen dann wichtige Analysefelder und -tools für die interne Situationsanalyse sowie für die externe Markt- und Kundenanalyse vor.

4.1 Strategisches Marketing

Im Gegensatz zum operativen Marketing, das sich mit der Marketingmaßnahmenplanung für ein vergleichsweise kurzes Zeitfenster befasst, widmet sich das *strategische Marketing* den weitreichenden, langfristigen und weniger strukturierten Fragestellungen und Entscheidungen für die Marketingkonzeption. Im Fokus steht dabei

einerseits die Bestimmung von Marketingzielen, andererseits die Definition von geeigneten Marketingstrategien zur Erlangung von Wettbewerbsvorteilen. Beides erfolgt auf der Grundlage strategischer Analysen, die sich grob den Bereichen a) interne Analyse und b) externe Analyse zuordnen lassen. Diese Themen überlappen sich mit den Bereichen des strategischen Managements. I. d. R. ist das strategische Marketing auf der Ebene des höheren Managements angesiedelt.

▶ **Strategisches Marketing** Die systematische Entwicklung des langfristigen Rahmens für marketingbezogenes Handels, insb. Definition von Marketingzielen und -strategien auf der Grundlage komplexerer Analysen.

Das strategische Marketing fungiert als Rahmen für die operative Marketingplanung. Mit anderen Worten: Das strategische Marketing stellt die Grundlage für das operative Marketing dar und definiert die Handlungsspielräume auf operativer Ebene. Auf operativer Ebene werden die langfristigen Marketingziele (Abschn. 5.2) des strategischen Marketing umgesetzt, indem diese in maßnahmenbezogene Teilziele heruntergebrochen werden, die wiederum auf täglicher Basis verfolgt werden. Eine entsprechende Einordnung in den Prozess des Marketingmanagement zeigt Abb. 4.1.

© Springer Fachmedien Wiesbaden GmbH, ein Teil von Springer Nature 2021
J. Redler, S. Ullrich, *Marketing klipp & klar*, WiWi klipp & klar,
https://doi.org/10.1007/978-3-658-34538-9_4

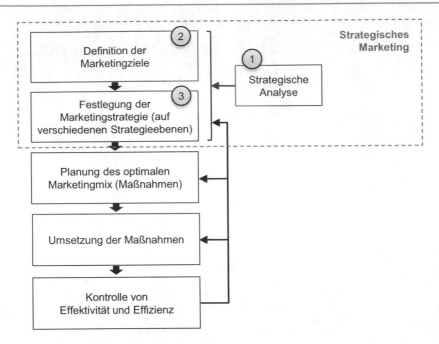

Abb. 4.1 Verortung des strategischen Marketing

Erkennbar ist, dass sich ein wesentlicher Teilbereich des strategischen Marketing auf die strategische Analyse bezieht.

▶ Strategische Analysen sind das Fundament des strategischen Marketing.

4.2 Analyse der internen Situation

Die interne Analyse ist der erste große Teilbereich der strategischen Analyse. Sie beschäftigt sich mit den aktuellen Bedingungen eines Unternehmens aus Innensicht (Redler 2019, S. 98). Ihr Ziel ist eine Bestandsaufnahme der Ausprägungen von Ressourcen und Fähigkeiten des Unternehmens, um aktuelle Stärken und Schwächen zu identifizieren.

Bei der Durchführung einer internen Analyse empfiehlt es sich, einerseits die Situation hinsichtlich einzelner Ressourcen und Fähigkeiten zu bewerten – dies kann durchaus relativ, also im Vergleich zu Hauptwettbewerbern erfolgen. Andererseits sollte auch die strategische Bedeutung der einzelnen Ressourcen und Fähigkeiten bewertet werden.

▶ **Interne Analyse** Bewertung von Ressourcen und Fähigkeiten des Unternehmens, oft im Vergleich zum Wettbewerb.

Als *Ressourcen* gelten alle materiellen und immateriellen Güter, Vermögensgegenstände und Einsatzfaktoren, die ein Unternehmen besitzt. Typische materielle Ressourcen sind Maschinen, Standorte oder finanzielle Mittel, typische immaterielle Ressourcen sind Patente, das Know-how der Mitarbeiter, die Kultur oder das Image des Unternehmens. *Fähigkeiten* hingegen beschreiben, inwieweit ein Unternehmen in der Lage ist, seine Ressourcen zu nutzen. Sie drücken sich wesentlich in den Prozessen, dem Führungssystem und den Strukturen aus.

Auf Basis der Ressourcensituation und der Fähigkeiten können sich durch gemeinsame (Lern-)Prozesse bestimmte *Kompetenzen* eines Unternehmens ausbilden. Eine spezifische Form von Kompetenzen sind die sog. *Kern-*

kompetenzen. Dies sind Kompetenzen eines Unternehmens, die

- im Unternehmen stark ausgeprägt sind,
- dazu dienen, sich von anderen Unternehmen zu unterscheiden,
- die Basis für die Schaffung eines nachhaltigen Kundennutzen bilden und
- vom Wettbewerb wenig imitierbar bzw. die zwischen Unternehmen schlecht handelbar sind.

▷ Kompetenzen ergeben sich aus Ressourcen und Fähigkeiten des Unternehmens.

Analyse von Finanz-, Erfolgs- und Marketingkennziffern

Als Startpunkt einer internen Analyse lassen sich zunächst *finanzielle Größen* und ihre Werttreiber (als quantitatives Abbild) heranziehen. Dabei werden die finanzielle Lage und die Ausstattung, die Umsatz- und die Kostenstruktur, wirtschaftliche Ergebnisse, die Kapitalrendite sowie spezifische Produktivitäten – auch im Zeitvergleich – betrachtet. Im Fokus stehen zudem spezifische Marketingkennzahlen, wie bspw. Absatzzahlen, Marktanteile, Marketingkosten, MROI (Abschn. 1.4), Umschlagshäufigkeiten, Spannen, Distributionsraten, Kundenzufriedenheitsindizes, Kundenwerte, Bekanntheitswerte oder Medienresonanz.

Analyse des Produktprogramms

Weiterhin ist das Produktprogramm zu untersuchen. Dies kann anhand der Positionen im *Produktlebenszyklus* (Kap. 6) erfolgen. Zudem sind *Portfolioanalysen* relevant. Ein Beispiel dafür ist der Portfolioansatz der Boston Consulting Group (BCG-Matrix). Dieser erfasst Geschäftseinheiten oder Produkte bzw. Produktgruppen nach den Kriterien a) relativer Marktanteil sowie b) Wachstum des relevanten Markts und verortet diese entsprechend in vier Feldern. Dadurch lassen sich diagnostische Einblicke gewinnen, insbesondere, wenn man gleichzeitig noch die Umsatz- oder

DB-Bedeutung der Analyseobjekte mitbetrachtet.

Kundenstrukturanalysen

Aus interner Sicht wesentlich ist außerdem die bestehende *Kundenstruktur*. Dafür erfolgt eine Zusammenstellung des aktuellen Kundenbestands. Dieser wird dann nach bestimmten Kriterien beschrieben bzw. aufgegliedert. Typische Kriterien dafür sind Größe und Umsatzbedeutung, DB-Anteile, Kundentreue und Kaufhäufigkeit, geografische Kriterien oder strategische Relevanz. So werden bestimmte Staffelungen erarbeitet, die Konzentration bestimmt oder auch zeitliche Entwicklungen analysiert. Kundenstrukturen ergeben sich zudem als Ergebnis von Kundenwertverfahren. So können hier ABC-Analyse, Kundenportfolioanalysen oder Customer-Lifetime-Value-Verfahren genutzt werden.

ABC-Analyse: Die ABC-Analyse klassifiziert Kunden nach vorgegebenen Kriterien, wie zum Beispiel Umsatz oder DB. Es entstehen drei Klassen: A-Kunden, B-Kunden und C-Kunden. Die A-Kunden sind die wenigen hochwertigen Kunden, die einen hohen Wertanteil im Sinne des herangezogenen Kriteriums ausmachen. Bei C-Kunden hingegen handelt es um jene Kunden, die in großer Zahl vertreten sind, die jedoch geringe Wertbeiträge leisten. B-Kunden bilden das Mittelfeld.

Kundenportfolioanalyse: Beim Kundenportfolio werden Kunden simultan nach zwei voneinander unabhängigen Kriterien bewertet, bspw. Umsatz und Kundenzufriedenheit. Damit ergeben sich zunächst logische Cluster (in diesem Beispiel hoher Umsatz/hohe Zufriedenheit, geringer Umsatz/hohe Zufriedenheit, hoher Umsatz/geringe Zufriedenheit, geringer Umsatz/geringe Zufriedenheit). Es wird dann analysiert, welche Kundenanteile in welches logische Cluster fallen.

Customer-Lifetime-Value-Analyse: Basis dieser Betrachtung ist der Customer Lifetime Value (CLV). Das ist der Wert, den ein Kunde aus Unternehmenssicht besitzt, wenn man die gesamte Kundenbeziehung (also längere, auch zukunftsbezogene Zeiträume) betrachtet. Dafür werden einerseits sowohl alle bisher erfolgten monetären Einzahlungen, die von einem Kunde ausgehen, betrachtet, sowie auch die für die Zukunft prognostizierten. Andererseits werden die bisherigen und zukünftigen Auszahlungen, die für den Kunden notwendig waren oder werden, miteinbezogen. Die Werte der daraus resultierenden Zahlungsströme werden dann für den Gegenwartszeitpunkt berechnet.

Analyse der Wertkette und des Geschäftsmodells

Die Kompetenzbasis eines Unternehmens kann gut anhand des Geschäftssystems oder der *Wertkettenbetrachtung* analysiert werden. Auf der Basis der vereinfachten Darstellung der physisch und technologisch unterscheidbaren (Teil-)Aktivitäten, die ein Unternehmen ausübt, um seine Leistungen zu erbringen, werden also Ressourcen und Fähigkeiten erfasst und bewertet. Zentrale Fragen sind hier: Welche Kernfunktionen und welche unterstützenden Prozesse spielen für die Leistungserbringung welche Rolle? Welche Ressourcen werden dabei wie eingesetzt? Welche Fähigkeiten werden dabei je genutzt (z. B. besonders effiziente Produktionsprozesse oder ein besonders ausgeprägtes Kundenverständnis)?

Geeignete Analysezugänge bestehen auch auf der Grundlage von *Strategy Maps*. Diese führen die Ansätze der Geschäftsmodellbetrachtung weiter. Allerdings werden bei dieser Form der Analyse nicht mehr logische Abfolgen von internen Aktivitäten betrachtet, die eine besondere Marktleistung hervorbringen. Vielmehr geht es hier um die Abbildung des wechselseitigen Beziehungsgeflechts dieser Aktivitäten mit dem Fokus auf der Entstehung eines besonderen Kundennutzens (Abb. 4.2).

7-S-Analyse

Einen anderen Weg beschreitet eine Analyse anhand des *7-S-Modells* von McKinsey. Diesem folgend wird die Unternehmenssituation insb. von sieben internen Faktoren bestimmt. Entsprechend lassen sich diese für die Bestimmung der internen Situation heranziehen. Die Faktoren sind: Strategy, Structure, Systems, Skills (Fähigkeiten), Staff (Personal), Style (Kultur), Shared Values (Selbstverständnis). Auch entlang dieser Faktoren (Abb. 4.3) ist eine Beschreibung und Bestandsaufnahme für die interne Analyse denkbar.

Stärken-Schwächen-Profil

Die Ergebnisse der internen Analyse werden regelmäßig als *Profildarstellung* aufbereitet (Abb. 4.4), auch als relative Betrachtung im Vergleich zum Wettbewerb. In solchen Profilen werden die analysierten internen Faktoren aufgeführt. Ein Raster von vereinfachten Abstufungen von Ausprägungsformen dient der Visualisierung der Situation. In der Gesamtschau über alle betrachteten Faktoren entsteht eine *Profillinie*. Anhand dieser Zusammenstellung werden mögliche absolute *Stärken oder Schwächen sichtbar*. Werden Wettbewerber den gleichen Analysen unterzogen, können die Profillinien verglichen werden. So sind Aussagen über *relative Stärken oder Schwächen* möglich.

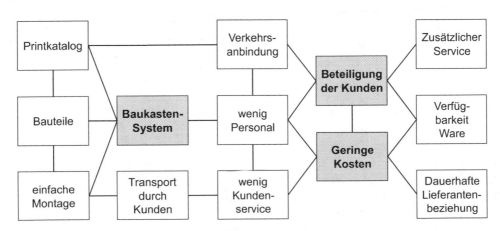

Abb. 4.2 Strategy Map am Beispiel IKEA. (Quelle: In Anlehnung an Hungenberg 2011, S. 163)

Abb. 4.3 7-S-Ansatz als Rahmen für die interne Analyse

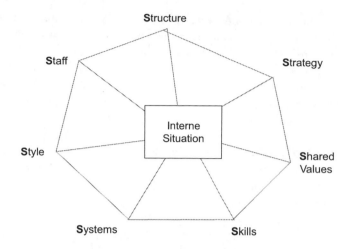

Abb. 4.4 Beispielhaftes Stärken-Schwächen-Profil als Ergebnis der internen Analyse

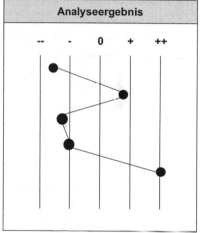

Analysefaktor	Analyseergebnis
	-- - 0 + ++
• Produktionskapazitäten	
• Liquide Mittel	
• Innovationskraft	
• Ertragskraft Produkte	
• Entwicklung Kundenstamm	
•	

4.3 Analyse der externen Situation

Der zweite große Teilbereich der strategischen Analyse ist die *externe Analyse*. Sie zielt darauf ab, jene Entwicklungen im Markt möglichst frühzeitig zu identifizieren, die das Unternehmen beeinflussen.

Eine besondere Herausforderung ist dabei die hohe *Komplexität*. Diese entsteht vor allem dadurch, dass a) die Zahl der Faktoren, die den Erfolg der Marktaktivitäten eines Unternehmens beeinflussen, i. d. R. sehr groß ist, b) sich die Faktoren oft auch wechselseitig beeinflussen und c) die Kausalitäten dieser Faktoren für Unternehmensentwicklungen i. d. R. nicht eindeutig sind.

Externe Faktoren und zugehörige Situationen oder Entwicklungen können sich oftmals sowohl als Chance für neue Wettbewerbsvorteile als auch als Risiko für bestehende Wettbewerbsvorteile darstellen. Beispiel: Die Digitalisierung als externer Einfluss der technologischen Entwicklung kann ein Risiko für einen Betreiber traditioneller Einkaufszentren sein, da sich das Kaufverhalten der Kunden ändert und bestimmte Produkte weniger in physisch existenten Läden gekauft werden. Die Digitalisierung eröffnet andererseits Chancen für einen Betreiber von Einkaufszentren: Dieser könnte über eine geschickte Integration digitaler Einkaufskanäle und völlig neuartige Erlebnisformen neue Kundennutzen und damit neue Wettbewerbsvorteile entwickeln.

Um die externe Analyse handhabbarer zu machen, wird die zu untersuchende Umwelt in eine *Makro-Umwelt* (siehe auch: Umfeld des Marketing Abschn. 1.3) und eine *Branchenumwelt* unterteilt. Innerhalb beider sind ausgewählte Faktoren zu untersuchen. Nicht zu vergessen ist die Betrachtung der Kundenseite als wichtiger Faktor.

Analyse der Makro-Umwelt: PESTLE, Trends, Diskontinuitäten

Zur Makro-Umwelt zählen vor allem politische, ökonomische, rechtliche, ökologische, soziale und technologische Faktoren (siehe auch: Umfeld des Marketing Abschn. 1.3). Entsprechend bilden diese den Rahmen, der mit einer Analyse auszufüllen ist.

Aus den Anfangsbuchstaben der englischen Begriffe Political-Economical-Sociological-Technological-Environmental-Legal hat sich dafür auch das Akronym *PESTLE-Analyse* (ähnlich jedoch verkürzter auch PEST- oder STEP-Analyse) durchgesetzt (siehe z. B. Elliott et al. 2014, S. 55 f.). Die politischen, wirtschaftlichen, sozialen, rechtlichen und ökologischen Faktoren sind dabei daraufhin zu untersuchen (Abb. 4.5),

- welche wichtigen Einflüsse und Entwicklungen bestehen und
- wie sich diese identifizierten Einflüsse und Entwicklungen für das Unternehmen bedrohlich auswirken können oder wie sich aus ihnen Chancen für die eigene Marktposition ergeben können.

▶ **PESTLE** Analyse der politischen, ökonomischen, sozialen, technologischen, öko-

logischen und rechtlichen Rahmenbedingungen sowie deren Veränderungen.

Bewährt hat sich ein systematisches Abprüfen aller Faktorenbereiche anhand von Checklisten. Die ökonomische Umwelt könnte dabei z. B. Faktoren wie das Wirtschaftswachstum, das Zinsniveau, die Inflation, Arbeitslosenrate und Wechselkurse umfassen.

Eine wichtige Grundlage ist die stetige Analyse von Trends und möglichen Diskontinuitäten. *Trends* sind Beschreibungen von Veränderungen und Strömungen in allen Bereichen der Gesellschaft. Ihre Beschreibung und die Analyse der Rahmenbedingungen sollen Rückschlüsse auf zukünftige Entwicklungen ermöglichen. Es geht dabei also um einen zeitlich messbaren Verlauf einer Entwicklung in eine bestimmte Richtung. Dies kann quantitativ oder qualitativ beschrieben werden. Im Marketingkontext sind insbesondere Veränderungen des Werte- und Verhaltensgefüges der Gesellschaft relevant. Durch neu entstehende und sich durchsetzende Auffassungen in Gesellschaft, Wirtschaft oder Technologie werden neue Bewegungen auslöst.

Da Trends und zusammenhängende Entwicklungen jedoch kaum logisch aus Vergangenheitsentwicklungen prognostizierbar sind, ist eine frühzeitige Analyse von sog. „Weak Signals" erforderlich. Dem liegt die Annahme zugrunde, dass sich größere *Diskontinuitäten* (plötzliche und dringende Ereignisse, die das Unternehmen zum Handeln zwingen) durch bestimmte „schwache" Signale (im Sinne von unscharf und schlecht strukturierten Informationen) andeuten. Damit verbunden ist zudem die Annahme, dass prinzi-

Abb. 4.5 PESTLE-Analyse

piell kein vom Menschen ausgelöstes Ereignis unvorhergesehen eintritt, auch wenn der Einzelne selbst davon völlig überrascht wird. Die Herausforderung besteht darin, diese Signale möglichst frühzeitig – noch bevor sie offensichtlich werden und die allgemeine Wahrnehmungsschwelle überschreiten – aus einem Grundrauschen „herauszufiltern", ihre Tragfähigkeit zu beurteilen und mögliche Anpassungsoptionen zu entwerfen, um somit Entscheidungsspielräume zu wahren. Dies wird auch unter dem Begriff der strategischen Frühaufklärung diskutiert. Beispiele für „Weak Signals": Stellungnahmen von Organisationen zu bestimmten Themen, Tendenzen der Rechtsprechung, plötzliche Häufung von gleichartigen Ereignissen.

▶ Das systematische Scannen der Umwelt auf „Weak Signals" kann helfen, bevorstehende Diskontinuitäten frühzeitig zu identifizieren.

Szenarien

Als adäquater Zugang im Kontext von Umfeldanalysen hat sich die Arbeit mit *Szenarien* etabliert. Szenarien sind alternative Zukunftsbilder, die auf logischen Annahmen beruhen. Sie beschreiben das Unternehmen und seine Umwelt und arbeiten heraus, wodurch alternative, aber denkbare Zukunftssituationen charakterisiert sind. Eingeschlossen ist dabei stets auch die Darstellung, wie der Weg von der Gegenwart zu den Zukunftssituationen aussieht. Einflussfaktoren, ihre Abhängigkeiten und mögliche Störereignisse werden dabei explizit berücksichtigt. Bei der Entwicklung von Szenarien *(Szenarioanalyse)* geht es nicht um die Vorhersage der Zukunft, sondern um das Herausarbeiten von alternativen Entwicklungen von Umwelten und ihren Effekten auf das Unternehmen. Wie dies ablaufen kann, wird beispielhaft in Abb. 4.6 verdeutlicht, die die Phasen einer Szenarioanalyse des IZT (Institut für Zukunftsstudien und Technologiebewertung) skizziert.

▶ **Szenarien** Alternative Zukunftsbilder, die auf logischen Annahmen beruhen. Sie beschreiben das Unternehmen und seine Umwelt und zeigen auf, wodurch alternative, aber denkbare Zukunftssituationen charakterisiert sind.

Wettbewerberanalyse

Konstitutiver Bestandteil einer externen Analyse ist die Analyse der Wettbewerber. Im ersten Schritt sind dazu die relevanten Wettbewerber zu *identifizieren*. Wettbewerber sind grundsätzlich alle (auch potenziellen) Unternehmen, die Leistungen anbieten, die die gleichen Kundenbedürfnisse bedienen, auf die auch die Leistung des eigenen Unternehmens abzielt (Substitutionsbeziehung aus Kundensicht). Neben der Ermittlung und systematischen Zusammenstellung der Wettbewerber kann eine Gruppenbildung sinnvoll sein.

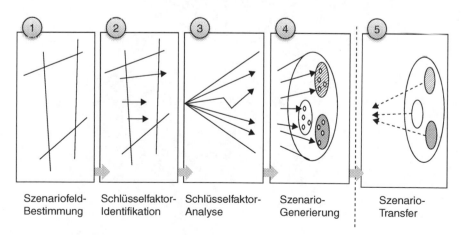

| Szenariofeld-Bestimmung | Schlüsselfaktor-Identifikation | Schlüsselfaktor-Analyse | Szenario-Generierung | Szenario-Transfer |

Abb. 4.6 Phasen der Szenarioanalyse beim IZT. (Quelle: In Anlehnung an IZT 2008, S. 20)

▷ Die systematische und kontinuierliche Analyse aktueller und potenzieller Wettbewerber ist essenziell.

An die Identifikation schließt sich eine *Detailanalyse der Wettbewerber* an. Dazu muss zunächst die aktuelle Situation der Wettbewerber näher analysiert werden. Üblicherweise liegt der Fokus dabei auf den Wettbewerbern mit den größten Marktanteilen. Allerdings darf die besondere Wachstumsdynamik kleinerer Unternehmen nicht außer Acht gelassen werden. Wichtige Betrachtungspunkte einer wettbewerbsbezogenen Detailanalyse sind:

- Marktkennwerte und Markterfolg
- Vermutete Ziele und Strategien
- Produktportfolio
- Finanzielle Situation, Investitions- und Entwicklungsprojekte
- Wertschöpfungskette und besondere Kompetenzen
- Marketing-Instrumenteneinsatz
- Allianzen und Netzwerke, Kultur sowie besondere Fähigkeiten

Es empfiehlt sich, auch typische Verhaltensmuster der Wettbewerber im Markt aufzuzeigen und eine Prognose der zukünftigen Strategie und Entwicklung vorzunehmen. Im Ergebnis sollte ein klares Bild der Stärken und Schwächen der Wettbewerber entstehen.

Analyse der Branchendynamik

Die Analyse der Branchenumwelt kann anhand des *Branchenstrukturmodells nach* Porter (z. B. 2013) erfolgen. Nach diesem Ansatz existieren fünf wesentliche Triebkräfte für den Wettbewerb in einer Branche (Abb. 4.7):

- *Abnehmer:* Die Marktmacht der Abnehmer äußert sich darin, niedrigere Preise oder ein besseres Leistungsniveau durchzusetzen. Dies beeinflusst wiederum die Profitabilität. Der Einfluss kann z. B. anhand des Grades der Produktdifferenzierung, ggf. anfallender Umstellungskosten, der Abnehmerkonzentration, des Informationsgrades und des Abnahmevolumens hergeleitet werden.
- *Potenzielle Konkurrenten:* Sie sind für die Rivalität bedeutsam, da der Markteintritt neuer Anbieter regelmäßig bedeutet, dass sich

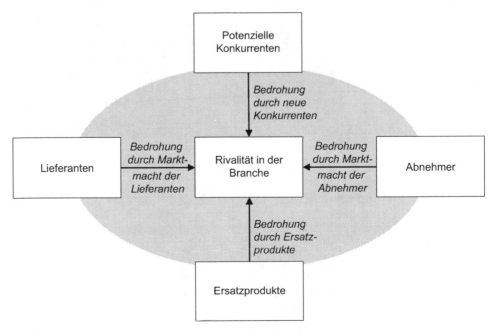

Abb. 4.7 Porters Branchenstrukturansatz als Rahmen für die externe Analyse

die Kapazitäten der Branche erhöhen und eine Tendenz zur Preissenkung eintritt. Die Profitabilität und Attraktivität der Branche werden damit verändert. In diesem Zusammenhang spielen Markteintrittsbarrieren eine Rolle. Einfluss auf das Auftreten neuer Konkurrenten nehmen u. a. der Kapitalbedarf, Zugang zu Vertriebswegen oder das Ausmaß der Produktdifferenzierung der Branche.

- *Lieferanten:* Lieferanten erhalten Macht, wenn sie höhere Preise durchsetzen können, die negativ auf das Ergebnisniveau der Branche wirken, oder indem sie die Qualitäten verschlechtern. Die Beschreibungsdimensionen/Einflussfaktoren sind denen der Abnehmer ähnlich. Herauszustellen sind hierbei vor allem Umsatzanteil und Spezialisierungsgrad. Negativ auf die Marktmacht von Lieferanten wirken Möglichkeiten der Rückwärtsintegration durch die Branchenunternehmen.
- *Ersatzprodukte:* Natürlich wirken auch Ersatzprodukte auf die Wettbewerbsintensität in einer Branche. Gemeint sind hier Produkte aus anderen Branchen oder Sektoren, die die bisherigen Branchenleistungen ersetzen können, oder Neuerungen. Auf diese Substitute könnten Kunden im Zweifel ausweichen. Entscheidende Aspekte sind a) die Wahrnehmung der Leistungen als mögliche Substitute, b) das Preis-Leistungs-Verhältnis sowie c) Wechselkosten – jeweils aus Kundensicht.
- *Ausmaß der Rivalität:* Die Rivalität drückt aus, in welchem Umfang ein Unternehmen durch die Handlungen der Konkurrenten beeinträchtigt wird. Hohe Rivalität liegt bspw. beim Verdrängungswettbewerb vor. Relevant ist also das bestehende Wettbewerbsprinzip (z. B. Preiswettbewerb) der Branche. Einflussfaktoren auf den Grad der Rivalität sind aber auch das Branchenwachstum, Marktaustrittsbarrieren und die Anzahl der Wettbewerber.

Das Modell bietet eine geeignete gedankliche Navigation für eine Analyse der Branchenumwelt, die Beschreibung von Einflüssen sowie eine vertiefende Ausgestaltung einzelner Branchenkräfte. Speziell für erste Analysephasen ist es daher ein sehr interessanter Zugang. Es ist jedoch zu beachten, dass dieses Modell im Grunde eher auf (industrielle) Oligopolmärkte mit klar definierbaren Marktabgrenzungen abzielt. Für sehr dynamische Märkte sind die Anwendungsmöglichkeiten eingeschränkt. Weitere Restriktionen sind die Fokussierung auf den direkten Wettbewerb sowie die Überbetonung „strukturierter" Merkmale des Marktes, also oberflächlicher und eindimensionaler Wirkungsbeziehungen zwischen den Marktteilnehmern.

Markt-, Zielgruppen-, Konsumentenanalyse
Neben der Betrachtung der Branchensituation als Ganzes ist die genaue Analyse der Käufer bzw. Zielgruppen als Teil des Umfeldes erforderlich. Diese sind potenzielle Kunden des Unternehmens.

Mit einer solchen Analyse der Kundenseite sollen aktuelle und zukünftige Bedürfnisse und Besonderheiten des Kaufverhaltens (der relevanten potenziellen Kunden) ermittelt werden. Dazu muss die Gesamtheit der möglichen Kunden in Segmente (Abschn. 5.3) zerlegt werden, um sie dann treffsicher zu charakterisieren und ihre Bedeutung bzw. Attraktivität einzuschätzen. Für die Bewertung der Attraktivität haben insbesondere die Segmentgröße (Marktvolumen, Marktpotenzial), das Umsatzpotenzial und die Zahlungsbereitschaften eine Bedeutung. Die Ermittlung der konkreten Bedürfnisse und des Nachfrageverhaltens eines Segments erfordert die Durchführung fundierter Kunden- und Marktstudien (Kap. 3) bzw. die Auswertung vorliegender Untersuchungen zu Kunden- und Zielgruppen.

Mit Blick auf bestehende Kunden kann – insb. bei B2B-Märkten – eine ABC-Analyse der Kunden wertvolle Einsichten liefern. Diese ordnet die Kunden nach ihrem Anteil am Unternehmensumsatz. Aber auch qualitative Aspekte wie die strategische Bedeutung oder die Innovationskraft haben für die ABC-Klassifizierung von Kunden Relevanz.

Marktanalyse

Eine systematische Marktanalyse betrachtet typischerweise die nachfolgenden Aspekte:

- Definition und Abgrenzung des zu analysierenden Marktes
- Marktpotenzial, -volumen, Marktwachstum und zugehörige Prognosen
- Marktanteile und deren Entwicklung
- Aktuell angebotene, eigene Produkte, zugehörige Zielgruppen (soziodemografisch, geografisch und psychografisch beschrieben)
- Wichtige Wettbewerber und deren Entwicklung
- Von den Hauptwettbewerbern angebotene Produkte, die in Konkurrenz zu den eigenen stehen, sowie die zugehörigen Zielgruppen (soziodemografisch, geografisch und psychografisch beschrieben)
- Preise und Preisentwicklungen der eigenen Produkte und der der Wettbewerber
- Absatzwege für die eigenen Produkte und die von Wettbewerbern genutzten Absatzwege
- Schwerpunkte der Marketingaktivitäten der Hauptwettbewerber im Vergleich zu den eigenen Maßnahmen
- Kundenstrukturen für die eigenen Produkte und für die der Wettbewerber
- Nachfrageentwicklungen, Kaufkraft
- Tendenzen bei den Rahmenbedingungen und der Marktstruktur

Benchmarking

Als ein besonderer Ansatz der Wettbewerberanalyse kann das sog. *Benchmarking* aufgefasst werden. Benchmarking ist ein systematischer und kontinuierlicher Prozess, der Unterschiede zwischen dem eigenen Unternehmen und anderen Unternehmen tiefer analysiert. Das originäre Ziel dieses Ansatzes ist die Identifikation von Lösungen, die Bestleistungen hervorbringen, weil sie auf besten Methoden oder Verfahren basieren. Im Kontext der externen Analyse ist das Benchmarking interessant, um wesentliche Unterschiede, aber auch besondere Kompetenzen herauszufiltern. Dazu wird zunächst ein erreichbares Leistungsniveau bestimmt und als „Benchmark" festgesetzt. Anschließend wird analysiert, wie andere Unternehmen dieses Leistungsniveau erreicht haben oder erreichen. Beim Benchmarking sind ausdrücklich auch Vergleiche mit branchenfremden Objekten möglich, sofern diese in den betrachteten Aktivitäten verwandte Anforderungen zu erbringen haben. Auch ein internes Benchmarking, z. B. zwischen verschiedenen Organisationseinheiten, ist möglich.

▶ **Benchmarking** Ein systematischer und kontinuierlicher Prozess, der Unterschiede zwischen dem eigenen Unternehmen und einem ausgewählten Vorbild, das in bestimmten Bereichen Bestleitungen erbringt, tiefer analysiert. Das Ziel ist das Lernen durch Orientierung an besten Methoden oder Verfahren.

Externe Chancen und Risiken als Grundlage für Zielbildung und Strategieableitung.

Alles in allem ermöglicht die umfassende Analyse der externen Situation, jene Faktoren herauszuarbeiten, die auf Erfolg und weitere Entwicklung des Unternehmens Einfluss nehmen und für die weitere Ziel- und Strategieableitung relevant sind. Mit Bezug auf das eigene Unternehmen werden die Ergebnisse meist als *Chancen und Risiken* formuliert.

▶ **Externe Analyse** Befasst sich mit der Identifikation von Faktoren des Umfelds, aus denen sich Chancen und Risiken für das Unternehmen eröffnen.

Kernbotschaften zu den Lernzielen

- Strategische Fragen des Marketingmanagement beziehen sich vor allem auf die Analyse der internen und der externen Situation, die Definition geeigneter Marketingziele und die Ableitung von Marketingstrategien.
- Interne Analysen wie Analysen des Produktportfolios, der Kundenstruktur oder der Wertkette bewerten Ressourcen und Fähigkeiten des Unternehmens. Externe Analysen durchdringen die Mikro- und Makro-Umwelt mittels Tools wie PESTLE, Szenario, Branchenstruktur- oder Wettbewerberanalyse.
- Die interne Analyse mündet in ein Stärken-Schwächen-Profil, die externe Analyse in eine Darstellung von Chancen und Risiken.
- Die strategische Analyse ist Voraussetzung für eine Strategieableitung.

Mindmap zum Kapitel 4

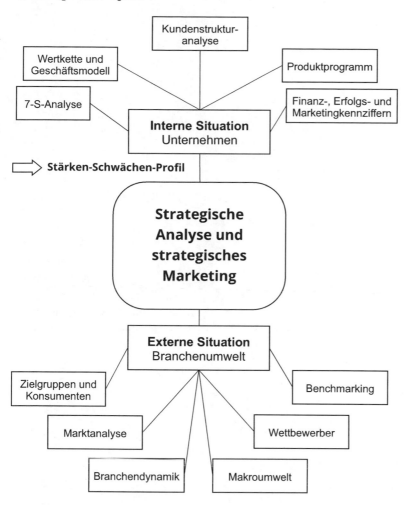

Literatur

Im Kapital zitierte Literatur

Elliott, G., Rundle-Thiele, S., & Waller, D. (2014). *Marketing*. Wiley.

Hungenberg, H. (2011). *Strategisches Management in Unternehmen* (5. Aufl.). Gabler.

Institut für Zukunftsstudien und Technologiebewertung (IZT). (2008). *Methoden der Zukunfts- und Szenarioanalyse: Überblick, Bewertung und Auswahlkriterien, Werkstattbericht*. https://www.izt.de/fileadmin/downloads/pdf/IZT_WB103.pdf. Zugegriffen am 18.05.2020.

Porter, M. E. (2013). *Wettbewerbsstrategie: Methode zur Analyse von Branchen und Konkurrenten* (12. Aufl.). Campus.

Redler, J. (2019). *Grundzüge des Marketing* (2. Aufl.). BWV.

Weiterführende Literaturhinweise

Becker, J. (2018). *Marketing-Konzeption: Grundlagen des ziel-strategischen und operativen Marketing-Managements* (11. Aufl.). Vahlen.

Hooley, G., Nicauloud, B., Rudd, J., & Lee, N. (2020). *Marketing strategy and competitive positioning* (7. Aufl.). Pearson.

West, D., Ford, J., & Ibrahim, E. (2015). *Strategic marketing – Creating competitive advantage* (3. Aufl.). Oxford University Press.

Strategisches Marketing 2: Marketingziele und Marketingstrategien

In Kap. 5 wird zunächst in die Ziel- und Strategieableitung eingeführt. Daran anknüpfend werden dann Besonderheiten von Marketingzielen besprochen und auf mehreren Ebenen wichtige strategische Stoßrichtungen vorgestellt.

5.1 TOWS-Matrix zur Ziel- und Strategiefokussierung

SWOT als Zusammenfassung

Ausgangspunkt der Ziel- und Strategieentwicklung sind i. d. R. die Befunde der internen und der externen Situationsanalyse (Kap. 4).

Eine verbreitete Methode, um die in diesem Kontext ermittelten Informationen strukturiert zusammenzutragen, ist die SWOT-Analyse.

Die *SWOT-Analyse* teilt die verschiedenen internen und externen Einflüsse auf das Unternehmen zunächst in vier Kategorien ein (Abb. 5.1):

- Befunde zur internen Situation
  - „Strengths": positive interne Aspekte und Entwicklungen (Stärken)
  - „Weaknesses": negative interne Aspekte und Entwicklungen (Schwächen)
- Befunde zur externen Situation
  - „Opportunities": positive externe Aspekte und Entwicklungen (Chancen)
  - „Threats": negative externe Aspekte und Entwicklungen (Risiken)

Damit ergibt sich ein übersichtliches Bild der wichtigsten externen und internen Tatbestände. Auch erlaubt die SWOT bereits einen ersten Abgleich, bspw. ob und in welchem Maße externe Chancen durch interne Stärken aufgegriffen werden können oder ob und in welchem Maße Risiken durch interne Faktoren reduziert werden können. Versteht man Stärken und Schwächen als „Wo wir stehen" und Chancen und Risiken als „Wo wir sein wollen (oder nicht sein wollen)", dann findet der Brückenschlag zur Ziel- und Strategiefindung statt: Die Lücke zwischen diesen beiden Punkten drückt nämlich „Was wir tun

© Springer Fachmedien Wiesbaden GmbH, ein Teil von Springer Nature 2021
J. Redler, S. Ullrich, *Marketing klipp & klar*, WiWi klipp & klar,
https://doi.org/10.1007/978-3-658-34538-9_5

Abb. 5.1 SWOT-
Analyse als verdichtete
Bestandsaufnahme

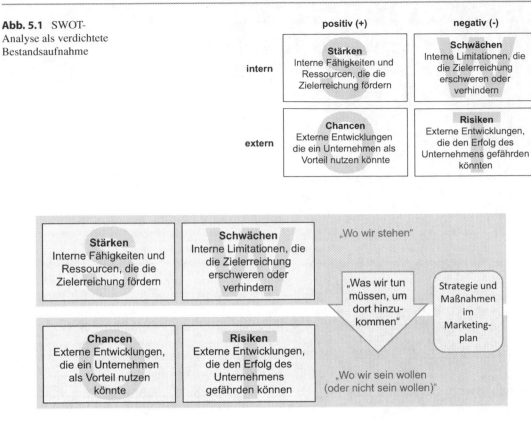

Abb. 5.2 SWOT und Strategie

müssen, um dort hinzukommen" aus – und dies entspricht im Prinzip der Ziel-, Strategie- und Maßnahmenplanung (Abb. 5.2).

In der praktischen Anwendung erweist sich eine Klassifikation von Faktoren in Stärken und Schwächen sowie Chancen und Risiken oft als herausfordernd, da ein und derselbe Aspekt oftmals sowohl eine Chance als auch ein Risiko für ein Unternehmen darstellen kann. Positiv gewendet erfordern diese Zuordnungen also einige Diskussion und die Verständigung unter den Beteiligten, was zur besseren Durchdringung und einer ernsthaften Bewertung führt. Kritisiert wird jedoch, dass eben dieser Punkt zum Teil zu willkürlichen oder zufälligen Klassifikationen führen kann. Generell fasst die Gegenüberstellung der internen Faktoren mit den Umweltentwicklungen die aktuelle Situation jedoch meist gut und allgemein verständlich zusammen. Zudem kann das anschauliche Vorgehen bei der Einordnung von Aspekten in die SWOT-Analyse

sehr gut für unternehmensinterne, partizipative Gruppenprozesse genutzt werden. Zu beachten ist, dass penibel danach unterschieden wird, was tatsächlich externe und was interne Faktoren sind, sodass es bspw. nicht zu einer Verwechslung von Stärken und Chancen kommt.

TOWS-Ableitungen

Die *SWOT*-Analyse hilft also dabei, Informationen systematisch zu strukturieren. Sie ist aber erst eine Vorstufe für die eigentlichen Ableitungen von sinnvollen Zielen und Strategien der marktorientierten Führung. Für das Finden von Strategien muss noch einen Schritt weitergegangen werden, nämlich noch eine sog. *TOWS*-Ableitung erfolgen. Diese ist in Abb. 5.3 im unteren rechten Bereich angedeutet. Wie dort ersichtlich, sollen aus den Kombinationen von Stärken/Schwächen und Chancen/Risiken strategische Ansatzpunkte identifiziert werden. In den vier Innenfeldern stehen schließlich jeweils

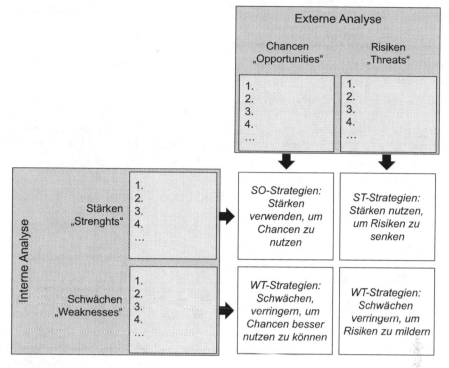

Abb. 5.3 Von der SWOT- zur TOWS-Matrix

Kombinationen der externen und internen Faktoren, aus denen passende strategische Schlussfolgerungen gebildet werden. So könnte sich eine Stärke „Wir haben exzellente Kompetenzen in der bakteriellen Forschung" mit der Chance „Es entsteht ein riesiger Markt für Alternativen zu Antibiotika im Bereich der Krankenhaushygiene" zur Schlussfolgerung „Produktinnovationen im Bereich bakterieller Krankenhaushygiene forcieren" verbinden. Nach der *TOWS*-Logik folgt man vier Grundmustern:

- Nutzung von Stärken, um Chancen aufzugreifen (SO)
- Wege entwickeln, um Schwächen zu reduzieren, um so Chancen ausnutzen zu können (WO)
- Stärken einsetzen, um Risiken zu überwinden (ST)
- Ansätze verfolgen, um Schwächen zu verringern, damit Risiken minimiert werden (WT)

▶ TOWS-Ableitungen helfen, auf Basis einer SWOT-Analyse Ziel- und Strategierichtungen zu diskutieren.

Die Anwendung der TOWS-Muster setzt eine gründlich ausgearbeitete SWOT-Analyse voraus. Wurden hingegen bei der SWOT relevante Faktoren übersehen, kann das Denken in der TOWS-Matrix nur eingeschränkte Schlussfolgerungen ermöglichen.

▶ **TOWS-Ableitungen** Das Matching von internen Stärken und Schwächen mit externen Chancen und Risiken, um relevante strategische Optionen zu identifizieren.

Ergänzungen um weitere Instrumente
Die identifizierten strategischen Ansatzpunkte können erweitert oder transparenter gemacht werden, indem zusätzlich andere typische Analysen und Methoden der Strategiefindung aufgegriffen werden. Als Beispiel sind hier die verschiedenen *Portfoliomethoden* zu nennen, z. B. als bekanntestes das Marktanteils-Marktwachstumsportfolio der Boston Consulting Group, das auf Produkte, Standorte oder Technologien angewendet wird.

Die Gesamtheit der identifizierten Möglichkeiten für Ziele und strategische Richtungen muss letztlich umfänglich bewertet und erörtert werden. Nicht selten sind dabei echte Richtungsentscheidungen zu treffen und klare Fokussierungen notwendig. Festlegungen auf bestimmte Ziele und Strategien bedeuten vor allem, zu vielen anderen Ziele und Strategien „Nein" zu sagen. Identifikation mit dem Unternehmen, Weitsicht, Vorstellungsvermögen und Commitment der Entscheider sind hierbei ebenso wichtig wie die Wertebasis und die Vision des Unternehmens. Methoden und Werkzeuge der Strategiefindung können die Qualität der Entscheidungsfindung verbessern und helfen, die Prozesse transparent zu koordinieren. Sie nehmen jedoch weder die Verantwortung noch die Entscheidungen an sich ab.

5.2   Marketingziele

Ziele sind angestrebte Soll-Zustände. Zu den wichtigsten Funktionen von Zielen zählen die Informationsfunktion, die Koordinationsfunktion, die Rechtfertigungsfunktion, die Motivationsfunktion sowie ihre Funktion für die Ergebnisüberprüfung. *Marketingziele* drücken die angestrebten Zustände des Unternehmens bezüglich der Marktaufgabe aus.

▶ **Marketingziele** Legen zukünftig angestrebte Zustände fest und müssen operational formuliert werden.

Damit sie ihre Funktion erfüllen können, müssen Marketingziele operational formuliert sein. Dies bedeutet eine Konkretisierung in Bezug auf Inhalt (Was genau soll erreicht werden?), Ausmaß (Wieviel soll genau erreicht werden?), Zeitbezug (Wann soll das Ziel erreicht sein?) und Bereich (Für welche Segmente oder Produktbereiche soll das Ziel gelten?). So ist die Vorgabe „Deutliche Steigerung der Bekanntheit" kein operationales Ziel, denn es ist mindestens hinsichtlich Zeitbezug und Ausmaß nicht konkretisiert. Hingegen ist das Ziel „Steigerung des wertmäßigen Marktanteils von 7 % auf 9 % innerhalb der

nächsten zwei Jahre im Marktsegment Bio-Smoothies" operational formuliert.

Einbettung in das Zielsystem des Unternehmens

Marketingziele sind i. d. R. eingebettet in das Leitbild und das Zielsystem des Unternehmens. Letzteres besteht aus Zielen unterschiedlicher Reichweite und unterschiedlichen Abstraktionsgrads, die auf mehreren Ebenen hierarchisch miteinander verbunden sind. Zu beachtende Zielebenen sind also:

- *Unternehmenszweck:* Beschreibt die Kernaufgaben des Unternehmens und hat einen Bezug zum Geschäftsmodell. Er wird meist anhand der *Mission* und der *Vision* konkretisiert. Bspw. formuliert IKEA auf seiner Website: „Es ist unsere Vision, den vielen Menschen einen besseren Alltag zu schaffen. Unsere Geschäftsidee unterstützt diese Vision, indem wir ein breites Sortiment formschöner und funktionsgerechter Einrichtungsgegenstände zu Preisen anbieten, die so günstig sind, dass möglichst viele Menschen sie sich leisten können."
- *Allgemeine Werte:* Sie formulieren Unternehmensgrundsätze und stellen Bezüge zu gesamtwirtschaftlichen und gesellschaftlichen Aufgaben eines Unternehmens her, zum Beispiel beim Thema Diversität oder bildungspolitischen Aufgaben.
- *Unternehmensziele:* Hierzu gehören insb. die Formalziele des Unternehmens (Gewinn und Liquidität, Wirtschaftlichkeit) und formulierte Sachziele (z. B. Art, Menge, Zeitpunkt der zu erbringenden Güter oder Dienstleistungen).
- *Bereichsziele:* Auf der Ebene der Bereichsziele werden die Beiträge der leistungswirtschaftlichen Funktionen zur Erreichung der Unternehmensziele formuliert. Es existieren also diverse Bereichsziele (u. a. Vertrieb- und Marketing, Produktion, Beschaffung, Personal), die alle im Hinblick auf die Unternehmensziele zu synchronisieren sind. Bei marktgetriebenen Unternehmen kommt den Marketingzielen eine dominierende Stellung zu.

- *Maßnahmen- und Instrumentalziele:* Durch diese werden Bereichsziele weiter konkretisiert, oft bezüglich abgegrenzter Einheiten wie Geschäftsfelder, Kundengruppen oder Produktbereiche. Es wird festgelegt, was durch bereichsbezogene Maßnahmen erreicht werden soll. Bei *Instrumentalzielen* werden die Beiträge einzelner Instrumente zur Erreichung der Bereichsziele definiert. Bezogen auf das Marketing werden bspw. konkrete Ziele für die Onlinekommunikation, für das Produktprogramm oder für bestimmte CRM-Instrumente festgehalten.

Die Vielzahl der möglichen Ziele auf den verschiedenen Ebenen muss durch den Unternehmensplanungsprozess in einem in sich abgestimmten, *konsistenten System* münden. Dabei konkretisieren sich die Zieldefinitionen umso stärker, umso mehr man sich von Unternehmens- zu Maßnahmenzielen bewegt. Gleichzeitig nimmt die Zahl der Teilziele stark zu. Da Ziele selten singulär, sondern i. d. R. als eine Gruppierung von Zielen auf verschiedenen Ebenen vorliegen, spricht man regelmäßig von *Zielsystemen.*

▶ Aus der Gesamtunternehmensperspektive sind Marketingziele oft im Sinne von Bereichszielen zu verstehen.

Besondere Zielarten im Marketing
Ein Marketingzielsystem beachtet die Unternehmensziele und definiert spezielle Marketingziele (im Sinne eines Bereichsziels) und die zugehörigen Maßnahmen- und Instrumentalziele. Hinsichtlich der Formulierung eines Marketingzielsystems ist die Unterscheidung von vorökonomischen und ökonomischen Zielgrößen relevant (siehe auch Abschn. 9.2.1).

Typische *vorökonomische Ziele* beziehen sich auf psychologische Konstrukte wie bspw. Produktbekanntheit, Markenimage, Zufriedenheit oder Vertrauen. Hier handelt es sich um Zielgrößen, die erfüllt sein müssen, um ökonomische Ziele zu erreichen. Zum Beispiel gilt eine hohe Bekanntheit eines Produktes als wichtige Voraussetzung dafür, dass dieses Produkt bei einer Kaufentscheidung berücksichtigt wird. Auch

vorökonomische Ziele müssen dabei operational (also inhaltlich und zeitlich klar definiert sowie messbar) beschrieben werden. Als *ökonomische Ziele* hingehen bezeichnet man direkt beobachtbare wirtschaftliche Effekte wie Umsatz, Marktanteil, Deckungsbeiträge, Marketingkosten etc.

Es besteht also der Zusammenhang, dass die vorökonomischen Größen die ökonomischen Zielgrößen beeinflussen (Abb. 5.4). Dabei sind mindestens zwei Aspekte herauszustellen. 1. Der Zielwirkungseffekt von Entscheidungen ist bei einigen Marketingbereichen, bspw. bei der Kommunikationspolitik, stark zeitverzögert (sog. time lag). 2. Die ökonomischen Zielgrößen des eigenen Marketingzielsystems werden i. d. R. nicht ausschließlich von Entscheidungen der eigenen Marketingmanager und dem Agieren des eigenen Unternehmens bestimmt. So kann beispielsweise der Umsatz einerseits stark durch eigene Verkaufsförderungsmaßnahmen beeinflusst werden, zugleich nehmen aber auch Preismaßnahmen und Produktinnovationen der Wettbewerber oder die Lieferfähigkeit des eigenen Unternehmens wesentlichen Einfluss auf ihn. Eine Steuerung ausschließlich über ökonomische Zielgrößen würde somit den Beeinflussungsmöglichkeiten eines Marketingmanagers wenig gerecht. Folglich sollte ein professionelles Marketingmanagement nicht nur ökonomische, sondern besonders auch vorökonomische Ziele formulieren. Damit wird die Steuerbarkeit und insbesondere die Zurechenbarkeit wichtiger Marketingaktivitäten zum Marketingerfolg verbessert.

Dreiklang der Arten von Marketingzielen
Homburg und Krohmer (2009, S. 116 f.) gliedern Marketingziele in drei Zielkategorien, zwischen deren Erreichung auch hier eine kausale Abfolge unterstellt wird (Abb. 5.4):

- *Potenzialbezogene Marketingziele:* Sie beziehen sich auf Größen, die dem Verhalten der Käufer vorgelagert sind. Sie entsprechen im Wesentlichen den o. g. vorökonomischen Größen und schaffen Potenziale.
- *Markterfolgsbezogene Marketingziele:* Diese bilden das tatsächliche Verhalten von Kunden ab, realisieren somit Potenziale. Beispiele

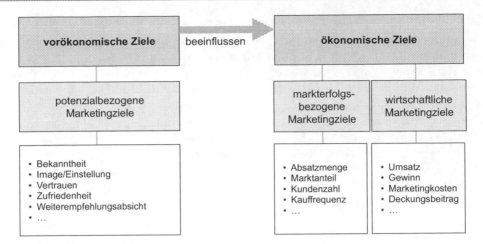

Abb. 5.4 Wichtige Zielarten im Marketing

sind Absatzmenge, Marktanteil, Kundenzahl oder Kauffrequenz.

- *Wirtschaftliche Marketingziele:* Sie gehen auf gängige ökonomische Erfolgsgrößen zurück und sind somit auch mit der Gewinn- und Verlustrechnung des Unternehmens verknüpfbar. Dies sind z. B. Umsatz, Gewinn, Marketingkosten oder Deckungsbeitrag. Sie können aus den oben angesprochenen Gründen jedoch kaum losgelöst von potenzial- bzw. markterfolgsbezogenen Marketingzielen formuliert werden.

▶ Im Marketing sind neben wirtschaftlichen Zielen vor allem auch potenzialbezogene und markterfolgsbezogene Ziele wichtig.

Zielkonflikte

Sowohl innerhalb des Zielsystems im Marketing als auch zwischen Zielen unterschiedlicher Bereiche des Unternehmens kann es zu Zielkonflikten kommen. Um diese zu lösen, sind zwei Ansätze bedeutsam.

1. Eine Zielrangordnung durch Festlegung von Zielprioritäten erstellen. Stehen Ziele in konkurrierender Beziehung (würde also die Realisierung eines Zieles die Erreichung eines anderen Zieles negativ beeinflussen), so müssen Entscheidungen dazu getroffen werden, welche Ziele eine höhere Priorität haben. Beispiel: Kosteneinsparungen in der Öffentlichkeits-

arbeit sollen gegenüber der Steigerung des Vertrauens der Öffentlichkeit in das Unternehmen priorisiert werden. Dem Ziel der Kostensenkung würde in dieser Ausprägung also eine höhere Bedeutung zukommen als der Steigerung der Vertrauensparameter.

2. Nebenbedingungen formulieren und diese bewerten. Wenn gleich wichtige Ziele miteinander konkurrieren, sollten Prioritäten unter Nebenbedingungen formuliert werden. Beispiel: Die Werbekosten dürfen maximal so weit gesenkt werden, dass die passive Bekanntheit des Produkts nicht unter 65 % absinkt.

Marketing-Scorecard

Ziele zu setzen ist kein isolierter Prozess. Vielmehr bestehen enge Bezüge zu den Mess- und Kontrollmöglichkeiten der formulierten Ziele. Dies ist schon mit Hinblick auf die operationale Formulierung von Marketingzielen relevant. Zudem existieren Wechselwirkungen zwischen Zielen – und speziell für Marketingziele gilt, dass diese sich auf durchaus verschiedene Arten und dahinterstehende Blickwinkel beziehen können und müssen. Wie oben gezeigt, ist es bedeutend, dass nicht nur wirtschaftliche, finanzielle Ziele im Fokus stehen, sondern auch andere Kriterien (wie vorökonomische Aspekte) Berücksichtigung finden.

Um diesen Ansprüchen gerecht zu werden, wird oftmals die Idee der *Balanced Scorecard* von Kaplan und Norton (1992) aufgegriffen. Dieser folgend soll ein ausgewogenes Set von Zielen entwickelt werden, das gleichzeitig mit einem kohärenten System von Messmöglichkeiten verbunden sein soll. Im Kern soll die Balanced Scorecard erreichen, dass Manager ihr Geschäft aus zumindest vier Perspektiven betrachten können: 1. aus der Kundenperspektive, 2. aus der internen Perspektive, 3. aus der Lern- und Innovationsperspektive sowie 4. der finanziellen Perspektive. Eine *Marketing-Scorecard* könnte demnach die Bereiche wirtschaftlicher Erfolg, Markterfolg, vorökonomische Größen, Innovation und Marketing Operations umfassen. Dies wird beispielhaft in Abb. 5.5 verdeutlicht. Scorecards müssen unternehmensindividuell entwickelt werden.

Die Nutzung einer Marketing-Scorecard zwingt Marketers dazu, die komplexen Wechselwirkungen von Zielen innerhalb des Marketing und zwischen Marketingzielen und anderen Bereichszielen zu durchdenken, um letztlich Konsistenz zwischen den Zielbereichen zu sichern.

5.3 Marketingstrategien

Marketingstrategien sind mittel- bis langfristig wirkende Grundsatzentscheidungen darüber, in welcher Form Marketingziele erreicht werden sollen. Durch sie wird also eine bestimmte Stoßrichtung für das Marketinghandeln festgelegt.

	Ziele	Messgrößen
Wirtschaftlich	• Profitabilität • Umsatzwachstum • bessere Deckungsbeiträge • Erhöhung Kundenwerte • …	• Produktrentabilitäten • Wachstumsrate Umsatz im Vergleich zur Branche • Segment-Deckungsbeiträge • Customer Lifetime Value • …
Markterfolg	• Erhöhung Marktanteil • Steigerung Kundenzahl • …	• Absoluter Marktanteil • Anzahl Kunden, insb. Neukunden • …
vorökonomisch	• Hohe Markenbekanntheit • Steigerung der Kundenzufriedenheit • Hohe Reputation • …	• Recall • Kundenzufriedenheitsindex • Weiterempfehlungsrate • …
Innovation	• Viele Produktinnovationen • Geringe Time to Market • Fokus auf F&E • …	• Anzahl Produktneueinführungen • Time to Market • Budget F&E • …
Operations	• Moderne Produktentwicklungsprozesse • Effektive Reportingsysteme • Digitale Infrastruktur und Marketing Automation • …	• Benchmark-Ergebnisse • Befunde aus externen Audits • Grad regelbasierter Entscheidungen und automatisierter Prozesse • …

Abb. 5.5 Beispiel für eine Marketing-Scorecard

Zwischen den Zielen und den Strategien einerseits wie auch zwischen den Ebenen (Unternehmensebene, Marketingebene, Maßnahmenebene) andererseits sollte Kohärenz bestehen. Dies wird durch das Beispiel in Abb. 5.6 illustriert.

Grundlage für die Ableitung einer geeigneten Marketingstrategie müssen demgemäß einerseits die Unternehmens- und Marketingziele sein. Für die Entwicklung geeigneter Strategien auf Basis dieser Ziele müssen andererseits die interne sowie die externe Situation analysiert und deren zukünftige Entwicklung prognostiziert werden. Das ermöglicht es dem Unternehmen, rechtzeitig strategische Handlungsalternativen zu identifizieren und strategische Entscheidungen zu treffen, um die Handlungsfähigkeit zu sichern. Der Idealfall ist es, wenn relevante Aktivitäten schneller erkannt werden als es der Wettbewerb realisiert, und relevante Aktivitäten zudem besser umgesetzt werden als durch den Wettbewerb.

Die Entscheidung für bestimmte Strategiealternativen impliziert regelmäßig die Zurückweisung anderer Strategien (Abb. 5.7). Marketingstrategien müssen schließlich durch eine geeignete Kombination von Marketinginstrumenten konkretisiert und umgesetzt werden.

▶ Marketingstrategien geben die grobe Stoßrichtung an, mittels der die Marketingziele erreicht werden sollen. Zur Strategieableitung sind die interne und die externe Situation zu analysieren. Strategien müssen ständig überprüft und ggf. angepasst werden.

	Ziel	Strategie(n)
Unternehmen	Steigerung des operativen Ertrags um 30 % in den nächsten drei Jahren	Entwicklung zum Marktführer für Luxushotels im Raum Edinburgh
Marketingbereich	Steigerung des Marktanteils im Segment gehobener Hotels im Raum Edinburgh auf 25 % innerhalb der nächsten drei Jahre	• Entwicklung des Markenimages in Richtung Luxus und Emotion • Exzellenz beim Service • Fokussierung auf die Region • Etablierung des Stammhauses zu einem Flagship-Hotel

Marketingmaßnahmen
hinsichtlich Produkt & Service, Preis, Architektur, Kommunikation, Personal, ...

Abb. 5.6 Ziele, Strategien und Maßnahmen am Beispiel The Edinburgh Hotel. (Quelle: In Anlehnung an Drummond et al. 2008, S. 142)

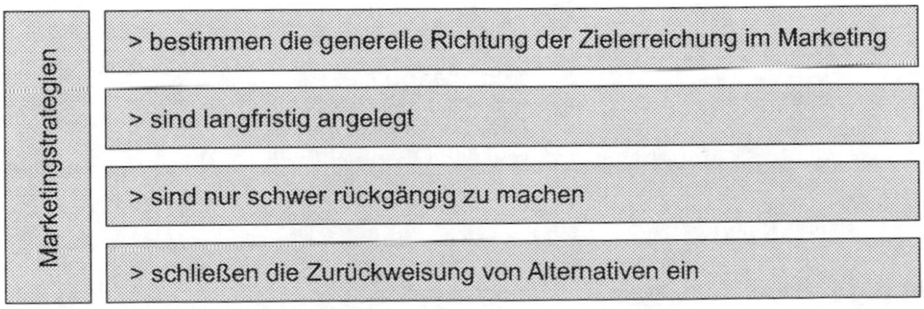

Abb. 5.7 Charakteristika von Strategien im Marketing

Marketingstrategien

> bestimmen die generelle Richtung der Zielerreichung im Marketing

> sind langfristig angelegt

> sind nur schwer rückgängig zu machen

> schließen die Zurückweisung von Alternativen ein

5.4 Zeitbezogene Strategien

Strategisch bedeutsam ist der Zeitpunkt, zu dem ein Unternehmen in einen Markt eintritt oder in einem Markt ein Produkt einführt – auch im Vergleich zum Wettbewerb. Porter (2008) folgend kann man zwischen drei Arten unterscheiden:

- *Pionierstrategie:* Der Pionier ist der Erste auf dem relevanten Markt („First-to-Market"). Damit verfügt er über viele Chancen (insb. die Standards zu schaffen und preispolitische Spielräume zu nutzen), trägt aber auch hohe Risiken durch eine mögliche Nichtakzeptanz des Produkts bei den Nachfragern und hohe Markterschließungskosten.
- *Früher-Folger-Strategie:* Hier wird ein Markteintrittszeitpunkt gewählt, der kurz nach dem des Pioniers liegt. Vorteile liegen darin, dass man die Marktakzeptanz tendenziell kennt und aus den Erfahrungen des Pioniers lernen kann. Jedoch ist mit durch den Pionier geschaffenen Markteintrittsbarrieren zu rechnen.
- *Später-Folger-Strategie:* Als später Folger tritt man dann in den Markt ein, wenn der Erfolg des Pioniers anhand des beschleunigten Marktwachstums deutlich zu erkennen ist. Vorteilhaft sind die Sicherheit über die Marktentwicklung und die Möglichkeit, bestehende Angebote nachzuahmen. Nachteilig sind die nur noch geringe Gestaltbarkeit des Marktes, verminderte Chancen zum Imageaufbau und die Tendenz zum Preiswettbewerb.

Die grundsätzliche Stoßrichtung bezüglich des Zeitpunkts des Markteintritts ist Gegenstand der zeitbezogenen („Timing"-)Strategie.

▷ Timing-Strategien beziehen sich auf den Zeitpunkt des Markteintritts relativ zum Wettbewerb.

5.5 Wettbewerbsbezogene Strategien

Wettbewerbsbezogene Marketingstrategien befassen sich damit, wie ein Unternehmen versucht, sich auf dem Absatzmarkt Wettbewerbsvorteile zu verschaffen und zu sichern. Insbesondere beinhalten sie Grundentscheidungen über Abgrenzungsmöglichkeiten zum Wettbewerb und zum Verhalten gegenüber dem Wettbewerb.

Es werden nach Meffert et al. (2019) vier wichtige Verhaltensweisen unterschieden:

- *Konfliktstrategie:* Bei dieser Ausprägung wird ein aggressives Verhalten gegenüber dem Wettbewerb verfolgt. Mithilfe herausfordernder Werbung, direkten Vergleichen oder Niedrigpreisen wird versucht, Marktanteile zu gewinnen.
- *Kooperationsstrategie:* Diese Strategie zielt auf eine Zusammenarbeit mit Wettbewerbern ab, um gemeinsam den Anforderungen des Marktes entgegentreten zu können, Synergieeffekte zu nutzen oder einem Wettbewerbskonflikt vorzubeugen. Bspw. können strategische Allianzen eingegangen oder gemeinsame Entwicklungs- oder Vertriebsprojekte verfolgt werden.
- *Ausweichstrategie:* Durch besonders innovative, schwer zu imitierende Leistungen und den Aufbau von Markteintrittsbarrieren soll bei dieser Strategievariante dem Wettbewerbsdruck ausgewichen werden. Eine Ausweichstrategie kann auch in der Konzentration auf Marktnischen bestehen.
- *Anpassungsstrategie:* Bei dieser Strategie wird defensiv vorgegangen und das eigene Verhalten mit dem der Wettbewerber synchronisiert. Es kommt in vielen Fällen zu Nachahmungseffekten („Me-too-Strategie").

Gleichzeitig erfordert die Definition der wettbewerbsbezogenen Strategie Entscheidungen darüber, ob das Unternehmen die Rolle des Marktführers, des Marktfolgers oder Nischenanbieters einnehmen möchte.

▷ Wettbewerbsbezogene Strategien bestimmen über grundsätzliche Abgrenzungs- und Verhaltensweisen gegenüber dem Wettbewerb.

5.6   Marktbezogene Strategien

5.6.1 Marktarealstrategien

Mit der Marktarealstrategie legt ein Unternehmen fest, in welchem räumlichen Absatzraum es tätig sein möchte:

- Bei *lokalen Strategien* beschränkt sich der räumliche Absatzmarkt auf bestimmte Regionen oder umgrenzte Einzugsgebiete des Unternehmens.
- Zählt hingegen das gesamte Landesgebiet zum Absatzraum, handelt es sich um eine *nationale Strategie*.
- Wird über die Grenzen des eigenen Landes hinweg agiert, spricht man von einer *internationalen Strategie*.
- Bei einer *globalen Strategie* werden alle wichtigen Länder der Erde als räumlicher Markt genutzt.

Übernationale Strategien bieten sich an, wenn der Inlandsmarkt gesättigt oder durch extremen Preiswettbewerb nicht mehr ertragreich ist. Vorteilhaft können auch Größeneffekte wirken, die die Produktionskosten relativ senken oder vorhandene Kapazitäten besser auslasten. Ebenso ist die Verringerung der Abhängigkeiten von den Entwicklungen einzelner nationaler Märkte ein bedeutsames Argument. Bei der Entscheidung zur Internationalisierung sind insbesondere die jeweilige Marktattraktivität und die Markteintrittsbarrieren zu bewerten.

Für übernationale Strategien sind spezielle Konzepte des *internationalen Marketing* entwickelt worden. Mit ihnen verbunden ist die Debatte über das jeweils richtige Ausmaß von internationaler Standardisierung (vs. nationaler Differenzierung) hinsichtlich der Vorgehensweisen bei Marken, Produkten und Preisen.

Bei vielen Unternehmen ist eine Entwicklung zu verzeichnen, die mit einer lokalen Strategie beginnt und sich über mehrere Jahre hinweg stufenweise bis zu einer internationalen Strategie verändert. Beispielhaft dafür sei die Entwicklung der Restaurantkette McDonald's genannt, die eine Evolution von einem lokalen Anbieter zu

einem global agierenden Unternehmen durchlaufen hat.

▷ **Marktarealstrategien** Legen den räumlichen Absatzraum von Marketingaktivitäten fest.

5.6.2 Marktparzellierungsstrategien

Ein Markt kann grundsätzlich als ein einheitliches Ganzes nach gleichem Muster bearbeitet werden – oder in Teile zerlegt werden, um diese Teile komplett oder aber eine Auswahl aus ihnen (spezifisch) zu bearbeiten. Die Weichenstellungen zum Ausmaß der Differenzierung eines Marktes in Teilmärkte sind Inhalt der *Marktparzellierungsstrategien*.

▷ **Marktparzellierungsstrategien** Legen fest, ob ein Markt in spezifische Gruppen von Personen untergliedert wird, und welche dieser Gruppen als Zielgruppen fungieren sollen.

Ausgangspunkt dieser Unterscheidung ist die Beobachtung, dass Kundenbedürfnisse oftmals mehr oder weniger unterschiedliche Ausprägungen haben. Unternehmen müssen deswegen für sich festlegen, ob sie ihre Marketingmaßnahmen einheitlich auf alle potenziellen Kunden im Markt anwenden, oder ob sie spezielle Zielgruppen (mit ähnlichen Bedürfnissen) bilden, die dann mit spezifischen Maßnahmen bedient werden sollen.

Man unterscheidet auf dieser Strategieebene hauptsächlich die *Massenmarktstrategie* (undifferenziertes Marketing) und die *Marktsegmentierungsstrategie mit partieller* (konzentriertes Marketing) *oder totaler Marktabdeckung* (differenziertes Marketing). Abb. 5.8 gibt diese im Überblick wieder.

Bei einer Massenmarktstrategie wird der gesamte Markt oder ein Teilmarkt mit identischen Maßnahmen bearbeitet. Die Ausrichtung der Maßnahmen muss sich daher nach jenen Bedürfnissen ausrichten, die für möglichst alle potenziellen Kunden zutreffen. Daher bezeichnet man diese Option auch als *undifferenziertes Marke-*

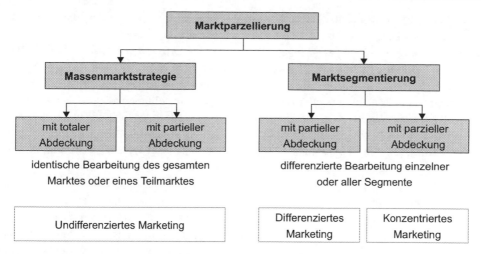

Abb. 5.8 Marktparzellierungsstrategien

ting. Mit einem Standardprodukt und -pricing sowie möglichst einheitlicher Kommunikation und breiter Distribution wird angestrebt, die größtmögliche Zahl von Käufern im Gesamtmarkt anzusprechen („Schrotflinten-Marketing"). Vorteile sind die vielfältigen Kosteneinsparungspotenziale aufgrund von Größeneffekten bei Kommunikation, Lagerhaltung, Produktion und Transport. Der marketingorganisatorische Aufwand ist tendenziell gering. Erhebliche Nachteile liegen darin, dass Käuferbedürfnisse wenig speziell und meist nur unvollständig befriedigt werden können. Die Möglichkeiten zur gezielten Marktsteuerung sind gering und Preisspielräume sind i. d. R. niedrig. Beispiele für diese Strategie finden sich typischerweise bei niedrigpreisigen Konsum- und Gebrauchsgütern, z. B. bei Schokoriegeln oder Waschmitteln.

▶ **Undifferenziertes Marketing** Der Markt wird pauschal bedient, Unterschiede zwischen Käufersegmenten werden nicht berücksichtigt (Massenmarketing).

Differenziertes Marketing
Der Markt wird in Segmente zerlegt und verschiedene Segmente werden mit spezifischen Lösungen bedient.

Konzentriertes Marketing
Fokussierung auf einzelne Segmente, die mit bestmöglich angepassten Marketingmaßnahmen bedient werden.

Die Strategie der *Marktsegmentierung* geht einen anderen Weg. Hier wird der Markt in klar abgegrenzte, homogene Untergruppen von potenziellen Kunden *(Segmente)* eingeteilt, von denen jede als Zielmarkt angesehen werden kann. An alle Segmente wird die Anforderung gestellt, dass sich die Personen innerhalb der Gruppe möglichst ähnlich sind, sich die Personen zwischen den Gruppen jedoch möglichst unähnlich verhalten.

Das Ziel besteht in einer gezielteren Ansprache der Segmente mit einem spezifischen Marketingmix, um (im Vergleich zur undifferenzierten Ansprache bei der Massenmarktstrategie) eine bessere Ausschöpfung dieser Zielgruppen zu erreichen.

Bei der Strategie der Marktsegmentierung ist weiterhin zu entscheiden, ob das Unternehmen

- lediglich ausgewählte Segmente ansprechen möchte (Segmentierung mit partieller Marktabdeckung = *konzentriertes Marketing*), während die anderen Untergruppen bewusst vernachlässigt werden, oder ob es
- alle Segmente spezifisch bedienen möchte (Segmentierung mit totaler Marktabdeckung = *differenziertes Marketing*). Ist dies der Fall, so werden pro Segment spezifische Marketingkonzepte entwickelt, die sich stark unterscheiden können. Beispielsweise bedient das Unternehmen Unilever unterschiedliche Kundensegmente im Margarinemarkt mit je eigenen Marketingansätzen, was sich in unter-

schiedlichen Marken mit jeweils eigenständiger Produkt-, Preis-, Distributions- und Kommunikationspolitik äußert. Dabei wird insgesamt der Großteil des Margarinemarktes abgedeckt.

Die Strategien der Marktsegmentierung sind auch als *STP-Ansatz* bekannt (z. B. Kotler et al. 2017, S. 194 ff.). Danach wird in den drei Schritten Segmenting-Targeting-Positioning vorgegangen. „Segmenting" steht dabei für die Segmentbildung und „Targeting" kennzeichnet die Auswahl geeigneter Segmente zur Bearbeitung. „Positioning" bezieht sich auf die (segmentweise) Herausarbeitung des besonderen, abgrenzenden Nutzens der Marktleistung für die jeweilige Zielgruppe, der in einen Marketingmix übersetzt wird.

Ein Beispiel für das konzentrierte Vorgehen ist der Modeversender Madeleine. Dieser hat sich innerhalb des stark fragmentierten Damenmodemarkts auf ein versandaffines, elitärhochpreisiges, qualitäts- und statusbewusstes Lifestyle-Segment beschränkt, das mit durchaus spezifischen Marketingmaßnahmen intensiv bearbeitet wird. Shimano, der Hersteller von Fahrradkomponenten, hingegen kann als Beispiel für ein differenziertes Marketing dienen. Dieser Anbieter strebt eine totale Marktabdeckung des Zubehörgeschäftes mit einer wohlüberlegten Segmentierungsstrategie an. Es werden Schaltungen und Bremsanlagen für alle Marktsegmente angeboten – vom Hochleistungssportler bis zum Gelegenheitsradler – und entsprechend spezifisch bepreist, distribuiert und kommuniziert.

Kriterien zur Segmentierung

Bei der Segmentbildung, also der Zerlegung eines Marktes in homogene Segmente, sind drei Gruppen von *Segmentierungskriterien* bedeutsam:

- *Soziodemografische Kriterien* stützen sich z. B. auf Merkmale wie Alter, Familienstand, Einkommen, Bildungsniveau, Region oder Beruf. Diese sind oft sehr einfach festzustellen, eignen sich jedoch nicht immer für

eine hinreichend gute Vorhersage des Kaufverhaltens.

- *Psychografische Kriterien* fußen auf Variablen zur Persönlichkeit bzw. zum Lebensstil der Käufer sowie auf Aspekten der Wahrnehmung oder Einstellung und Nutzerwartungen bezüglich bestimmter Leistungen und Produkte. Sie haben Vorteile bei der eindeutigen und kaufverhaltensbezogenen Identifikation von Segmenten.

- *Merkmale des beobachtbaren Kaufverhaltens* sind Segmentierungskriterien, die bereits Ergebnisse eines konkreten Konsum- oder Investitionsverhaltens darstellen. Typische sind Preisverhalten, Einkaufsstättenwahl, Mediennutzungsverhalten, Produktwahl, Markentreue oder Kaufvolumen. Sie sind mit geringem Aufwand messbar und haben eine gute Aussagefähigkeit für den segmentspezifischen Einsatz der Marketinginstrumente.

▷ Für die heutige Marktsegmentierung sind vor allem psychografische und verhaltensbezogene Kriterien wichtig.

Anforderungen an Segmente

Nicht jede Segmentierungslösung ist aus Marketingsicht sinnvoll. Daher sollten hinsichtlich der ermittelten Segmente zumindest folgende Anforderungen überprüft werden:

- Relevanz: Existenz von nachfragerelevanten Unterschieden und Eignung für den Einsatz des Marketing-Instrumentariums
- Abgrenzbarkeit: klare Unterscheidbarkeit anhand messbarer Kriterien
- Zeitliche Stabilität: längerfristiges Bestehen der Segmente
- Erreichbarkeit: Möglichkeit zur gezielten Ansprache mittels der Marketinginstrumente
- Tragfähigkeit: wirtschaftlich sinnvolle Mindestgröße

Segmentierungsgrad, Vor- und Nachteile

Grundsätzlich ist die Bearbeitung eines Segments nur dann sinnvoll, wenn die zusätzlichen Erlöse aus der Bearbeitung des Segments größer sind als die Kosten, die durch dessen Bearbeitung entstehen. Unterstellt man Gewinnmaximierung, so steigt der Bruttogewinn ohne Marketingkosten mit zunehmender Segmentanzahl degressiv an (eine immer spezifischere Bearbeitung ist möglich, allerdings fallen die zusätzlichen Segmente im Vergleich zu bestehenden immer kleiner aus und auch Kannibalisierungseffekte nehmen zu). Die Marketingkosten hingegen steigen mit zunehmender Segmentanzahl progressiv an (die immer spezifischere Bearbeitung bedeutet immer höhere Kosten). Es lässt sich also ein Optimum für den Segmentierungsgrad ermitteln, bei dem der Bruttogrenzgewinn und die Grenzkosten gleich hoch ausfallen (= Maximum der Nettogewinnkurve). In der Praxis besteht immer wieder die Gefahr, dass Märkte in zu viele Teilmärkte zerlegt werden (sog. „Oversegmentation").

Vorteile der Marktsegmentierungsstrategie bestehen in der sehr viel besseren Möglichkeit zur spezifischen Befriedigung individueller Käuferbedürfnisse. Dadurch ergeben sich i. d. R. auch verbesserte Preisspielräume, und die Gefahr eines Preiswettbewerbs ist geringer. Zudem sind die Teilmärkte bei dieser Strategie vergleichsweise gut steuerbar und Wettbewerber besser identifizierbar. Andererseits erhöht sich die Komplexität der Marketingaufgabe deutlich. Zudem entfallen Größeneffekte durch die Notwendigkeit segmentspezifischer Lösungen, weshalb sich die relativen Kosten erhöhen.

Massenmarkt- und Segmentierungsstrategie implizieren ein unterschiedliches Vorgehen bei der Definition der Zielgruppen für das Marketing (Redler 2019). Bei der Massenmarktstrategie müssen zunächst die Gemeinsamkeiten und typischen Eigenschaften oder Erwartungen ermittelt werden, die auf alle Kunden im Gesamtmarkt zutreffen. Aus diesen müssen dann jene Aspekte ausgewählt werden, die für das eigene Marketingvorgehen im Zentrum stehen sollen. Zur Zielgruppendefinition und Beschreibung wird folglich ein Profil erstellt, das typische Eigenschaften des „universalen" Durchschnittskunden im Gesamtmarkt wiedergibt. Anders bei der Marktsegmentierungsstrategie: Nachdem entschieden wurde, anhand welcher Variablen eine Gruppen-

bildung erfolgen soll, wird die eigentliche Segmentierung durchgeführt. Aus den gefundenen Segmenten wird das Segment gewählt, das bearbeitet werden soll. Für dieses wird dann eine möglichst spezifische Beschreibung der zugehörigen typischen Kunden mit ihren Erwartungen, Einstellungen, Orientierungen etc. erstellt. Wird eine Segmentierung mit totaler Abdeckung verfolgt, müssen entsprechend mehrere Beschreibungen erfolgen.

Personas
Um Zielgruppen zu charakterisieren, werden heute zunehmend sog. *Personas* verwendet (Abb. 5.9). Dabei handelt es sich um überzeichnete Personenbeschreibungen, die wichtige Merkmale und Informationen zur Zielgruppe anschaulich zusammenstellen. Eine Persona ist jedoch in ihrer Reinform nicht auffindbar – ähnlich einem Prototyp gibt sie jedoch typische Aspekte wieder. Oft sind zwei bis drei Personas Platzhalter für das zu charakterisierende Segment. Beinhaltete Aspekte sind meist Name, Bild, Kurzbiografie, wichtige soziodemografische Merkmale, Motive und Ziele im Leben, Persönlichkeitseigenschaften, Markenpräferenzen, Werte und Freizeitaktivitäten.

▶ **Personas** Überzeichnete Personenbeschreibungen, die wichtige Merkmale und Informationen zur Zielgruppe anschaulich zusammenstellen.

5.6.3 Wachstumsstrategien

Bei den Wachstumsstrategien werden Stoßrichtungen aus Produkt-Markt-Kombinationen für die Weiterentwicklung behandelt. Für die dafür zur Verfügung stehenden grundsätzlichen Optionen kann man auf eine Einteilung von Ansoff (1966) zurückgreifen. Nach dieser wird zum einen unterschieden, ob man einen (aus Unternehmenssicht) bestehenden oder einen neuen Markt bedient, zum anderen, ob dies mit (aus Unternehmenssicht) bestehenden oder mit neuen Produkten erfolgt. Somit resultieren die in Abb. 5.10 dargestellten Optionen.

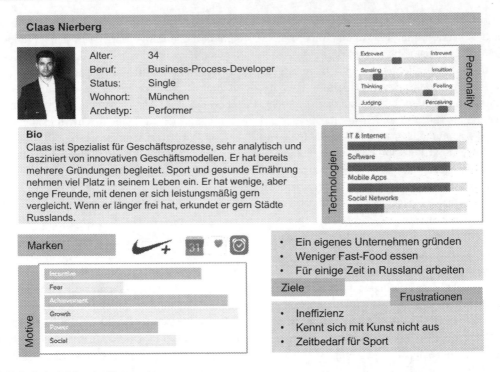

Abb. 5.9 Beispiel für eine Persona

Abb. 5.10 Die
Ansoff-Matrix

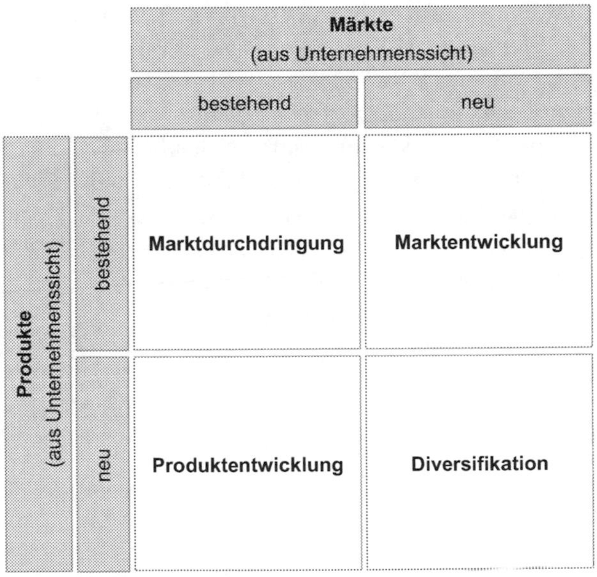

		Märkte (aus Unternehmenssicht)	
		bestehend	neu
Produkte (aus Unternehmenssicht)	bestehend	Marktdurchdringung	Marktentwicklung
	neu	Produktentwicklung	Diversifikation

Ansoff-Matrix

Bei einer *Marktdurchdringungsstrategie* werden vorhandene Produkte genutzt, um gegenwärtig bestehende Absatzmärkte besser auszuschöpfen als bislang geschehen. Wesentliche Hebel dafür sind die Erschließung bisheriger Nicht-Verwender (z. B. durch Sampling-Aktionen), die Gewinnung von Kunden des Wettbewerbers

(z. B. durch Preissenkungen) sowie die Steigerung der Nutzungsintensität bei den bisher bestehenden Kunden (z. B. durch Vergrößerung von Verkaufseinheiten).

Von einer *Marktentwicklungsstrategie* spricht man, wenn mit (aus Unternehmenssicht) bestehenden Produkten räumlich, sachlich oder personell neue Märkte für zusätzliche Erträge erschlossen werden. Entsprechend spricht man von „New Regions", „New Uses" und „New Users". Beispiele: Kosmetika für männliche Jugendliche („New Users") oder Angebot hessischer Apfelweinprodukte in Australien („New Regions").

Eine *Produktentwicklungsstrategie* setzt darauf, in (aus Unternehmenssicht) bereits bearbeiteten Märkten neue Produkte (Innovationen) einzuführen, um somit Absatz und Ertrag auszubauen. Dies kann a) über echte Innovationen, mit denen ein wirklich neuer Nutzen verbunden ist, b) mit Quasi-Innovationen, die einen veränderten Nutzen offerieren oder c) mittels Me-too-Produkten, die prinzipiell den gleichen Nutzen wie im Markt bestehende Produkte bieten, realisiert werden.

Die Strategie der *Diversifikation* besteht in der Betätigung in einem für das Unternehmen neuen Markt mit (aus Unternehmenssicht) neuen Produkten. Die Diversifikation kann vertikal (auf vor- oder nachgelagerten Wertschöpfungsstufen), horizontal (Ausweitung um Produkte der gleichen Wertschöpfungsstufe) oder lateral (kein Zusammenhang zum bisherigen Produktprogramm) ausgeprägt sein. Beispiel: Ein Zementhersteller begibt sich in einen für ihn neuen Markt mit für ihn neuen Leistungen, indem er ein Onlineportal zur Vermittlung von Reisedienstleistungen aufbaut.

▶ **Wachstumsstrategien** Grundsatzpfade aus Produkt-Markt-Kombinationen. Formen nach Ansoff sind Diversifikation, Innovation, Marktentwicklung und Marktdurchdringung.

5.6.4 Marktstimulierungsstrategien

Die Art und Weise des Vorgehens bei der Beeinflussung im Markt fasst man unter dem Begriff der Marktstimulierung zusammen. Unterschieden werden die Präferenzstrategie einerseits und die Preis-Mengen-Strategie andererseits.

▶ **Marktstimulierungsstrategie** Legt fest, welche Rolle dem Präferenzaufbau im Verhältnis zum Preisargument zukommt, wenn es um die Marktbeeinflussung geht.

Präferenzstrategie

Diese Strategiealternative setzt auf Qualitätswettbewerb und die Generierung von Zusatznutzenkomponenten. *Zusatznutzen* (insb. emotionale, symbolische) können u. a. durch das Design, einen herausragenden Service, eine spezielle Erlebniskommunikation etc. geboten werden. Eine wichtige Form der Zusatznutzenschaffung ist zudem die Markenbildung.

Bei einer Präferenzstrategie werden insb. die nicht preislichen Marketinginstrumente darauf ausgerichtet, den von Kunden wahrnehmbaren Nutzen zu maximieren. In gewisser Weise soll eine Emanzipation vom Instrument Preis erreicht werden: Der Kunde kauft nicht aufgrund des günstigeren Angebots, sondern weil sich die Marktleistung klar abgrenzt und eine Vorliebe für diese entwickelt wurde (z. B. durch eine starke Marke, zusätzliche Services, symbolische Mehrwerte des Produkts, Ästhetik oder soziale Verantwortung).

Die Herausstellung von Kundenvorteilen in Bezug auf Qualität, Image etc. ist oft sogar mit einer überdurchschnittlichen Preisstellung verbunden. Ein Beispiel dafür stellt die Marke Hapag-Lloyd Kreuzfahrten dar. Diese arbeitet mit einer dominanten werblichen Inszenierung der „großen Momente", profiliert sich über das Schiff „MS Europa – die schönste Yacht der Welt", bietet einen Reise-Concierge-Service, betont den exklusiven Kundenkreis etc. Das Instrument Preis ist nicht dominant, die Preislage ist oberhalb jener der Wettbewerber und eine starke Marke entfaltet ihre präferenzbildende Wirkung.

Preis-Mengen-Strategie

Bei dieser Strategie steht die Befriedigung von Mindestqualitätsstandards im Zentrum; oft bei Ausrichtung auf einen niedrigen Preis, i. d. R.

ohne weitere präferenzschaffende Maßnahmen und mit einem Fokus auf möglichst hohe Absatzmengen. Oft ist diese Strategie mit einem Massenmarktgeschäft verbunden. Die Preis-Mengen-Strategie ist allerdings nicht auf eine Niedrigpreisstrategie zu reduzieren, vielmehr geht es um die Frage, welches Gesamtbild aus dem Einsatz des Marketinginstrumentariums (inkl. Kommunikation und Produkt) entsteht.

Ein Beispiel für die Preis-Mengen-Strategie ist die Marke Aida Kreuzfahrten. Bei dieser Marke spielt die unter der von Wettbewerbern liegende Preissetzung eine große Rolle - und zahlreich werden offensive Verkaufsförderungsmaßnahmen eingesetzt. Bei den Schiffen und der Serviceleistung werden Mindeststandards erfüllt. Es existiert eine auffällige Markeninszenierung für eine breitere Zielgruppe.

Die Preis-Mengen-Strategie sollte nicht mit der Strategie der Kostenführerschaft nach Porter (2008) gleichgesetzt werden. Zwar sollten Unternehmen, die eine Preis-Mengen-Strategie verfolgen, auch die Kostenführerschaft anstreben. Allerdings können auch Unternehmen, die eine Präferenzstrategie verfolgen, Kostenführer sein (oder andersherum formuliert können Unternehmen, die Kostenführer sind, durchaus eine Präferenzstrategie verfolgen). Die Marktstimulierung bezieht sich also auf das Bild, das beim (potenziellen) Kunden entstehen soll, während sich Porters Ansätze zur Kostenführerschaft und Differenzierung schwerpunktmäßig mit der unternehmensinternen Situation beschäftigen.

▶ Die Preis-Mengen-Strategie und die Präferenzstrategie sind die beiden zentralen Arten der Marktstimulierungsstrategien.

Um zu bewerten, ob von einem Unternehmen eine Preis-Mengen-Strategie verfolgt wird, ist also jeweils das *Gesamtbild* der Marketingaktivitäten zu betrachten, sprich die Gesamtheit der Maßnahmen und die Art der Selbstinszenierung. So muss bei Media Markt aufgrund der aggressiven Herausstellung von Preisen in der Kommunikation und der insgesamt plakativen und „lauten" Inszenierung der Marke eine Preis-Mengen-

Strategie unterstellt werden, obwohl beim eigentlichen Instrument Preis nicht immer eine Preissetzung zu beobachten ist, die unterhalb des Wettbewerbs liegt.

5.7 Markenbezogene Strategien

Marken sind psychologische Konstrukte, die in der Innenwelt von Menschen aufgebaute Vorstellungen und Haltungen beschreiben (Abschn. 6.2.1). Diese zu einem Markennamen gelernten Wissensstrukturen und Empfindungen üben starken Einfluss. auf das Verhalten der Konsumenten aus. Daher ist die Gestaltung von Marken ein zentrales Instrument der Marktbeeinflussung. Eine Marke ist ungleich dem Produkt oder dem Markennamen oder dem Logo. Es sind mentale *Schemata* in den Innenwelten von Menschen, die wesentlich durch die (ganzheitliche) Wahrnehmung der verschiedenen Marketingmaßnahmen entstehen.

▶ **Marke** In der mentalen Welt von Konsumenten aufgebaute Vorstellungen von einem Produkt, einem Unternehmen, einer Person etc.

▶ **Markenpositionierung** Beschreibt die (zu Wettbewerbsmarken möglichst abgrenzenden) Vorstellungen, mit denen Konsumenten einen Markennamen verbinden sollen.

Um Marken aufzubauen und zu stärken, ist eine *Markenpositionierung* festzulegen. Durch sie erfolgt die Definition, mit welchen zentralen Assoziationen, mit welchem Image der (potenzielle) Kunde die Marke verbinden soll. Im Unterschied zu diesem Verständnis von Positionierung als eine Zielvorgabe wird Positionierung mitunter auch als Vorgang gesehen. Dann wird Positionierung als der Weg aufgefasst, über den eine Verankerung erwünschter Vorstellungsbilder in den mentalen Welten der Konsumenten erreicht wird.

Markenpositionierungsstrategien

Hinsichtlich der Ausrichtung der Markenpositionierung können verschiedene Schwerpunkte unterschieden werden (Park et al. 1986; Abb. 5.11):

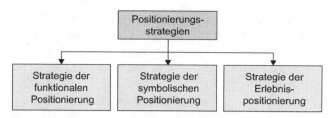

Abb. 5.11 Inhaltliche Positionierungsstrategien

- *Strategien der funktionalen Positionierung* beziehen sich auf sachliche Produkteigenschaften und rationale Vorteile. Sie fokussieren eher auf momentane und praktisch-beobachtbare Bedürfnisse. Die ausgelösten Motivationen sind tendenziell extrinsischer Natur, indem bspw. eine kognitive Dissonanz des Kunden verringert wird oder ein benötigter Service kosteneffizient bereitgestellt wird. Der für die Zielgruppe generierte Nutzen ist direkter Natur. Beispiel: Eine Marke für E-Bikes positioniert sich über die besonders hohe Kapazität des Akkus.
- *Strategien der symbolischen Positionierung* stellen darauf ab, dem Adressaten der Marke zu ermöglichen, sich leichter mit einer Gruppe oder Rolle identifizieren zu können. Sie unterstützen das jeweilige Selbstkonzept und arbeiten somit mit intrinsischen Motivlagen. Die Zielgruppen generieren durch die Markennutzung einen indirekten Nutzen. Beispiel: Eine Marke für E-Bikes positioniert sich als Statussymbol für bestimmte Gruppen.
- *Strategien der Erlebnispositionierung* stellen sinnlich-positive Erfahrungen und emotionale oder gedankliche Stimulation ins Zentrum des Positionierungskonzepts (Abschn. 9.8.3). Sie beziehen sich auf starke Emotionen oder Erlebnisse, die den Kern der Positionierung ausmachen. Vor allem bei gesättigten Märkten, geringem Kundeninvolvement und austauschbaren Produkten wird diese Strategie gewählt. Erlebnispositionierungen sind im Vergleich zu funktionalen Positionierungsstrategien weniger leicht von der Konkurrenz nachahmbar. Sie greifen intrinsische Bedürfnisse nach Stimulation, Abwechslung und hedonistisch-sinnlichen Erfahrungen auf. Beispiel: Eine

Marke für E-Bikes positioniert sich über das Erlebnis von Freiheit und Unabhängigkeit.

Untersuchungen (z. B. Fuchs und Diamantopoulos 2010) zeigen, dass nutzenbezogene Positionierungen (z. B. „Mit unserer Mode fühlen Sie sich jünger.") rein eigenschaftsbezogenen Positionierungen (z. B. „Wir haben aktuelle Laufstegtrends.") oft überlegen sind. Insofern gilt: bei Markenpositionierungen möglichst nutzenbezogen formulieren. Dies bedeutet, die Innensicht zu überwinden und bei der Beschreibung des Zielbildes die Kundensicht einzunehmen.

▶ Die zu wählende Positionierungsstrategie richtet sich maßgeblich nach dem Reifegrad des Marktes und dem Involvement der Zielgruppen.

Neben sachlichen Aspekten sind affektive, *emotionale Aspekte* für die Positionierung besonders bedeutsam. Dazu zählen auch *Erlebnisse*. Mehrere Gründe sprechen dafür. Zum einen zeigt sich nach wie vor eine zunehmende Erlebnisorientierung von Zielgruppen, der damit Rechnung getragen wird. Zum anderen sind Emotionen als Positionierungsinhalte kraftvoller und haben gerade bei geringem Involvement (Kap. 2) der Zielgruppen (wie in den meisten Marktsituationen heute) Vorteile. Denn: geringes Involvement bedeutet, dass bei Adressaten keine Bereitschaft vorliegt, Informationen aktiv aufzunehmen und aktiv zu verarbeiten. Erlebnis- und emotionsbezogene Aspekte der Positionierung haben unter diesen Bedingungen jedoch dennoch die Chance, zum Adressaten durchdringen. Der Grund dafür ist, dass Emotionen auch ohne hohen gedanklichen Aufwand verarbeitet werden und so das Erkennen und die Beurteilung der Produkte erleichtern können. Zudem werden diese Inhalte aufgrund der emotionalen Verarbeitungsprozesse mit hoher Wahrscheinlichkeit auch tiefer in der Innenwelt der Zielgruppen verankert als rein sachliche Aspekte (Kap. 2). Letztlich sind Emotionen und Erlebnisse ein wichtiger Ansatz, um eine eigenständige Positionierungsidee zu verfolgen, wenn Produkte und ihre sachlichen Produktvorteile in entwickelten Märkten hochgradig austauschbar sind.

Markenstrukturstrategien

Da Unternehmen oftmals mehrere Marken führen und dabei auch unterschiedliche Markenebenen betroffen sind, sind Strategien betreffend der *Markenstruktur* (Markenarchitektur) zu wählen.

Hinsichtlich der Ebenen, auf denen Marken geführt werden, unterscheidet man mindestens: Unternehmens-, Produktprogramm- und Produktebene. Entsprechend spricht man von Unternehmens-, Segment- und Produktmarken. Markenstrukturstrategien definieren, ob und in welchem Maße Marken dieser Ebenen miteinander verbunden werden. Nach Aaker und Joachimsthaler (2000) können vier Grundstrategien angeführt werden:

- *House-of-Brands-Strategie:* Produktmarken werden als Einzelmarken geführt. Sie haben keine Verbindung untereinander und auch keine zur Unternehmensmarke. Beispiel: Whiskas (von Mars).
- *Endorsed-Brands-Strategie:* Die Produktmarken werden durch eine Dach- bzw. Unternehmensmarke gestützt. Die Produktmarke steht im Vordergrund. Beispiel: Courtyard by Marriott.
- *Subbranding-Strategie:* Es besteht eine klare Verbindung zwischen Unternehmens- und Produktmarke, wobei die Unternehmensmarke entweder gleichberechtigt oder dominant ist. Beispiel: Apple iPad.
- *Branded-House-Strategie:* Hier wird die Unternehmensmarke komplett oder leicht variiert auch als Produktmarke genutzt. Beispiel: General Electric (GE).

Die Festlegungen beziehen sich also wesentlich darauf, welche Marke auf welcher Ebene benutzt wird und in welchem Ausmaß durch die Verwendung identischer Markenelemente (z. B. Farben und Logo, Abschn. 6.2.4) eine wahrnehmbare Beziehung zwischen ihnen geschaffen wird. Die Herausforderung dabei ist es, die richtige Balance zwischen den Beiträgen von Unternehmens- und Produktmarke zu finden. Die Gedanken von Aaker und Joachimsthaler, die sich im Wesentlichen auf die Relation von Unternehmens- und Produktmarke beziehen, können auch auf die Betrachtung zusätzlicher Hierarchieebenen übertragen werden (z. B. mehrstufig als Unternehmens- und Segmentmarken plus Segment- und Produktmarken). Aus der Gesamtheit der Entscheidungen zu Beziehungen der geführten Marken resultiert eine *Markenarchitektur* für ein Unternehmen.

▶ **Markenarchitektur** Hierarchische Rollenstruktur aller Marken eines Unternehmens und der Grad ihrer wahrnehmbaren Verbindung.

Mono- vs. Mehrmarkenstrategie

Eine weitere markenstrategische Festlegung betrifft die Bearbeitung eines Marktes bzw. einer Produktkategorie durch eine oder mehrere Marken des gleichen Unternehmens.

Wird eine Produktkategorie mit lediglich einer Marke bearbeitet, so spricht man von einer *Monomarkenstrategie*. Die Marke kann hierbei als Einzelmarke (lediglich eine Leistung unter der Marke: Nutella für die Kategorie Brotaufstrich) oder als Dachmarkenlösung (mehrere Leistungen in der Kategorie unter einheitlicher Marke: Axe mit verschiedenen Produktarten für die Kategorie Pflege) angelegt sein.

▶ Markenstrategische Festlegungen beziehen sich auch auf Strukturen für das Markenportfolio.

Wird eine Produktkategorie bzw. ein abgegrenzter Markt simultan mit mehrere Marken (die organisatorisch getrennt sind) bearbeitet, handelt es sich um eine *Mehrmarkenstrategie*. Dazu wird ein Markt feiner segmentiert (Abschn. 5.6.2) und spezifischer bedient, um ihn besser auszuschöpfen. Dies erfordert hohe Aufwendungen für die parallele Marktbearbeitung und setzt voraus, dass jede Marke eine eigenständige Positionierung verfolgen kann. Beispiel: Unilever führt im Margarinemarkt parallel die Marken Becel, Rama, Sanella und Lätta.

Die Gesamtheit aller Marken, die von einem Unternehmen geführt werden, wird als *Markenportfolio* bezeichnet.

▶ **Markenportfolio** Gesamtheit aller Marken, die ein Unternehmen führt.

Kernbotschaften zu den Lernzielen

- Ergebnisse der SWOT-Analyse können durch TOWS-Ableitungen Ansatzpunkte für die Strategieentwicklung liefern.
- Marketingziele müssen operational formuliert sein und sind Teil des Zielsystems eines Unternehmens. Es werden potenzialbezogene, markterfolgsbezogene und wirtschaftliche Marketingziele unterschieden. Eine Marketing-Scorecard kann helfen, die verschiedenen Blickwinkel zusammenzubringen.
- Zeitbezogen werden Pionier- und Folgestrategien differenziert.
- Wettbewerbsbezogen existieren Anpassungs-, Ausweich-, Kooperations- und Konfliktstrategien.
- Mit Blick auf die Markenpolitik sind verschiedene Positionierungsstrategien möglich. Zudem müssen Stoßrichtungen hinsichtlich der Markenstrukturen definiert sein.
- Marktareal, Marktparzellierung, Marktwachstum und Marktstimulierung sind zentrale Ebenen bei der Festlegung der marktbezogenen Strategie. Auf jeder Ebene existieren mehrere Optionen, die über die Ebenen kombiniert werden können.

Mindmap zum Kapitel 5

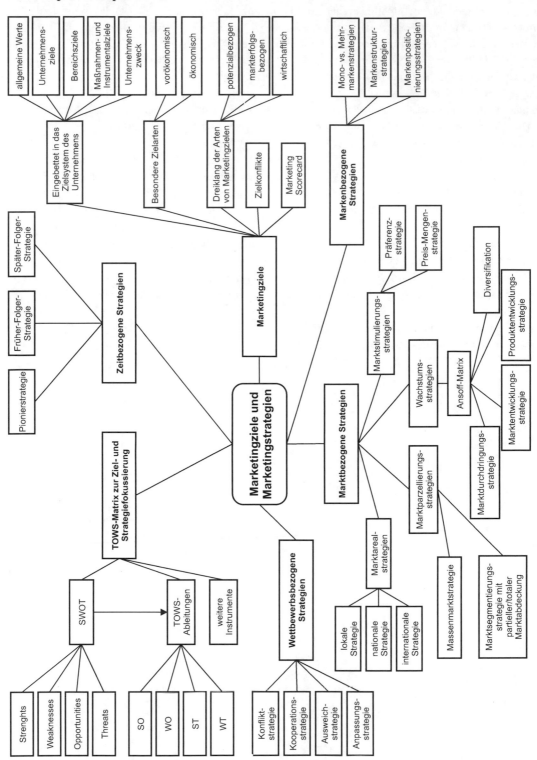

Literatur

Im Kapital zitierte Literatur

Aaker, D. A., & Joachimsthaler, E. (2000). *Brand leadership*. Pearson.

Ansoff, H. J. (1966). *Management-Strategie*. Moderne Industrie.

Drummond, G., Ensor, J., & Ashford, R. (2008). *Strategic marketing: Planning and control* (3. Aufl.). Elsevier.

Fuchs, C., & Diamantopoulos, A. (2010). Evaluating the effectiveness of brand positioning strategies from a consumer perspective. *European Journal of Marketing, 44*(11/12), 1763–1786.

Homburg, C., & Krohmer, H. (2009). *Grundlagen des Marketingmanagements: Einführung in Strategie, Instrumente, Umsetzung und Unternehmensführung* (2. Aufl.). Gabler.

Kaplan, R. S., & Norton, D. P. (1992). The balanced scorecard-measures that drive performance. *Harvard Business Review, 70*, 71–79.

Kotler, P., Armstrong, G., Harris, L. C., & Piercy, M. (2017). *Principles of marketing, European edition* (7. Aufl.). Person.

Meffert, H., Burmann, C., Kirchgeorg, M., & Eisenbeiß, M. (2019). *Marketing – Grundlagen marktorientierter Unternehmensführung* (13. Aufl.). Springer Gabler.

Park, C. W., Jaworski, B. J., & MacInnis, D. J. (1986). Strategic brand concept-image management. *Journal of Marketing, 50*, 135–145.

Porter, M. E. (2008). *Wettbewerbsstrategie* (11. Aufl.). Campus.

Redler, J. (2019). *Grundzüge des Marketing* (2. Aufl.). BWV.

Weiterführende Literaturhinweise

Becker, J. (2018). *Marketing-Konzeption: Grundlagen des ziel-strategischen und operativen Marketing-Managements* (13. Aufl.). Vahlen.

Elliott, G., Rundle-Thiele, S., & Waller, D. (2020). *Marketing* (5. Aufl.). Wiley.

Hooley, G., Nicauloud, B., Rudd, J., & Lee, N. (2020). *Marketing strategy and competitive positioning* (7. Aufl.). Pearson.

Produkt- und Markenmanagement

6

Lernziele

- Das Produktkonzept und das Nutzenkonzept verstehen und für Produktentscheidungen nutzen können
- Produktprogramme nach Programmbreite und Programmtiefe beschreiben können und Parameter der Programmgestaltung verstehen
- Entwicklungsrichtungen des Produktprogramms definieren und als Entscheidungsfelder anwenden können
- Die Rolle von Kreativitätstechniken und systematischer Innovation für die Produktpolitik verstehen
- Den modernen Markenbegriff erklären können
- Zentrale Markenfunktionen und -formen kennen und unterscheiden können
- Die Rollen von Bekanntheit und Markenimage für die Markenführung analysieren können
- Die Bedeutung der Markenpositionierung erkennen und im Managementprozess verorten können
- Die Funktionen von Markenelementen, Marketingmix-Entscheidungen und Möglichkeiten der Markenkapitalisierung für die Markenführung erläutern können

In Kap. 6 wird zunächst auf Grundbegriffe der betrieblichen Produkt- und Servicepolitik eingegangen. Grundlegende Konzepte werden dazu umrissen und wichtige Entscheidungsbereiche werden vorgestellt. Ein zweiter Hauptteil widmet sich der Markenpolitik. In diesem wird die heutige Auffassung von Marken erläutert. Zudem werden die wesentlichen Schritte des Markenmanagementprozesses vorgestellt und zentrale Handlungsfelder angeführt.

6.1 Produktmanagement

6.1.1 Grundbegriffe im Produktmanagement

Der Marketingmaxime folgend sollen die Leistungen des Unternehmens streng an den Kundenbedürfnissen ausgerichtet werden, um Werte zu schaffen. Im Zentrum stehen dabei die angebotenen Güter und Dienstleistungen, die den sog. Produktmix ausmachen. Die damit verbundenen Fragen und Gestaltungsinstrumente sind Inhalt der *Produktpolitik* bzw. des *Produktmanagements*. Im Wesentlichen geht es um das kundenorientierte Management von bestehenden Produkten, Services und ganzen Angebotsprogrammen, um die Einführung neuer Erzeugnisse und Services sowie Innovationsprozesse.

© Springer Fachmedien Wiesbaden GmbH, ein Teil von Springer Nature 2021
J. Redler, S. Ullrich, *Marketing klipp & klar*, WiWi klipp & klar,
https://doi.org/10.1007/978-3-658-34538-9_6

Güter und Services

Ein *Produkt* im *engeren* Sinne ist ein materielles Gut, das Unternehmen zur Bedürfnisbefriedigung der (potenziellen) Kunden anbieten. Produkte sind damit i. d. R. tangible Güter, die lagerfähig sind und ohne Zutun des Kunden in einer relativ gleichbleibenden Qualität erstellt werden können. Beispiele: eine Stehlampe oder ein Smart Speaker.

▶ **Gut** Tangibles, physisch existentes Produkt
  Service
  Intangibles Produkt, das aus Tätigkeiten, Leistungen und/oder der Anwendung technischer Möglichkeiten an Kunden resultiert – das somit ein enges Zusammenwirken zwischen Kunden und Unternehmen erfordert und das keinen direkten Besitzer haben kann.

Eine *enge* Auffassung von *Services* (Dienstleistungen) hingegen versteht unter diesen i. d. R. immaterielle Leistungen, die nicht lager- sowie transportfähig sind, die durchaus heterogene Qualitäten aufweisen und auch nur im Zusammenspiel mit dem Kunden „produziert" werden können (Produktion und Konsum der Dienstleistung fallen zusammen). Beispiel: eine Behandlung beim Arzt.

▶ Produkte im Sinne des Marketing können materielle Güter wie auch Services sein. Meist sind es Bündel aus beiden.

Der Produktbegriff im Sinne der Produktpolitik bezieht sich i. d. R. sowohl auf das Produkt im engeren Sinne (Güter) als auch auf Services im engeren Sinne. Es sind damit also physische Güter und auch immaterielle Dienste und Erlebnisschaffungen angesprochen (Abb. 6.1). Ihnen ist gemeinsam, dass sie Ergebnis eines Produktionsprozesses sind.

In dieser allgemeineren Definition stellt das Produkt ein Mittel zur Nutzengewinnung für den Kunden dar. Um von den Kunden präferiert zu werden, soll die Nutzenstiftung eines Produkts möglichst exakt den Nutzenerwartungen der Kunden entsprechen. Insofern wird

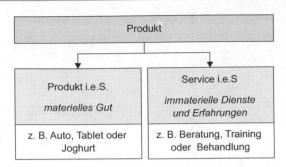

Abb. 6.1 Erweiterter Produktbegriff im Produktmanagement

auch vom Prinzip der strikten *Nutzen- und Lösungsorientierung* in der Produktpolitik gesprochen.

Es geht allerdings nicht darum, unbedingt eine nutzenmaximale Lösung zu gestalten. Jedoch soll der Nutzen für Kunden im Vergleich zum Nutzen aus einem Wettbewerbsprodukt höher ausfallen. Maßstab dafür ist die *subjektive Nutzenwahrnehmung* des Kunden – nicht die objektive Eigenschaft der Leistung.

Produkt- und Nutzenkonzept

Die Nutzenerwartungen der Kunden können sich auf verschiedene *Dimensionen eines Produkts* beziehen (Abb. 6.2).

- Das *Kernprodukt* bezieht sich auf die eigentliche, maßgebliche Funktionalität des Produkts, um einen *Grundnutzen* zu erfüllen. Bspw. wäre das Kernprodukt bei einer Bahnreise der Transport innerhalb einer bestimmten Zeit zu einem bestimmten Termin – und der Grundnutzen, fristgerecht von A nach B zu kommen.

- Das *erweiterte Produkt* mit seinen Zusatzeigenschaften trägt zur Generierung eines *Zusatznutzens* bei. Mit Blick auf die Bahnreise könnten frei nutzbare WLAN-Netze, Bewirtung am Platz und Ruhezonen Zusatzeigenschaften darstellen, die für einen Zusatznutzen wie z. B. bequemes, entspanntes Reisen oder Arbeitsmöglichkeiten während der Reise sorgen. Der Zusatznutzen kann grundsätzlich eine funktionale (z. B. weitere technische

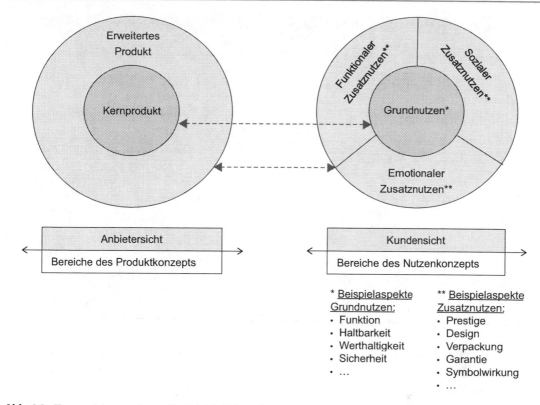

Abb. 6.2 Kernprodukt, erweitertes Produkt und Nutzenkomponenten. (Quelle: Redler 2019, S. 121)

Features oder besondere Dienstleistungen, „Value Added Services"), eine emotionale (z. B. Freude an einem Design) oder eine soziale (z. B. soziale Aufwertung durch öffentliche Nutzung einer bestimmten Marke) Dimension haben.

Es werden also *zwei Konzepte* aufeinander bezogen, die es streng zu unterscheiden gilt: Das Produktkonzept unterscheidet wesentlich zwischen dem Kernprodukt und dem erweiterten Produkt, das Nutzenkonzept zwischen Grund- und Zusatznutzen. Der gesamte Produktnutzen ergibt sich aus der Gesamtheit aller Nutzenkomponenten des Produkts. Diese Nutzenkomponenten können erfüllt werden, indem entsprechende Ausgestaltungen im Produktkonzept vorgenommen werden.

Produktmaßnahmen beziehen sich demnach auf die marktbezogene Ausrichtung neuer oder bestehender Produkte und Dienstleistungen, indem das o. a. Produktkonzept gestaltet wird.

Produktprogramme und Sortimente

In der Regel bieten Unternehmen mehr als ein Produkt an. Die Gesamtheit der angebotenen Produkte wird als *Produktprogramm* oder Produktmix bezeichnet. Im Handel dagegen wird das Produktprogramm als Sortiment bezeichnet. Innerhalb des Produktprogramms existieren meist verschiedene Produktgruppen oder Produktlinien. Produkte innerhalb einer Produktlinie sind durch Ähnlichkeiten verbunden, bspw. die Nutzung, gemeinsame Zielgruppen oder Technologien. Für einzelne Produkte können zudem unterschiedliche Versionen vorliegen (Abb. 6.3).

▷ **Produktprogramm (Hersteller)** Gesamtheit der angebotenen Produkte, meist eines produzierenden

Ebene		Beispiel: Hersteller Miele
Sortiment	Alle angebotenen Produkte und Dienste	Alle angebotenen Produkte und Dienste
Produktlinie	Gruppen von ähnlichen Produkten oder Diensten	Waschmaschinen Frontlader
Produkt	Abgrenzbares Produkt oder abgrenzbarer Service	WEE Serie
Produktversion	Spezielle Ausführung des Produkts oder des Services	WWE320 WPS PWash 2.0

Abb. 6.3 Produktebenen und deren Beziehungen in Unternehmen

Unternehmens. Das Produktprogramm wird durch die Breite und die Tiefe beschrieben.

Sortiment (Händler)

Gesamtheit der angebotenen Produkte, die durch die Breite und die Tiefe beschrieben wird. Meist verwendet für Handelsunternehmen.

Das Produktprogramm und das Sortiment werden nach Breite und Tiefe beschrieben. Unter der *Programmbreite* sowie der *Sortimentsbreite* versteht man die Anzahl der unterschiedlichen Arten von Produkten. Oft spricht man hier auch von der Anzahl der Produktlinien oder Categories, also Gruppen von verbundenen Produkten, die einander ähnlich sind (Beispiel: Eine Drogerie führt u. a. die Categories Waschmittel, Haushaltsreiniger, Zahnpflegeprodukte, Deodorants etc.). Die *Programmtiefe* sowie die *Sortimentstiefe* geben an, wie viele konkrete Produkte oder Produktvarianten in einer Category vorhanden sind. Zum Beispiel bietet eine Drogerie innerhalb der Category Deodorants 24 Produkte an. Die Sortimentstiefe drückt hier also aus, welche Auswahlmöglichkeit ein Kunde innerhalb einer Produktlinie hat.

Das Konzept des Produktlebenszyklus

Das Phasenkonzept des Produktmanagements geht davon aus, dass ein Produkt typischerweise einen Lebenszyklus von der Einführung bis zur Elimination durchläuft – ähnlich einem Lebewesen. In den meisten Darstellungen werden dabei eine Einführungs-, Wachstums-, Reife-, Sättigungs- und Degenerationsphase unterschieden, die sich jeweils durch Absatzmengen und Rentabilitätsgrößen charakterisieren lassen (Abb. 6.4).

Die Phasen lassen sich wie folgt knapp charakterisieren:

- Einführungsphase: Das Produkt ist noch neu im Markt und gewinnt erst nach und nach die ersten Nutzer. Aufgrund vorher angefallener Entwicklungskosten, hoher Einführungskosten und der geringen Absatzmengen ist der Deckungsbeitrag noch negativ.

- Wachstumsphase: Hier erfolgt ein überdurchschnittliches Umsatzwachstum (Wiederholungskäufe treten auf, weitere Kunden kommen hinzu). Die Stückkosten sinken durch erste Kostendegressionseffekte. Der Deckungsbeitrag wird zu Beginn dieser Phase erstmals positiv und steigt bis zum Maximum. Der Wettbewerb nimmt zu.

- Reifephase: Der Umsatz steigt weiter an. Der Deckungsbeitrag pro Stück beginnt zu sinken, bleibt aber bei erfolgreichen Marktteilneh-

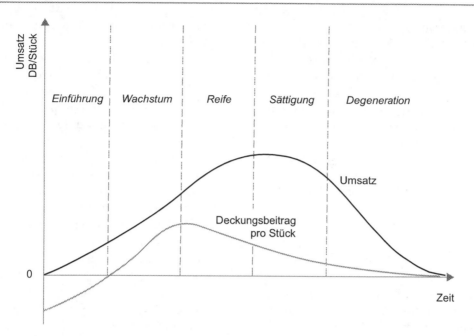

Abb. 6.4 Idealtypischer Produktlebenszyklus

mern noch hoch. Die Wettbewerbsintensität ist hier sehr hoch und sorgt für Preisdruck und zusätzliche Kosten für bspw. Abwehrmaßnahmen oder Produktvariationen.

- Sättigungsphase: Der Umsatz überschreitet sein Maximum und entwickelt sich rückläufig. Auch der Deckungsbeitrag pro Stück sinkt weiter. Das Marktpotenzial ist ausgeschöpft. In dieser Phase können Maßnahmen zur Verlängerung des Lebenszyklus ansetzen, wie typischerweise ein Relaunch des Produkts. Dabei wird die Leistung erheblich verändert und meist neu positioniert – mit dem Ziel, dass das Produkt einen weiteren Lebenszyklus beginnt.
- Degenerationsphase: Diese Phase ist durch den weiteren Umsatzrückgang gekennzeichnet. Das Produkt erwirtschaftet keine oder negative Deckungsbeiträge. Es wird geprüft, ob Gründe vorliegen, das Produkt im Markt zu halten, z. B. aufgrund von Verbundbeziehungen oder wettbewerbstechnischen Gründen. Üblicherweise verschwindet das Produkt vom Markt.

Das Modell des Produktlebenszyklus ist *idealtypischer Natur* und nicht als „Gesetz" zu verstehen. Allgemeingültige Aussagen zu zukünfti-

gen Entwicklungen und Dauern einzelner Phasen sind nicht ableitbar. Ebenso ist die Bestimmung der Phase, in der sich ein Produkt befindet, meist erst retrospektiv möglich. Die Verläufe werden außerdem stark von Einflüssen wie Wettbewerber- und Abnehmerverhalten, Kaufkraft oder Konjunktur geprägt. Bekannt sind auch deutlich abweichende Verläufe – z. B. „unendliche" (z. B. Coca-Cola) oder einphasige Verläufe (kurze Hypes). Insgesamt besteht damit große Kritik am Konzept des Produktlebenszyklus. Andererseits ist ein praktischer Wert des Modells als grundlegendes Denkraster nicht abzustreiten, insb. hinsichtlich der Schwerpunkte von Marketingaktivitäten in den jeweiligen Phasen.

6.1.2 Wichtige Entscheidungsbereiche im Produktmanagement

Wesentliche Fragen der Produktpolitik beziehen sich auf das Management bestehender Produkte und Produktprogramme, auf die Entwicklung neuer Leistungen und die Gestaltung des Produktprogramms.

Produktgestaltung

Die Produktgestaltung bezieht sich auf alle Maßnahmen zur Festlegung bzw. Anpassung von Produkteigenschaften. Dies gilt für das Kernprodukt
sowie das erweiterte Produkt. Die Ansatzpunkte
dafür gehen über rein technische Aspekte hinaus
und können in einen engeren und einen weiteren
Gestaltungsbereich unterteilt werden (Abb. 6.5).

▶ **Produktgestaltung** Entscheidungen zur Festlegung der Produkteigenschaften, auch der immateriellen.

Als Gestaltungsfaktoren kommen grundsätzlich alle in Betracht, die die Nutzenerwartung der
angestrebten Kunden befriedigen oder beeinflussen sollen. Ziel ist die Schaffung von Produktpräferenz. Dazu ist das Produkt derart zu gestalten,
dass die spezifischen Nutzerwartungen der definierten Zielgruppe durch das angebotene Produkt
besser erfüllt werden als durch Produkte anderer
Anbieter. Oftmals reicht es dafür aus, bei einem
Aspekt überlegen zu sein oder einen besonderen
Aspekt zu bedienen, den andere nicht erfüllen.
Das Produkt ist ein Mittel zur Nutzenschaffung
für den Kunden.

Das Spektrum der typischen Ansatzpunkte ist
demnach umfangreich:

- Gestaltung der *Funktion:* Die Produktfunktion
  bezieht sich auf die Grund- und Hauptleistun-
gen des Produkts, also die Gestaltung des Pro-
duktkerns. Dazu gehören zum einen physische
Eigenschaften (z. B. Größe oder Materialien),
zum anderen aber auch wesentlich die Erbringung der vom Kunden erwarteten Lösung
(z. B. kostengünstiger Transport von A nach
B, Wertbeständigkeit oder Komfort bei einem
PKw).

- Gestaltung der *Qualität:* Qualitätsentschei-
  dungen beziehen sich auf das Qualitätsniveau.
  Darunter ist das Ausmaß zu verstehen, in dem
  das Produkt seine Funktion (in der subjektiven
  Wahrnehmung des Kunden) erfüllt. Es stellt
  zum Beispiel einen Qualitätsunterschied dar,
  ob ein Mindestmaß der Anforderung erbracht
  wird (z. B. Sättigung bei einem Mensa-
  Angebot) oder ob die Ausprägungen weit über
  subjektive Mindestmaßstäbe hinausgehen
  (z. B. neben Sättigung auch Frische und Ge-
  schmack bei einem Mensa-Angebot).

- Gestaltung der *Ausstattung:* Bei identischen
  Funktionen und Qualitäten spielt oft die Pro-
  duktausstattung eine entscheidende Rolle.
  Diese meint Eigenschaften, die das eigene
  Angebot von anderen abgrenzen und einen
  Zusatznutzen stiften. Um spezifischen Bedürfnissen von Kunden gerecht zu werden,
  werden häufig unterschiedliche Lösungen
  mit verschiedenen Ausstattungskonfiguratio-
  nen angeboten. Beispiel: private Krankenver-
  sicherungen, die in allen Tarifen eine Grund-

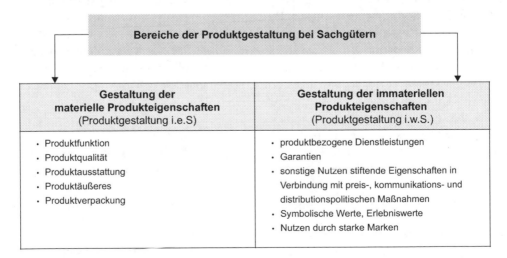

Abb. 6.5 Bereiche der Produktgestaltung am Beispiel Sachgüter. (Quelle: In Anlehnung an Scharf et al. 2009, S. 241)

versorgung sicherstellen, aber mit diversen weiteren Teilleistungen zu einem optimalen Ausstattungspaket für den Kunden konfiguriert werden können.

- Gestaltung des *Produktäußeren:* Die Gestaltung des Äußeren bezieht sich auf Formen (z. B. Möbel oder Smartphones), Farben (z. B. Tankstellen oder Armbanduhren), die visuelle Sprache (z. B. PKw) und das Design als Ganzes. Dieser Gestaltungsbereich hat enge Bezüge zu immateriellen Gestaltungsaspekten im Sinne von Zusatznutzen und Markensymbolik (Brunner et al. 2016). Unter dem Blickwinkel der Funktionalität gibt es Überschneidungen mit den Parametern Funktion und Qualität. Eine besondere Herausforderung für die Gestaltung besteht oft darin, abstrakte Produktmerkmale über Designmerkmale zu transportieren.

▶ Produktdesign ist ein wichtiges Marketinginstrument und keine Frage des Geschmacks einzelner Marketeers.

- Gestaltung der *Verpackung:* Die Verpackung ist die Umhüllung eines Packguts. Die *Packung* wiederum umfasst sowohl Packgut als auch Verpackung. Gerade bei nicht formfesten Produkten und im Konsumgüterbereich ist die Verpackung ein bedeutender Gestaltungsbereich für die Produktpolitik, da sie die eigentliche Schnittstelle zur Konsumentenwahrnehmung darstellt. Die Verpackung erfüllt Grundfunktionen und Kommunikationsfunktionen:
  - Zu den Grundfunktionen gehören Schutz und Konservierung, Transport- und Lagerfähigkeit, Identifizierung und Mengenabgrenzung.
  - Zu den Kommunikationsfunktionen gehören insb. Information, Markierung und die Erfüllung werbebezogener Beeinflussungsaufgaben. Bei der Gestaltung des Zusatznutzens kann die Anmutungsqualität und die Symbolik der Verpackung eine zentrale Rolle einnehmen (z. B. bei Parfumflakons). Es bestehen somit enge Bezüge zur Kommunikations- und Markenpolitik. Da bei

vielen Produkten abstrakte, nicht direkt wahrnehmbare Produktmerkmale eine große Bedeutung haben, besteht die Herausforderung, diese über sprachliche und/oder bildliche Umsetzungen auf der Verpackung erfassbar zu machen (z. B. Mineraliengehalt bei Mineralwasser).

- Gestaltung von *Services und Garantien:* Nicht selten ist ein Service erwarteter Bestandteil eines Produkts (z. B. Beratung bei Bankprodukten). Services können aber auch Zusatzleistungen darstellen, um die Produktpräferenz entscheidend zu beeinflussen (z. B. umfangreiche Umtauschmöglichkeiten oder attraktive Zahlungskonditionen im Online-Versandhandel). Bei Sachgüteranbietern haben Services eher eine umhüllende Rolle für das Sachprodukt, während sie bei Dienstleistern die Kernleistung darstellen.

- Gestaltung von *symbolischen Werten und Erlebnissen* sowie die Nutzung von *Marken.* Oftmals tragen bestimmte Eigenschaften zur Nutzenstiftung beim Kunden bei, weil die Produkte mit einem bestimmten Prestigewert ausgestattet sind, sie in der Innenwelt des Kunden bestimmte Emotionen auslösen oder die Produkte das Durchleben spezifischer Erlebnisse ermöglichen. So dienen bestimmte Fashion-Produkte dem Ausdruck des eigenen Selbst für bestimmte Zielgruppen besonders gut und generieren damit einen relevanten Nutzen für diese Kunden. Oder: Manche Apps ermöglichen es ihren Zielgruppen, bestimmte soziale oder emotionale Erlebnisse besonders einfach zu erleben. Die Entwicklung und Steuerung von Produkten und Produkteigenschaften, die einen solchen symbolischen oder erlebnisbezogenen Nutzen offerieren, nimmt heute eine immer wichtigere Rolle ein. I. d. R. eng damit verknüpft ist die Anbindung eines Produkts an eine Marke. Auf die Markenpolitik wird weiter unten genauer eingegangen.

Programmgestaltung

In der Regel führt ein Unternehmen mehr als nur ein Produkt. Dann liegt ein Produktprogramm oder ein *Sortiment* (im Handel) vor. Hinsichtlich des Produktprogramms müssen folglich Entscheidungen zur *Programmbreite* und *Programmtiefe* (siehe Abschn. 6.1.1) getroffen werden. Festgelegt wird damit,

- wie viele unterschiedliche Produktlinien geführt werden sollen, also wie viele grundsätzliche Arten von Produkten das Produktprogramm umfassen soll, und
- welche und damit wie viele verschiedene Produkte und Versionen die jeweiligen Produktlinien umfassen sollen.

▶ Produktprogramme können in Breite und Tiefe verändert werden. Wesentliche Stoßrichtungen sind Neuprodukteinführungen, Produkteliminationen, Variationen, Produktdifferenzierungen und Diversifikation.

Weiterhin ist über die *Einführung neuer Produkte* (Innovation, s. unten) sowie die *Elimination* von Produkten aus dem Produktprogramm zu entscheiden. Bei Produkteinführungen vergrößert sich das Produktprogramm, bei einer Produktelimination wird das Produktprogramm verkleinert. Um solche Entscheidungen vorzubereiten, können potenzialbezogene (z. B. Bekanntheit), markterfolgsbezogene (z. B. Marktanteil) und wirtschaftliche (z. B. Deckungsbeitrag) Aspekte analysiert werden. Eliminationen können bspw. insb. die Komplexitätskosten senken. Zwingend sind hier Verbundbeziehungen mit dem bestehenden Programm zu berücksichtigen.

Weitere Veränderungen des Produktprogramms betreffen vor allem:

- *Produktvariation:* Ein bereits geführtes Produkt wird verändert fortgeführt, ohne dass ein neues Produkt entsteht. Dies kann im Rahmen der Produktpflege, also einer kontinuierlichen Verbesserung des Produkts am Markt, oder als Produktrelaunch erfolgen. Bei letzterem wird das Produkt umfassend verändert und aktiv als „Neuauflage" im Markt kommuniziert, wobei

damit oft auch Veränderungen bei anderen Marketinginstrumenten einhergehen. Übergänge zur Innovation sind fließend.

- *Produktdifferenzierung:* Ein bereits geführtes Produkt wird um eine Variante ergänzt, also durch ein zusätzliches Produkt in abgeänderter Ausführung. Dies bedeutet i. d. R. eine Zunahme der Programmtiefe.
- *Diversifikation:* Ein neues Produkt oder eine neue Produktlinie werden in einem Bereich eingeführt, in dem das Unternehmen bislang nicht tätig war. Dadurch nimmt die Programmbreite zu.

▶ **Produktrelaunch** Ein Produkt wird umfassend verändert und als „Neuauflage" im Markt wieder eingeführt.

Bedeutsam ist die Bestimmung und Steuerung von sog. *Flagship-Produkten* (ähnlich auch „Eckartikel"). Bei solchen Produkten handelt es sich um Produkte mit starken „Ausstrahlungseffekten" auf die weiteren Produkte einer Category. Aus Sicht des Kunden stellt das Flagship-Produkt den typischen Repräsentanten dar, anhand dessen er bestimmte Rückschlüsse (Abschn. 2.3.2) auf die weiteren Produkte der Produktgruppe oder des Anbieters zieht (z. B. hinsichtlich des Preises oder der Qualität).

Das Konzept des Produktlebenszyklus unterscheidet verschiedene Lebensphasen eines Produkts (siehe Abschn. 6.1.1). Als Konsequenz könnte man folgern, dass ein Produkt je nach Phase anderen Managementherausforderungen gegenübersteht. So könnten sich die prioritären Aufgaben in der Produkteinführungsphase von denen in der Sättigungsphase unterscheiden. Folgt man dieser Logik, so bietet das Produktlebenszykluskonzept – ähnlich einer Heuristik – wichtige Anregungen für die Schwerpunktsetzungen bei produktbezogenen Marketingmaßnahmen in den verschiedenen Lebensphasen. Dies kann an einigen Ansatzpunkten verdeutlicht werden:

- Einführungsphase: Neben einem geeigneten Produkt und dessen eigentlichem Launch sind Investitionen in Vertriebskanäle sowie Werbung und Verkaufsförderung zur Schaffung von Bekanntheit wichtig. Auch die Definition von Qualitätsstandards im Markt und Anreizmaßnahmen zum Auslösen von Erstkäufen sind relevant.

- Wachstumsphase: Notwendig ist die Aufnahme einer differenzierteren Kundenbearbeitung in den Vertriebskanälen. Auch qualitative Verbesserungen und die Einführung von Varianten beim Produkt sind wichtig. Maßnahmen zum Aufbau von Präferenzen sollten hier erfolgen.
- Reife- und Sättigungsphase: Das Angebot von segmentspezifischen Varianten ist auszubauen und Produktmodifikationen sind zu durchdenken. Maßnahmen zum Aufbau von Treue werden sehr wichtig. Ein Relaunch ist vorzubereiten bzw. ggf. durchzuführen. Auch der Einsatz von Sondermodellen und Preisreduktionen spielt eine große Rolle. Um eine Verlängerung der Sättigungsphase zu erreichen, kann vor allem bei Maßnahmen zur Steigerung der Verwendungshäufigkeit (verbesserte Distribution, Änderung der Packungseinheiten), der Entwicklung neuer Verwendungsmöglichkeiten (neue Produkteignungen, neue Anwendungsspektren) oder der Gewinnung neuer Kunden (Abwerbung vom Wettbewerb, Gewinnung bisheriger Nichtverwender) angesetzt werden.
- Degenerationsphase: Der Fokus liegt nun auf der Aufgabe aller produktbezogenen Aktivitäten, um das Produkt möglichst ohne weitere Kosten zu eliminieren. Zuvor sollte die Migration der Kunden zu Folgeprodukten abgesichert werden.

Innnovationspolitik

Neben der Produkt- und der Programmgestaltung hat die Innovationspolitik eine besondere Rolle für die Produktpolitik. Sie ist Grundlage von Neuprodukteinführungen und stellt damit sicher, dass jederzeit ein für die definierten Kundengruppen attraktives Produktprogramm geführt werden kann. Angesichts dynamischer Märkte, der sich kontinuierlich verändernden Nutzenerwartungen von Zielgruppen und den i. d. R. eingeschränkten Haltbarkeiten von Produkten im Markt (s. Produktlebenszyklus) soll eine systematische Innovationspolitik sicherstellen, dass

stets geeignete Marktlösungen für die Produktpolitik verfügbar sind.

Von Bedeutung ist eine begriffliche Unterscheidung, die die Betrachtungsperspektive betrifft.

I. Kunden- und Marktsicht: Innovation
Produktinnovationen sind Produkte, die vom Kunden als neu wahrgenommen werden. Man spricht von einer echten Innovation, wenn es sich um ein originäres Produkt mit völlig neuer Nutzenstiftung handelt. Quasi-Innovationen sind neuartige Produkte, die an bestehende Produkte anknüpfen, aber eine veränderte Nutzenstiftung aufweisen. Ein „Me-too"-Produkt ist bereits bestehenden Produkten nachempfunden und hat eine entsprechend gleiche Nutzenstiftung.

II. Unternehmenssicht: Neuprodukt
Wird die Perspektive des Unternehmens eingenommen, so wird der Begriff *Neuprodukt* verwendet. Neuprodukte müssen daher nicht immer Innovationen sein. Ein Produkt(typus) kann für das Produktprogramm eines Anbieters neu, im Markt jedoch bereits etabliert sein. Für den Markterfolg von Neuprodukten sind die Kundenakzeptanz und der Grad der Bedürfnisrelevanz und -erfüllung entscheidend.

▶ **Echte Innovation** Ein Produkt, das im Markt eine völlig neue Nutzenstiftung liefert.

Innovation bzw. der Bedarf für Neuprodukte können vom Markt oder von der Technologie ausgelöst werden. Gehen Neuproduktentwicklungen auf unerfüllte oder nicht optimal erfüllte Bedürfnisse zurück, liegen marktinduzierte Neuprodukte vor (Demand – Pull). Bei technologieinduzierten Neuprodukten hingegen liegen technologische Entwicklungen vor, die zur Entwicklung neuer Lösungen führen (Technology – Push).

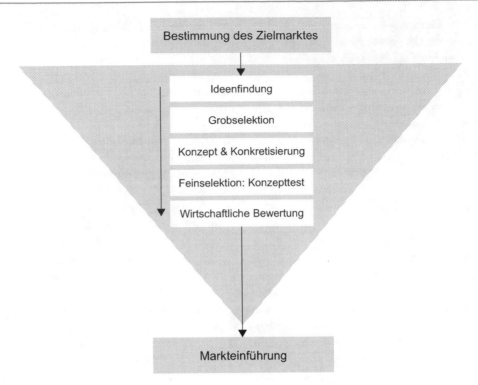

Abb. 6.6 Phasen der Neuproduktentwicklung. (Quelle: Redler 2019, S. 127)

▷ **Neuprodukt** Ein aus Unternehmenssicht neues Produkt, das entwickelt und im Markt eingeführt wird.

Der Weg zu einem Neuprodukt (New Product Development, *NPD*) kann anhand eines idealtypischen Prozesses beschrieben werden (Abb. 6.6). Ausgangspunkt ist die Bestimmung des Zielmarktes bzw. der Zielgruppe. Diese Festlegungen sind essenziell, um den weiteren Prozess in die richtige Richtung führen zu können und geeignete Suchfelder und Bewertungskriterien abzuleiten. Es folgt eine Phase der Ideenfindung und -bewertung. Hierbei sind zunächst möglichst viele Ideen zu generieren, um anschließend über eine Bewertung einige weiter zu verfolgende herauszufiltern. Zur Ideengenerierung kann auf unternehmensinterne (z. B. Vertriebsmitarbeiter, Vorschlagswesen oder Beschwerdestellen) und unternehmensexterne Inputs (z. B. Kundenanalysen, Lead-User-Analysen, Wettbewerbsbeobachtungen, Technologieentwicklungen, Experten

und Berater sowie Trendstudien) zurückgegriffen werden. Eine wichtige Rolle spielen Kreativitäts- und Assoziationstechniken. Dies sind systematische Vorgehensweisen, um schöpferische Kräfte freizusetzen, gedanklich neue Verbindungen herzustellen oder gezielt vorherrschende Denkmuster zu überwinden. Bedeutsame Techniken sind das Gruppen-Brainstorming, die 6-3-5-Methode, die Synektik, der morphologische Kasten oder Analogiebildungen. Eine Einteilung der Deutschen Gesellschaft für Kreativität wird in Abb. 6.7 wiedergegeben.

Bei der Bewertung und Auswahl der weiter zu verfolgenden Ideen (Screening) wird meist mehrstufig vorgegangen. Anhand von Checklisten werden zunächst grundsätzlich unbrauchbare Ideen ausgesondert (Grobselektion), bspw. nach rechtlichen, Realisierbarkeits- oder Strategieanforderungen gefiltert. Verbreitet sind hier auch Scoring-Modelle bzw. Nutzwertanalysen. Bei der sich anschließenden Feinselektion haben kundenseitige Konzepttests eine große Bedeutung. Dazu ist erfahrungsgemäß schon eine sehr

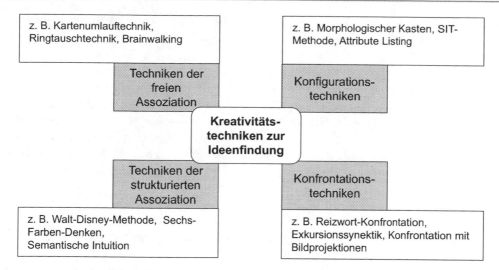

z. B. Kartenumlauftechnik, Ringtauschtechnik, Brainwalking

Techniken der freien Assoziation

z. B. Morphologischer Kasten, SIT-Methode, Attribute Listing

Konfigurations-techniken

Kreativitäts-techniken zur Ideenfindung

Techniken der strukturierten Assoziation

Konfrontations-techniken

z. B. Walt-Disney-Methode, Sechs-Farben-Denken, Semantische Intuition

z. B. Reizwort-Konfrontation, Exkursionssynektik, Konfrontation mit Bildprojektionen

Abb. 6.7 Kreativitätstechniken zu Ideenfindung bei Neuprodukten. (Quelle: In Anlehnung an https://kreativ-sein.org/kreativitaet/kreativitaetstechniken)

genaue Konzeptausarbeitung als Modell oder Funktionsmuster erforderlich. Durch spezielle, oft auch qualitative Methoden der Marktforschung (siehe Abschn. 3.5), sollen Anmutungs- und Verwendungsaspekte sowie die Ausprägungen wichtiger kaufentscheidungsrelevanter Größen ermittelt werden. Auch Testmärkte und Testmarktsimulatoren haben hier erhebliche Bedeutung. Ziele sind die Beurteilung der voraussichtlichen Akzeptanz am Markt sowie die Prognose von Erst- und Wiederkaufraten. Jene Innovationsalternativen, die anhand der Testergebnisse auf eine Marktakzeptanz schließen lassen, werden anschließend nach Wirtschaftlichkeitsaspekten bewertet. Dabei kommen u. a. Ansätze der dynamischen Investitionsrechnung zum Einsatz.

Ausgewählte Innovationskonzepte werden dann technisch realisiert und im Markt eingeführt. Für die Markteinführung dieser Neuprodukte sind Zeitpunkte, Reihenfolgen von Adressaten und Regionen sowie relevante Marketingstrategien und -maßnahmen zu koordinieren.

▶ **Diffusionsprozess** Ausbreitung des Neuprodukts im Markt – von der ersten Nutzung durch Vorreiter bis hin zu ihrer vollständigen Adoption durch die breite Masse.

Die Durchsetzung der Neuerung im Markt lässt sich durch *Diffusionsprozesse* beschreiben. Nach der Theorie der Diffusion von Innovationen werden Neuerungen im Markt nach und nach übernommen, wobei dieser Prozess wesentlich vom Einfluss sozialer Gruppen auf einzelne Kaufentscheidungen bestimmt wird (siehe Abschn. 2.7.2). Eine Erkenntnis daraus ist, dass sich nach dem individuellen Adoptionsverhalten bestimmte Käufergruppen, ihre Gruppengröße und ihre Bedeutung für den *Adoptionsprozess* erkennen lassen:

- *Innovators* (wenige): Vorreiter und Erstnutzer von Neuprodukten. Sie sind oft technikaffin, ausprobier- und risikobereit.
- *Early Adopters* (ehcr wenige): Diese Gruppe wählt neue Produkte sorgsam aus. Sie sind oft auch Meinungsführer und prägen somit das Verhalten anderer.
- *Early Majority* (ca. ein Drittel): Käufer dieser Gruppe wählen Produkte sehr bewusst aus und vermeiden Risiken. Jedoch nutzen sie neue Produkte früher als der durchschnittliche Käufer.
- *Late Majority* (ca. ein Drittel): Diese Käufergruppe ist vorsichtig und skeptisch gegenüber Innovationen, entscheidet sich jedoch auch für Neuprodukte, wenn sie schon von vielen an-

deren genutzt werden. Hier kommt oft auch sozialer oder ökonomischer Druck als Faktor zum Tragen.

- *Laggards* (eher wenige): Laggards sind die letzte Gruppe, die Innovationen aufgreifen. Mit Blick auf Neuheiten sind sie sehr argwöhnisch und vertrauen eher auf das Bekannte.

Mit Kenntnis dieser Gruppen lässt sich ein prognostizierbares Muster für die Adoption von Innovationen im Markt ableiten.

Customer Co-Creation

Die Entwicklung und die Einführung von Neuprodukten ist ein langer und oft kostenintensiver Prozess. Um die Erfolgswahrscheinlichkeit möglichst hochzuhalten, ist es bedeutsam, neue Lösungen eng an den tatsächlichen Kundenbedürfnissen auszurichten, in Kundennutzen zu denken und zugehörige Prozesse zeit- und kosteneffizient zu gestalten. Ein unter diesem Blickwinkel zunehmend wichtiger Ansatz ist die Nutzung sogenannter *Customer-Co-Creation*-Verfahren. Dabei werden Kunden in den Phasen des Produktentwicklungsprozesses direkt miteinbezogen. Prominent ist dies bei der Ideenfindung, beim Produkt- oder Verpackungsdesign oder bei Tests anzutreffen. Co-Creation kann verschiedene Intensitätsgrade einnehmen, bspw. von der Integration von Kundenideen in den Produktentstehungsprozess über die Ideenauswahl durch Kunden bis zur kundenindividuellen Gestaltung der gesamten Leistung.

Beispiel: DeWalt, ein Hersteller hochwertiger Elektrowerkzeuge im B2B-Bereich, macht intensiv Gebrauch von einer festen Online-Community aus über 10.000 Nutzern der Produkte. Darüber lernt das Unternehmen die Bedürfnisse der Kunden genau zu verstehen. Gleichzeitig werden über die Community Neuproduktideen und Weiterentwicklungsvorschläge von Kunden und Händlern aufgenommen und in den Entwicklungsprozess eingespeist. Zu ersten Entwicklungsrichtungen für neue Produkte kann von der Community detailliertes und engagiertes Feedback eingeholt werden.

▷ Bei der Innovationspolitik können Co-Creation-Ansätze sehr wertvoll sein.

Trotz aller Bestrebungen sind heute dennoch bei Weitem nicht alle Produktneueinführungen im Markt erfolgreich. Einschätzungen der Floprate bei Konsumgütern bspw. liegen zwischen 70 und 90 %. Bei Industrieneuprodukten geht man davon aus, dass sich durchschnittlich nur jedes zweite Neuprodukt erfolgreich am Markt durchsetzt.

6.2   Markenmanagement

6.2.1 Markengrundlagen

Im Marketing werden Marken heute wirkungsbezogen definiert. Demnach werden Marken als in der Psyche des Menschen verankerte Vorstellungsbilder aufgefasst, die eine Differenzierungs- und Identifizierungsfunktion übernehmen und das Kaufverhalten prägen (Esch 2018, S. 22; Meffert und Burmann 1998, S. 81; ähnlich auch Keller und Swaminathan 2019, S. 68 ff.).

▷ **Marke (Brand)** Erlernte mentale Vorstellungen zu einem Markennamen, die Urteile und emotionale Reaktionen von Menschen beeinflussen.

Das, was die Marke ausmacht, spiegelt sich in den mit dem Markennamen verbundenen Assoziationen wider, die im Gedächtnis des Menschen auf unterschiedliche Art repräsentiert werden. Diese Assoziationen üben einen Einfluss auf das Verhalten der Konsumenten aus. Daher gilt der Aufbau von Marken und damit der Markenassoziationen als ein zentrales Marketinginstrument. Die Gesamtheit der *Assoziationen* wird auch als (gelernte) Wissensstruktur oder als *Markenschema* bezeichnet (siehe Abschn. 2.3.1; Abb. 6.8).

▷ Eine Marke ist ungleich dem Produkt. Sie ist auch etwas anderes als ein Markenname oder ein Logo. Die Marke ist ein psychologisches Konstrukt, das in der Innenwelt von Menschen aufgebaute Vorstellungen und Haltungen

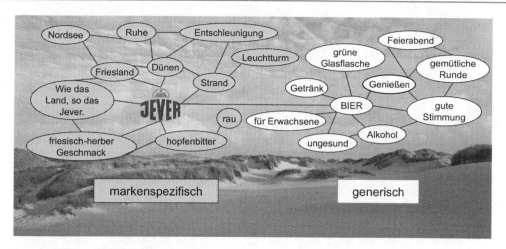

Abb. 6.8 Schema Jever. (Quelle: Ullrich 2018)

beschreibt. Wie ein Vorurteil kann eine solche Marke das Verhalten von Menschen beeinflussen. Erworbenes Markenwissen lässt sich als Gedächtnisschema darstellen und beschreiben.

Nicht zwangsläufig beziehen sich Marken nur auf Produkte. Marken können sich vielmehr auf diverse Objekte beziehen. So können auch Unternehmen, Persönlichkeiten, Einkaufstätten, Dienstleistungen oder TV-Formate eine Marke sein.

Formen von Marken
Entsprechend unterscheidet man auch diverse Markenformen.

- Nach dem Träger bzw. Eigentümer der Markenrechte kann zwischen Hersteller- und Handelsmarken unterschieden werden. Während *Herstellermarken* vom Produzenten der Güter oder der Dienstleistungen geführt werden (Beispiel: Die Marke „Punica" des Herstellers PepsiCo), sind die Rechte an *Handelsmarken* im Eigentum eines Händlers und werden von diesem gesteuert (Beispiel: die Biolebensmittelmarke „enerBIO" des Handelsunternehmens Rossmann). Durch die Vertikalisierungsentwicklungen verwischen die Grenzen zunehmend, weshalb man auch oft als weitere Kategorie von *vertikalen Marken* spricht (Beispiel: Die Marke „Zara" der Inditex-Gruppe, die Hersteller und Händler zugleich ist).

- Nach der Bezugsebene und den Anspruchsgruppen der Markenführung unterscheidet man zwischen Unternehmensmarken (Corporate Brands), Employer Brands und Produktmarken. Während sich *Produktmarken* auf Kundengruppen ausrichten und dabei klar umrissene Marktaufgaben fokussieren, beziehen sich *Employer Brands* auf die Zielgruppenmitarbeiter und Bewerber. *Unternehmensmarken* wiederum müssen sich an allen Anspruchsgruppen eines Unternehmens ausrichten (also z. B. Kunden, Geldgeber, Öffentlichkeit und Mitarbeiter) und eine entsprechend durchgängige Haltung einnehmen.

- Nach den beim Beziehungsaufbau dominierenden Interaktionskanälen zwischen den markenführenden Institutionen und ihren Zielgruppen kann man digitale Marken von klassischen (analogen) Marken abgrenzen. Bei der Führung von *klassischen Marken* setzt man hinsichtlich ihrer Verbindung zu den Zielgruppen in weiten Teilen auf klassische Kommunikations- und Interaktionskanäle. Andererseits werden bei *digitalen Marken* vorrangig Techniken und Kanäle des internetbasierten, digitalen Marketing für die Markenführung und die Verbindung mit den oft primär digital orientierten Zielgruppen genutzt. Zum Teil beziehen sie sich stark auf digitale Produkte und Dienste.

Zielgrößen

Die zentralen Zielgrößen zum Aufbau einer starken Marke im Sinne eines Markenschemas sind die *Bekanntheit* der Marke und ihr *Markenimage* (Esch 2018).

- Die Bekanntheit gibt an, inwiefern Reize wie der Markenname oder das Logo von Zielgruppenpersonen wiedererkannt oder von diesen, bei entsprechenden Befragungen, aktiv reproduziert werden können. Die Bekanntheit ist eine notwendige Voraussetzung zum Imageaufbau, denn nur zu Reizen, die überhaupt erinnert werden (also bekannt sind), können zugehörige Inhalte erlernt werden.
- Das Markenimage spiegelt erlernte kognitive Markeninhalte wider, enthält aber auch Bewertungen, Einstellungen und Gefühle zur Marke. Es fasst die Gesamtheit der zugehörig erlernten Inhalte zusammen.

Umso höher die Bekanntheit und umso klarer und eigenständiger das Markenimage ausgeprägt ist, umso stärker ist die Marke bei den Zielgruppen verankert.

▷ Marken basieren auf hoher Bekanntheit bei den relevanten Zielgruppen und einem spezifischen Markenwissen in der mentalen Welt dieser Zielgruppen (Image).

Funktionen von Marken

Starke Marken erfüllen vielfältige Funktionen. Aus *Kundensicht* bieten sie Orientierungshilfe bei Entscheidungen und erleichtern die Informationsaufnahme und -verarbeitung, reduzieren Risiken von Entscheidungen und geben Hinweise auf die Qualität sowie für die Preis-Leistungs-Beurteilung. Zudem können Marken bei Kunden Erlebnisse auslösen oder deren Selbstinszenierung unterstützen.

Für *Absatzmittler* wie Handelsunternehmen sind starke Marken attraktiv, um bspw. das Absatzrisiko zu verringern, eigene Beratungsleistungen zu reduzieren oder um von den Kunden positiver wahrgenommen zu werden, da diese ihre positive Einstellung von der Marke auf den Absatzmittler übertragen können.

Für die *Markenführenden* bedeuten sie eine Möglichkeit, sich vom Wettbewerb abzugrenzen, ein Preispremium aufzubauen sowie eine Markenpräferenz und -bindung zu erreichen. Zudem sind starke Marken interessante Plattformen für weiteres Wachstum, z. B. Produktlinienerweiterungen durch Markenallianzen oder durch Lizenzierungen.

6.2.2 Prozess der Markenführung

Markenführung kann als ein Managementprozess aufgefasst werden, der strategische und operative Aufgabenstellungen umfasst (Abb. 6.9).

Ausgangspunkte sind die Abgrenzung des zu betrachtenden *Marktes* und die Festlegung und zweckmäßige wie präzise Definition von *Zielgruppen* (was i. d. R. eine sinnvolle *Marktsegmentierung* (Abschn. 5.6.2) voraussetzt). Eine weitere wichtige Aufgabe ist die sorgfältige Bestandsaufnahme zur externen als auch zur internen Situation. Insbesondere nach der Betrachtung der Ressourcen und Identität, der Wettbewerber und der Zielgruppenerwartungen wird anschließend ein *Positionierungskonzept* entwickelt (dazu auch Abschn. 5.7). Erst darauf aufbauend beginnt die *Umsetzung* der Positionierungsideen in Ausdrucksmittel der Marke. Dies bedeutet einerseits, die Markierungselemente für die Marke zu gestalten, andererseits sind damit konkrete *Marketingmaßnahmenprogramme* angesprochen, die zu planen, budgetieren und zu realisieren sind, um bei den Zielgruppen Lerneffekte im Sinne der definierten Markenpositionierung zu initiieren. Ein geeignetes *Monitoringsystem* aus relevanten Indikatoren bildet den Rahmen für die operative Markenkontrolle.

6.2.3 Grundlegende Entscheidungen

Wichtige konstitutive Markenentscheidungen betreffen u. a. die Positionierung, die Festlegung

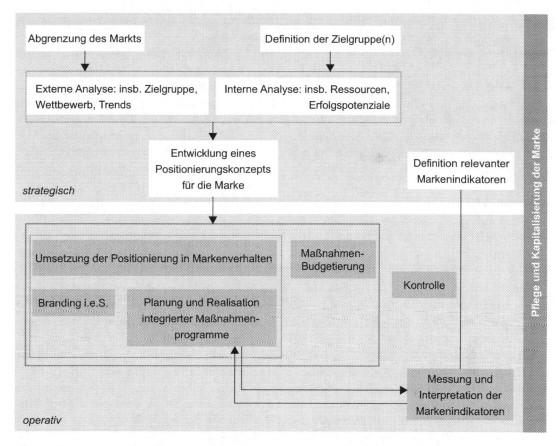

Abb. 6.9 Prozess und Themenfelder der Markenführung. (Quelle: Adaptiert nach Redler 2018, S. 41)

der Markenarchitektur und die Nutzung etablierter Marken als Plattform für ein Wachstum.

Festlegung einer Positionierung

Grundlage für die Führung einer Marke ist die Definition, wofür die Marke stehen soll – also die Festlegung, mit welchen Assoziationen, mit welchem Image der (potenzielle) Kunde einen Markennamen verbinden soll. Dies zu definieren und zu gestalten, bezeichnet man als *Markenpositionierung*. Die Positionierung ist damit zunächst eine Zieldefinition, zugleich aber auch der Weg, um dieses Ziel zu erreichen. Die Positionierung sollte dabei so gewählt werden, dass das angestrebte Markenschema auf den Stärken der eigenen Organisation aufsetzt, für den aktuellen bzw. potenziellen Kunden heute und zukünftig relevante und attraktive Aspekte aufweist und sich von den Wettbewerbsmarken wahrnehmbar un-

terscheidet. Ziel einer erfolgreichen Positionierung ist es, dass die Marke gegenüber Wettbewerbsmarken vorgezogen wird. Grundlegende Positionierungsstrategien wurden bereits im Abschn. 5.7 dargestellt.

Die angestrebte Soll-Positionierung sollte ganzheitlich erfasst und auch in eine Kernaussage überführt werden. Dazu sind verschiedene Instrumente entwickelt worden (z. B. Markensteuerrad, Markendiamant, Kernwerte und Points- of-Difference/Points-of-Parity von Keller, Markenprisma) (dazu z. B. Esch 2018).

Markenstrategie und Gestaltung der Markenarchitektur

Weitere grundlegende Festlegungen betreffen die Beziehungsstrukturen zwischen geführten Marken auf den verschiedenen Ebenen, insb. zwischen der Unternehmensmarke und den Produktmarken. Wichtige Markenstrukturmöglichkeiten bzw. Markenarchitekturtypen wurden bereits im Abschn. 5.7 vorgestellt.

Markenkapitalisierung durch Markendehnung und Markenkombinationen

Unter strategischem Blickwinkel können Unternehmen starke Marken für Neuprodukteinführungen und weiteres Wachstum nutzen. Zu den wesentlichen Möglichkeiten hierbei zählen:

* *Markendehnung:* Im Fall einer Markendehnung wird eine bestehende Marke genutzt, um ein Produkt in der bisherigen Produktkategorie (*Produktlinienerweiterung*) oder einer neuen Produktkategorie (*Markenerweiterung*) einzuführen. Dadurch können Produkteinführungen risikoärmer und kostengünstiger gestaltet werden. Voraussetzung für den Erfolg ist vor allem eine gute Passung der neuen Produkte zur bestehenden Marke. Vermieden werden sollte eine Überdehnung der Marke.
* *Markenallianz:* Bei Markenallianzen werden Marken unterschiedlicher Eigentümer aus der gleichen Wirtschaftsstufe kombiniert genutzt, um eine neue Leistung im Markt einzuführen.
* *Markenlizenzierung:* Bei der Lizenzierung räumt der Markeninhaber einem anderen Unternehmen gegen Gebühr das Recht ein, die Marke für seine Produkte zu nutzen. Dadurch können für den Lizenzgeber und Markeninhaber Einzahlungsströme generiert werden. Allerdings sollte der Markeneigner sicherstellen, dass er weiterhin ausreichend Kontrolle über die grundlegende Markensteuerung behält.

6.2.4 Operative Entscheidungsfelder

Auf operativer Ebene sind Festlegungen zum Markennamen und anderen Markenelementen wie dem Logo oder typischen Farben (Gestaltung des Branding) erforderlich. Zudem ist zu entscheiden, welche Marketingmaßnahmen dazu dienen sollen, die Markenpositionierung für die Zielgruppen langfristig konsistent erlebbar zu machen.

Festlegung eines Markennamens und des Markenlogos

Um ein Markenkonzept kommunikativ zum Leben zu erwecken, wird ein Markenname benötigt. Im Markenschema kann der Markenname als der zentrale Ankerpunkt aufgefasst werden, an dem sich die gelernten Inhalte anknüpfen. Der Markenname hat folglich eine zentrale Rolle für den Markenaufbau. *Er gibt dem Markenwissen seinen Anker* – ein Anker, der auch dafür notwendig ist, um in anderen Situationen wieder auf das Markenwissen zugreifen zu können, bspw. wenn in einer Werbung der Markenname vorkommt (Abschn. 2.3.1). Wird der Name so gewählt, dass er von sich aus schon mit bestimmten Vorstellungen verbunden ist, so kann dies für die Markenschaffung und -stärkung vorteilhaft sein. Zum Beispiel sind Markenamen wie „Pelikan" oder „Frosch" bereits mit bestimmten Inhalten aufgeladen, die dann automatisch in das Markenwissen übergehen. So impliziert bspw. der Markenname „Frosch" eine besondere Natürlichkeit der Produkte.

▶ **Markenname** Das Bezeichnende für das Markenkonzept.

  Branding
  Bestimmung der typischer Markenelemente und ihrer Ausprägungen, z. B. der typischen Farben, des Markennamens oder des Logos – um Erkennbarkeit zu sichern und idealerweise die Markenidee zu transportieren.

Ein gut gewählter Markenname kann den Erfolg der Marke und der unter ihr angebotenen Produkte stark unterstützen. Die Entwicklung eines Markennamens ist allerdings nicht trivial. Sie erfordert u. a. die genaue Auseinandersetzung mit der angestrebten Positionierung, den Zielgruppen, den Namen von Wettbewerbsmarken und der verfolgten Markenstrategie.

Markennamen sollten so gewählt werden, dass sie a) Hinweise auf die Produktkategorie oder relevante Angebote geben, b) sich einfach aussprechen, wiedererkennen und merken lassen und c) sich von anderen Markennamen abgrenzen. Zudem sollte der gewählte Markenname rechtlich schutzfähig sein. Oft ist auch die internationale Verwendbarkeit erforderlich, und die

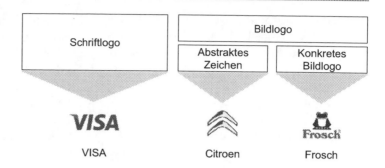

Abb. 6.10 Schriftlogo, abstraktes und konkretes Bildlogo

Anwendbarkeit für eine Internetdomain oder in sozialen Medien ist im digitalen Zeitalter i. d. R. eine wichtige zusätzliche Forderung.

▷ Markenelemente sind notwendig, um marken-bezogene Kommunikation zu ermöglichen.

Aufgrund der zahlreichen *Anforderungen*, die ein Markenname erfüllen soll, sowie vor dem Hintergrund, dass sehr viele Markennamen wie auch Internetadressen (URLs) bereits ver-geben sind, sind Kunstworte (wie „Novotel") als Markennamen auf dem Vormarsch. Sie können oft einen zumindest assoziativen Bezug zum Angebot oder zur Positionierung herstellen, wie dies bei „Schauma" der Fall ist. Eine Namen-sentwicklung ist selten ein spontaner Vorgang, sondern meist ein langer, mühevoller Entwick-lungsprozess, der nicht selten unter Einbezug externer, spezialisierter Dienstleister abläuft.

Neben dem Markennamen kommt dem *Logo* als wichtigstem visuellen Markenelement eine wesentliche Bedeutung zu. Da visuelle Reize leichter verarbeitet, gespeichert und abgerufen werden, liegt in einem gut gewählten Marken-logo ein weiterer Schlüssel, um Markenwissen leichter aufzubauen bzw. zu festigen.

▷ **Markenlogo** Zentrales visuelles Markenele-ment.

Typischerweise werden verschiedene Lo-gotypen unterschieden. Zum einen gibt es *Schriftlogos*, die ausschließlich oder über-wiegend aus Schriftelementen bestehen. An-dererseits existieren Logos, die bildliche Elemente integrieren. Diese werden als *Bild-*

logos bezeichnet. Je nach Konkretheitsgrad der integrierten Zeichen kann man bei Bild-logos noch abstrakte Zeichenlösungen von konkreten Bildlogos unterscheiden (siehe Abschn. 2.3.3.5; Abb. 6.10).

Auch für Markenlogos gelten zahlreiche *An-forderungen*. Sie sollen prägnant, aufmerksam-keitsstark und zu Wettbewerbslogos differenzie-rend sein. Sie sollen außerdem möglichst einen Angebotsbezug aufweisen und am besten schon die Positionierungsidee der Marke transportie-ren. Wichtig ist auch, dass eine gute Erinnerbar-keit erreicht wird, was voraussetzt, dass das Logo für die Zielgruppe attraktiv erscheint. Zu prüfen ist weiterhin, ob sich das Logo in den verschiede-nen Kommunikationsmaßnahmen problemlos einsetzen lässt. Zu beachten ist die rechtliche Schutzfähigkeit.

Definition des integrierten Markendesigns
Zu weiteren gestaltbaren Markenelementen zäh-len vor allem *Farbcodes*, typische *Formen* und *Schriften*, *Sounds* oder eine eigenständige Stilis-tik. Entsprechend sind auch diesbezüglich Entwicklungsprozesse erforderlich. Das ganz-heitliche Durchdenken und das aufeinander ab-gestimmte Entwickeln von Markenelementen sind essenzielle Prinzipien des *Brand Design*s. Brand Design ist ein Hauptinstrument der (visu-ellen) Identitätsgebung.

▷ Alle Markenelemente sollten so entwickelt werden, dass diese aufeinander abgestimmt in sich konsistent sind. Um dies zu erreichen, wird i. d. R. eine integrierte Entwicklung des Brand Designs gefordert. Im Ergebnis sollte nicht nur jedes Markenelement die Wahrnehmung der Markenidee fördern, sondern insb. das Gesamtbild und Zusammenspiel aller Elemente sollte die Markenpositionierung stützen.

Umsetzung der Positionierung durch Marketingmaßnahmen

Um die definierte Soll-Positionierung in erlerntes Markenwissen zu übertragen, also ein Markenimage im Sinne der Positionierungsidee aufzubauen, sind langfristig angelegte und abgestimmte Programme von Marketingmaßnahmen erforderlich. Dies wird als Umsetzung der Positionierung bezeichnet und entspricht letztlich der Phase des eigentlichen Markenaufbaus bzw. der Markenpflege. Der Marketingmix wird demnach derart ausgestaltet, dass das angestrebte Markenschema von den Konsumenten konsistent gelernt werden kann. Dies benötigt Zeit und konstante, positionierungskonforme Botschaften.

Als zentrale Anforderungen an eine derartige Umsetzung einer Positionierung nennt Esch (1992):

- Die Abstimmung der Umsetzung auf die *Wahrnehmung* der Konsumenten – die Botschaften müssen bei der Zielgruppe subjektiv wahrnehmbar sein.
- Die *eigenständige* Umsetzung in Maßnahmen – die Umsetzungslösungen und Botschaften dürfen nicht austauschbar zu denen des Wettbewerbs sein.
- Die *Integration* der Maßnahmen – alle Aktivitäten müssen gleichgerichtet, aufeinander abgestimmt und wiederholt erfolgen.

▶ Die Marke entsteht erst durch die mit dem Marketingmix gestalteten Kontakte und Erfahrungen der Zielgruppen.

Kernbotschaften zu den Lernzielen

- Produkte umfassen tangible und intangible Leistungen, also Güter und Services. Das Pro-

duktkonzept aus Anbietersicht und das Nutzenkonzept aus Kundensicht beinhalten je mehrere Ebenen. In ihrer Korrespondenz können sie Hilfestellung bei der Analyse und der Konfiguration von Produkten bieten.

- Produktprogramme werden u. a. nach ihrer Breite und Tiefe beschrieben.
- Zu den zentralen produktpolitischen Entscheidungsbereichen zählen die Produkt- und Programmgestaltung sowie das Innovationsmanagement.
- Der Produktlebenszyklus ist ein idealtypisches Konzept zur Verdeutlichung typischer Kalküle und Maßnahmen bei der Steuerung von Produkten im Zeitverlauf.
- Für eine nachhaltig erfolgreiche Produktpolitik ist der Einsatz von Kreativitätstechniken und die systematische Steuerung von Innovationen essenziell.
- Aktuellen Ansichten folgend, ist eine Marke ein erlerntes Vorstellungsbild zu einem Objekt. Alles kann heute im Sinne einer Marke aufgefasst werden – nicht nur das Produkt. Marken vereinfachen Kaufentscheidungen für Kunden. Für den Markenmanager sind sie wertvolle Assets, da sie eine Beeinflussungsfunktion ausüben.
- Eine hohe Bekanntheit und ein klares Markenimage sind die Säulen starker Marken. Um diese aufzubauen und zu festigen, sollte von einer sorgsam erarbeiteten Markenpositionierung ausgegangen werden. Diese wird in Markenelemente und Maßnahmen übersetzt. Marken werden somit durch ihre Markenelemente und den konkreten Marketingmix erlebbar und somit für Kunden erlernbar.
- Starke Marken bieten für deren Eigner i. d. R. zusätzlichen Produktabsatz, gebundene Kunden, Krisensicherheit und die Durchsetzbarkeit höherer Preise. Sie können durch Markendehnungen, Markenallianzen oder Lizenzen weiter kapitalisiert werden.

Mindmap zum Kapitel 6

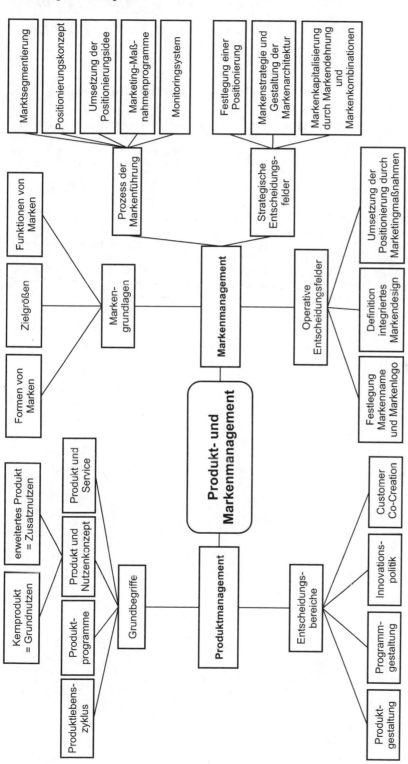

Literatur

Im Kapital zitierte Literatur

Brunner, C. B., Ullrich, S., Jungen, P., & Esch, F.-R. (2016). Impact of symbolic product design on brand evaluations. *Journal of Product & Brand Management, 25*(3), 307–320.

Esch, F.-R. (1992). Positionierungsstrategien – konstituierender Erfolgsfaktor für Handelsunternehmen. *Thexis, 9*(4), 9–16.

Esch, F.-R. (2018). *Strategie und Technik der Markenführung* (9. Aufl.). Vahlen.

Keller, K. L., & Swaminathan, V. (2019). *Strategic brand management. Building, measuring, and managing brand equity. Global edition* (5. Aufl.). Pearson.

Meffert, H., & Burmann, C. (1998). Abnutzbarkeit und Nutzungsdauer von Marken – ein Beitrag zur steuerlichen Behandlung von Warenzeichen. In H. Meffert & N. Krawitz (Hrsg.), *Unternehmensrechnung und -besteuerung: Grundfragen und Entwicklungen* (S. 75–126). Springer.

Redler, J. (2018). *Die Store Brand*. Springer Gabler.

Redler, J. (2019). *Grundzüge des Marketing* (2. Aufl.). BWV.

Scharf, A., Schubert, B., & Hehn, P. (2009). *Marketing: Einführung in Theorie und Praxis* (6. Aufl.). Schäffer-Poeschel.

Ullrich, S. (2018). *Lehrbrief Markenführung*. Hochschule Schmalkalden.

Weiterführende Literaturhinweise

Baumgarth, C. (2014). *Markenpolitik*. Springer Gabler.

Bruhn, M., & Hadwich, K. (2017). *Produkt- und Servicemanagement – Konzepte, Prozesse, Methoden*. Vahlen.

Chitale, A. K., & Gupta, R. (2013). *Product policy and brand management*. PHI.

Esch, F.-R. (2018). *Strategie und Technik der Markenführung* (9. Aufl.). Vahlen.

Gaubinger, K., Rabl, M., Swan, S., & Werani, T. (2015). *Innovation and product management*. Springer.

Herrmann, A., & Huber, F. (2013). *Produktmanagement*. Springer Gabler.

Kapferer, J. N. (2012). *The new strategic brand management*. Kogan Page.

Schmidt, H. J. (2015). *Markenführung*. Springer Gabler.

Preismanagement

7

Lernziele

- Die Herausforderungen der Preispolitik verstehen und unterschiedliche preispolitische Ziele beschreiben können
- Kostenorientierte, konsumentenorientierte und wettbewerbsorientierte Einflussfaktoren auf die Preissetzung kennen und bewerten können
- Preisstrategien für neue Produkte und Preispositionierungen kennen und bewerten können
- Vorteile der Preisdifferenzierung sowie deren Möglichkeiten erläutern und bewerten können
- Einen Überblick über die Konditionenpolitik kennen

Nachfolgend wird zunächst in die Bedeutung der Preissetzung für unterschiedliche Unternehmensziele sowie deren Schnelligkeit und Wirksamkeit dargestellt. Es folgt die Darstellung der unterschiedlichen Ansatzpunkte für die Preissetzung. Daran anknüpfend werden Preisstrategien, Preisdifferenzierungen und Preismaßnahmen vorgestellt. Eine kurze Übersicht über die Konditionenpolitik rundet das Kapitel ab.

7.1 Grundlagen

Der Preis als Bestandteil des Marketingmixes spielt eine erhebliche Rolle für den Gewinn, der sich als Gewinn = Absatzmenge x Preis – Kosten ergibt.

Die optimale Bestimmung der Preise ist deshalb für den Gewinn hochrelevant: Wird die Preisbereitschaft der Konsumenten nicht ausgeschöpft, so verzichtet man bei gleichbleibender Absatzmenge auf Gewinn. Zu hohe Preise können dagegen zu sinkenden Absatzmengen und höheren Stückkosten führen, wodurch der Gewinn ebenso kleiner ausfällt. Am Beispiel in Tab. 7.1 ist zu erkennen, dass durch eine Preissteigerung um vier Prozent eine Gewinnsteigerung in Höhe von 50 % möglich ist, wenn die Absatzzahlen und Stückkosten gleichbleiben.

Die Festsetzung und Durchsetzung von Preisen ist von vielen Faktoren abhängig, sodass Preise optimal bestimmt werden müssen. Auf den meist vorliegenden gesättigten Märkten sind Differenzierungen vor allem über erlebnisorientiertes Marketing oder den Preis möglich. Dementsprechend finden Verdrängungswettbewerbe über den Preis statt. Auch in wachsenden Märkten wird im Kampf um Marktanteile aggressiv mit niedrigen Preisen agiert. Im Internet ermöglichen Preisvergleiche eine hohe Preis-

© Springer Fachmedien Wiesbaden GmbH, ein Teil von Springer Nature 2021
J. Redler, S. Ullrich, *Marketing klipp & klar*, WiWi klipp & klar,
https://doi.org/10.1007/978-3-658-34538-9_7

Tab. 7.1 Gewinne in Abhängigkeit unterschiedlicher Preise

Preis pro Stück	2,50 €	2,60 €
Kosten pro Stück	2,30 €	2,30 €
Gewinn pro Stück	0,20 €	0,30 €
Gewinn bei 1.000.000 Stück	200.000 €	300.000 €

transparenz. Gleichzeitig haben preispolitische Entscheidungen eine starke Durchschlagskraft. Sie wirken im Marketingmix am schnellsten und stärksten (Homburg 2020, S. 724):

- Zeitnahe Realisierbarkeit: Schnelle Änderungen der Preise am Markt möglich.
- Hohe Wirkungskraft: Preisänderungen können je nach Preiselastizität zu großen Nachfrageänderungen führen.
- Hohe Wirkungsgeschwindigkeit: Insbesondere bei häufig gekauften Produkten wie Fast Moving Consumer Goods reagieren Konsumenten schnell auf Preisänderungen. Dies gilt auch für die Konkurrenz. An Tankstellen zum Beispiel erfolgen Preisänderungen der Wettbewerber meist innerhalb von wenigen Minuten, wenn ein Anbieter den Preis verändert.
- Schwierige Revidierbarkeit: Konsumenten merken sich Preise, die sie in der Vergangenheit bezahlt haben (Preislernen) oder die im Rahmen von Sonderangeboten verfügbar sind. Bei Preisänderungen sollten deshalb immer mögliche langfristige Folgen beachtet werden.

Unter diesen schwierigen Voraussetzungen haben Unternehmen neben dem Oberziel der langfristigen Gewinnmaximierung unternehmensbezogene, handelsbezogene und konsumentenbezogene Ziele bzgl. des Pricings (Tab. 7.2).

7.2 Einflussfaktoren auf die Preissetzung

7.2.1 Kostenorientierte Perspektive

Während viele Unternehmen kurzfristig auf Gewinne verzichten, um Marktanteile zu gewinnen, müssen Preise langfristig hoch genug sein, um

keine dauerhaften Verluste zu verursachen. Hierfür sind die Kosten zu decken, die aus fixen Kosten (z. B. Miete, Personalkosten und Finanzierungskosten) und variablen Kosten (z. B. für Bauteile und Verpackungsmaterial pro Stück) bestehen. Bei der Preisfestsetzung auf Vollkostenbasis wird auf die Stückkosten als langfristige Preisuntergrenze i. d. R. noch ein Gewinnaufschlag zu einem branchenüblichen Aufschlagsatz eingepreist (Kosten-Plus-Preisbildung). Vorteilhaft an diesem Vorgehen sind die automatische Berücksichtigung der Kosten und die einfache Anwendbarkeit auch für große Produktprogramme (Simon und Fassnacht 2016, S. 195 ff.). Problematisch ist die Nichtbeachtung der Nachfragerseite. Konsumenten kaufen vor allem nutzenorientiert und ignorieren die Herstellungskosten weitgehend. Für sie ist der Preis entscheidend, den sie bezahlen müssen. Preissteigerungen sind nicht beliebig möglich, da in Folge dieser der Absatz kleiner wird. Hierdurch steigen die Stückkosten. Dagegen führen geringere Preise zu einer größeren Absatzmenge und zu niedrigeren Stückkosten. Dies resultiert aus den Economies of Scale, nach denen bei steigenden Produktionszahlen z. B. mit Arbeitsteilung Spezialisierungsvorteile sowie Kostenersparnisse durch größere und effizientere Maschinen erreicht werden können. Bei der Kosten-Plus-Methode muss deshalb die Wechselwirkung zwischen Preis und Absatz berücksichtigt werden, die mittels der Preisabsatzfunktion im Rahmen der konsumentenorientierten Perspektive erläutert wird.

Dieser Zirkelschluss der Vollkostenrechnung kann mittels der Teilkostenrechnung umgangen werden, in der nur die variablen Kosten als kurzfristige Preisuntergrenze bei der Preisfindung einbezogen werden. Hierzu ist die Deckungsbeitragsrechnung anzuwenden, um sicherzustellen, dass die Fixkosten langfristig gedeckt werden.

Abweichungen von der Kosten-Plus-Methode sind oft sinnvoll, z. B., wenn Verbundeffekte berücksichtigt werden: So erfolgt z. B. der Verkauf von Laserdruckern zu sehr günstigen Preisen, während die Gewinne dann über die Tonerkosten erzielt werden. Ein Unterschreiten der kurzfristigen Preisuntergrenze ist ebenso möglich. So bietet Adobe seit Jahrzehnten die Software Adobe

Tab. 7.2 Beispiele für preispolitische Zielinhalte. (Quelle: Bruhn 2019, S. 171)

Unternehmensbezogene Ziele	Erhöhung von Absatz bzw. Umsatz Erhöhung des Marktanteils Erhöhung der Deckungsbeiträge und des Gewinns Verbesserung der Rentabilität
Handelsbezogene Ziele	Erhöhung der Präsenz in den Handelskanälen Verbesserung der Marktabdeckung Erhöhung des Distributionsgrades Sicherstellung eines einheitlichen Preisniveaus in unterschiedlichen Vertriebskanälen
Konsumentenbezogene Ziele	Verbesserung der wahrgenommenen Preiswürdigkeit (Preisbeurteilung in Relation zum Qualitätsniveau) Verbesserung der wahrgenommenen Preisgünstigkeit (Preisbeurteilung gegenüber Konkurrenzprodukten) Beeinflussung der Preiswahrnehmung in eine bestimmte Richtung (z. B. Preis als Qualitätsindikator) Gestaltung der Preiserwartung (z. B. Vermeidung der Erwartung von zukünftig sinkenden Preisen)

Acrobat Reader DC zur Darstellung von PDF-Dateien kostenlos an. Umsatz wird durch Adobe Acrobat DC erzielt, der die Möglichkeit zum Bearbeiten von PDF-Dateien bietet. Durch die Quersubventionierung kann hier einerseits ein hoher Marktanteil und andererseits hohe Gewinne erzielt werden.

Mittels Mischkalkulation ist eine Abweichung von der kostenbasierten Perspektive zu marktstrategischen Aspekten möglich. Es erfolgt eine Orientierung an den Wettbewerbspreisen, die möglichst unterboten werden, um z. B. neue Märkte zu erschließen oder höhere Marktanteile zu etablieren. Es wird in Kauf genommen, dass dadurch nur geringe Gewinne oder auch oft Verluste erzielt werden. Zum Ausgleich möglicher Verluste werden andere Produkte teurer angeboten, um einen insgesamt akzeptablen Deckungsbetrag zu erzielen. Zu berücksichtigen ist, dass Mischkalkulationen im Vergaberecht nicht erlaubt sind, also bei Bietverfahren der öffentlichen und teilweise auch privaten Auftraggeber nicht angewendet werden dürfen. Ebenso muss nach dem Gesetz gegen Wettbewerbsbeschränkungen der Verkaufspreis über dem Einstandspreis liegen. Hier sind nur wenige Ausnahmen möglich, z. B., wenn Lebensmittel ansonsten verderben würden. Teilweise werden im Handel Ausweichmöglichkeiten genutzt, sodass z. B. durch die Verrechnung von allgemeinen Werbekostenzuschüssen auf einzelne Produkte

letztendlich doch unter Einkaufspreis verkauft wird (Abschn. 7.5.3).

▶ Bei der Preissetzung ist die interne Kostensituation zu berücksichtigen. Die Preisuntergrenze sollte nicht langfristig unterschritten werden.

7.2.2 Konsumentenorientierte Perspektive

Zum Einkauf stehen Verbrauchern nur begrenzte Mittel zur Verfügung, die optimal eingesetzt werden sollten. Je nach persönlichen Präferenzen und zur Verfügung stehenden Mitteln liegen unterschiedliche Preisbereitschaften für ein Produkt vor.

Preisabsatzfunktion

Mit der *Preisabsatzfunktion* werden die Preisbereitschaften der Nachfrager zusammengestellt und damit ein Zusammenhang zwischen dem Angebotspreis und der Absatzmenge hergestellt. Folgend wird dies vereinfacht für den Fall eines Produktmonopols und somit ohne den Einfluss von Konkurrenzprodukten und -preisen dargestellt. Die Absatzmenge korreliert i. d. R. positiv mit fallenden Preisen. Beispielsweise würden Biobananen zu einem Kilopreis von über 6 € nicht gekauft (Prohibitivpreis). Bei Kilopreisen knapp darunter würden sich einige potenzielle Käufer finden, die eine entsprechende hohe Preisbereitschaft zeigen. Erst bei Preisen von unter 4 € ergibt sich ein größeres Verkaufspotenzial, welches bei einem sinkenden Preis weiter zunimmt. Die maximale Absatzmenge wird im Punkt a (Sättigungsmenge) erreicht, wenn die Biobananen kostenlos verteilt werden. Zur Bestimmung des optimalen Preises p* ist der Punkt des höchsten Gewinns (Umsatz – Kosten) zu ermitteln. Dieser liegt am Punkt G_{max} vor, an dem die (hier nicht abgebildete) Umsatzkurve auf die gleiche Steigung wie die Kostenkurve sinkt (Cournotscher Punkt). Das bedeutet, dass das Gewinnmaximum nicht am gleichen Punkt wie das Umsatzmaximum zu erwarten ist (Abb. 7.1).

Preiselastizitäten
Die Steigung der Preisabsatzfunktion drückt die Preiselastizität der Nachfrage aus. Diese drückt die Preissensibilität der Nachfrager aus. Steile Preisabsatzfunktionen werden deshalb durch geringe Preiselastizitäten gekennzeichnet. Preisänderungen führen hier nur zu geringfügigen Absatzmengenänderungen. Ein Beispiel kann hier der Butterpreis sein, der in den letzten Jahrzehnten kaum gestiegen ist, und Butter damit sehr preisgünstig erhältlich ist. Butter ist ein für

viele Konsumenten unverzichtbarer Bestandteil des täglichen Lebens, der nicht durch andere Produkte substituiert werden kann. Preissteigerungen würden deshalb nur geringfügig kleinere Absatzmengen auslösen. Ebenso würden selbst drastische Preissenkungen bei Butter kaum zu relevanten Absatzsteigerungen führen, da Butter bereits heute schon nahe der Sättigungsmenge verkauft wird. Flach abfallende Preisabsatzfunktionen werden durch eine hohe Preiselastizität geprägt. Dies ist z. B. bei Luxusgütern wie Champagner der Fall, vor allem, wenn durch Preissenkungen neue Märkte eröffnet werden. Durch Sonderangebote können z. B. bei Kaffee erhebliche Absatzsteigerungen erzielt werden, da Konsumenten die Regelmäßigkeit von Sonderangeboten bekannt ist und dann auf Vorrat kaufen. Hierbei kann es sich allerdings um kurzfristige Effekte handeln, wenn aufgrund von Vorratshaltung statt Mehrkonsum in den Folgewochen kein Kaffee mehr gekauft wird.

▷ **Preiselastizität** = relative Absatzänderung/ relative Preisänderung.

Die Preisabsatzfunktion kann auch untypisch verlaufen. Dies ist beim Veblen-Effekt der Fall. Bei Veblen-Gütern steigt die Nachfrage an, statt

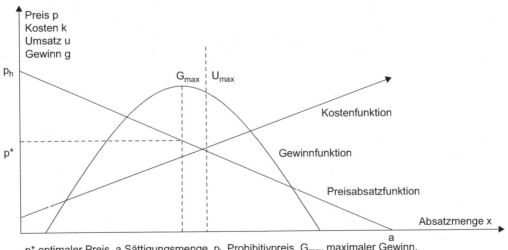

p* optimaler Preis, a Sättigungsmenge, p_h Prohibitivpreis, G_{max} maximaler Gewinn, U_{max} maximaler Umsatz

Abb. 7.1 Preisabsatzfunktion mit Gewinnmaximum

zu sinken, wenn die Preise steigen. Dies ist dadurch zu erklären, dass sich diese Nachfrager durch den Kauf Statuseffekte erhoffen, da andere Konsumenten sich das Produkt nicht mehr leisten können.

▶ Preisabsatzfunktion und Preiselastizität dienen einer nachfrageorientierten Preissetzung, die auf der ökonomischen Evaluation des Preisverhaltens basiert.

Nach der in der Volkswirtschaftslehre beheimateten Preisabsatzfunktion werden nachfolgend verhaltenswissenschaftliche Perspektiven (Abschn. 2.1.4) der Preispolitik dargestellt.

Preisinteresse

Unter dem Preisinteresse wird das Bedürfnis verstanden, vor Kaufentscheidungen nach Preisinformationen zu suchen und zu berücksichtigen. Zwar ist davon auszugehen, dass Konsumenten sich hinsichtlich der Berücksichtigung der Preise entlasten wollen, jedoch liegen auch relevante Gründe für ein ausgiebiges Preisinteresse vor: Diese sind das Streben nach der optimalen Versorgung oder der Wunsch des sozial verantwortlichen Handels, z. B. als aufgeklärter Konsument. Es kann aber auch die Leistungsmotivation sein, clevere Kaufentscheidungen zu treffen (Kroeber-Riel und Gröppel-Klein 2019, S. 399). Insbesondere bei Kauf von höherwertigen Gebrauchsgütern im Internet ist davon auszugehen, dass viele Konsumenten die von Preisvergleichsportalen ermöglichte hohe Preistransparenz nutzen. Dagegen informieren sich Konsumenten über die Preise der täglichen Verbrauchsgüter im Supermarkt oft nur wenig und auch die *Preiskenntnis* für viele Verbrauchsgüter ist recht gering. Eine Ausnahme ist das zunehmende Smart Shopping, bei dem Smart Shopper gezielt die regelmäßigen Sonderangebote kaufen und damit preisliche Unterschiede ausnutzen. Da z. B. zumindest wöchentlich eines der Biere der großen Brauereien (z. B. Beck's, Bitburger, Jever oder Paulaner) im Sonderangebot erhältlich ist, ist ein Vorratskauf oder ein Wechsel zwischen den Marken zu Sonderangebotspreisen möglich.

Referenzpreise

Konsumenten orientieren sich in der Einschätzung der Preiswürdigkeit von Angeboten an internen Referenzpreisen (siehe Preislernen oben), die sie aus ihrem Langzeitgedächtnis zur Preisbeurteilung abrufen können. Neben diesen können externe Referenzpreise am Point of Sale wirken (auch: POS, Abschn. 2.3.2). Referenzpreise dienen als initiale Anker, an denen sich Konsumenten subjektiv orientieren. Der Anker (Abschn. 2.4.3) hat damit einen wesentlichen Einfluss auf die Preisbeurteilung. Dies gilt auch für willkürlich gesetzte Anker. Ein Experiment mit 55 Studierenden zeigte auf, dass diese sich in ihrer Preisbereitschaft stark an dem davor gesetzten Anker, den letzten beiden Ziffern ihrer eigenen Sozialversicherungsnummern, orientierten. In der Praxis finden sich deshalb oft beliebige Preisbereitschaften statt klar definierter Preisbereitschaften (Ariely et al. 2003, S. 75 ff.). Liegen Angebotspreise unterhalb der Referenzpreise (Anker), so werden diese als Gewinne aufgefasst und von Konsumenten bevorzugt realisiert. Dagegen werden Preise oberhalb von Referenzpreisen vermieden, da diese Differenzen als Verluste interpretiert werden. Als Referenzpreise können unterschiedliche Informationen herangezogen werden (Meffert et al. 2019, S. 506 f.; Mayhew und Winer 1992, S. 62 ff.):

- Typischer Preis
- Preis, den man zum letzten Mal gesehen oder bezahlt hat
- Ehemaliger Preis, der zur Preisgegenüberstellung aufgeführt wird
- Unverbindliche Preisempfehlung, die branchenspezifisch gefordert oder unterboten wird
- Übertriebener Mondpreis. Produkte müssen zumindest für eine bestimmte Zeit ernsthaft zu den dargestellten Preisen offeriert worden sein, damit diese dann mit durchgestrichenen Vergleichspreisen aufgeführt werden können.
- Reservationspreis (auch: Vorbehaltspreis), den man maximal zu zahlen bereit ist
- Wettbewerberpreise, die zum Vergleich dargestellt werden
- Erwartete zukünftige Preise
- Übliche Sonderangebotspreise

Referenzpreise können im Marketing auch aktiv zum Vergleich angeboten werden. So erscheint z. B. ein Handelsmarkenprodukt preisgünstiger, wenn dieses am POS neben teureren Produkten von Herstellermarken platziert wird (Kontrasteffekt, auch Abschn. 2.3). Ebenso kann eine Platzierung zusammen mit teureren Produkten aus der gleichen Produktkategorie ein einheitliches Leistungsniveau der Produkte suggerieren, obwohl das Produkt preislich günstiger angeboten wird.

Preis als Qualitätsindikator
Der Preis ist eine der Schlüsselinformationen (Abschn. 2.4.3) in der Produktbeurteilung (Tab. 7.3). Die Qualität teurer Produkte wird oft besser eingeschätzt als die von billigen. Vielfach wurde nachgewiesen, dass der Preis für die Beurteilung der Qualität eine relevante Rolle spielt und oft auch zur Qualitätsbeurteilung ausreicht (Felser 2015, S. 393 ff.). Der Preis fungiert hier als Heuristik zur Risikoreduzierung einer Fehlentscheidung. Dies ist insbesondere der Fall, wenn das Involvement (Abschn. 2.4.2) gering ist und es an Expertise mangelt. Dagegen führt eine große Produkterfahrung zu einer geringeren Bedeutung der Preise, da die Qualität der unterschiedlichen Angebote auch ohne Berücksichtigung dieser eingeschätzt werden kann. Ein gesundes Selbstvertrauen mindert ebenso die Abhängigkeit vom Faktor Preis. Beispielsweise könnten Konsumenten sich einerseits auf ihre Einschätzung der Leistungsfähigkeit von Xiaomi-Smartphones verlassen und würden sich andererseits auch nicht von anderen Konsumenten irritieren lassen, die auf den geringen Preis und somit eine mögliche geringe Qualität hinweisen könnten.

Verlustaversion, Gewinne und Verluste sowie partitionierte Preise
Im Onlineshopping hat sich gezeigt, dass viele Konsumenten sich an den Versandkosten stören. Bevorzugt werden Onlineshops, die ab einer niedrigen Mindestbestellsumme kostenfrei liefern. Gemäß der Nutzenfunktion sollte der Gesamtpreis aus Produktpreis und Versandkosten beim Onlineshopping relevant sein und somit Versandkosten nicht negativ wirken. Dass die Versandkosten als Verlust wahrgenommen werden, kann mit dem Verlustaversionsprinzip der *Prospect Theory* (Kahneman und Tversky 1979) erklärt werden, die sich auf irrationale Entscheidungshandlungen unter Risiko bezieht: Wenn Gewinne erwartet werden, so wird der sichere Gewinn (3000; 80 % der Teilnehmer wählten diese Variante) gegenüber einem höheren unsicheren Gewinn (80 % Chance auf 4000; 20 % der Teilnehmer wählten diese Variante) bevorzugt. Drohen dagegen Verluste, so wird risikofreudig gehandelt (80 % Chance auf −4000; 92 %) und der sichere Verlust (−3000; 8 %) vermieden. Deswegen ist es sinnvoll, „Verluste" wie die Versandkosten in den Produktpreisen einzukalkulieren, damit versandkostenfrei offeriert werden kann.

Thaler (1985, S. 202) stellt die folgenden Regeln zur positiven Kommunikation von Gewinnen und Verlusten anhand seiner Erkenntnisse der mentalen Buchführung zusammen:

Tab. 7.3 Einflussfaktoren für die preisorientierte Qualitätsbeurteilung. (Quelle: Diller 2008, S. 150)

Motivationale Faktoren	Kognitive Faktoren	Situative Faktoren
Streben nach kognitiver Konsistenz (+)	Kauf- und Produkterfahrung (−)	Zeitdruck (+)
(Monetäres) Sparsamkeitsstreben (−)	Fähigkeit zur objektiven Qualitätsbeurteilung (−)	Komplexität der Einkaufsaufgabe (+)
Qualitätsinteresse (+)	Selbstvertrauen (−)	Subjektiv perzipierte Variationsbreite der angebotenen Qualitäten (+)
Entlastungsstreben (+)	Vertrauen zum Hersteller oder Händler (−)	Verwendungszweck des Produktes (unstetig)
Streben nach sozialer Anerkennung (+)	Markentreue (−)	Versorgungsgrad des Haushalts (+)

- Mehrere Gewinne getrennt darstellen, da die Gewinnfunktion konkav ist
- Mehrere Verluste zusammenfassen, da die Verlustfunktion konvex ist
- Kleine Verluste mit einem größeren Gewinn zusammenfassen, um die Verlustaversion auszugleichen
- Kleine Gewinne (Silberstreifen am Horizont) von größeren Verlusten trennen: Da die Gewinnfunktion in der Nähe des Ursprungs ist, kann dieser den Nutzen einer leichten Reduzierung eines großen Verlusts übersteigen.

Auf den ersten Blick sollte deshalb ein Komplettpreis positiver als ein partitionierter Preis (Preisaufteilung in Grundpreis, Preise für weitere Leistungen und/oder Zusatzgebühren) wahrgenommen werden. Dies ist aber nicht der Fall (Liu und Soman 2008. S. 663): Partitionierte Preise werden als niedriger als Komplettpreise wahrgenommen und führen zu einer höheren Nachfrage. Dies liegt einerseits darin begründet, dass Konsumenten den Nutzen separat betrachten, den sie für jeden Einzelpreis erhalten. Wenn die Einzelpreise zudem preislich vorteilhaft kalkuliert werden, können deren Einzelevaluationen positiv auf die Gesamtbeurteilung hinwirken und zu einem Kauf von mehr Leistungen führen.

▶ Aus verhaltenswirtschaftlicher Perspektive sind psychische Faktoren wie das Preisinteresse, Referenzpreise, der Preis als Qualitätsindikator und Verlustaversionen für die Preisgestaltung relevant.

7.2.3 Wettbewerbsorientierte Perspektive

Bei der Preissetzung sind auch die auf dem Markt vertretenen Konkurrenten relevant, die den Rahmen für den preispolitischen Spielraum setzen. Auf einigen Märkten spielen alleine die Wettbewerbspreise für die Preissetzung eine Rolle, wie z. B. auf dem Ölmarkt, Strommarkt oder für die bei Discountern erhältlichen Handelsmarken der Fast Moving Consumer Goods.

Für die wettbewerbsorientierte Perspektive ist zu unterscheiden, ob das eigene Unternehmen der einzige Anbieter ist (Monopol Abschn. 1.2), wenige (Oligopol Abschn. 1.2) oder viele weitere Anbieter (Polypol Abschn. 1.2) auf viele Nachfrager im Markt treffen (Olbrich und Battenfeld 2014, S. 19 ff.):

- Monopol: Hier ist der eigene Preis die relevante Variable. Der gewinnmaximale Preis kann mit der Preisabsatz- und Kostenfunktion berechnet werden.
- Oligopol: Die Preise einzelner Anbieter spielen eine Rolle, wenn sie relevante Marktanteile haben oder erreichen können. Im Fokus steht das Reaktionsverhalten der Wettbewerber.
  - Preisführerschaft: Referenzpreis wird eigenständig gesetzt, vor allem bei innovativen Produkten oder Marken mit sehr hoher Präferenzbildung.
  - Preisfolgerschaft: Orientierung am Preis und den Preisänderungen des Preisführers mit einem wirtschaftsfriedlichen Verhalten.
  - Koalitionsverhalten: Unternehmen vermeiden Preiskonkurrenz durch mehr oder weniger explizite Verständigung. Preisabsprachen sind dagegen nicht erlaubt (Verstöße gegen das Kartellverbot).
  - Preiskampf: Ein schneller Markteintritt oder eine Marktdurchdringung können durch Kampfpreise erreicht werden, wenn Konsumenten sensibel auf Preisänderungen reagieren (hohe Preiselastizität).
- Polypol: Bei vollkommenen zeitunabhängigen Märkten ohne Produktpräferenzen und vollständiger Markttransparenz herrscht ein Gleichgewichtspreis. Preisreduzierungen und -steigerungen führen zu starken Nachfragezunahmen bzw. -abnahmen. In der Regel liegen aber persönliche, sachliche, örtliche oder zeitliche Präferenzen vor. Dadurch ergibt sich ein monopolistischer Bereich, in dem eine eigenständige Preispolitik möglich ist. Erst bei Überschreitungen von Schwellen erfolgen schnelle Nachfrageänderungen. Dies ist auf digitalen Marktplätzen gut zu beobachten: Vertrauenswürdige, schnell liefernde Verkäufer erzielen bessere Preise als

Gelegenheitsverkäufer mit wenigen Bewertungen.

▶ Die wettbewerbsorientierte Perspektive ist vor allem dann relevant, wenn eine hohe Wettbewerbsintensität gegeben ist oder Wettbewerbsreaktionen schwierig einzuschätzen sind.

7.3 Preisstrategien

7.3.1 Preisstrategien für neue Produkte

Bei der Neueinführung von Produkten steht die Entscheidung an, ob diese im Rahmen einer Skimmingstrategie oder Penetrationsstrategie eingeführt werden sollen.

Skimming
Bei der *Skimmingstrategie* (auch: Abschöpfungsstrategie) wird die hohe Zahlungsbereitschaft der Konsumenten genutzt. In der Anfangsphase ist diese bei innovativen Produkten und bei einem Nachfrageüberhang meist sehr hoch. Dadurch können die notwendigen Investitionen für Neuprodukte schnell wieder erwirtschaftet werden, was insbesondere bei kurzen Produktlebenszyklen relevant ist. Gleichzeitig kann der hohe Preis als Qualitätsindikator dienen. Ebenso vorteilhaft ist die Möglichkeit der Schaffung eines Preisspielraums nach unten, wenn im Produktlebenszyklus die Zahlungsbereitschaft sinkt und der Konkurrenzdruck wächst. Nachteile sind der Verzicht auf eine schnelle Erreichung hoher Absatzzahlen als auch das Anlocken von Konkurrenz durch die hohen Gewinnspannen.

▶ **Skimming** Leistungen werden in der Anfangsphase zu hohen Preisen angeboten, die angepasst an die Marktsituation folgend gesenkt werden.

Penetration
Mit der *Penetrationsstrategie* steht dagegen vor allem auf Massenmärkten das schnelle Erreichen

einer großen Absatzmenge und damit großer Marktanteile im Fokus. Dies sollen durch niedrige Preise gewonnen werden. Dabei trägt die große Absatzmenge und die dadurch möglichen Economies of Scale zu sinkenden Stückkosten bei. Die Investitionen für die Produktentwicklung können mit der Penetrationsstrategie nur langfristig wieder erwirtschaftet werden. Preiskämpfe sind verbreitet, die den Preisspielraum verringern. Deshalb ist es von großer Bedeutung, die gewonnen Marktanteile langfristig halten zu können. Vorteilhaft sind deshalb hohe Anbieterwechselkosten, die auch durch Präferenzbildungsmaßnahmen und den Aufbau von Kundenbeziehungen gesteigert werden können.

▶ **Penetration** Schnelle Absatzsteigerung durch niedrige Einführungspreise, die angepasst an die Marktsituation folgend erhöht werden.

Ein in den letzten Jahrzehnten etablierter Sonderfall der Penetrationsstrategie ist die Freemiumstrategie, bei dem das Basisprodukt kostenfrei, teilweise auch mit Werbeinblendungen, angeboten wird. Vollversionen und Serviceleistungen sind dagegen nur kostenpflichtig verfügbar. Insbesondere im Internet haben sich Freemiumstrategien etabliert, z. B. LinkedIn oder Xing, die durch die kostenfreie Teilnahme schnell eine hohe Verbreitung erreicht haben. Mit Abomodellen oder Einmaltransaktionen können erwünschte Leistungen dazu gebucht werden.

7.3.2 Preispositionierungen

Preispolitische Positionierungen auf einem dauerhaften Preisniveau sind in unterschiedlichen Preislagen möglich. Der Marketingmix sollte dabei auf das Preisniveau abgestimmt werden.

• Hohe Preislagen (z. B. Sofitel oder La Prairie): hervorragende Qualität, Prestige, State of the Art, guter Service, Präferenzstrategie (siehe Abschn. 5.6.4)
• Mittlere Preislagen (z. B. Mercure oder Nivea): mindestens durchschnittliche Qualität, breite Verfügbarkeit

- Niedrige Preislagen (z. B. Ibis Budget oder Cien): mindestens hinreichende Qualität, breite Verfügbarkeit, Preis-Mengen-Strategien (siehe ebenda)

Die Preispositionierung steht in Wechselwirkung mit der Produkt- bzw. Markenpositionierung. Bei einer Discountpositionierung, wie sie z. B. von Ryanair erfolgreich betrieben wird, erfolgt eine Reduktion auf die Kernleistung mit mindestens durchschnittlicher Qualität. Weitere Leistungsbestandteile werden vermieden und die Betriebsabläufe gestrafft, um ein sehr gutes Preis-Leistungs-Verhältnis ermöglichen zu können. Der Preis ist also generell niedrig im Vergleich zum Wettbewerb. Da keine Präferenzvorteile außer dem Preis aufgebaut werden, müssen langfristige Kostenvorteile gegenüber dem Wettbewerb gehalten werden. Gleichzeitig ist darauf zu achten, dass keine Qualitätsprobleme auftreten. So machte Ryanair aufgrund von Kerosinmangels ausgelöster Notrufe Schlagzeilen.

▶ Dauerhafte Preispositionierungen sind in unterschiedlichen Preislagen möglich. Der restliche Marketingmix ist auf die Preispositionierung anzupassen.

Mit dem Angebot von unterschiedlichen Produktlinien in einer Kategorie, die *unterschiedliche Preislagen bedienen*, können Unternehmen den Gesamtmarkt abdecken. Die unterschiedlichen Preislagen müssen dabei allerdings durch der Marketingmix auch glaubwürdig vermittelt werden, um Kannibalisierungseffekte zu verhindern. Ein klassisches Beispiel ist hier VW: Zahlreiche Kunden entscheiden sich für den Škoda Octavia anstatt des teureren VW Golfs oder sogar des VW Passats, welcher zudem Marktanteile an den Škoda Superb abgegeben hat.

7.4 Preisdifferenzierung

Unternehmen können gleiche oder sehr ähnliche Produkte gleichzeitig zu unterschiedlichen Preisen anbieten. Man spricht von *Preisdifferenzierung*, wenn gleiche Produkte für unterschiedliche

Personengruppen, an unterschiedlichen Orten oder zu unterschiedlichen Zeiten zu unterschiedlichen Preisen angeboten werden. Damit nutzen Unternehmen differierende Preisbereitschaften aus. In der Tat zeigen Konsumenten unter unterschiedlichen Bedingungen verschiedene Preisbereitschaften: So können sie zu Hause Leitungswasser (Literpreis: ca. 0,2 ct) bevorzugen, im Büro dagegen das regionale Mineralwasser trinken (Literpreis: ca. 65 ct) und beim Reisen kleine Wasserflaschen im Bahnhof oder am Flughafen kaufen (Literpreis: ab ca. 2 €).

▶ **Preisdifferenzierung** Gleichartige Leistungen werden systematisch zu unterschiedlichen Preisen angeboten.

Mit Einheitspreisen ist eine Gewinnsteigerung durch das Abschöpfen der sogenannten Konsumentenrente (Zahlungsbereitschaft abzüglich bezahlten Preises) von jenen Konsumenten nicht möglich, die auch einen Preis oberhalb des Einheitspreises zahlen würden. Der Zusatzgewinn liegt hier in der Differenz vom höheren Preis zum Einheitspreis. Ebenso können weitere Absätze und damit zusätzliche Gewinne erzielt werden, wenn Preise unterhalb des Einheitspreises für diejenigen Konsumenten ermöglicht werden, deren Preisbereitschaft oberhalb der Grenzkosten, aber unterhalb des Einheitspreises liegt. Der Zusatzgewinn ergibt sich aus dem niedrigeren Preis abzüglich der Grenzkosten. Folgend wird dies beispielhaft an einem Produkt dargestellt, welches ursprünglich zum Einheitspreis von 200 € verkauft wurde (Tab. 7.4). In der Praxis entstehen für die Preisdifferenzierung erhebliche Kosten, sodass diese vom Zusatzgewinn abgezogen werden müssen, um den Nettovorteil zu berechnen.

Die Differenzierung ist in mehreren Formen möglich, die auch kombiniert werden können.

Räumliche Preisdifferenzierung

Bei räumlichen Preisdifferenzierungen spielen die unterschiedlichen Marktbedingungen von Regionen und Ländern eine Rolle (z. B. landesspezifische Netflix-Preise). Entlegene Tankstellen oder Tankstellen am Rand der Autobahn

Tab. 7.4 Preisdifferenzierung führt zu zusätzlichen Gewinnen

	Preisbereitschaft	Preis	Grenzkosten	Zusatzgewinn
Konsument (Einheitspreis)	200 €	200 €	120 €	-
Konsument (oberhalb)	300 €	300 €	120 €	100 €
Konsument (unterhalb)	150 €	150 €	120 €	30 €

können zu höheren Spritpreisen verkaufen als Tankstellen in Ballungsräumen.

Zeitliche Preisdifferenzierung

Bei der im Dienstleistungssektor besonders relevanten zeitlichen Preisdifferenzierung werden hinsichtlich des Kauf- und Verwendungszeitraums unterschiedliche Preise gefordert. Neben zusätzlicher Konsumentenrente können hier auch bessere Kapazitätsauslastungen erreicht werden. So sind Bahntickets am Freitagnachmittag und Sonntagnachmittag teurer als an Samstagen, an welchen die Züge i. d. R. wenig ausgelastet sind. Durch die Preisdifferenzierung können diese Kapazitäten von Individuen genutzt werden, die zeitlich flexibel sind und dafür von den günstigeren Preisen profitieren können. Hotels sind zu den Hauptreisezeiten sowie während Messezeiten deutlich teurer als an frequenzarmen Übernachtungen von Sonntag auf Montag. Die inzwischen häufig vorzufindenden gut sortierten Tankstellenshops bieten zwar durchgehend gleiche Preise, werden aber abends zum Einkaufen von spontanen Bedürfnissen genutzt. Da zu dieser Zeit meist keine anderweitigen Einkaufsmöglichkeiten bestehen, werden die geforderten Preise eher akzeptiert als zu den üblichen Ladungsöffnungszeiten.

Mengenbezogene Preisdifferenzierung

Die mengenbezogene Preisdifferenzierung ermöglicht günstigere Stückpreise in Form von Mengenrabatten. Diese sind einerseits im Endkundenbereich vorzufinden (z. B. Großpackung anstatt Einzelpackung), vor allem aber im Geschäftskundenbereich verbreitet. Das Erreichen von größeren Mengen kann auch im Rahmen der Kundenbindung mit günstigeren Konditionen honoriert werden.

Auch die beliebten Flatrates fallen unter die mengenbezogene Preisdifferenzierung. Jeder Kunde bezahlt unabhängig von seinem Nutzungsverhalten den gleichen festen Preis. Dadurch subventionieren Wenignutzer die Vielnutzer. Auch wenn das Angebot nicht ausgereizt wird, so sind diese aufgrund der Bequemlichkeit als auch wegen der Sicherheit beliebt, nie mehr als bezahlt auszugeben. Zudem genießen Nutzer Flatrateleistungen mehr und überlegen nicht bei jeder Einzelleistung, ob sie etwas dafür bezahlen wollen. Schließlich wird das eigene Nutzungsverhalten oft überschätzt, sodass Flaterates oft unvorteilhaft gegenüber günstigeren Tarifen bevorzugt werden (Meffert et al. 2019, S. 537 f.).

Leistungsbezogene Preisdifferenzierung

Unterschiedliche Ausprägungen der Produkte ermöglichen bei der leistungsbezogenen Produktdifferenzierung erhebliche Preisunterschiede. Das Basisprodukt ändert sich hier jedoch nicht. So werden Opernkarten je nach Sitzkategorie genauso unterschiedlich gepreist wie Flugreisen in der Economy, Business und First Class.

Personenbezogene Preisdifferenzierung

Schließlich gibt es personenbezogene Preisdifferenzierungsmöglichkeiten. Diese können beispielsweise abhängig sein von demografischen Kriterien (z. B. Alter: Kinder- und Seniorentarife oder Geschlecht: Friseurpreise) oder sozioökonomischen Kriterien (z. B. Beruf: Studierendentarife oder besondere Versicherungstarife im öffentlichen Dienst). Günstige Konditionen im jungen Alter sollen zum Aufbau einer lebenslangen Kundenbindung führen, die sich langfristig lohnt. Neukunden werden für einen begrenzten Zeitraum günstigere Konditionen eingeräumt als Bestandskunden. Kundenkarteninhabern können mit Sonderangeboten belohnt werden. Auch kann zwischen Privatkunden (z. B. kostenlose Girokonten) und Geschäftskunden (z. B. kostenpflichtige Geschäftskonten) differenziert werden. Ebenso können Preise gemäß der Bedeutung der Kunden für das Unternehmen gestaffelt werden (z. B. A- oder C-Kunden).

Dynamische und verdeckte Preisdifferenzierungsmöglichkeiten

Im Internet ist es möglich, die Vorteile der dynamischen Preissetzung (auch: *Dynamic Pricing*, *Adaptive Pricing*) zu nutzen. Diese sind vor allem für den Handel relevant, dessen Produkte i. d. R. in einer Vielzahl von Onlineshops erhältlich sind. Preisvergleichsplattformen wie Geizhals oder Idealo ermöglichen den einfachen Zugang zur Ermittlung der niedrigsten Preise eines Produktes oder ganzer Warenkörbe (z. B. Medizinfuchs). Um kompetitive Preise offerieren zu können, werden Preisoptimierungslösungen eingesetzt, mit denen Preise automatisch und kundenindividuell (z. B. unter Berücksichtigung der Preissensitivität) in Abhängigkeit von den Konkurrenzpreisen gesetzt werden können.

Bei der Preisdifferenzierung ist mit Reaktanz (Kap. 2) von Kunden zu rechnen, die höhere Preise als andere Kunden bezahlen. Dies trifft z. B. auf viele Bestandskunden zu, die oft mehr zahlen als Neukunden. Insbesondere im Dienstleistungssektor verbreitet ist das sogenannte Opaque Pricing, welches Unternehmen ermöglicht, ihre Produkte zu verdeckten niedrigen Preisen zu verkaufen. Beispielsweise verkaufen Reiseagenturen Restkapazitäten von nicht ausgebuchten Hotels oder Mietwagenflotten an preissensitive Konsumenten. Die Dienstleistungsmarke bleibt dabei verdeckt, bis der Kauf durchgeführt ist, wodurch erst im Nachhinein die konkrete Dienstleistung erkennbar ist, z. B., bei welchem Mietwagenanbieter der für einen bestimmten Zeitraum gebuchte Mietwagen in Empfang genommen werden kann. Da die Marke nicht allgemein sichtbar zu diesem Preis offeriert wird, können Reaktanzreaktionen von Kunden, die mehr für die direkte Markenbuchung bezahlt haben, als auch Markenabwertungen aufgrund der günstigeren Preise vermieden werden.

Eine Sonderform der Preisdifferenzierung ist das *Bundling*. Es zielt auf die Abschöpfung der Konsumentenrente wie auch die Absatzsteigerung ab. Beim Bundling werden in einem Bündelangebot mehrere Produkte zusammengefasst und für einen Bündelpreis angeboten. Liegen bei Konsumenten z. B. für zwei Produkte unterschiedliche Preisbereitschaften vor, so können diese durch das Bundle-Angebot ausgeglichen werden. Zudem ergeben sich Vorteile, wenn bei einigen Konsumenten die Preisbereitschaft für ein Einzelprodukt A aus einem Bündel bereits hoch ist (z. B. 250 €), denn dann verbilligt ein Bündelangebot wahrnehmungsseitig ein Produkt B, welches einzeln nicht gekauft worden wäre. Im Bündel erscheint es jedoch attraktiv, da im Bündel nur 50 € zusätzlich für das Produkt B bezahlt werden müssen (Bündelpreis der Produkte A und B: 300 €).

7.5 Konditionenpolitik

Mittels der Konditionenpolitik werden die Bedingungen des Kaufs festgelegt. Diese werden sowohl für den Handel als auch für Verbraucher bestimmt. Hierbei werden i. d. R. die allgemeinen Geschäftsbedingungen, Lieferungs- und Zahlungsbedingungen sowie Preisnachlässe berücksichtigt.

7.5.1 Allgemeine Geschäftsbedingungen

Die Kaufkonditionen werden in Verträgen festgehalten. In der Regel werden hierzu für eine Vielzahl von Verträgen vorformulierte Vertragsbedingungen benutzt, die von einer Vertragspartei aufgestellt werden: Dies sind die sogenannten allgemeinen Geschäftsbedingungen (AGB) nach BGB §305. Mittels der AGB lassen sich Vertragsabwicklungen rationalisieren, günstige Regelungen für die Vertragspartei festhalten, Gesetzeslücken ausfüllen und Vertragsbeziehungen vereinheitlichen. Die AGB regeln oft Aspekte der Zahlungsbedingungen, weshalb sie als Element der Preispolitik anzusehen sind.

7.5.2 Lieferungs- und Zahlungsbedingungen

Für die Preispolitik sind zudem die Lieferungs- und Zahlungsbedingungen relevant. So können z. B. unterschiedliche Zahlungszeitpunkte (z. B. Anzahlung oder Ratenzahlung) zu unterschiedlichen Barwerten der Zahlungen und damit unterschiedlichen Konditionen führen.

Lieferungsbedingungen

In den AGB bzw. individuellen Verträgen werden die genauen Bedingungen und Regelungen festgehalten, wie z. B. über den Umfang der Lieferungen und den Zeitpunkt des Eigentumsübergangs. Auch können Konventionalstrafen für verzögerte Lieferungen festgelegt werden. Umtauschrechte und Garantieregelungen können ebenso Bestandteil sein wie Mindestmenge oder Mindermengenzuschläge.

Zahlungsbedingungen

Zahlungsbedingungen umfassen z. B. die Zahlungsmittel, Zahlungszeitpunkte und Eigentumsvorbehalte. Rechnungen sind zwar immer sofort fällig, allerdings ermöglicht § 286 (3) BGB eine Zahlungsfrist von 30 Tagen, wenn diese nicht individuell anders vereinbart wird. Zudem können Kunden auch mit Krediten unterstützt werden, die entweder zum Kaufzeitpunkt finanzielle Engpässe haben oder langfristige Finanzierungen bevorzugen. Über Leasingverträge können Produkte miet- oder pachtweise für einen bestimmten Zeitraum gegen die Zahlung von Leasingraten überlassen werden – und im Anschluss kann das Produkt zurückgegeben oder gekauft werden. In den letzten Jahren mehren sich auch bei den Fahrzeugherstellern Abomodelle, mit denen Autos für begrenzte Zeit gemietet werden können.

7.5.3 Preisnachlässe

Preisnachlässe sind für den Handel als auch für den Verbraucher in unterschiedlichen Formen möglich.

Rabatt

Funktionsrabatte werden vor allem an den Handel für die Übernahme von bestimmten Aufgaben in der Lieferkette offeriert, z. B. für die Abholung der Waren oder die Übernahme des Kundendienstes. Ebenso unter diese Kategorie fallen Verkaufsförderungsmaßnahmen wie hervorgehobene Warenplatzierungen oder Werbekostenzuschüsse.

Mengenrabatte werden mit dem Ziel der Steigerung der Abnahmemenge gegeben und spiegeln teilweise die Kostenersparnisse auf der Herstellerseite wider. Z. B. bietet DHL Konsumenten den Vorabkauf von Paketversandmarken in Sparsets für 10, 50 oder 100 Pakete an, die nach Menge gestaffelte Rabatte enthalten. Eine Sonderform sind Naturalrabatte, bei denen kostenlose Stücke beim Kauf hinzugegeben werden (z. B. „Drei Stück zum Preis von zwei").

Zeitrabatte können in unterschiedlichen Formen offeriert werden. So sind Vorbestellungs-, Einführungs-, Aktions-, Frühbucher-, Saison- oder Auslaufrabatte, aber auch sonstige Ausprägungen üblich.

Es ergeben sich wichtige Wechselwirkungen vor allem mit der Kommunikationspolitik. So macht es Sinn, Rabatte visuell auffällig zu kommunizieren: Rote Farbe, durchgestrichene Preise sowie die parallele Kommunikation von altem und neuem Preis sind Konsumenten als Symbole für Rabatte bekannt, die das Belohnungszentrum aktivieren. Auch die psychologische Preissetzung ist zu beachten. Bei der Auslobung von Preisnachlässen sind bei größeren Kaufpreisen absolute Eurobeträge wirksamer (z. B. „statt 999 € jetzt 749 €: 250 € günstiger"), während bei kleinen Kaufpreisen prozentuale Rabatte effektiver sind (z. B. „statt 1,99 € jetzt 1,49 €: 25 % günstiger"). Rabatte sind zudem wirksamer, wenn Konsumenten mehrere Rabatte (z. B. 10 % Aktionsrabatt, 10 % Treuerabatt und 10 % Feierabendrabatt) statt eines großen Rabattes (z. B. 30 %) erhalten, obwohl der Rabatt in diesem Beispiel insgesamt niedriger ist (100 € − 10 % = 90 €, 90 € − 10 % = 81 € und 81 € − 19 % = 72,90 €).

▷ Monetäre und nicht monetäre Preisnachlässe auf Leistungen sind auf Basis unterschiedlicher Voraussetzungen möglich. Sie können sowohl dazu dienen, Marktanteile zu steigern als auch Auslaufprodukte und Lagerbestände zu veräußern.

Bonus

Boni werden am Ende vorher definierter Perioden oder bei Erreichung von Zielen rückwirkend gegeben. Sie dienen zur Motivation und zur Festigung der Kundenbeziehung. Für Händler können diese z. B. für das Erreichen spezifischer Umsatzziele oder für das Einhalten von vorab definierten Standards in der Warenpräsentation gegeben werden. Einfache Varianten stellen z. B. Treuekarten dar, die bei jedem Besuch gestempelt werden und z. B. beim zehnten Besuch einen Bonus auslösen.

Skonto

Skonti sind Preisnachlässe auf Rechnungsbeträge, die dem Kunden gewährt werden, wenn dieser innerhalb einer definierten Frist bezahlt. Wird innerhalb eines kurzen Zeitraums von bspw. zehn Tagen bezahlt, so erhält der Kunde ein Skonto in Höhe von 2 %. Im obigen Beispiel kann eine Zahlung am auch erst am 30. Tag ohne Berücksichtigung des Skontos erfolgen, wenn kein anderes Zahlungsziel explizit vereinbart wurde. Die Nichtinanspruchnahme des Skontos am zehnten Tag ist aber teuer und ist ein Lieferantenkredit mit einem effektiven Jahreszins in Höhe von 44,6 %. Eine Zahlung sollte deshalb vor Ablauf der Skontofrist erfolgen.

Kernbotschaften zu den Lernzielen

- Die richtige Preissetzung ist hochrelevant für den Unternehmensgewinn. Die Preisbereitschaft der Kunden sollte ausgeschöpft werden, zu hohe Preise mit in der Folge geringeren Absätzen dagegen vermieden werden.

Während Preise schnell und einfach mit hoher Wirkungsgeschwindigkeit gesenkt oder angehoben werden können, sind Preissenkungen schwer revidierbar, da Kunden Preiswissen aufbauen.

- Preisziele können direkt auf das eigene Unternehmen bezogen sein (z. B. Verbesserung der Rentabilität), auf den Handel (z. B. Verbesserung der Marktabdeckung) oder den Kunden (z. B. Verbesserung der Preiswürdigkeit).
- Bei der Preissetzung spielen Faktoren kostenorientierter (z. B. Produktionskosten oder Economies of Scale), kundenorientierter (z. B. Preisabsatzfunktion oder Preis als Qualitätsindikator) und wettbewerbsorientierter Natur (z. B. Marktform oder Reaktionsverhalten) eine Rolle.
- Mittels der Preisstrategien des Skimmings (zunächst hohe Preise) und der Penetration (zunächst niedrige Preise) stehen unterschiedliche Einführungsstrategien zur Auswahl. Nach der Einführung sind Preispositionierungen in unterschiedlichen Preisniveaus möglich.
- Die Preisdifferenzierung erlaubt das Abschöpfen unterschiedlicher Preisbereitschaften bei gleichzeitiger Wahrung der Absatzmenge. Zur Verfügung stehen sowohl statische Preisdifferenzierungen (z. B. räumlich oder zeitlich) als auch dynamische Preissetzungsmöglichkeiten (z. B. basierend auf Wettbewerbspreisen oder Warenkörben).
- Konditionenpolitik gehört zur Preispolitik. In dieser werden die individuellen oder allgemeinen Vertragsbedingungen festgelegt. Dies können z. B. Liefer- und Zahlungsbedingungen sowie Preisnachlässe sein.

Mindmap zum Kapitel 7

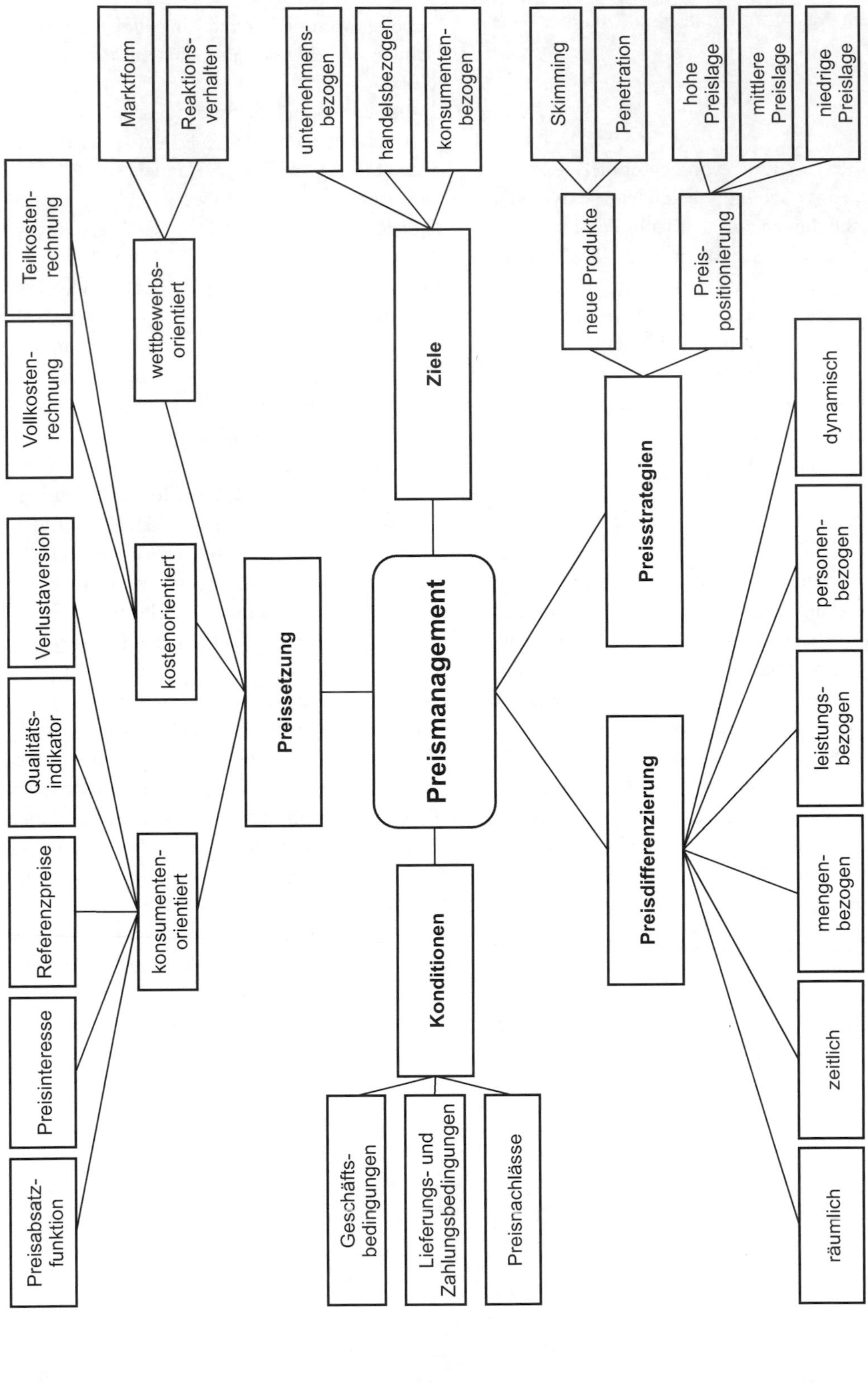

Literatur

Im Kapitel zitierte Literatur

Ariely, D., Loewenstein, G., & Prelec, D. (2003). „Coherent arbitrariness": Stable demand curves without stable preferences. *The Quarterly Journal of Economics, 118*(1), 73–106.

Bruhn, M. (2019). *Marketing. Grundlagen für Studium und Praxis* (14. Aufl.). Springer.

Diller, H. (2008). *Preispolitik* (4. Aufl.). Kohlhammer.

Felser, G. (2015). *Werbe- und Konsumentenpsychologie* (4. Aufl.). Springer.

Homburg, C. (2020). *Marketingmanagement* (7. Aufl.). Springer.

Kahneman, D., & Tversky, A. (1979). Prospect theory: An analysis of decision under risk. *Econometrica, 47*(2), 263–292.

Kroeber-Riel, W., & Gröppel-Klein, A. (2019). *Konsumentenverhalten* (11. Aufl.). Vahlen.

Liu, M. W., & Soman, D. (2008). Behavioral pricing. In C. P. Haugtvedt, P. M. Herr, & F. R. Kardes (Hrsg.), *Handbook of consumer psychology* (S. 659–681). Psychology Press.

Mayhew, G. E., & Winer, R. S. (1992). An empirical analysis of internal and external reference prices using scanner data. *Journal of Consumer Research, 19*(1), 62–70.

Meffert, H., Burmann, C., Kirchgeorg, M., & Eisenbeiß, M. (2019). *Marketing. Grundlagen marktorientierter Unternehmensführung. Konzepte – Instrumente – Praxisbeispiel* (13. Aufl.). Springer Gabler.

Olbrich, R., & Battenfeld, D. (2014). *Preispolitik* (2. Aufl.). Springer.

Simon, H., & Fassnacht, M. (2016). *Preismanagement* (4. Aufl.). Springer.

Thaler, R. (1985). Mental accounting and consumer choice. *Marketing Science, 4*(3), 199–214.

Weiterführende Literaturhinweise

Diller, H., Beinert, M., Ivens, B., & Müller, S. (2020). *Pricing. Prinzipien und Prozesse der betrieblichen Preispolitik* (5. Aufl.). Kohlhammer.

Olbrich, R., & Battenfeld, D. (2014). *Preispolitik* (2. Aufl.). Springer.

Pechtl, H. (2014). *Preispolitik. Behavioral Pricing und Preissysteme* (2. Aufl.). UVK/Lucius.

Simon, H., & Fassnacht, M. (2016). *Preismanagement* (4. Aufl.). Springer.

Vertriebs- und Distributionsmanagement

Lernziele

- Die Verbindung von Vertrieb und Distribution verstehen und einordnen können
- Ein Vertriebssystem charakterisieren und den Vertriebsprozess beschreiben können
- Herausforderungen, Handlungsfelder und Tools des Channel-Management kennen
- Wichtige Vertriebsintermediäre einordnen können und den Stellenwert von Bindungs- und Motivationssystemen erkennen
- Vertriebs- und Kundenmanagementstrategien erläutern können
- Die Bedeutung des Verkaufs und des Beschwerdemanagement darstellen können
- Das CRM als Rahmenkonzept erläutern können
- Wichtige Kennzahlen des Vertriebscontrolling darstellen können und den Ansatz des Customer Equity durchdringen

In Kap. 8 werden Grundlagen der Vertriebspolitik vorgestellt. Dazu wird in die relevanten Begriffe und den Kontext eingeführt. Als vier wesentliche Felder des Vertriebs werden das Kundenmanagement, Distributionsentscheidungen, der Verkauf und das Vertriebscontrolling näher dargestellt.

8.1 Grundlagen des Vertriebs

Vertrieb kann neben dem Produkt-, Preis-, und Kommunikationsbereich als zentraler Instrumentalbereich des Marketing angesehen werden. Vertriebspolitik deckt sich begrifflich in weiten Teilen mit der klassischen Distributionspolitik („Place"), geht aber in einigen Teilen darüber hinaus.

▶ Vertriebspolitik beinhaltet Distributionspolitik, umfasst aber noch weitere Teile.

Zur Frage, ob der Marketingansatz oder der Vertrieb das jeweils übergeordnete Konzept darstellt, existieren widersprüchliche Antworten. Der Marketingauffassung dieses Buchs folgend (Marketing als Führungsansatz) wird Vertrieb hier als ein Aktionsfeld innerhalb des Marketing angesehen. In der Unternehmenspraxis bestehen „Marketing" und „Vertrieb" oft als Bereiche oder Abteilungen nebeneinander (vgl. Kap. 1). Dies liegt auch an einer anderen Begriffsverwendung.

Distribution

Die Distributionspolitik beschäftigt sich traditionellerweise mit der zielorientierten Gestaltung des Wegs von Produkten oder Diensten vom Her-

© Springer Fachmedien Wiesbaden GmbH, ein Teil von Springer Nature 2021
J. Redler, S. Ullrich, *Marketing klipp & klar*, WiWi klipp & klar,
https://doi.org/10.1007/978-3-658-34538-9_8

steller bis zum Nutzer/Verwerter. Damit sind zwei wesentliche Bereiche angesprochen:

1. *Gestaltung des Distributionssystems*: Hier geht es um die Absatzwege, die Absatzorgane sowie die Verkaufspolitik.
2. *Physische Distribution* (Marketinglogistik): Sie bezieht sich v. a. auf die Transportwege, Transportmittel, Lager sowie Umschlagorte. Solche Logistiksysteme beschäftigen sich mit der optimalen raum-zeitlichen Güterverteilung. Die wesentlichen Teilsysteme sind die Auftragsabwicklung, die Lagerhaltung und der Bereich Verpackung und Transport. Auf dieses Feld wird nachfolgend nicht weiter eingegangen.

▶ **Distributionssystem** Das Design von Absatzwegen, Absatzorganen und Verkaufspolitik, auch im Sinne akquisitorischer Distribution.

Der Einsatz distributionspolitischer Instrumente ist gekennzeichnet durch langfristig-strategische Wirkungen. Getroffene Entscheidungen (z. B. Aufbau eines Filialnetzes) sind meist nur schwer bzw. unter hohen Kosten revidierbar. Zudem wirken distributionspolitische Weichenstellungen oft in hohem Maße auf weitere Marketingentscheidungsbereiche. Zum Beispiel hat die Entscheidung eines Herstellers, seine Leistungen über den Handel zu vertreiben, Auswirkung auf seine Möglichkeiten der Preissetzung (Kap. 7) gegenüber dem Endverbraucher, weil die Endverbraucherpreise vom Handel festgesetzt werden. Vor dem Hintergrund, dass der Produkterfolg maßgeblich davon abhängt, ob und mit welcher Fläche ein Produkt im Regal des Händlers vertreten ist, wird auch oft von der zentralen *Engpassfunktion der Distribution* gesprochen.

Ziele der Distribution beziehen sich entsprechend v. a. auf a) ökonomische Ziele wie Absatzmenge, Umsatz, Marktanteil, Distributionskosten, b) handelsgerichtete Ziele wie Lieferzeit, Lieferbereitschaft, Zuverlässigkeit oder Bestand sowie c) versorgungsorientierte Ziele (Distributionsgrad) wie Kontaktwege, Erhältlichkeit oder Verfügbarkeit der Produkte aus Kundensicht. Zur

Operationalisierung der Erhältlichkeit wird vor allem der *gewichtete Distributionsgrad* herangezogen. Er wird berechnet als: gewichteter Distributionsgrad = (Umsatz der belieferten Verkaufsstellen mit dem Produkt A)/(Umsatz aller Verkaufsstellen, die die Warengruppe von A führen).

▶ Die Distributionspolitik befasst sich mit der Sicherstellung der Verfügbarkeit von Leistungen beim Kunden. Dafür sind das Vertriebssystem und die Marketinglogistik zu gestalten.

Vertrieb (Sales)

Der Vertrieb geht über Fragestellungen der Distribution hinaus, weil er neben der Sicherung einer Distribution insb. auch Themen der Kundengewinnung, -betreuung und -bindung umfasst, er richtet seinen Blick auf den gesamten Verkaufsprozess. Im Gesamtbild durchaus unterschiedlicher Abgrenzungen der Vertriebsinstrumente wird der Gestaltungsbereich des Vertriebs für diese Einführung durch folgende Themen- und Entscheidungsfelder (Abb. 8.1) charakterisiert:

- Kundenmanagement
- Verkaufsmanagement
- Steuerung der Distributionsaspekte
- Vertriebscontrolling

Inhalt des *Kundenmanagement* sind Prozesse der Kundenbearbeitung, besonders der Kundengewinnung und -sicherung. Entsprechend werden Strategien und Maßnahmen für erfolgreiche Kundenbeziehungen entwickelt. Als Basisaufgabe sind meist Kundenstrukturen und -werte zu

Abb. 8.1 Themen und Entscheidungsfelder des Vertriebs

identifizieren. Das *Verkaufsmanagement* ist zum einen mit den zugehörigen Verkaufsvorgängen und dem Beschwerdemanagement, also mit relevanten Transaktionen und zugehörigen kommunikativen Interaktionen, befasst. Zum anderen beinhaltet es die Gestaltung von Verkaufsformen und Verkaufsorganisationen. Das *Distributionsmanagement* bezieht sich auf die Auswahl und Steuerung von Vertriebskanälen sowie auf spezifische Logistik-Fragestellungen. Das *Vertriebscontrolling* fokussiert für die Vertriebssteuerung notwendige Datengrundlagen und -aufbereitungen. Zudem koordiniert es die Vertriebsplanung.

▷ Zum Vertrieb zählen Instrumente und Entscheidungen in den Bereichen Kundenmanagement, Verkauf, Distribution und Vertriebscontrolling.

Phasen im Vertriebsprozess

Das Vertriebsgeschehen lässt sich in verschiedene Phasen gliedern, wenn man Aufgaben und Tätigkeiten mit Stationen in einem Kundenlebenszyklus verbindet. Folgende Phasen können typischerweise unterschieden werden (Abb. 8.2) (insb. für B2B-Märkte):

• *Leadgenerierung:* Kernaufgabe hier ist die Neukundensuche. Diese beginnt mit den zu generierenden sogenannten Leads. Diese sind „verfolgungswürdige Kontakte" (Winkelmann 2008, S. 301). Je nach Bereich werden Leads sehr unterschiedlich generiert, z. B. durch breit angelegte Kampagnen oder durch spezifische Recherchen. Gewonnene Leads sind u. a. nach Potenzial, Passung zur Zielgruppe und Erreichungsaufwand zu qualifizieren.

▷ **Lead** Ein neuer Kontakt (im Sinne von Daten zu einer Person oder einer Organisation), der sich zu einem Kunden entwickeln könnte.

• *Annäherung und Gewinnung:* Als aussichtsreich bewertete Leads werden angenähert und in ihren Anforderungen detailliert untersucht. Auf dieser Basis erfolgen optimalerweise erste Gespräche, Offerten werden unterbreitet. Die Annäherung kann dabei persönlich oder nicht persönlich erfolgen. Ermittelte Chancen sind letztlich durch entsprechende Überzeugungsstrategien und -techniken auszuschöpfen. Dazu gehören auch die wichtigen Teilaufgaben der eigentlichen Kontaktdurchführung und Kontaktmodalitätenplanung, Verhandlungen sowie die Umwandlung in einen eigentlichen Kauf. Ergebnis dieser Phase ist ein verbindlicher Vertrag und damit ein akquirierter Kunde.

Abb. 8.2 Typische Phasen des Vertriebsprozesses. (Quelle: Redler 2019, S. 153)

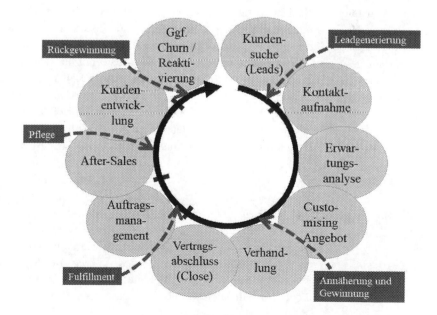

- *Fulfillment:* In dieser Phase wird abgesichert, dass die vereinbarte Transaktion auch tatsächlich und in gewünschter Weise erfolgt. Der eigentliche Austauschprozess wird abgewickelt bzw. vom Vertrieb intern nachgehalten.
- *Pflege:* Zur Phase der Kundenpflege gehören bspw. Nachkaufbetreuungen, Services, der Umgang mit Beschwerden und Problemen. Auch sind Verbesserungen der Kundenausschöpfung und Kundenwertsteigerungsaktivitäten wichtige Bestandteile. Folgebedarfe sind zu bestimmen und mit Blick auf die eigenen Umsätze zu erschließen. Die langfristige Bindung von „wertvollen" Kunden ist abzusichern.
- *Rückgewinnung:* Diese Phase konzentriert sich einerseits auf die systematische Analyse von Kundenabwanderungen bzw. deren Abwanderungswahrscheinlichkeiten. In Abhängigkeit von der Kundenbewertung werden andererseits Maßnahmen entwickelt, um abwanderungsbereite Kunden weiterhin zu erhalten oder bereits verlorene Kunden zurückzugewinnen.

8.2   Vertriebswege

Der *Vertriebsweg* (auch: Distributionsweg) bezeichnet die Gesamtheit der an der Abwicklung von Distributionsaufgaben beteiligten Organe und deren Beziehungen zueinander. Um ihn zu definieren, ist zu klären, welche Distributionsaufgaben auf dem Weg der Produkte bis zum Endverbraucher zu erfüllen sind – und wer diese Distributionsaufgaben übernimmt.

▶ Nach Anzahl und Art der eingeschalteten Vertriebsorgane auf dem Weg einer Leistung hin zum Endkunden resultieren verschiedene Vertriebswege.

Zwei Grundformen sind zu unterscheiden (Abb. 8.3):

- *Indirekte Vertriebswege:* Hersteller übertragen hierbei einen Großteil der Distributionsaufgaben auf Groß- und/oder Einzelhandelsbetriebe

und geben damit Einfluss- und Kontrollmöglichkeiten ab. Hier hat der Endkunde keinen direkten Kontakt zum Hersteller oder einem ihm zugeordneten Organ (sondern lediglich zu einem Handelsorgan). Ein indirekter Vertrieb kann einstufig oder mehrstufig ausgeprägt sein.
- *Direkte Vertriebswege:* Hier übernehmen Hersteller die Gestaltung der Verkaufsprozesse in eigener Verantwortung bzw. unter eigener Kontrolle, ohne dass rechtlich und wirtschaftlich selbstständige Handelsbetriebe (Absatzmittler, Intermediäre) eingeschaltet werden. Der Endkunde hat bei dieser Form immer Kontakt mit dem Hersteller oder einem ihm zugeordneten Organ.

▶ **Vertriebsweg** Gesamtheit der an der Abwicklung von Distributionsaufgaben beteiligten Organe und deren Beziehungen zueinander.

Der *indirekte Vertrieb* hat *Vorteile*, weil eine hohe Distributionsquote erzielt werden kann (weil bspw. die Nachfrage flächenmäßig weit verteilt ist) und eine geringere Kapitalbindung erforderlich ist. Die Sortimentsbildung wird dabei vom Handel übernommen, bei dem dann wiederum die Kundeninformationen zusammenlaufen. Diese Form ist verbreitet bei einer Marktstruktur mit vielen Kleinabnehmern und standardisierten Produkten, oft auch sortimentsgebundenen Produkten.

Der zentrale *Vorteil des direkten Vertriebs* liegt in der Beherrschbarkeit des Distributionskanals und der Unabhängigkeit vom Handel. Zudem ergeben sich direkte Zugangsmöglichkeiten zu Kundeninformationen. Diese Form spielt vor allem bei erklärungsbedürftigen oder sortimentsungebundenen Produkten eine Rolle. Nachfrageseitig bietet sich diese Form an, wenn nur wenige Großabnehmer vorhanden sind.

Die *Breite des Vertriebssystems* bezieht sich darauf, wie viele Vertriebswege parallel genutzt werden. Man unterscheidet *Einkanal- und Mehrkanalsysteme*. Bei letzteren nutzt ein Hersteller gleichzeitig mehrere Distributionswege für den Absatz der Leistungen. Sind mehrere Vertriebs-

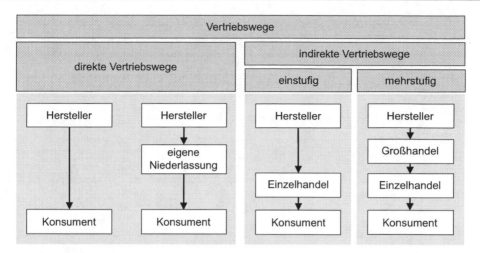

Abb. 8.3 Grundtypen von Vertriebswegen

kanäle zu einem Gesamtsystem integriert, spricht man von *Multi- oder Omnichanneling*.

▷ **Multichannel-Vertrieb** Nutzung mehrerer Vertriebswege zum Kunden, wobei die Kanäle integriert gemanagt werden, also zu einem Gesamtsystem verzahnt sind.

Wesentliche *Intermediäre* (Abschn. 1.3) bei indirekter Distribution sind der Großhandel und der Einzelhandel (s. auch unten). Den Händlern werden dabei typischerweise mehrere Funktionen zugerechnet:

- Raumüberbrückungsfunktion durch Transporte
- Zeitüberbrückungsfunktion durch Lagerung
- Sortimentsbildung und Umwandlung von Produktions- in Verbraucherstückelungen
- Kreditfunktion
- Marktbeeinflussungsfunktion durch eigene Marketingaktivitäten

Inwieweit der Handel diese Funktionen besser als der Hersteller erfüllen kann, ist fallabhängig und muss anhand von Effektivitätsüberlegungen (Aufbau von engen Kundenbeziehungen oder Kundennähe, Kontrollmöglichkeiten, Informationszugang) und Kostenbetrachtungen bewertet werden. Dabei sind auch Transaktionskosten zu beachten. Transaktionskosten sind jene Kosten,

die durch die Benutzung des Intermediären über einen Markt entstehen. Darunter fallen bspw. Kosten für die Übereignung und die Vertragsabwicklung, für das Handling des Intermediärs, aber auch Kosten für Unsicherheiten.

▷ **Intermediär** Mittler und Bindeglied zwischen zwei Gruppen, z. B. zwischen Hersteller und Kunde.

Bei indirekten Vertriebswegen bestehen oft Konflikte zwischen den Zielen der Hersteller und des Handels. Um aus Herstellersicht die Umsetzung eigener Marketing- bzw. Vertriebskonzeptionen sicherzustellen, wurden Konzepte des sog. *„vertikalen Marketing"* entwickelt. Dieses befasst sich mit Ansätzen und Instrumenten für eine möglichst kooperative Gestaltung der Beziehung zu den Handelspartnern.

▷ Es wird zwischen direkten und indirekten Vertriebswegen unterschieden. Indirekte Wege können ein- oder mehrstufig ausgeprägt sein. Vertriebsintermediäre spielen eine große Rolle.

8.3   Vertriebsorgane

Zu den *Vertriebsorganen* zählen alle Personen oder Institutionen, die entlang des Wegs einer Leistung vom Hersteller bis zum Endnutzer Dis-

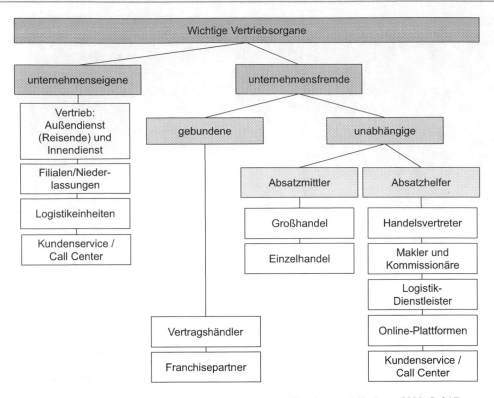

Abb. 8.4 Einteilung der Vertriebsorgane. (Quelle: In Anlehnung an Homburg und Krohmer 2009, S. 245)

tributionsaufgaben wahrnehmen. Dabei werden unternehmenseigene und unternehmensfremde Organe unterschieden (Abb. 8.4).

Unternehmenseigene Vertriebsorgane
Zu den wichtigsten unternehmenseigenen Vertriebsorganen zählen der Außendienst, Niederlassungen/Filialen, der Onlineshop bzw. die Verkaufs-App sowie der Katalogverkauf. Diese sind definiert als:

- *Außendienst/Reisende (ADM):* Verkaufspersonen als weisungsgebundene Angestellte des eigenen Unternehmens, die zur Geschäftsanbahnung, -abwicklung und Kundenbetreuung beim Kunden vor Ort eingesetzt sind. Ihre Vergütung enthält im Normalfall neben einem Fixum auch Provisionsanteile.
- *Verkaufsniederlassungen und Filialen:* Sie existieren neben den zentralen Verkaufsabteilungen, sind Teil der eigenen Organisation

und fungieren als kleinere, regional näher am Kunden befindliche Einheiten. Dazu zählen auch Fabrikläden und „Outlets".
- *Onlineshop oder Verkaufs-App:* Die akquisitorische Distributionsaufgabe wird hier durch das Medium Internet erfüllt, vor allem über eigene virtuelle Shops oder eigene Verkaufs-Apps. Es besteht eine enge Verzahnung mit dem Kundenservice, dem Innendienst und der Logistik. In einzelnen Bereichen werden auch Messenger-Dienste wie WhatsApp oder Facebook Messenger als Verkaufskanal bedeutsam.
- *Kataloge:* Hier werden Printmedien als Verkaufsmittel eingesetzt, um wesentliche Distributionsfunktionen von der Anbahnung bis zum Vertragsschluss (nicht nur unterstützende, wie z. B. im Rahmen eines Außendienstkontaktes) zu erfüllen. I. d. R. gilt auch hier die sehr enge Verzahnung mit Kundenservice, Innendienst und Logistik.

▶ **Vertriebsorgan** Person oder Institution, die entlang des Wegs einer Leistung vom Hersteller bis zum Endnutzer Distributionsaufgaben wahrnimmt.

Unternehmensfremde Distributionsorgane (Intermediäre)

Unternehmensfremde Organe werden in Absatzhelfer und Absatzmittler unterschieden. *Absatzhelfer* sind i. d. R. rechtlich selbstständige Distributionsorgane. Sie übernehmen kein Eigentum an den Waren und sind Auftragnehmer des Herstellers. Beispiele: Handelsvertreter, Makler, Logistikdienstleister. *Absatzmittler* hingegen sind wirtschaftlich und rechtlich selbstständige Unternehmen, die Waren und Dienste im eigenen Namen und auf eigene Rechnung kaufen und verkaufen (z. B. Pepels 2004). Der Hersteller hat auf ihr Handeln einen geringeren Einfluss als dies bei Absatzhelfern der Fall ist. Beispiele: Groß- und Einzelhändler. Absatzmittler und -helfer sind vom Hersteller unabhängig. Daneben existieren auch unternehmensfremde Organe, die jedoch in einem engen Abhängigkeitsverhältnis stehen.

Bei indirekten Distributionswegen kommt dem *Handel als Intermediär* eine Schlüsselrolle zu. Beim Handel wird unterschieden in:

- *Einzelhandel:* Dies sind Unternehmen, die Waren überwiegend ohne wesentliche Be- oder Verarbeitung an Endabnehmer verkaufen. Darüber hinaus bieten sie ihren Kunden bestimmte Dienstleistungen an (z. B. Lieferservice, Finanzierung). Wichtige Betriebsformen des stationären Handels sind Warenhäuser, Kaufhäuser, Fachgeschäfte, SB-Verbrauchermärkte, Fachmärkte oder Convenience-Stores. Der *Endkunden-Versandhandel* hat, insb. durch die rasante Entwicklung des Onlinehandels, eine immense Bedeutung.
- *Großhandel:* Darunter fallen Unternehmen, die Waren einkaufen und unverändert bzw. ohne nennenswerte Be- oder Verarbeitung an Nichtkonsumenten verkaufen, also an andere Unternehmen, Gewerbetreibende oder Behörden. Kunden des Großhandels sind i. d. R. andere Kaufleute, sprich zum einen Weiterverkäufer wie z. B. andere Groß- und Einzelhandelsbetriebe, Großverbraucher wie Gaststätten, Kantinen, Gesundheitsbetriebe und Behörden oder weiterverarbeitende Betriebe (Hersteller/Handwerker). Großhändler bewegen sich auf B2B-Märkten.

▶ **Händler** Unternehmen, die Waren überwiegend ohne wesentliche Be- oder Verarbeitung weiterverkaufen. Händler erstellen Services statt Güter.

Zu den Absatzhelfern zählen vor allem Handelsvertreter, Makler und Kommissionäre. *Handelsvertreter* übernehmen als Absatzhelfer die Vermittlung bzw. den Abschluss von Geschäften für ein oder mehrere Unternehmen. Sie handeln in fremdem Namen auf fremde Rechnung und haben kein Warenrisiko. *Kommissionäre* sind in eigenem Namen auf fremde Rechnung tätig. Sie kaufen oder verkaufen für einen Auftraggeber gewerbsmäßig Waren und erhalten dafür eine Provision. *Makler* wiederum vermitteln als selbstständige Kaufleute Geschäfte für andere (z. B. bei Bank- oder Immobiliengeschäften).

Im Rahmen von *Mehrkanalsystemen* oder beim *Multichanneling* werden von Herstellern parallel mehrere Organe der direkten und indirekten Distribution genutzt.

▶ **Channel-Management** Auswahl, Motivation und Steuerung von Vertriebsorganen und -wegen.

Technologische Entwicklungen und die Möglichkeiten des digitalen Marketing führen zu deutlichen Veränderungen bei den Vertriebskanälen von Unternehmen. Zu beobachten ist neben der Vertikalisierung von Unternehmen (und damit einer immer schwieriger werdenden Trennung von klassischen Hersteller- und Händlerrollen) ein Trend der *Disintermediation*. Dies meint das Weglassen traditioneller Intermediäre in neuartig gestalteten Vertriebskanalformen. So hat das Streaming von Musik (als neuartige Vertriebsform) traditionelle Einzelhändler für Musiktonträger (als bisherigen Vertriebskanal) quasi ausgeschaltet.

Die Disintermediation bringt sowohl für Hersteller als auch für Händler diverse neue Möglichkeiten, aber auch viele Herausforderungen mit sich. Traditionelle Intermediäre stehen der Herausforderung gegenüber, neuartige Ansätze zu entwickeln, um ihren Mehrwert im Kanal zu beweisen. Innovative Intermediäre, die neue Wege finden, um Wertbeiträge für den Vertrieb zu erschaffen, werden traditionelle Vertriebsintermediäre hingegen zum Teil verdrängen.

Von *Reintermediation* hingegen spricht man, wenn in Vertriebskanälen neue Intermediäre entstehen oder Intermediäre wieder aufgenommen werden. Die Reintermediation ist bspw. anhand einiger Dienstleister zu beobachten, die sich im Zuge digitaler Geschäftsmodelle etabliert haben. So ist das Online-Vergleichsportal Verivox inzwischen ein wichtiger Intermediär im Vertriebskanal von Stromanbietern. Oder HRS: Das Unternehmen ist heute bei der breiten Mehrheit der Anbieter von Übernachtungsdienstleistungen ein bedeutender Mittler im Vertriebskanal – während HRS noch vor 20 Jahren diesbezüglich nur eine untergeordnete Bedeutung zukam.

▶ **Disintermediation** Wegfall von klassischen Intermediären in Vertriebskanälen durch radikal neue Vertriebskanalformen.

Entscheidung über Anzahl und Art der Absatzmittler – Vertriebsstrategien

Welcher Nutzungsgrad der verschiedenen Absatzmittler optimal ist, richtet sich nach der zu erfüllenden Vertriebsaufgabe. Für die Entscheidungsfindung können Kriterienkataloge erarbeitet werden, anhand derer die Mittler dann bewertet werden. Mögliche Entscheidungskriterien sind Vertriebskosten, Bereitschaft zur Kooperation, Image der Betriebsform, Qualifikation des Beratungspersonals oder Umsatzbedeutung.

Bezüglich der Anzahl der Absatzmittler lassen sich drei strategische Wege beschreiben:

1. *Intensiver Vertrieb* (Universalvertrieb): Einschaltung möglichst vieler Absatzmittler, damit die Produkte und Dienstleistungen möglichst überall erhältlich sind. Eine quantitative oder qualitative Beschränkung bei der Auswahl der Absatzmittler findet kaum statt. Dies ist häufig bei Gütern des täglichen Bedarfs (z. B. Brot, Schokoriegel, Zeitungen) der Fall.

2. *Selektiver Vertrieb:* Auswahl der Absatzmittler vor allem nach qualitativen Gesichtspunkten mit dem Ziel, eine angemessene Marktdurchdringung bei vergleichsweise geringen Kosten zu erreichen. Dadurch können Anforderungen an die Absatzmittler und ihre Durchsetzung besser gesteuert werden. Selektiver Vertrieb ist vor allem bei hochwertigen oder langlebigen Gütern des aperiodischen Bedarfs (z. B. Kosmetika, Unterhaltungselektronik) zu finden.

3. *Exklusiver Vertrieb:* Es findet eine Auswahl der Absatzmittler nach qualitativen und quantitativen Gesichtspunkten statt. Nur ein oder wenige Absatzmittler in einem bestimmten Absatzgebiet werden mit dem Ziel eingesetzt, den Distributionskanal umfassend zu kontrollieren. Vor allem bei Premiummarken des nicht regelmäßigen Bedarfs ist diese Form zu finden.

▶ Vertriebsorgane sind wichtige Bestandteile des Netzwerks, das die Wertschaffung für den Kunden ermöglicht. Es werden unternehmenseigene und unternehmensfremde Vertriebsorgane unterschieden.

Im Zusammenspiel der Auswahl und Steuerung von Vertriebsorganen und -wegen spricht man oft auch vom sog. *Channel-Management.* Dessen Aufgabe ist es, alle Aktivitäten in den gewählten Vertriebswegen zu planen und zu koordinieren sowie auch zu kontrollieren. Eine solche integrative Herangehensweise ist besonders bei herstellenden Unternehmen mit großen Vertriebsorganisationen und Abhängigkeiten vom Handel wichtig, um der anwachsenden Komplexität und den aus der ungleichen Machtverteilung resultierenden Konflikten zu begegnen.

▶ **Kanalkonflikte** Unstimmigkeiten zwischen den Parteien in einem Vertriebskanal, meist bzgl. der Ziele, Rollen und Honorierung, und oft aufgrund individueller, kurzfristiger Interessen.

8.4   Vertikale Koordination und Bindung

Im Spannungsfeld Hersteller–Händler setzen Unternehmen spezifische Strategien und vertragliche Systeme ein, um die vertikalen Beziehungen zu steuern.

Wichtige Anreizstrategien
Mit Blick auf die Anreizmöglichkeiten werden Pull, Push und Kooperation unterschieden.

Im Sinne einer *Pull-Strategie* wenden sich Hersteller direkt an die Konsumenten und versuchen dort, ihre Marken und Produkte zu profilieren. Optimalerweise entsteht dadurch eine verstärkte Nachfrage der Konsumenten im Handel („Sogwirkung"), wodurch für den Handel die Attraktivität steigt, die entsprechenden Produkte im Sortiment zu führen. Wichtige Instrumente dieser Strategie sind die verbrauchergerichtete Werbung, Verkaufsförderung oder Events. Auch eine hohe Produktqualität und ein passendes Serviceniveau zur Sicherung der Kundenzufriedenheit fallen unter diesen Zugang.

Bei der *Push-Strategie* hingegen richten Hersteller ihre Maßnahmen an die Handelsunternehmen und versuchen so, ihre Produkte in den Markt zu „drücken". Typische Maßnahmen eines solchen „Hineinverkaufs" sind die Handelsspannengestaltung, Rabatte und Aktionen oder Finanzhilfen, aber auch die Unterstützung oder Ausrichtung kundengerichteter Abverkaufsmaßnahmen.

Die *Kooperationsstrategie* zielt darauf ab, dass Hersteller und Händler – teilweise auf vertraglicher Basis – eng zusammenarbeiten, um gemeinsame Ziele zu erreichen. Typische Instrumente sind: Konzepte zur Optimierung des Waren- und Informationsflusses zwischen Hersteller und Handel (z. B. *Supply-Chain-Management*, *Efficient Consumer Response*), die Fertigung von Handelsmarken sowie das *Category Management* (gemeinschaftliche Definition und kooperatives Management von Warengruppen auf Basis von Marktforschungsergebnissen der Hersteller und Scannerdaten des Handels). Diese Strategie kann Kanalkonflikte zwar nicht vermeiden, sie aber dennoch deutlich reduzieren.

▶ **Supply-Chain-Management (SCM)** Aufbau und Verwaltung integrierter Waren- und Informationsflüsse über den gesamten Wertschöpfungsprozess aller beteiligten Unternehmen.

▶ **Efficient Consumer Response (ECR)** Gemeinsame strategische Initiative von Herstellern und Handel, um Vertriebskanäle effizient zu gestalten und Versorgungsketten eng an den Bedürfnissen der Verbraucher zu orientieren.

Vertragliche Bindungen
Die vertikalen Beziehungen zwischen Herstellern und Händlern können zudem nach bestimmten Mustern vertraglich ausgestaltet werden. Es resultieren dann sog. vertikale Systeme für die selektive Distribution. Als typische Ausprägungen können angesehen werden:

- Die *vertikale Vertriebsbindung:* Sie beinhaltet die vertragliche Verpflichtung von Absatzmittlern zur Einhaltung bestimmter Anforderungen bzw. Auflagen des Herstellers. Man unterscheidet hier räumliche („Gebietsschutzklauseln", Re-Importverbote) und personenbezogene („Kundenbeschränkungsklauseln", Querlieferungsverbote) Formen.
- Das *Alleinvertriebssystem:* Bei diesem sichert der Hersteller dem Intermediär eine exklusive Belieferung für ein entsprechendes Gebiet zu. Dafür verpflichtet sich der alleinvertriebsberechtigte Absatzmittler, seine Distribution auf das definierte Absatzgebiet zu beschränken. Oft geht damit die Verpflichtung des Absatzmittlers einher, ausschließlich die Erzeugnisse des entsprechenden Herstellers zu vertreiben (Bezugsbindung).
- Das *Vertragshändlersystem:* Hier wird der Händler für den Hersteller tätig, indem er Käufe und Verkäufe in eigenem Namen und auf eigene Rechnung durchführt. Sortimentspolitisch ist er dabei an das Angebot des Herstellers gebunden. Der Vertragshändler verwendet zudem im Geschäftsverkehr sichtbar das Zeichen des Herstellers. Durch ein voll systemkonformes Auftreten am Markt dokumentiert er seine Zugehörigkeit zum Vertriebsnetz des Herstellers. Er ver-

pflichtet sich auch zur Absatzförderung der Produkte des Herstellers, wobei er sich bei der Ausgestaltung der Maßnahmen in hohem Maße den Interessen des Herstellers unterwirft. Der Hersteller sichert dem Vertragshändler als Gegenleistung Gebietsschutz zu und bringt durch eine starke Marke Kundenkontakte ein. Im Unterschied zum Franchising verzichtet der Vertragshändler im Geschäftsverkehr jedoch nicht völlig auf die Darstellung der eigenen Firma. Beispiel: VW-Vertragshändlersystem.

- Das *Franchisesystem:* Dies ist die engste Form der vertraglichen Vertriebsbindung. Den rechtlich selbstständig bleibenden Händlern (Franchisenehmern) wird gegen Entgelt das Recht eingeräumt, Produkte und/oder Dienstleistungen unter Verwendung von Namen, Warenzeichen und Ausstattung des Herstellers (Franchisegeber) an Dritte zu verkaufen. Gleichzeitig wird dem Franchisenehmer die Pflicht auferlegt, ausschließlich die vom Hersteller definierten Leistungen nach definierten Qualitätsstandards anzubieten. Das Entgelt des Franchisenehmers umfasst im Allgemeinen einen fixen Auftaktbetrag sowie umsatzabhängig regelmäßige Zahlungen. Der Beitrag des Franchisegebers besteht vor allem im Bekanntheitsgrad und Image seiner Marke, seinem Marketing-Know-how sowie der zentralen Markenführung. Aufgrund des weitgehend standardisierten Auftretens der Franchisenehmer am Markt wirkt das Franchisesystem auf die Endabnehmer wie ein herstellereigenes Filialsystem. Beispiele dafür sind Domino's (ehemals Joey's Pizza) oder BackWerk.

▷ Anreizstrategien und vertragliche Systeme gestalten die vertikale Beziehung zwischen Hersteller und Händler aus. Die Bindungen können von lose bis sehr eng ausgeprägt sein. Ein vertikales Marketing strebt eine integrierte, wertschöpfungsstufen-übergreifende Steuerung der marktgerichteten Aktivitäten an. Sie umfasst auch Logistik- und informationsbezogene Aspekte.

8.5 Aspekte des persönlichen Verkaufs

Das Verkaufsmanagement ist ein weiteres wesentliches Vertriebsthema. Es bestimmt, wie der Kontakt mit dem Kunden gestaltet wird. Dieser Aspekt wird z. T. auch als akquisitorische Distribution diskutiert.

Drei *Formen der Kontaktierung* des Kunden werden unterschieden:

- Persönlich direkter Kontakt: Käufe werden durch unmittelbare Einwirkung eines Verkäufers auf die (potenziellen) Kunden angebahnt und/oder abgeschlossen. Beispiel: Verkaufsgespräch bei einem Außendienstkontakt.
- Persönlich medialer Kontakt: Anbahnung und/oder Abschluss von Käufen werden über einen durch Medien vermittelten persönlichen Kontakt erreicht. Beispiele: Telefonverkauf, Bestellhotline oder Skype-Verkauf.
- Unpersönlich medialer Kontakt: Die Anbahnung oder Erzielung von Kaufabschlüssen erfolgt in diesem Fall durch (direkt bestellfähige) Medien wie Print (z. B. Kataloge) oder Internet. Dabei spielt persönliche Kommunikation zunächst keine Rolle.

Besonders bei B2B-Märkten und bei erklärungsbedürftigen Produkten hat die persönliche Verkaufsform eine sehr hohe Bedeutung. Finales Ziel des persönlichen Verkaufs ist der Verkaufsabschluss. Zwischenziele können z. B. Leads, Informationsdarbietung oder Beratungen sein.

▷ **Persönlicher Verkauf** Vertriebs- und Kommunikationsinstrument, das auf dem unmittelbaren oder medial vermittelten Kontakt zwischen Verkäufer und Käufer beruht.

Das Verkaufsgespräch
Aus Verkäufersicht kann ein *Verkaufsgespräch* in fünf Phasen unterteilt werden:

- Vorbereitung: In der *Vorbereitungsphase* (speziell bei vorab avisierten Gesprächen) findet eine Informationssammlung und -verdichtung durch den Verkäufer statt. Typische Themen für diese Vorabklärungen sind die Teilnehmer, deren Erwartungen und Ziele, die Stellung des eigenen Unternehmens bei den Gesprächspartnern (z. B. bestehende Aufträge, Zufriedenheit, Reklamationen), Potenzial des Kunden sowie die Kaufhistorie. Ebenso müssen in dieser Phase Gesprächsziele definiert werden.

- Eröffnung: In der *Gesprächseröffnungsphase* geht es für den Verkäufer darum, sich im Rahmen des ersten Eindrucks möglichst positiv und situativ angemessen zu präsentieren. Weiterhin sollte er sich ein möglichst klares Bild von der aktuellen Gesprächssituation und den Kundenbedürfnissen machen.
- Kern: Die *Kernphase* des Gesprächs nimmt den größten Teil ein. Je nach Art des Gesprächs (z. B. Verhandlung, Erstgespräch, Servicekontakt) sind unterschiedliche Verläufe möglich und erfolgswirksam. In der Kernphase werden *Verkaufstechniken* relevant:
  - Präsentationstechniken stellen Eigenschaften und insbesondere Vorteile der Produkte oder Dienste für den potenziellen Kunden dar.
  - Abschlusstechniken zielen auf das konkrete Auslösen von naheliegenden Kaufabschlüssen ab. Besonders wichtig sind hierbei die korrekte Interpretation von sog. „Abschlusssignalen" und das zugehörige Timing.
  - Rhetorische Methoden, Frage- und Einwandbehandlungstechniken dienen der aktiven Steuerung des Gesprächs.
- Ebenso sind *Verhandlungstechniken und -taktiken* wichtige Mittel der Kernphase des persönlichen Verkaufs. Große Bedeutung haben dabei zwei Prinzipien:
  - Gegenleistungsprinzip: Leistungszugeständnisse des Verkäufers erfolgen nur gegen entsprechende Zugeständnisse von Kundenseite.
  - Gemeinsamkeitsprinzip: Fokussierung und Herausstellung von gemeinsamen Vorteilen durch eine Einigung und gleich gerichtete Interessen an einem Vertragsschluss.

- Abschluss: Das Gespräch endet mit einer *Gesprächsabschlussphase*, in der die wichtigsten Punkte, weitere Schritte und Aufgaben zusammengefasst werden.
- Aftersales: Die *Nachkaufphase* dient dazu, eine für den Kunden perfekte Abwicklung des Auftrags sicherzustellen, gegebenenfalls Nachkaufdissonanzen (Kap. 2) abzubauen und den Kontakt weiter zu pflegen.

Der Verkauf hat *enge Bezüge zur Kommunikationspolitik*. Der persönliche Verkauf kann im Vergleich zu anderen Kommunikationsmaßnahmen zusätzliche Kommunikationselemente (wie die nonverbale Kommunikation durch Mimik und Gestik) nutzen und ist daher besonders beeinflussungsstark. Allerdings ist er ein kostenintensiver Kommunikationskanal.

▶ Persönlicher Verkauf ist nicht nur Vertrieb, sondern auch Kommunikationspolitik.

Weitere Bereiche

Zu wichtigen Entscheidungsfeldern im Bereich Verkauf gehören außerdem die *organisatorische Gestaltung* (Strukturen, Prozesse, Informationsmanagement, Außendienststeuerung etc.) der Vertriebsorganisation, das Design von *Anreizsystemen* und die *Personaleinsatzplanung* sowie natürlich eine systematische Kundenanalyse und -priorisierung.

8.6 Beschwerdemanagement

Das Beschwerdemanagement befasst sich mit denjenigen unzufriedenen Kunden, die sich diesbezüglich an das Unternehmen wenden, und zielt darauf ab, diese aufgrund der Unzufriedenheit gefährdeten Kundenbeziehungen zu stabilisieren. Es kann als ein Ansatz gesehen werden, den Goodwill von unzufriedenen Kunden zu sichern bzw. zurückzuerlangen. Im Grunde ist es Teil des Kundenbindungsmanagement.

▶ Das Beschwerdemanagement ist ein zentraler Bestandteil des Kundenbindungsmanagement. Ziel ist es, den Goodwill von unzufriedenen Kunden zu sichern bzw. zurückzuerlangen.

Ob Kunden durch ein wahrgenommenes Problem verloren werden oder nicht, hängt in hohem Maße vom *Umgang mit der Beschwerde* ab. Kunden, deren Probleme nach Beschwerden zufriedenstellend gelöst wurden, sind dem Anbieter oftmals sogar in höherem Ausmaß treuer als Kunden, die niemals Anlass zu einer Beschwerde hatten. Dies zeigt, welche Bedeutung einem guten Beschwerdemanagement zukommt. Zu beachten ist allerdings, dass die meisten negativen Erfahrungen gar nicht zu einer Beschwerde führen, für das Unternehmen also unsichtbar bleiben. Insofern sollte jede Beschwerde dankbar angenommen und mit ihr proaktiv umgegangen werden.

Werden Kunden im Enttäuschungsfall zu einer Beschwerde ermuntert, und ermöglicht es das Unternehmen, dass Mitarbeiter die Probleme auf der Stelle lösen können, führt dies Tax und Brown (1998) zufolge für das Unternehmen sogar zu höherem wirtschaftlichen Erfolg. Es wird daher empfohlen,

- das Mitarbeiterverhalten bei der Beschwerdeannahme und der Beschwerdebeseitigung aktiv zu schulen, dies ggf. auch bei der Mitarbeiterauswahl zu berücksichtigen,
- die Ziele und den fairen sowie angemessenen Umgang mit Beschwerdekunden herauszustellen,
- Hürden für Feedback und Beschwerden aus Kundenseite abzubauen und Reaktionsmöglichkeiten auf Beschwerden zu entwickeln,
- Datenbanken aufzubauen, um Beschwerdemuster zu analysieren.

Besonders die *höfliche Behandlung* von Beschwerden ist wirkungsvoll, um Zufriedenheitsprobleme zu heilen. Gerade angemessene emotionale Reaktionen auf die erkennbare Verärgerung oder die Sorgen von Kunden sind ein wichtiges Feld für Trainings beim relevanten Personal. Ebenso ist die schnelle Behandlung von Beschwerden essenziell, um die Abwanderung von Kunden zu vermeiden (dazu z. B. Swanson und Kelley 2001).

Chenet und Johansen (1999) empfehlen, bei der Handhabung von Beschwerden folgende Aspekte zu beachten:

- Die volle Verantwortung übernehmen
- Für den Zwischenfall entschuldigen und dem Kunden für seine Beschwerde danken
- Die Probleme des Kunden gründlich aufnehmen und verstehen
- Eine Lösung anbieten
- Schnell und schlüssig handeln
- Die Erfahrung durch eine Überraschung oder eine ökonomische Kompensation positiv verstärken
- Versichern, dass das Unternehmen aus der Beschwerde lernt

Die Bedeutung von Beschwerden und deren Bewältigung durch das Unternehmen zeigt sich auch an den dem Beschwerdemanagement zugeschriebenen *Funktionen:*

- Die *Reparaturfunktion* dreht sich um die Erhaltung der Kundenbeziehung.
- Die *Lernfunktion* baut darauf auf, dass erhaltene Beschwerden ein Ausgangspunkt sind, um die eigene Leistung zu verbessern.
- Die *Anreizfunktion* meint, dass die Organisation und ihre Mitarbeiter durch die Beschwerden motiviert werden, sich zu verbessern.
- Die *PR-Funktion* greift die Chance auf, Krisen in der öffentlichen Wahrnehmung abzusehen und diese durch ehrliche Aufklärung zu entschärfen.
- Die Bindungsfunktion greift die Möglichkeiten auf, im Rahmen des Beschwerdemanagements bindungsstärkende Maßnahmen einzusetzen.

8.7 Kundenmanagement und CRM

Das *Kundenmanagement* fokussiert die Vorgehensweisen zur Kundenbearbeitung, besonders die Kundengewinnung und -sicherung. Es beinhaltet auch die Strategien und Maßnahmen für erfolgreiche Kundenbeziehungen sowie die Identifikation von Kundenstrukturen und die Bewertung von Kunden oder Kundengruppen, um diese für Aktivitäten zu priorisieren.

Grundlegend ist die Einteilung von Kunden in *Kundengruppen* nach vertriebsbezogenen Kriterien. Oft werden dabei zumindest die Kriterien Umsatz, Kaufhäufigkeit und Zeitpunkt des letzten Kaufs herangezogen. Es resultiert eine *Kundengruppensystematik*, die i. d. R. mindestens die Gruppen Neukunden (bspw. erster Kauf innerhalb der letzten drei Monate), Topkunden (bspw. Umsatz über einem bestimmten Betrag innerhalb des letzten Jahres und mindestens schon zwei Jahre Kunde), normale Stammkunden (bspw. Kunde seit mindestens zwei Jahren und Umsatz in bestimmten Wertbereichen) und inaktive Kunden (bspw. kein Umsatz innerhalb der letzten zwei Jahre) aufweist. Damit direkt verbunden ist die Bewertung von Kundengruppen und einzelnen Kunden.

Um den Kundenbestand zu erhalten und auszubauen, sind spezifische Themenfelder pro Kundengruppe relevant. Dazu gehören:

- *Leadgenerierung und Neukundengewinnung:* Nachdem Zielgruppen geklärt wurden, sind Wege für die Kundenakquisition zu bestimmen und die Akquisitionsintensität festzulegen. Zugehörige Maßnahmen müssen umgesetzt und kontrolliert werden. Dabei sind die Akquisitionskosten pro Neukunden als Steuergröße zu beachten.

- *Neukundenmanagement:* Neu gewonnene Kunden werden im Neukundenmanagement gesondert behandelt, um sie hinsichtlich der Kundenqualität bewerten zu können. Neukunden mit relevanten Qualitäten sollen sodann in Stammkunden überführt werden. Dazu sind geeignete Konzepte zu entwickeln und zu realisieren.

- *Stammkunden- und Bindungsmanagement:* Der Kundenbestand ist regelmäßig auf seine Quantität und Qualität zu prüfen. Innerhalb bestehender Kundenbestände (ohne Neukunden) werden oft nochmals Untergruppen gebildet. Bspw. werden i. d. R. die Topkunden gesondert geführt. Für alle Stammkundengruppen sind spezifische Konzepte der Vertriebsbetreuung sowie der Kontaktpflege- und Serviceprozesse herauszuarbeiten, um eine optimale Kundenausschöpfung zu erreichen. Kundenausschöpfung meint dabei das Ausmaß, in dem ökonomische Potenziale der

Kunden oder Kundengruppe tatsächlich durch Transaktionen mit dem eigenen Unternehmen realisiert wurden. Die wichtigsten Hebel hierfür sind Kundenpenetration, Cross-Selling oder Upselling.

- *Rückgewinnungsmanagement:* Beim Rückgewinnungsmanagement müssen zunächst Kundenabwanderungen systematisch analysiert werden. In Abhängigkeit von den Abwanderungsgründen können dann Maßnahmen der Rückgewinnung eingesetzt werden – natürlich unter Beachtung der relativen Kosten und der prognostizierten Kundenwerte. Hier können materielle Anreize (z. B. Rabatte, Zugaben) oder immaterielle Rückkehranreize (z. B. Entschuldigungen, Garantien) benutzt werden, um konkrete und individuell abgestimmte Angebote zu entwickeln. Einen wichtigen Faktor stellt dabei auch das Timing des Rückgewinnungskontakts dar. Viele Unternehmen implementieren außerdem systematische Routinen im Rückgewinnungsmanagement, um abwanderungsbereite Kunden frühzeitig zu identifizieren und so zu bearbeiten, dass die Abwanderung verhindert wird (sog. Churn-Management).

- *Termination Management:* Bei Kundenbeziehungen, die aus Unternehmenssicht langfristig keine positive Nutzen-Kosten-Relation (oder CLV Kap. 1) erbringen, ist zu bewerten, ob die betroffenen Kunden weiterhin bedient werden sollen. Beendigungen der Kundenbeziehungen können aktiv (z. B. Vertragskündigung oder Verweigerung der Belieferung) oder passiv (Einstellen des proaktiven Engagements in Richtung Kunde) erfolgen. Hinsichtlich der aktiven Beendigung ist über Argumentation und Timing nachzudenken.

CRM

CRM steht für *Customer Relationship Management* und baut auf der langfristigen Beziehungsorientierung im Marketing auf (Kap. 1). Es integriert Perspektiven aus dem Business Process Management (um die Kundenprozesse zu strukturieren), dem Wissensmanagement (um das kontinuierlich im Umfang wachsende Wissen über Kunden und Märkte zu beherrschen) sowie der IT, insbesondere bzgl. kundenorientierter Informationssysteme. CRM wird heute als strategischer Zugang verstanden, um alle interaktiven Prozesse mit Kunden zu planen, zielgerichtet zu gestalten und zu steuern – um dadurch intern eine hohe Kundenorientierung und extern eine langfristige Kundenbindung zu erreichen. Dies impliziert streng genommen, dass sich CRM (analog zum Marketingverständnis) auf das gesamte Unternehmen beziehen muss. Entsprechend sind Aspekte der Kultur, der Aufbauorganisation wie auch der Gesamtprozesse wichtige Parameter für den CRM-Erfolg. Ebenso muss CRM den kompletten Kundenlebenszyklus betrachten und sich auch gewissenhaft mit der Kunden-Database sowie der zugehörigen Software als Steuerungsbasis auseinandersetzen.

▶ **Customer Relationship Management (CRM)** Der Gesamtprozess, mit dem profitable Kundenbeziehungen aufgebaut und erhalten werden, indem überlegene Werte und Zufriedenheit beim Kunden geschaffen werden.

In der Marketingpraxis wird CRM in drei Kompetenzbereiche gegliedert: Das *operative CRM* beinhaltet alle Prozesse und Funktionen, die im direkten Kundenkontakt unterstützen. Dazu zählen insb. Systeme und Prozesse im Callcenter und Innendienst, die Außendienststeuerung sowie Lösungen zur Marketingautomation (z. B. Kampagnenmanagement oder Computer Aided Selling). Hingegen umfasst das *analytische CRM* alle Bereiche, Systeme und Vorgänge, die sich mit der Erfassung, Aufbereitung und Auswertung von Kundendaten befassen. Hier geht es um die Umwandlung von kundenbezogenen Daten in Kundenwissen. Entsprechend sind u. a. das Data-Warehouse, die Kundenwertermittlung, Zufriedenheitsanalysen oder das Datamining wichtige zugehörige Aspekte. Der *kooperative CRM*-Bereich (auch kollaboratives oder kommunikatives CRM) wiederum fokussiert sich auf Themen der Kanalsteuerung und der effizienten Kundenbearbeitung. Kernaufgaben sind das Aussteuern und die Abstimmung aller Kommunikations- und Distributionskanäle.

8.8 Vertriebscontrolling

Kernaufgabe des Vertriebscontrolling ist es, die effektive und effiziente Steuerung und Durchführung der Vertriebsaktivitäten zu unterstützen. Dazu werden im Vertriebscontrolling notwendige Datenbasen geschaffen und gepflegt – und es werden Daten für spezifische Aspekte der strategischen und operativen Vertriebskontrolle aufbereitet oder beschafft. Zudem wird die Vertriebsplanung koordiniert.

Das operative Vertriebscontrolling kümmert sich also um Bewertungsmöglichkeiten für den Vertriebserfolg und die Vertriebseffizienz. Dazu wird ein entsprechendes Berichtswesen *(Reporting)* bereitgestellt. Typische Aufgaben sind zudem die Steuerung der *Vertriebsbudgetierung*, die *Kundenklassifizierung* und -bewertung, das Prozesscontrolling, Verkaufsgebietsanalysen sowie *Kunden- und Aktionserfolgsrechnungen.*

Für das Vertriebscontrolling werden quantitative Zielgrößen des Vertriebs als KPIs herangezogen. Typische sind bspw.:

- Auftragseingänge und -bestände
- Absatzmengen und Umsatzerlöse
- Verkaufspreise und durchschnittliche Auftragswerte
- Deckungsbeiträge
- Marktanteile und Distributionsquoten
- Potenzialausschöpfung
- Leads, Neukunden-/Bestandskundenanteile
- Spezifische Vertriebskosten
- Reklamationsquote
- Lagerbestände
- Lieferquoten, Termintreue, Retourenquoten
- Spezifische Prozesskennzahlen

Als wichtigstes Instrument wird die *Deckungsbeitragsrechnung* für Produktgruppen, für Aufträge, für Kunden oder für Gebiete eingesetzt. Zudem werden laufend Soll(plan)-Ist-Vergleichsrechnungen vorgenommen und Abweichungsanalysen durchgeführt. Zunehmend setzt sich auch die *Balanced Scorecard* als mehrperspektivischer Ansatz für die Steuerung im Vertrieb durch.

▶ Das Vertriebscontrolling unterstützt und sichert Effektivität und Effizienz im Vertrieb. Es hat viele Schnittstellenbereiche.

Naturgemäß befasst sich das Vertriebscontrolling intensiv mit den Customer Lifetime Values *(CLV)*, um die Kunden zu bewerten und zu klassifizieren (siehe Kap. 1). Zudem wird die Summe aller CLV *(Customer Equity)* betrachtet. Als Parameter mit hoher Aggregation, der einen weitreichenden Einfluss auf den Unternehmenswert aufweist, eignet er sich besonders gut zur wertorientierten Steuerung im Vertrieb.

Kernbotschaften zu den Lernzielen

- Distributionspolitik ist das Teilgebiet des Vertriebs, das sich auf die physische Distribution wie auch auf die Gestaltung des Distributionssystems aus Kanälen und Organen bezieht.
- Weitere Felder des Vertriebs beinhalten das Verkaufsmanagement, das Kundenmanagement und das Vertriebscontrolling.
- Vertriebsmanagement umfasst Aufgaben in den Phasen Leadgenerierung, Kundengewinnung, Fulfillment, Kundenpflege und Kundenrückgewinnung.

- Vertriebswege können direkt oder indirekt sowie ein- oder mehrstufig gestaltet werden. Multichanneling ist heute oft Standard. Dabei kommen unterschiedliche Vertriebskanäle auf miteinander verzahnte Weise zum Einsatz. Intermediäre im Vertriebskanal müssen gefunden, gebunden und motiviert werden. Zahlreich muss mit Konflikten umgegangen werden.
- Persönlicher Verkauf und das Beschwerdemanagement haben große Bedeutung im Vertrieb. Der Verkaufsprozess gliedert sich in typische Phasen, und Gesprächs- und Verhandlungstechniken werden dabei zur Zielerreichung eingesetzt.
- CRM ist ein Rahmenkonzept des Vertriebs, um profitable Kundenbeziehungen aufzubauen und zu erhalten. Das operative, das analytische und das kooperative CRM sind dabei typische Teilsysteme.
- Das Customer Equity als die Summe der CLVs der Kunden ist eine zentrale Steuergröße für den Vertrieb. Weitere spezialisierte Kennzahlen wie Kunden-DBs oder die Anzahl der Leads fungieren als KPIs im Vertrieb.

Mindmap zum Kapitel 8

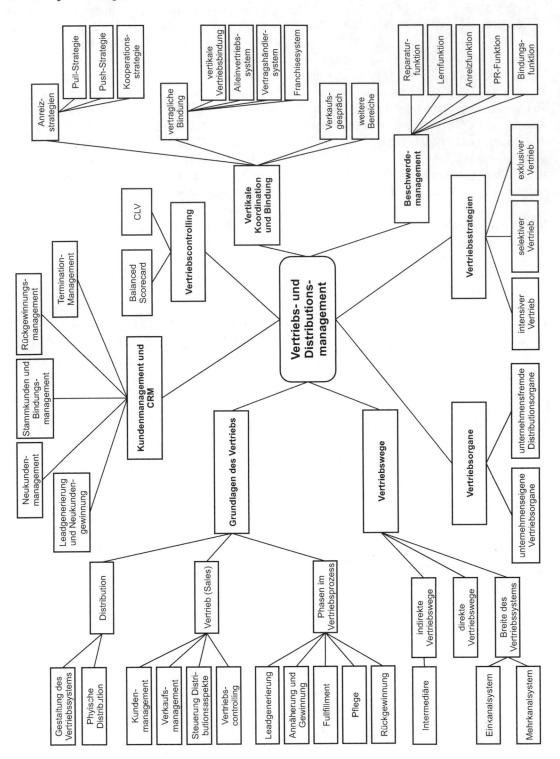

Literatur

Im Kapital zitierte Literatur

Chenet, P., & Johansen, J. I. (1999). *Beyond loyalty: The next generation of strategic customer relationship management*. Oak Tree Press.

Homburg, C., & Krohmer, H. (2009). *Grundlagen des Marketingmanagements* (2. Aufl.). Gabler.

Pepels, W. (2004). *Marketing*. Vahlen.

Redler, J. (2019). *Grundzüge des Marketing* (2. Aufl.). BWV.

Swanson, S. R., & Kelley, S. W. (2001). Attributions and outcomes of the service recovery process. *Journal of Marketing Theory and Practice, 9*(4), 50–65.

Tax, S. S., & Brown, S. W. (1998). Recovering and learning from service failure. *MIT Sloan Management Review, 40*(1), 75–88.

Winkelmann, P. (2008). *Vertriebskonzeption und Vertriebssteuerung* (4. Aufl.). Vahlen.

Weiterführende Literaturhinweise

Lasch, R. (2016). *Strategisches und operatives Logistikmanagement: Distribution*. Springer Gabler.

Rosenbloom, B. (2013). *Marketing channels* (8. Aufl.). Cengage.

Winkelmann, P. (2012). *Vertriebskonzeption und Vertriebssteuerung* (5. Aufl.). Vahlen.

Kommunikationsmanagement

9

Lernziele

- Die Bedeutung der Kommunikations- und Marktbedingungen durchdringen und kennen
- Kommunikationsziele und -planung kennen und erläutern können
- Wirkungsmodelle der Kommunikation kennen und beschreiben können
- Kommunikationsformen kennen und einordnen können
- Kommunikationsinstrumente kennen und situationsspezifisch bewerten können
- Kommunikationstechniken kennen und identifizieren können

In Kap. 9 erfolgt zunächst eine Sensibilisierung für die aktuellen Kommunikations- und Marktbedingungen. Darauf folgt ein Überblick zur Strategie und Planung von Marketingkommunikation. Ausführlich werden Wirkungsmodelle und Kommunikationsformen erläutert. Die Kommunikationsinstrumente werden dann gegliedert nach Owned, Paid und Earned Media vorgestellt. Abschließend wird ein Einblick in die Gestaltungstechniken der Kommunikation gegeben.

9.1 Kommunikations- und Marktbedingungen

Die Ziele der Marketingkommunikation sind i. d. R. *strategischer Natur*. Beispielsweise ist es für viele Unternehmen wichtig, ihren Zielgruppen Wissen über die eigenen Produkte zu vermitteln, für die Bekanntheit von Marken zu sorgen oder zu erreichen, dass Menschen positive Emotionen mit dem Unternehmen zu verbinden. Kommunikation kann aber auch *taktisch* eingesetzt werden, z. B., um Kunden über aktuelle Angebote oder Neuprodukte zu informieren oder die öffentliche Wahrnehmung in Krisenfällen zu beeinflussen. Unternehmen müssen mit ihren (potenziellen) Kunden und anderen externen Anspruchsgruppen in Kontakt treten, um über das Unternehmen sowie das Produkt- und Serviceprogramm zu informieren. Ebenso ist interne Kommunikation erforderlich, um interne Anspruchsgruppen, v. a. Mitarbeiter, zu erreichen,

▶ **Externe Marketingkommunikation** Maßnahmen, die darauf abzielen, externen Anspruchsgruppen des Unternehmens sachliche oder emotionale Botschaften zu vermitteln, um die Empfänger im Sinne der Marketingziele zu beeinflussen.

Obwohl viele Menschen grundsätzlich offen gegenüber Informationen (z. B. über Produkte, für die sie sich interessieren) sind, ist die Gestaltung effektiver und effizienter Kommunikationspolitik heute eine herausfordernde Aufgabe für Marketingmanager. Einige der Herausforderungen sind:

Viele Marken und viele Produkte
Konsumenten nehmen heute eine zunehmende Produkt- und Markenähnlichkeit wahr. Für sie ist es normal, dass die meisten heute angebotenen Produkte einem hohen Qualitätsstandard entsprechen. Dies wird regelmäßig auch durch objektive Testurteile der Stiftung Warentest gestützt (Abb. 9.1). Nicht umsonst kaufen deshalb viele Konsumenten bei Discountern, da sie sich auf die Qualität der Angebote verlassen. Auch fällt es vielen Konsumenten schwer, zwischen verschiedenen Marken zu differenzieren. Die geringen wahrgenommenen Unterschiede der Tankstellenmarken Aral, Shell, Total und Esso resultieren im Wesentlichen aus deren Kommunikation und deren Markenbindungsprogrammen.

Weiterhin: Auch die Anzahl von Marken und Produkten ist in den letzten Jahren stark gestiegen. Im Rahmen der Globalisierung und aufgrund der technischen Möglichkeiten (z. B. Onlineshops ohne Filialnetz) drängen immer weitere Unternehmen auf den Markt und intensivieren den Wettbewerb. Gleichzeitig werden heute mehr neue Produkte denn je entwickelt und eingeführt, deren Lebenszyklen (Abschn. 6.1.1) sich zudem oft verkürzen (z. B. Lebenszyklus eines Smartphones = zwei bis fünf Jahre). Zudem versuchen Unternehmen durch differenzierte Angebote, Zielgruppen und Nischen besser anzusprechen und höhere Margen zu erzielen. Zum Beispiel führt Mercedes-Benz ein breites (teilweise hybrides) Verbrennerproduktprogramm an Limousinen (A-Klasse bis Maybach-S-Klasse), Kombis, Kompaktwagen, Coupés, Cabriolets und Roadster, SUVs und Vans. Dieses wird nun um elektrische angetriebene Varianten ergänzt, welche die Verbrenner mittelfristig ablösen werden. Dies alles macht die Kommunikationsaufgabe für Unternehmen schwer. Wie kann man in einem solchen Dickicht wahrgenommen werden?

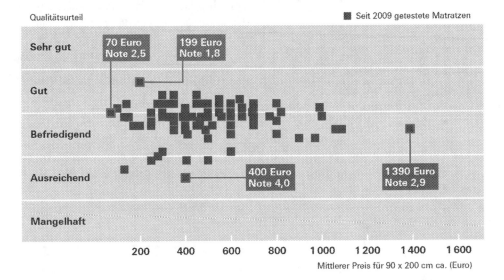

Teuer ist nicht besser

Die Grafik zeigt Preise und Testurteile der 104 seit 2009 geprüften Matratzen, die es noch zu kaufen gibt. Mehrere der guten kosten unter 300 Euro.

Abb. 9.1 Vergleichbare Qualitätsstandards unabhängig vom Preis. (Quelle: test 10/2015, S. 58)

Gesättigte Märkte

Eine Ursache für die oben beschriebenen Phänomene ist in den oft gesättigten Märkten zu finden. In diesen herrscht ein hoher Wettbewerbsdruck, bei dem Vorteile durch bessere Produktqualitäten durch den enormen Preisdruck kaum realisiert werden können. Um unter diesen Marktbedingungen von (potenziellen) Kunden wahrgenommen zu werden, verstärken viele Unternehmen ihr Kommunikationsengagement immer weiter. Es kommt zu einer Inflation der kommunikativen Maßnahmen, wodurch es wiederum noch schwieriger wird, von den Adressaten überhaupt wahrgenommen zu werden. Hinzu kommt die durch den technischen Fortschritt ermöglichte und gleichzeitig rapide Zunahme der Anzahl von Kommunikationskanälen, vor allem in den Social Media. Um in der Masse wahrgenommen werden, sind somit ausgeklügelte Kommunikationskonzepte erforderlich. Für diese werden Erkenntnisse der verhaltenswissenschaftlich (Abschn. 2.1.4) optimierten Kommunikation und der integrierten Kommunikation immer wichtiger, und Marketingmanager müssen entsprechendes Know-how mitbringen.

Abschirmverhalten der Zielgruppen gegenüber Botschaften und Kanälen

Das zunehmende Kommunikationsangebot auf allen Kanälen sowie die häufige Beschäftigung von Konsumenten mit dem Smartphone führen bei diesen zu einer Informationsflut, die nur zu Bruchstücken wahrgenommen und verarbeitet werden kann. Menschen wählen in einer heutigen Welte der digitalen Pull-Kommunikation sehr stark aus, welche Informationen zu ihnen durchdringen können. Die begrenzenden Wahrnehmungs- und Informationsverarbeitungskapazitäten des Gedächtnisses wirken zusätzlich einschränkend. Der überwiegende Teil des Informationsverhaltens von Konsumenten ist heute sehr flüchtig und oberflächlich. Die Aufmerksamkeitsspanne für Kommunikationsbotschaften von Unternehmen ist i. d. R. sehr gering.

▶ **Pull-Kommunikation** Adressaten entscheiden selbst darüber, ob, wann, mit wem und wie sie in einen Kommunikationskontakt treten.

Digitalisierung

Mit der Digitalisierung geht ein Wandel bei der Kommunikationsverbreitung und den Kommunikationsinstrumenten einher. Nachfolgende Charakteristika prägen u. a. das Bild (vgl. Redler 2019, S. 526 ff.):

- Rasante Vermehrung und Ausdifferenzierung der digitalen Kommunikationskanäle
- Weitgehende Virtualisierung von Informationen und Botschaften
- Mobile Zugänglichkeit von Information, überall, zu jeder Zeit
- Vernetzung der Adressaten untereinander
- Interaktivität der Medien und von Nutzern generierte Inhalte und Botschaften
- Ausgeprägte Möglichkeiten zur Individualisierung von Kommunikationsaktivitäten

Hinsichtlich der Dateninfrastruktur entstehen neue Dimensionen mit bisher nicht gekannten Möglichkeiten für die Marketingkommunikation. Die Datenspuren von Nutzern in der digitalen Welt (und des Internet of Things) liefern enorme, oft unstrukturierte Mengen von Daten, die der Analyse zugänglich sind. So werden bspw. voll automatisierte Auswertungen in Echtzeit eingesetzt, um digitale Kommunikationskampagnen laufend zu optimieren. Auch können operative Kommunikationsentscheidungen heute regelbasiert automatisiert und blitzschnell getroffen werden.

Einige Schlussfolgerungen für die Marketingkommunikation

Die obigen Punkte führen plakativ vor Augen, dass viele Konsumenten aufgrund der wahrgenommenen Gleichheit von i. d. R. qualitativ guten Produkten und aufgrund der Informationsüberlastung i. d. R. wenig daran interessiert sind, sich ausführlich über Produkte zu informieren. Drei Schlussfolgerungen ergeben sich als Anforderungen an eine werbliche Kommunikation, die ihre Adressaten unter diesen Bedingungen erreichen kann:

Erstens sind Kommunikationsinhalte schnell und einfach wahrnehmbar zu vermitteln. Es ist sinnvoller, mit einer Werbeanzeige den Markennamen und eine klare Werbebotschaft zu vermitteln als eine Vielzahl von Informationen, die von den Konsumenten in den vorliegenden Low-Involvement-Bedingungen (Abschn. 2.4.2) meist doch nicht wahrgenommen werden. Die Bildkommunikation eignet sich aufgrund der geringen mentalen Anforderungen bei der holistischen Verarbeitung (siehe Abschn. 2.3.3.5) besonders gut für die Werbung.

Zweitens spielt die Kommunikation in der Präferenzbildung auf Konsumentenseite eine hervorragende Rolle. Wenn auf Produktseite keine oder kaum noch wahrnehmbare Unterschiede vorliegen, so sind Differenzierungen durch Kommunikation zu erzielen. Dabei ist der ganze Marketingmix auf diese Differenzierung abzustimmen.

Drittens ist festzuhalten, dass sich auch ein Verhaltenswandel der Konsumenten vollzogen hat. Statt der Durchführung eines Qualitätsvergleiches präferieren diese oftmals einerseits niedrige Preise und andererseits erlebnisorientierten Konsum. Erlebnisgenerierung durch geeignete Kommunikation ist somit immer stärker in den Fokus zu rücken.

9.2   Kommunikationsziele und Kommunikationsplanung

9.2.1 Ökonomische und vorökonomische Ziele

Marketingziele müssen in Kommunikationsziele transformiert werden. Marketingmanager unterscheiden dabei zwischen *ökonomischen Zielen* (z. B. Umsatz, Deckungsbeitrag oder Gewinn) einerseits und *vorökonomischen (auch: verhaltensbezogenen) Zielen* (z. B. Produktbekanntheit oder Markenimage) andererseits (auch Abschn. 5.2). Obgleich es wünschenswert erscheint, die Wirkung der Kommunikation direkt mit ökonomischen Größen zu messen, so ist dies aus mehreren Gründen nicht praktikabel, die im Folgenden dargestellt werden.

Verhaltensbezogene Ziele sind meist ein erster Zwischenschritt auf dem Weg zur Erreichung ökonomischer Ziele. Verhaltensbezogene Ziele

sind psychologische Konstrukte wie Bekanntheit, Kaufabsicht oder Zufriedenheit, die die Erreichung ökonomischer Ziele (wie eine bestimmte Absatzmenge) beeinflussen. Ebenso wie bei ökonomischen Größen kann man auch bei diesen quantifizierbaren Kenngrößen bestimmen. So kann – als Beispiel – die Bekanntheit eines Produktes durch einen Recall-Wert und die Einstellung zu einem Unternehmen durch einen regelmäßig zu erhebenden Einstellungsindikator erfasst werden.

▶ **Verhaltensbezogene (vorökonomische) Ziele**
Psychologische Konstrukte, die der Erreichung ökonomischer Ziele vorgelagert sind, und für die quantifizierbare Indikatoren festgelegt werden.

Ökonomische Zielgrößen
Direkt beobachtbare wirtschaftliche Effekte.

Verhaltensbezogene Ziele werden teilweise in langen Zeiträumen über viele kleine Schritte erreicht. In einigen Kaufsituationen sind z. B. ausgeprägte gedankliche Vorstellungen für eine Kaufentscheidung erforderlich. Diese eignen sich Konsumenten im Lauf der Zeit an, bevor sie für den Kauf relevant werden. Beispielsweise wird ein Porsche gerne von 40- bis 50-jährigen Männern gekauft. Ihre Kaufentscheidung basiert auch auf langfristigen Lerneffekten (siehe Abschn. 2.3.3), die in der Kindheit ihren Ursprung haben können, und eben nicht nur auf einer einzelnen Kommunikationsmaßnahme als Kaufauslöser. Der genaue Beitrag von einzelnen Kommunikationsmaßnahmen auf die Kaufentscheidung ist deshalb nicht hinreichend messbar.

Zudem ist es i. d. R. schwierig, die Kaufentscheidung einer einzelnen Kommunikationsmaßnahme zuzuschreiben, da Konsumenten mehreren Kontakten ausgesetzt sind. Es kann nicht treffsicher bestimmt werden, ob letztlich eine Werbeanzeige, eine Kundenrezension oder die Erfüllung eines lang gehegten Wunsches den Kauf ausgelöst haben. Inzwischen ist es im Rahmen der Online-Werbung durch intelligentes Tracking möglich, zumindest gute Indikationen zur Werbewirkung auf Basis des Surfverhaltens zu gewinnen. Die Wirkung einer einzelnen Kommunikationsmaßnahme auf den Umsatz ist damit aber immer noch nicht eindeutig messbar.

▶ Verhaltensbezogene, vorökonomische Zielgrößen stehen bei der Definition von Kommunikationszielen im Fokus – vor allem Kontakt, Einstellung und Bekanntheit.

Ökonomische Ziele können auch deshalb nicht als Maßstab für die Wirkung der Marketingkommunikation dienen, da die Erreichung dieser von zahlreichen anderen Faktoren, wie z. B. der Marktsättigung und dem Werbedruck der Konkurrenz abhängt. Eine klare Zurechnung wäre also nicht möglich. Sinnvoller ist es deshalb, verhaltensbezogene Ziele wie eine Steigerung der Markenbekanntheit in einer bestimmten Zielgruppe zu definieren (z. B. „Steigerung der aktiven Markenbekanntheit für das Produkt ABC bei den Studierenden zwischen 18 und 30 Jahren bis zum Jahresende").

Kommunikationsziele sind also vor allem *Beeinflussungsziele im Hinblick auf die verhaltensbezogenen Größen.* Zu den wesentlichen Zielgrößen der Kommunikationspolitik zählen daher neben der Kontakterreichung vor allem die Beeinflussung von Bekanntheits- und Einstellungsindikatoren.

▶ Kommunikationsziele sind vor allem Beeinflussungsziele. Ihr Maßstab ergibt sich aus verhaltenswissenschaftlichen Variablen.

9.2.2 Strategische und taktische Beeinflussungsziele

Wie in anderen Bereichen auch, folgt die Kommunikationspolitik sowohl strategischen als auch taktischen Zielen. *Strategische* Kommunikationsziele befassen sich mit Aspekten, die langfristig für den Markterfolg relevant sind. Für viele Unternehmen ist es bspw. ein strategisches Kommunikationsziel, ein klares Markenimage zu vermitteln. *Taktische* Kommunikation hingegen folgt zeitweisen Ansätzen, die vor alle reaktiv

ausgerichtet ist, um kurzfristig Schwächen auszugleichen oder Aktionen zu promoten.

Kroeber-Riel und Esch (2015, S. 58) stellen anhand der Werbung drei Beeinflussungsziele dar, die sowohl für die strategische als auch die taktische Kommunikation eingesetzt werden können:

- *Aktualisierung*: Aktualität für das Angebot erzeugen, damit dieses als relevante zeitgemäße Alternative bevorzugt wird
- *Emotion*: Emotionen für das Angebot auslösen, damit dieses aufgrund der mit dem Angebot verknüpften Emotionen bevorzugt wird
- *Information*: Informationen über das Angebot vermitteln, damit dieses aufgrund rationaler Beurteilung bevorzugt wird

9.2.3 Mediaplanung

Zur Realisierung der Beeinflussungsziele ist es erforderlich, die Zielgruppe kommunikativ zu erreichen. Hierzu wird die Mediaplanung eingesetzt, mit der die Kommunikationskanäle, die Anzahl und Frequenz des Kommunikationseinsatzes und deren Zeitpunkte bestimmt werden (u. a. Redler 2021). Diese sind so zu wählen, dass die Zielgruppe optimal erreicht wird. Die Herausforderung liegt darin begründet, dass es für die Marketingzielgruppe i. d. R. keine deckungsgleichen Mediazielgruppen bei den Werbeträgern gibt. So ist z. B. in den klassischen Medien wie dem Fernsehen und Zeitschriften nur eine statische Auswahl nach Verteilungs- und Sendegebiet möglich. Dadurch entstehen Streuverluste, da die Zielgruppe z. B. nicht genau der Leserschaft einer Zeitschrift entspricht.

▶ **Kommunikationskanal** Verbindungsweg zwischen Sender und Empfänger
  Werbeträger
  Zur Übertragung von Werbebotschaften geeignete Medien
  Werbemittel
  Objektivierte (gestaltete) Form der Werbebotschaft, z. B. Printanzeige oder Werbespot

Bei den Werbeträgern lassen sich die folgenden Hauptgruppen unterscheiden:

- Printmedien, z. B. Zeitungen, Zeitschriften, Anzeigenblätter oder Adressbücher
- Elektronische Medien, z. B. Fernsehen oder Hörfunk
- Digitale Medien (elektronische Medien mit digitaler Codierung), z. B. Websites, Social Media, Streamingdienste oder Apps
- Außenwerbung, z. B. Litfaßsäulen, Plakatanschlagstellen, Leuchtreklame oder Verkehrsmittel
- Direktwerbung, z. B. Werbebriefe, Kataloge oder E-Mails

▶ **Mediaplanung** Auswahl und Festlegung der Kommunikationsträger sowie der Zeitpunkte und der Frequenz von deren Nutzung – Ergebnis ist ein Mediaplan.

Mediaselektion

Mit der Mediaselektion wird über die zielgruppengerechte Aufteilung des Kommunikationsbudgets auf die Werbeträger entschieden (u. a. Redler 2021). Zunächst erfolgt die Intermediaselektion mit der Auswahl der Werbeträger aus den oben genannten Hauptgruppen (z. B. Printmedien). Danach werden mit der Intramediaselektion die konkreten Werbeträger (z. B. Süddeutsche Zeitung und Manager Magazin) festgelegt.

▶ Bei der Mediaselektion sind die werbliche Eignung, Reichweite und relative Kosten relevant.

Die *werbliche Eignung* als Selektionskriterium für Werbeträger bezieht sich auf die Anmutungsqualität (z. B. Glaubwürdigkeit und Image), deren Gestaltung (z. B. Farbe oder Seitenumfang) sowie die Darstellungsmöglichkeiten (z. B. statische oder dynamische Inhalte oder akustische und visuelle Möglichkeiten).

Reichweiten von Werbeträgern können sowohl qualitativ als auch quantitativ unterschieden werden: Je höher die qualitative Reichweite, desto mehr ähneln sich die Zielgruppe und die mit einem Werbeträger zu erreichenden Personen. Die quantitative Reichweite stellt dagegen dar, wie viele Personen Kontakt mit dem Werbeträger haben. Hier sind die einfache Reichweite und die kumulierte Brutto- sowie Nettoreichweite als Maßzahlen üblich.

▶ **Einfache Reichweite** Durchschnittliche Nutzerzahl eines Werbeträgers

Kumulierte Bruttoreichweite

Durchschnittliche Nutzerzahl bei den eingesetzten Werbeträgern und/oder mehreren Ausgaben eines Werbeträgers

Kumulierte Nettoreichweite

Durchschnittliche Nutzerzahl bei den eingesetzten Werbeträgern und/oder mehreren Ausgaben eines Werbeträgers, die mindestens einen Kontakt hatten. Werbeträgerinterne und -externe Doppelungen werden aus der kumulierten Bruttoreichweite herausgerechnet.

Letztendlich spielen auch die *relativen Kosten* eine erhebliche Rolle für die Mediaselektion. Während im letzten Jahrhundert vor allem der *Tausender-Kontakt-Preis (TKP)* oder der Gross Rating Point (GRP: Werbedruck v. a. im TV, Bruttoreichweite bei einer Zielgruppe in Prozent) als relevante Maßzahlen galten, sind diese aufgrund der Informationsüberflutung deutlich weniger aussagekräftig als digital messbare Kontakte (z. B. Klicks). Einerseits ist keineswegs sichergestellt, dass Konsumenten auch Kontakt mit der im Werbeträger geschalteten Werbeanzeige haben. Andererseits differiert der Wert des Kontaktes erheblich: Bei Zeitschriften beachten die meist wenig involvierten Leser Anzeigen kaum. Auch Onlinebanner scheinen Konsumenten zu vernachlässigen. Der Anteil der Klicks auf dargestellte Banner liegt i. d. R. unterhalb von 0,2 %. Dagegen können bei Suchmaschinenwerbung deutlich höhere Klickraten bei erreicht werden (2–10 %). Bei der Suchmaschinenverwendung sind Internetnutzer meist deutlicher höher aktiviert, da sie gezielt nach Informationen suchen. Damit ist auch die Informationsverarbeitung besser. Die Klickrate ist umso höher, je besser die Werbeanzeige zur Suchanfrage passt (zu erfolgsabhängigen Vergütungsmodellen im Internet siehe Abschn. 9.6).

Dementsprechend unterscheiden sich auch die *relativen Kosten*. Eine ganzseitige farbige Anzeige in der Printausgabe des Spiegels (verkaufte Auflage: ca. 650.000 und Reichweite: 5,15 Mio.) kostet 82.700 € (AdAlliance 2021a). Daraus ergibt ein TKP von 16,06 € (82.700 €/5.150.000 * 1000). Eine digitale Schaltung bei der AdAlliance, zu der auch der Spiegel gehört, wird je nach Größe und Targeting mit einem TKP von 25 bis 120 € dotiert (AdAlliance 2021b). Die Kosten der Schaltung von Google Ads im Rahmen Suchmaschinenergebnisse differieren stark je nach Wettbewerbsintensität (ca. 0,05–5,00 €). Wenn der Klickpreis 1 € beträgt und die Klickrate bei 5 % liegt, so ist der TKP mit 50 € (1 €/20*1000), wobei hier die Position der Werbeanzeige nicht berücksichtigt wird, und es sein kann, dass die Werbeanzeigen auf der unteren Seitenhälfte dargestellt werden, zu dem nicht alle Nutzer scrollen.

Bei *digitalen Medien* ist eine dynamische Auswahl möglich, sodass die Auslieferungen der Werbeanzeigen viel treffsicherer durchgeführt werden können. Bei der Schaltung von Banner- oder Suchmaschinenwerbung sind zahlreiche Differenzierungsmöglichkeiten mit digitalem Targeting (siehe Abschn. 9.6.1) gegeben:

- Schaltung in genau definierten Zeiträumen, z. B. zwischen 18 und 20 Uhr oder an bestimmten Wochentagen
- Zielgruppenspezifische Schaltung anhand unterschiedlicher Marktsegmentierungskriterien wie Alter, Geschlecht, Bildungsstand, Familienstand, Postleitzahl usw.
- Schaltung basierend auf dem Nutzerverhalten, z. B. Reminder-Anzeigen, nachdem ein Produkt online betrachtet, aber nicht gekauft wurde
- Semantisches Targeting, z. B. Schaltung bei inhaltlich passenden Beiträgen
- Schaltung in Suchmaschinen basierend auf konkreten Suchanfragen

9.2.4 Budgetplanung

Mit der Budgetplanung wird die Allokation der notwendigen Kommunikationsinvestitionen gesteuert. Die Messung der Kommunikationswirkung ist mit vorökonomischen Größen wie Bekanntheit oder Markenimage möglich (Abschn. 9.2.1). Wie oben angesprochen, ist es jedoch schwierig, Wirkungen spezifischen Kommunikationsmaßnahmen zuzuordnen. In der Praxis werden zwei unterschiedliche Ansätze zur Werbebudgetierung verfolgt: Das optimale Werbebudget könnte mit analytischen Vorgehensweisen berechnet werden, wenn hinreichend Daten zur Herleitung der relevanten Werbereaktionskurven (Wirkung der Werbung auf den Umsatz) vorlägen. Aktuell bestehen hier noch erhebliche Schwierigkeiten, sodass das Werbebudget auch mit diesen Verfahren nur näherungsweise berechnet werden kann.

Ohne große Herausforderungen einsetzbar sind heuristische Vorgehensweisen, die an einfachen Budgetregeln ansetzen, aber i. d. R. wenig fundiert sind und auf vergangenheitsbezogenen Vergleichswerten aufbauen. Bei der Orientierung an unternehmensbezogenen Faktoren (z. B. Werbebudget entspricht einem bestimmten Prozentsatz des Umsatzes oder dem Geldbetrag, den ein Unternehmen sich leisten kann oder möchte) sowie konkurrenzbezogenen Faktoren (z. B. Werbeanteils-Marktanteils-Methode mit Orientierung am eigenen Marktanteil und dem der Konkurrenten) bleibt die Werbereaktionskurve genauso unberücksichtigt wie situationsspezifische Ansätze. In Krisenzeiten sinkt z. B. der Umsatz und dementsprechend müsste zum Gegensteuern das Werbebudget erhöht werden und nicht, wie in diesen Modellen üblich, dem Umsatz entsprechend gesenkt werden.

Sinnvoller sind marktbezogene Ansätze, mit welchen zunächst die Werbeziele definiert werden. Ausgehend von den Zielen erfolgt dann die Berechnung der Kosten zur Erreichung dieser Werbeziele auf der Basis von Erfahrungswerten und Schätzungen. Es gilt sodann zu prüfen, welche Werbeziele sich als wirtschaftlich darstellen und an welchen Stellen nachkorrigiert werden kann.

9.3 Wirkungsmodelle

9.3.1 Grundlagen

Ein ganzheitliches Totalmodell zur Wirkung der Kommunikation gibt es nicht. Stattdessen finden sich Partialmodelle, die die Wirkung der Kommunikation aus unterschiedlichen Perspektiven veranschaulichen. In diesem Kapitel wird zunächst stellvertretend für die Sender-Empfänger-Modelle das Kommunikationsquadrat nach Schulz von Thun dargestellt. Anschließend werden gedächtnisorientierte duale Prozessmodelle-Theorien erläutert.

9.3.2 Kommunikationsquadrat

Das Sender-Empfänger-Modell hat seinen Ursprung in der Nachrichtentechnik. Signale (Botschaften) werden von einem Sender zu einem Empfänger transportiert. Die Botschaft wird dabei vom Sender in verständliche Signale verschlüsselt (z. B. Sprache oder nonverbale Gesten), die vom Empfänger entschlüsselt werden. Idealerweise wird das Signal während der Übertragung nicht von Störquellen beeinflusst, z. B. laute Störgeräusche. Das Kommunikationsquadrat (auch: Vier-Ohren-Modell) von Schulz von Thun (1981) ist eine Weiterentwicklung und basiert auf der Annahme, dass Kommunikation auf vier Ebenen gleichzeitig stattfindet, auf denen jeweils eine Botschaft vermittelt wird (Abb. 9.2).

Auf jeder der Ebenen haben sowohl Sender und Empfänger Aufgaben zur Optimierung der Kommunikationsqualität. Auf der *Sachebene* soll sich der Sender klar und deutlich ausdrücken, während der Empfänger prüft, ob die Botschaft relevant ist und ob sie wahrheitsgemäß und vollständig kommuniziert wird. Im Rahmen der *Selbstkundgabe* gibt der Sender absichtlich oder unabsichtlich Informationen über seine Persönlichkeit preis. Diese kann er explizit (z. B. durch verbale Darstellung) oder implizit (z. B. durch Körperhaltung) vermitteln. Der Empfänger wertet die Signale aus, um sein Gegenüber und dessen Äußerung einschätzen zu können. Auf der *Beziehungsseite* vermittelt der Sender ebenso explizit oder implizit, wie er zu dem anderen steht. Der Empfänger erfasst dabei die Meinung des Senders über sich, er fühlt sich z. B. wertgeschätzt oder abgelehnt. Schließlich wird auf der *Appellseite* das Kommunikationsziel offen oder verdeckt dargestellt, z. B. bei einem Verkaufsgespräch der Produktkauf. Der Empfänger wiederum prüft, ob und welche Handlungen er vornehmen soll.

Zum Beispiel kann eine Influencerin (Abschn. 9.6.4) einen Post veröffentlichen, in dem sie auf einem Foto als Flugzeugpassagierin in der Business Class in gemütlicher Freizeitkleidung einer bekannten Sportmarke abgebildet ist. Sie kommuniziert auf der Sachebene neben dem Bild die Textzeilen „8h Flug ☺✈ mit @airline ✿ Ist jemand gerade in Mexiko? Habt Ihr Empfehlungen für uns? #visitmexico #anzeige". Der Empfänger hält die Botschaft für relevant, und sie kann ihm

Sachinhalt: Worüber ich informiere
Selbstkundgabe: Was ich von mir zu erkennen gebe
Beziehungshinweis: Was ich von dir halte und wie ich zu dir stehe
Appell: Was ich bei dir erreichen möchte.

Abb. 9.2 Das Kommunikationsquadrat. (Quelle: Schulz von Thun 2021)

wahrheitsgemäß und vollständig kommuniziert erscheinen. Der Empfänger wertet aus, dass die Influencerin sich selbstbewusst, entspannt und erfolgreich darstellt (Selbstkundgabe). Auf der Beziehungsseite freut sich der Empfänger vielleicht für die Influencerin, ist eventuell etwas neidisch angesichts des Erfolgs der Influencerin, kann sie aber auch als Vorbild sehen. Als verdeckten Appell könnte der Empfänger auffassen, dass er auch die Kleidung der Sportmarke kaufen sollte, damit er ebenso entspannt und erfolgreich wahrgenommen wird. Zudem wird er angespornt, der Influencerin weiter zu folgen, um die Reiseposts aus Mexiko zu erhalten.

▶ Für die Kommunikation zwischen Sender und Empfänger sind vier gleichrangige Ebenen zu betrachten.

9.3.3 Duale-Prozessmodelle

Elaboration Likelihood Model

Ein weitverbreitetes Modell zur Erklärung der Einstellungsveränderung ist das Elaboration Likelihood Model von Petty und Cacioppo (1986). Sie unterscheiden dabei zwei Verarbeitungswege von Informationen (Tab. 9.1):

- Zentraler Weg: Einstellungsbildung oder -änderung erfolgt basierend auf einer sorgfältigen, rationalen Abwägung der wichtigsten Argumente (intensive Informationsverarbeitung; Abschn. 2.3.3.4).
- Peripherer Weg: Einstellungsbildung oder -änderung erfolgt ohne rationale Überlegungen,

teilweise auch unbewusst, basierend auf positiven oder negativen peripheren Reizen (oberflächliche Informationsverarbeitung).

Die Wahl des Weges entscheidet sich vor allem in Abhängigkeit des Involvements (Abschn. 2.4.2) und der damit verbundenen Erfüllung der Voraussetzungen der Motivation und Fähigkeit zur Verarbeitung der Informationen. Da im Rahmen der heutigen Kommunikationsbedingungen Konsumenten heute meist wenig involviert sind, ist für die Marktkommunikation i. d. R. der periphere Weg relevant.

An der strikten Trennung in einen peripheren und einen zentralen Weg wurde früh Kritik geäußert. Dabei ist unbestritten, dass dem peripheren Weg eigenständig gefolgt werden kann, da dieser sich ja gerade durch die geringe mentale Anstrengung auszeichnet, mit der Informationen nur oberflächlich verarbeitet werden. Eine intensivere Auseinandersetzung mit Argumenten ist hier nicht möglich. Es ist aber davon auszugehen, dass dem zentralen Weg nicht alleine gefolgt wird, sondern hier auch der periphere Weg in unterschiedlichem Ausmaß eine Rolle spielt: Emotionen sind immer im Wahrnehmungsprozess präsent oder gehen Kognitionen sogar voraus.

Heuristic Systematic Model

Das Heuristic Systematic Model wurde von Chaiken und Kollegen (1989) für Überzeugungssituationen entwickelt, in denen die Motivation vorliegt, valide und exakte *Einstellungen zu bilden* (Abschn. 2.2.4) oder zu halten. Das komplexe Zusammenwirken der heuristischen und systematischen Verarbeitungsmodi steht beim Heuristic Systematic

Tab. 9.1 Elaboration Likelihood Model. (Petty und Cacioppo 1986, S. 4 ff.)

	Zentraler Weg	Peripherer Weg
Voraussetzungen	Motivation (z. B. persönlich Relevanz, Produktinvolvement, Need for Cognition) Fähigkeit (z. B. situative Aufmerksamkeit, vorhandene Wissen, kognitive Kompetenz, Verständlichkeit der Kommunikation, Wiederholungen)	keine
Verarbeitungstiefe	Tief	Oberflächlich
Einstellungsänderung	Qualitative Argumente können zu einer tiefgehenden Einstellungsänderung führen. Einstellungen sind dann relativ stabil.	Situative periphere Reize können zu oberflächlicher Einstellungsänderung führen. Einstellungen können bei erneuter Konfrontation schnell wieder geändert werden.

Model im Zentrum (Chaiken et al. 1989): Der Fokus der *systematischen* Verarbeitung liegt auf der bestmöglichen Beurteilung, welche durch die sorgfältige Erfassung sämtlicher verfügbaren Informationen, der Prüfung dieser auf Relevanz und der ausführlichen analytischen Informationsverarbeitung dieser erzielt werden soll. Das Vertrauen in die richtige Entscheidungsfindung ist hier hoch, allerdings ist diese mit hohem Zeitaufwand verbunden. Bei der *heuristischen* Verarbeitung sind hingegen hervorstechende und leicht zu verstehende Hinweisreize relevant, die eine verkürzte kognitive Beurteilung ermöglichen. Charakteristisch für eine solche vereinfachte Informationsverarbeitung sind der Einsatz von Heuristiken und (stereotypen) Schemata. Die heuristische Informationsverarbeitung ist effizient und relativ automatisiert, sodass Schlussfolgerungen einfach gezogen werden können. Das Vertrauen in die eigene heuristische Entscheidungsfindung ist allerdings oft limitiert.

Diesem Modell folgend, neigen Konsumenten dazu, Informationen bevorzugt heuristisch zu verarbeiten (Abschn. 2.3.1). Nur wenn sie motiviert und auch in der Lage sind, sorgfältig über Informationen nachzudenken, wirken die beiden Verarbeitungsmodi zusammen. Das Zusammenspiel erfolgt dabei unterschiedlich. Erstens kann die Wirkung der heuristischen Verarbeitung auf das Urteil abgeschwächt werden, wenn durch die systematische Verarbeitung Informationen berücksichtigt werden, die den heuristischen Hinweisen widersprechen. Zweitens ergeben sich additive Wirkungen, wenn die systematische und heuristische Informationsverarbeitung zu kongruenten Urteilen führen. Alternativ können sich drittens Verzerrungen ergeben, wenn die Validität der Argumente durch die heuristische Verarbeitung in Zweifel gezogen wird: In diesem Fall wird die Wirkung der systematischen Verarbeitung in Richtung der heuristischen Verarbeitung verzerrt (Chaiken und Ledgerwood 2012, S. 255 ff.).

Viele Konsumenten nutzen beim Kauf eines Notebooks Heuristiken, z. B. verlassen sie sich auf Expertenempfehlungen oder sie nutzen den Preis als Qualitätsindikator (Abschn. 7.2.2), indem sie das Notebook kaufen, welches gerade noch ihrem Budget entspricht. Angesichts der relativ teuren Anschaffung können sie aber auch motiviert sein, genauer über die bevorstehende Kaufentscheidung nachzudenken und sich z. B. in einem Fachgeschäft beraten zu lassen. Durch die Kommunikation mit dem Verkäufer werden weitere Informationsverarbeitungsprozesse erforderlich: Auf der heuristischen Ebene wird z. B. die Freundlichkeit und das Erscheinungsbild des Verkäufers wahrgenommen. Zudem sind auf der systematischen Ebene die Argumente des Verkäufers zu prüfen, z. B., ob die vorgestellten Notebooks zum geplanten Anwendungsbereich passen. Wenn der Verkäufer beispielsweise für den mobilen Einsatz ein großes, schweres 17-Zoll-Notebook empfiehlt, so erkennt der Kunde auf der systematischen Ebene, dass die Beratungsleistung nicht optimal ist. Dadurch wird auch eine eigentlich positive wahrgenommene Freundlichkeit des Verkäufers auf der heuristischen Ebene abgeschwächt. Ergibt sich für den Kunden dagegen positive Eindrücke bei der heuristischen (z. B. Freundlichkeit) und der systematischen (z. B. Vorführung von mehreren Notebooks, die überzeugen) Verarbeitung, so haben diese additive Wirkungen. Im dritten Fall könnte der Verkäufer sehr fachkundigen Rat geben, der bei der systematischen Verarbeitung auch eigentlich positiv aufgenommen wird. Da der Verkäufer jedoch kurz angebunden ist, ergibt sich bei der heuristischen Verarbeitung ein negatives Bild, durch welches auch der eigentlich positive fachkundige Rat in Zweifel gezogen wird.

▶ Das Heuristic Systematic Model unterscheidet zwischen der systematischen Informationsverarbeitung mit viel Aufwand und der vereinfachten Informationsverarbeitung anhand von Faustregeln, die als Heuristiken bezeichnet werden.

9.4 Kommunikationsformen

9.4.1 Interne und externe Kommunikation

Marketingkommunikation ist sowohl unternehmensintern als auch unternehmensextern wichtig. Während die Bedeutung der externen Kommunikation in der Praxis klar ist, wird die Wirkung der internen Kommunikation immer noch unterschätzt. Die *interne Kommunikation* richtet sich vor allem an alle Mitarbeiter eines Unternehmens. Diese sind für die Qualität der Leistungen des Unternehmens sowie die externe Kommunikation verantwortlich. Für Unternehmen ist es deshalb wichtig, dass Mitarbeiter die Unternehmensziele und die Identität des Unternehmens verstehen und sich bestenfalls damit identifizieren. Dadurch kann eine höhere Mitarbeiterzufriedenheit und auch ein höheres Commitment zum Unternehmen erreicht werden. Wesentlich kann interne Kommunikation zudem Einstellungen von Mitarbeitern fördern, die zur Markenpositionierung des Unternehmens oder der Produktgruppen passen, um so im Sinne der Marketingziele adäquates Mitarbeiterverhalten zu erreichen. Werbeträger der internen Kommunikation sind z. B. ein Intranet, Mitarbeiterzeitschriften, Newsletter oder Corporate TV. Ebenso relevant ist das vorbildhafte Verhalten der Führungsebene.

Die *externe Kommunikation* ist nicht nur an Kunden, sondern auch an weitere externe Anspruchsgruppen wie Lieferanten und Öffentlichkeit gerichtet. Ziele sind hier vor allem die Steuerung der Wahrnehmung und Pflege der Reputation. Als Werbeträger fungieren hier z. B. Printmedien, Newsletter oder ein Corporate Blog.

▶ **Interne Kommunikation** Kommunikation mit internen Anspruchsgruppen, vor allem Mitarbeitern.

Externe Kommunikation

Kommunikation mit externen Anspruchsgruppen, z. B. (potenziellen) Kunden, Lieferanten und Öffentlichkeit.

9.4.2 Persönliche Kommunikation und Massenkommunikation

Massenkommunikation erfolgt mittels der Massenmedien wie dem Fernsehen, Radio oder Zeitungen gegenüber vielen meist nicht identifizierbaren Empfängern. Vorteilhaft ist die schnelle Erreichbarkeit eines großen Publikums. Feedbackmöglichkeiten sind zumindest in den klassischen Medien nicht gegeben: Die Kommunikation erfolgt nur in eine Richtung. Im Rahmen der Massenkommunikation sind zudem nur akustische und visuelle Reize einsetzbar. Weitere Sinnesmodalitäten wie das Riechen können i. d. R. nicht angesprochen werden. Massenkommunikation eignet sich z. B. zu einer schnellen Informationsverbreitung von Produktneueinführungen. Bspw. ist es Autoherstellern möglich, ein neues Elektromodell mit einem Werbespot beim jährlichen amerikanischen Superbowl z. B. einem dreistelligen Millionenpublikum bekannt zu machen.

▶ **Massenkommunikation** Öffentliche Einwegkommunikation durch technische Verbreitungsmittel (Massenmedien) an eine Vielzahl von heterogenen Adressaten in räumlicher und/oder zeitlicher Distanz.

Persönliche Kommunikation findet zwischen Personen statt, die interaktiv mündlich oder schriftlich miteinander kommunizieren. Der freie Kommunikationsverlauf ermöglicht ein flexibles Kommunikationsverhalten, bei dem Sender und Empfänger sich aufeinander einstellen können. Dies resultiert in einer größeren Glaubwürdigkeit. Die gegenseitige soziale Kontrolle ist hier aufgrund der stetigen Möglichkeit des Nachfragens oder der Bitte um eine wiederholende Ausführung gegeben. Gleichzeitig können sowohl der Sender als auch der Empfänger prüfen, ob die vermittelten Informationen aufgenommen und verstanden wurden. Die Vermittlung komplexer Inhalte ist deshalb im Rahmen der persönlichen Kommunikation sehr gut möglich. Die Kommunikation kann zudem besonders intensiv gestaltet werden, da der Einsatz nonverbaler Kommunikation hier einfach möglich ist. Persönliche Kommunikation findet z. B. bei Verkaufsgesprächen statt. Interessenten, die den obigen Werbespot über ein neues Elektroauto gesehen haben, können sich in ihrem Autohaus umfassend über das neue Modell informieren. Der Verkäufer kann individuell informieren und die Vorteile des Modells vor Ort direkt demonstrieren.

Tab. 9.2 Persönliche Kommunikation versus Massenkommunikation

	Persönliche Kommunikation	Massenkommunikation
Richtung	Wechselseitige Kommunikation	Einwegkommunikation
Erreichbarkeit	Wenige Personen, langsam	Viele Personen, schnell
Distanz Sender-Empfänger	Niedrig	Hoch
Informationsverarbeitung	Hohes Involvement	Niedriges Involvement
Rückkoppelung	Schnelle Rückmeldung, einfache Verständniskontrolle	Langsame Rückmeldung, schwierige Verständniskontrolle
Vermittlung	Einfache und komplexe Informationen	Einfache Informationen
Kosten	Hoch	Niedrig

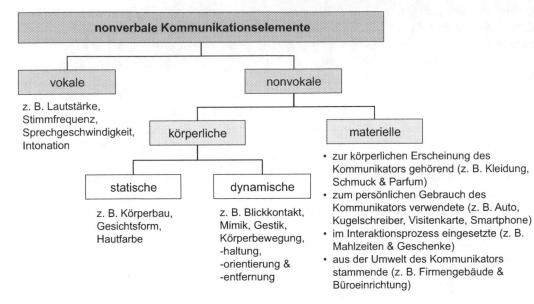

Abb. 9.3 Nonverbale Kommunikationselemente. (Quelle: in naher Anlehnung an Weinberg 1986, S. 85)

▶ **Persönliche Kommunikation** Wechselseitige Kommunikation zwischen zwei oder mehreren Menschen.

In Tab. 9.2 werden diese Kommunikationstypen gegenübergestellt.

9.4.3 Verbale und nonverbale Kommunikation

Neben der sequenziellen *verbalen Kommunikation* senden und empfangen Konsumenten parallel Informationen mittels *nonverbaler Kommunikation* (Abb. 9.3). Hierbei verarbeiten Individuen bewusst und unbewusst wahrnehmbare Reize in den unterschiedlichen Sinnesmodalitäten. Zum Beispiel werden in Verkaufsgesprächen über den visuellen Kanal Mimik und Körperdynamiken wahrgenommen – und parallel mit dem Geruchssinn olfaktorische Reize.

Bei der verbalen Kommunikation sind Argumentationsstil (z. B. Faktenargumente, normative Argumente, indirekte Argumente) und Sprachstil (z. B. leicht verständliche Sprache oder Fachbegriffe, unterschiedliche Stilebenen) zu unterscheiden. Das gesprochene Wort beinhaltet dabei auch nonverbale vokale Kommunikationselemente: Hier lassen sich z. B. langsame und schnelle Sprechgeschwindigkeit sowie eine leise oder laute Stimme situativ einsetzen. Vokale Elemente werden oft bewusst eingesetzt, während diese aber meist unbewusst wahrgenommen werden. Nonverbale Kommunikationselemente sind nicht immer kontrollierbar, so kann es z. B. schwierig sein, in einem Gespräch eine unsichere

Stimme oder ein Grinsen zu vermeiden, welche durch das Gegenüber automatisch interpretiert werden.

9.4.4 Above-the-Line- und Below-the-Line-Kommunikation

Kommunikationsinstrumente können weiterhin in Above-the-Line- und in Below-the-Line-Kommunikation unterteilt werden. Das Hauptunterscheidungskriterium stellt die Erkennbarkeit des Beeinflussungsversuchs durch den Adressaten dar. Dieser ist leicht ersichtlich bei *Above-the-Line-Kommunikation*, welche vor allem Maßnahmen der Massenkommunikation über die klassischen Kommunikationsmittel umfasst, wie z. B. Out-of-Home-Werbung oder Fernsehwerbung. Diese Kommunikationsform ermöglicht i. d. R. zeitnah große Reichweiten in Form von gestreuter unpersönlicher Einbahnstraßenkommunikation.

▶ **Above-the-Line-Kommunikation** Kommunikation, die unmittelbar als unternehmerischer Beeinflussungsversuch wahrgenommen wird.

▶ **Below-the-Line-Kommunikation** Kommunikation, die nicht unmittelbar als unternehmerischer Beeinflussungsversuch wahrgenommen wird.

Below-the-Line-Kommunikation wird meist nicht sofort als unternehmerischer Beeinflussungsversuch wahrgenommen. Sie beinhaltet vor allem Maßnahmen außerhalb der klassischen Massenmedien wie Product-Placements, Public Relations oder alternative Werbeformen wie virales Marketing.

9.4.5 Owned, Paid und Earned Media (POEM)

Ursprünglich von Nokia entwickelt, ist inzwischen die Unterteilung der Kommunikation in Owned Media, Paid Media und Earned Media stark verbreitet.

Owned Media
Owned Media werden vollständig von dem Unternehmen selbst kontrolliert. Dementsprechend sind die Inhalte und Nachrichten flexibel gestaltbar. Dabei fallen keine wesentlichen Kosten außerhalb des Unternehmensbereichs an. Nachteilig kann der fehlende Zugang zum Adressaten sein, z. B., wenn die eigene Website nur spärlich besucht wird. Beispiele für Owned Media sind Public Relations, die eigene Website, Permission Marketing, Produktbroschüren oder Mitarbeiterzeitschriften. Auch die eigenen Seiten in den Social Media gehören dazu.

▶ **Owned Media** Unternehmenseigene Werbeträger.

Paid Media
Paid Media sind Werbeträger Dritter, an die für die Platzierung von Werbemitteln Geld bezahlt wird. Vorteilhaft bei den Paid Media ist, dass die bezahlten Werbemittel schnell an relevante Zielgruppen verbreitet werden können und dadurch auch Kontakte zu den Owned Media hervorrufen werden können. Es kann eine große Reichweite generiert werden, oft sogar zielgruppengenau und dies in unterschiedlichen Kanälen. Wenn Inhalte schnell einem großen Publikum vermittelt werden sollen, sind Paid Media i. d. R. die beste Wahl. Nachteilig sind die relativ hohen Kosten, die Angewiesenheit auf Dienstleister, der Kampf um Aufmerksamkeit gegenüber der Konkurrenz und das generell sinkende Informationsinteresse im Rahmen der Informationsüberflutung. Beispiele für in den Paid Media eingesetzte Kommunikationsinstrumente sind Offline-Werbung (z. B. Fernseh-, Radio- oder Außenwerbung), Online-Werbung (z. B. Banner- oder Suchmaschinenwerbung) und Sponsoring sowie Product-Placement.

▶ **Paid Media** Werbeträger Dritter, die für die Veröffentlichung von Werbemitteln zu bezahlen sind.

Earned Media
Earned Media sind von Dritten (z. B. Kunden oder Presse) geschaffene Kanäle, deren positive

Kommunikation sich Unternehmen erst verdienen müssen, anstatt dafür zu bezahlen. Beispiele für Kommunikation auf den Earned Media sind Word of Mouth (Mundpropaganda, Reviews), Viral Marketing und Publicity (z. B. Medienberichte). Da die Kommunikation nicht von der Marke finanziert wird, werden die dargestellten Inhalte auf Earned Media als glaubwürdig und transparent wahrgenommen. Erstrebenswert ist eine hohe Viralität positiver Kommunikation über die eigenen Produkte oder das Unternehmen, mit der viele Konsumenten schnell erreicht werden. Oft wirkt dies dann besonders positiv im Sinne der Werbeziele. In der Praxis gelingt es aber relativ selten, eine hohe Viralität zu schaffen, also viel Kommunikation in den Earned Media zu generieren. Es bestehen kaum Möglichkeiten, darauf Einfluss zu nehmen, wer etwas wie weiterverbreitet. Nachteilig ist deshalb auch die fehlende Möglichkeit, negativer Kommunikationsverbreitung schnell entgegenzuwirken.

▶ **Earned Media** Werbeträger Dritter, auf denen unabhängig vom Unternehmen selbst über das Unternehmen kommuniziert wird.

9.5 Kommunikationsinstrumente und -ansätze der Owned Media

9.5.1 Website

Owned Media finden sich im alleinigen Verantwortungsbereich des Unternehmens. Das heutzutage omnipräsente Internet eignet sich hervorragend zur Kommunikation von Unternehmens- und Markeninformationen. Dies gilt besonders, wenn Konsumenten bereits über Basiswissen verfügen und weitere Informationen benötigen. Auch eignen sich Websites für den Support in der Nachkaufphase mit downloadbaren Handbüchern, FAQs und weiteren Supportmaßnahmen sowie zur Markenbindung. Websites haben in den letzten 25 Jahren enorm an Relevanz genommen. Im Februar 2021 gab es knapp 16,8 Millionen registrierte de-Domains (Denic 2021). Angesichts dessen überrascht es nicht, dass nahezu alle größeren Un-

ternehmen mit Internetpräsenzen vertreten sind. Bei der Begriffsdifferenzierung hilft der Merksatz:

▶ Eine **Homepage** ist die erste Webseite einer Website.

Aufgrund der starken Konkurrenz um Aufmerksamkeit im Internet sowie Konsumenten, die meist nur dieselben sieben bis zehn Websites regelmäßig besuchen, ist die Kontaktherstellung besonders wichtig. Bei der Gestaltung der Website sollte deshalb Wert darauf gelegt werden, dass diese bei der aktiven Suche von Konsumenten bevorzugt gefunden werden. Deshalb muss darauf geachtet werden, dass Suchmaschinen eine Website gut erfassen können und sie damit bei Suchanfragen auf den vorderen Ergebnisrängen aufführt (Suchmaschinenoptimierung (SEO) als Teil des Suchmaschinenmarketing). Hierzu bieten Suchmaschinen Hinweise, die genauen Algorithmen werden aber nicht preisgegeben. Neben dem Inhalt spielen Faktoren wie die durchschnittlichen Aufenthaltsdauern, Verlinkungen und Domainalter eine Rolle bei den Rankingverfahren der Suchmaschinen.

In der Regel sind weitere Maßnahmen notwendig, um Konsumenten auf die eigene Website zu führen. Dies ist z. B. mit Werbung (siehe Abschn. 9.6.1) und mit Incentives für den Websitebesuch auf Produktverpackungen möglich. Zur besseren Leistung bei den Suchmaschinen und zur spezifischeren Kommunikation ist der Einsatz von aus wenigen Webseiten bestehenden sogenannten Landing Pages möglich, mit denen aktionsbasiert Zielgruppen optimiert angesprochen werden können. Der Fokus liegt bei diesen darauf, direkt Handlungen auszulösen wie die Teilnahme an einem Gewinnspiel, das Abonnement eines Newsletters oder die Terminvereinbarung für ein Verkaufsgespräch.

Die Personalisierung von Websites ermöglicht es, im 1:1-Marketing Konsumenten genau die Informationen darzustellen, die sie benötigen. Durch die bessere Anpassung an die Nutzerbedürfnisse werden personalisierte Websites i. d. R. besser bewertet. Gleichzeitig bleiben Nutzer länger auf der Website und frequentieren die Website häufiger. Datenschutzbedenken spielen zudem eine geringere Rolle als erwartet. Während die Wirkungen der Personalisierung für Konsumenten mit niedrigen Datenschutzbedenken positiv sind, punkten personalisierte Websites bei Konsumenten mit hohen Datenschutzbedenken auf einem ähnlichen Niveau wie nicht personalisierte Websites (Ullrich 2012).

▶ Aktionsbasierte Kommunikation ist mit Landing Pages möglich. Personalisierte Websites offerieren dagegen ein individuelles Nutzererlebnis.

9.5.2 Newsletter und E-Mail-Marketing

Bei Newslettern, die postalisch versendet werden, und E-Mails, die elektronisch versendet werden, haben Konsumenten ihr Einverständnis zur Marketingkommunikation durch Unternehmen gegeben. Insbesondere mit E-Mail-Newslettern soll eine langfristige, interaktive Kommunikation aufgebaut und gepflegt werden, bei der auf die Interaktivität mit dem Kunden gesetzt wird. Deshalb werden diese oft personalisiert. Sie dienen der Information über aktuelle Angebote sowie der Markenbindung.

Während bei standardisierten Postwurfendungen nur hinsichtlich unterschiedlicher Zielgruppensegmente Unterscheidungen vorgenommen werden, können insbesondere Newsletter in großem Umfang personalisiert werden, um maßgeschneidert Reaktionen auszulösen. Ein Vorteil des Newsletterversands ist, dass i. d. R. keine störenden Konkurrenzeinflüsse in der Kommunikation vorliegen. Allerdings werden Konsumenten heute insbesondere mit Newslettern überhäuft, sodass diese häufig nicht mehr geöffnet werden.

Vorteilhaft ist die Kontrollmöglichkeit der Zielgruppenreaktion z. B. durch die Öffnungszeitpunkte der E-Mails oder Klicks innerhalb der Newsletter. Die Effektivität der Newsletter kann auch getestet werden, indem unterschiedliche Varianten an eine kleine Zahl der Empfänger versendet werden (A/B-Test). Die Variante, mit welcher die meisten relevanten Reaktionen erzielt wurden, kann dann an die gesamte Zielgruppe versendet werden.

9.5.3 Persönlicher Verkauf

Der persönliche Verkauf zwischen dem Anbieter und dem Kunden findet heute vor allem im Business-to-Business, aber auch bei erklärungsbedürftigen Produkten für Endkunden statt. Auch im Handel (Abschn. 8.3) spielt er eine große Rolle. Zentrale Ziele sind der Verkauf und die Kundenpflege. Der persönliche Verkauf kann durch Reisende im Außendienst (weisungsgebundene Angestellte), durch externe Handelsvertreter oder durch Verkaufspersonal vor Ort stattfinden. Gesprächsorte können z. B. beim Kunden selber, im Verkaufsraum, auf Messen, informell auf höheren Führungsebenen oder im Rahmen des Party-Verkaufs (z. B. Tupperware-Partys) sein.

In Verkaufsgesprächen mit üblicherweise hohem Involvement sind starke Argumente des Verkäufers relevant (zentraler Weg, siehe Abschn. 9.3.3), aber auch die situativen Bedingungen spielen eine Rolle, z. B. für den Vertrauensaufbau und die weitere Einschätzung des Verkäuferverhaltens durch den Käufer (peripherer Weg). Somit spielen neben den verbalen Kommunikationselementen auch die nonverbalen eine erhebliche Rolle für Verkaufsgespräche (siehe Abschn. 9.4.3).

9.5.4 Event

Der persönliche Kontakt ist auch bei Eventkommunikation elementar. Bei Events werden durch das Unternehmen Ereignisse geplant und exklusiv durchgeführt. Besondere Erlebnisse werden inszeniert, in die das Event besuchende Zielgruppen einbezogen werden. Hauptziele sind die Kontaktschaffung, die Schaffung einer förderlichen Einstellung oder der Aufbau eines emotionalen Markenimages. Zudem kann mit anlassorientierten Events Aufmerksamkeit bei Produktneueinführungen erzeugt werden oder es können Jubiläen zur Unternehmensdarstellung gefeiert werden.

Events können durchaus unterschiedliche Formen annehmen, solange sie markenkonform auf die Zielgruppe abgestimmt werden. So sind z. B. Road Shows, Jubiläen, Ausstellungen, Aktionärsversammlungen, Tage der offenen Tür, Incentive-Reisen oder Sportveranstaltungen (z. B. Flugtage von Red Bull) möglich.

9.5.5 Public Relations

Unter Public Relations (auch: PR, Öffentlichkeitsarbeit und ÖA) ist das systematische Kommunikationsmanagement der externen und internen Anspruchsgruppen zu verstehen. Es beinhaltet die Planung, Durchführung und Kontrolle des kommunikativen Auftretens.

Ziele der Public Relations sind meistens langfristig angelegt:

- Der Aufbau und die Gestaltung eines positiven Unternehmensimages
- Der Aufbau eines Rufs des Unternehmens als positiver Teil der Gesellschaft
- Der Aufbau von Verständnis, Vertrauen und Glaubwürdigkeit bei allen Anspruchsgruppen
- Die Beziehungspflege mit den Anspruchsgruppen (z. B. Medien, Institutionen, Kunden, Aktionären oder der Gesamtbevölkerung)

Im Idealfall sollten Unternehmen proaktiv vorgehen, um sich langfristigen Goodwill und Vertrauen aufzubauen. Damit sind Unternehmen besser für mögliche Krisen gerüstet, in denen sie nur noch reaktiv agieren können.

Typische PR-Aktivitäten sind:

- Medienarbeit, z. B. Pressemitteilungen, Online-Presseportale, Vermittlung von Bildmaterial oder Interviews
- Beziehungsmanagement, z. B. Kontaktpflege, Lobbying oder Medienpräsenz
- Organisation von Veranstaltungen, z. B. Pressekonferenzen, Tag der offenen Tür oder Vorträge, um über das Unternehmen oder bestimmte Angebote zu informieren
- Reaktion auf Krisen, hier sind kurzfristige Effekte relevant
- Lobbying

Vorteile der PR sind deren relative Kosteneffizienz und die Wahrnehmung durch ein mit Wer-

bung schwer erreichbares Publikum. Herausforderungen für erfolgreiche PR sind die Schwierigkeit, die PR-Effektivität zu messen, geringe Kontrolle und die Gatekeeper-Funktion von Journalisten. Die zunehmende Digitalisierung hat auch in der Medienbranche zu Änderungen geführt: Die Anzahl der Redaktionen und qualifizierten Journalisten ist gesunken und deren Status als Experten teilweise verloren gegangen. Die meisten Zeitungen pflegen Digitalangebote, bei denen zunehmend auf Bezahlschranken gesetzt wird, sodass nur noch wenige Artikel kostenfrei zu lesen sind. Parallel sind nicht journalistische Kanäle wie Blogs und soziale Netzwerke entstanden. Auch bei diesen können Internetnutzer online diskutieren und Inhalte teilen. Teilweise entstehen Angebote, die dem Pressekodex nicht mehr konsequent folgen und somit wenig glaubwürdig sind, aber bestimmte Gruppen ansprechen.

9.5.6 Social Media

Die Rolle der Social Media für die Kommunikation ist heute insbesondere bei jüngeren Zielgruppen erheblich. Für einige Zielgruppen sind diese sogar wichtiger als das Leitmedium Fernsehen. Social Media ermöglichen die Kommunikation aller Beteiligten in Echtzeit (Many-to-Many-Kommunikation). Unternehmensgenerierte Inhalte (Brand Generated Content: BGC) und nutzergenerierte Inhalte (User Generated Content: UGC) treten auf der gleichen Ebene auf, wobei Unternehmen auf ihren eigenen Social-Media-Kanälen Steuerungsmöglichkeiten haben. Social Media können somit sowohl den Owned Media als auch den Paid Media und Earned Media zugeordnet werden. Zu den Owned Media gehören die eigenen Präsenzen in den Social Media, z. B. das Facebook-Profil oder der eigene Twitter-Account. Ziel dieser ist die Vermittlung aktueller Entwicklungen und Neuigkeiten sowie der Aufbau und die Pflege von Kundenbeziehungen. Hierzu können Social Media als Dialogplattformen verwendet werden. Insbesondere jüngere Generationen erwarten hier sehr kurze Reaktionszeiten. Ebenso können Unternehmen Werbeanzeigen auf den

Paid Media schalten. Einen besonders hohen Wert hat auch die vom Unternehmen unabhängige Kommunikation in den Social Media (Earned Media), z. B. weitergeleitete Werbespots oder Nachrichten über das Unternehmen.

▶ **Social Media** Digitale Anwendungsplattformen, mittels deren Nutzer sich mit interaktiven Kommunikations- und Kooperationsmöglichkeiten über das Internet vernetzen können.

9.5.7 Guerilla-Kommunikation

In Zeiten der Informationsüberflutung ist es wichtig, Kommunikationsmaßnahmen zu planen, mit denen die Aufmerksamkeit bei den Zielgruppen erreicht werden kann. Insbesondere kleine und mittelständische Unternehmen haben oft nicht hinreichende Mittel, um mit genügend Wiederholungen der wirkungsschwachen klassischen Werbung ihre Zielgruppe zu erreichen. Mit dem Kommunikationsinstrument Guerilla-Kommunikation wird versucht, durch originelle, unkonventionelle, von der Norm abweichende Kommunikationsmaßnahmen im Rahmen eines kleinen Budgets aufgrund des Überraschungseffekts viel Aufmerksamkeit zu generieren. Während die Planung und Umsetzung des Guerilla-Marketing zu den Owned Media gehört, lässt sich die in großem Umfang erzeugte Kommunikation von Dritten den Earned Media zuordnen. Inzwischen haben sich verschiedene Guerilla-Techniken etabliert:

- Ambient Marketing: Außenwerbung unter Berücksichtigung der Umgebung an Orten, an denen Werbung untypisch ist, z. B. Floor Graphics, kostenlose Postkarten, Street-Art, WCs oder Zapfpistolen
- Ambush Marketing: Trittbrettfahrernutzung des positiven Images von Großveranstaltungen ohne offiziellen Sponsoringvertrag
- Buzz Marketing: Überzeugte Konsumenten fungieren als unbezahlte Werbeträger, z. B. mittels Unterstützung in unorganisierter Form von zu verteilenden Produktproben

- Sensation Marketing: Inszenierung einer vorgetäuschten Sensation in der Öffentlichkeit. Im Unterschied zum Ambient Marketing kurzfristige, einmalige Aktionen.
- Viral Marketing: Auslösen einer virusartigen Kommunikationslawine (siehe Abschn. 9.7.2)

▶ **Guerilla-Kommunikation** Unkonventionelle Aktivitäten, die aufgrund von Überraschungseffekten eine große Wirkung erzielen.

Bei der Nutzung von Guerilla-Techniken ist zu beachten, dass diese Vorgehensweisen nicht zu jeder Marke passen. Zudem ist die Rechtslage zu berücksichtigen. Auch besteht die Gefahr, dass die Kreativität überschätzt wird und die Kampagne floppt.

9.5.8 Verkaufsförderung

Die Verkaufsförderung (auch: Sales Promotion oder Promotion) ist eine Querschnittsaufgabe des operativen Marketing. Sie wird oft der Kommunikationspolitik zugeordnet, ist aber auch eng vernetzt mit der Preispolitik (z. B. Sonderangebote), Vertriebspolitik (z. B. Displays) und Produktpolitik (z. B. Produktzugaben). Im Unterschied zu den anderen Kommunikationsmaßnahmen stehen hier in der Regel ökonomische Zielgrößen im Vordergrund: Vor allem kurzfristige Absatzsteigerungen sind sehr gut messbar (z. B. mit Scannerdaten) und dadurch kontrollierbar. Verkaufsförderungen richten sich an die nachgelagerten Vertriebsstufen und können kurz- und langfristige Wirkungen auslösen:

▶ **Verkaufsförderung** Kombination zeitlich begrenzter Anreizinstrumente, die andere Marketingmaßnahmen unterstützen und auf nachgelagerten Vertriebsstufen den Absatz fördern sollen.

In der Praxis werden mit Verkaufsförderungen deutliche Absatzsteigerungen erreicht, auch wenn Studien zeigen, dass diese nicht immer gewinnbringend sind. Insbesondere bei Fast Moving Consumer Goods wird in erheblichem Um-

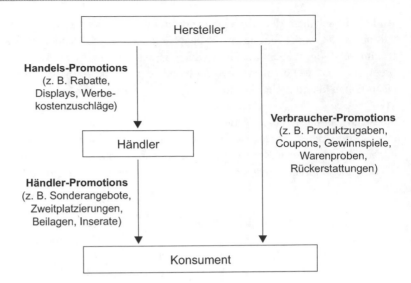

Abb. 9.4 Ebenen der Verkaufsförderung. (Quelle: Gedenk 2002, S. 14)

fang auf Verkaufsförderung eingesetzt. Die Verkaufsförderung kann sowohl vom Hersteller, vom Händler als auch von beiden zusammen durchgeführt werden (Abb. 9.4).

Während mit Verkaufsförderungen vor allem kurzfristige Ziele verbunden werden, ist auch die langfristige Perspektive im Auge zu behalten. Kurzfristige Absatzsteigerungen sind sowohl vom Hersteller als auch vom Handel gewünscht, sind jedoch nur gewinnbringend, wenn diese mit Mehrkonsum verbunden sind. Bestandskunden können aber auch Käufe lediglich vorziehen, um von den günstigeren Preisen zu profitieren. Der Wechsel zur eigenen Marke ist für den Hersteller interessant, spielt für den Händler aber weniger eine Rolle, da er ansonsten vermutlich ein Konkurrenzprodukt verkauft hätte. Dagegen ist für den Händler die Bevorzugung der eigenen Einkaufsstätte zum Aktionszeitpunkt und der langfristige Aufbau der Geschäftstreue relevant. Ob durch Verkaufsförderung Markentreue aufgebaut werden kann, ist umstritten. Schließlich lernen Konsumenten, dass die Produkte in regelmäßigen Abständen vergünstigt erhältlich sind (Abb. 9.5).

Konsumentengerichtete Verkaufsförderungen beinhalten nicht immer die Preispolitik, sodass die folgenden Formen unterschieden werden können:

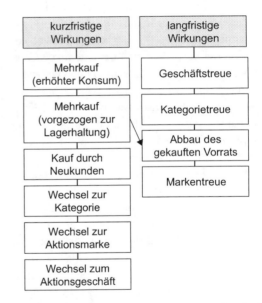

Abb. 9.5 Wirkungen der Verkaufsförderung. (Quelle: in Anlehnung an Gedenk 2002, S. 104)

- Preis-Promotionen: z. B. Sonderangebote, Coupons (Print oder digital), Rückerstattungen (gegen Einkaufsbon), Geld-zurück-Garantien (bei Unzufriedenheit), Treueprämien und -rabatte oder Cross-Promotions (Paketangebote mit nicht konkurrierender Marke)
- „Unechte" Nicht-Preis-Promotionen können ohne oder zur Unterstützung von Preis-

Promotionen eingesetzt werden: z. B. Promotionswerbung (z. B. Beilagen, Inserate sowie Werbung am POS und in anderen Kanälen, sowohl offline als auch online), Displays und Zweitplatzierungen, POS-Materialien oder Aktionsverpackungen

- „Echte" Nicht-Preis-Promotionen: z. B. Gewinnspiele, Produktzugaben, Warenproben oder Events

Richtet sich die Verkaufsförderung an Händler oder den Außendienst, so sind z. B. Funktionsrabatte, Incentives, Preisnachlässe, Werbekostenzuschüsse, aber auch Schulungen und Verkaufsförderungsmaterialien üblich.

▷ Verkaufsförderungen der Konkurrenz als auch limitierte Leistungsbereitschaft beim Handel üben Druck aus, Verkaufsförderungen durchzuführen.

9.5.9 Mobile Marketing

Mobile Marketing bezieht sich auf alle Marketingmaßnahmen, die mittels mobiler Endgeräte eingesetzt werden können. Aufgrund der Nutzung von Smartphones mit relativ großen Displays ist heute die mobile Internetnutzung weitverbreitet. Allerdings ist es schwierig, alle entscheidungsrelevanten Informationen auf dem Smartphone so darzustellen, dass sie mit einem Blick erfasst werden können. Die begrenzte Kapazität des Arbeitsgedächtnisses führt deshalb zu einer schlechteren Informationsverarbeitung als bei der Nutzung eines Endgerätes mit einem größeren Display. Es gilt deshalb, zumindest die Schlüsselinformationen optimal zu präsentieren, um Konsumenten den Informationszugang zu erleichtern. Vorteilhaft ist die standortbasierte Kommunikation, z. B. kann auf Angebote in der Nähe hingewiesen und damit Käufe angestoßen werden.

▷ **Mobile Marketing** Alle Marketingmaßnahmen, die mittels mobiler Endgeräte eingesetzt werden können.

Gamification

Einsatz von spieltypischen Elementen zur Kreation einer spielerischen Umgebung, die motivierend wirkt und das Verhalten beeinflusst.

Wichtig für die Kontaktherstellung sind sogenannte QR-Codes, anhand derer ein direkter Zugang zu relevanten Informationen im Internet geschaffen werden kann. Herausfordernder ist der Einsatz einer eigenen App im Mobile Marketing, die zur Kundenbindung als auch zu höheren Abverkäufen führen kann, wie z. B. Lidl Plus. Mit dieser werden mittels Gamification spieltypische Elemente eingesetzt, um Nutzer zu motivieren und zu binden. So können kurzfristige, leicht erreichbare Ziele wie das Freischalten von Sonderangeboten vom Nutzer einfach erreicht werden. Parallel finden sich langfristige Monatsziele, die zur Erreichung den mehrmaligen Einkauf erfordern.

Einfacher ist die Teilnahme an Bonusprogrammen, wie z. B. DeutschlandCard oder Payback. Hier können Unternehmen auf bestehende Kundenstämme der Anbieter setzen und behalten zeitlich die Kontrolle über die eingesetzten Verkaufsförderungsmaßnahmen.

9.6 Kommunikationsinstrumente und -ansätze der Paid Media

9.6.1 Werbung

Um schnellen Kontakt mit der Zielgruppe aufzunehmen, sind Paid Media oft unerlässlich. Zunächst werden unterschiedliche Formen der Werbung dargestellt, die auf der Definition von Kroeber-Riel und Esch (2015, S. 52) basieren:

▷ **Werbung** Versuchte Verhaltensbeeinflussung mittels besonderer Kommunikationsmittel.

Für die Ziele der Steigerung der Markenbekanntheit, den Aufbau des Markenimages und zur Aktualisierung der Marke im Gedächtnis der

Konsumenten spielt Werbung nach wie vor die Hauptrolle. Im Jahr 2019 wurden Nettowerbeeinnahmen in Höhe von 25,018 Mrd. € erfasst. Die Bedeutung des Internets lässt sich auch hier erkennen (35,9 %). Insgesamt liegt die Offline-Werbung aber noch vorne, deren Anteile sich wie folgt verteilen: Print (33,5 %), Fernsehen/Bewegtbild (20,7 %), postalische Direktwerbesendung (11,5 %), Außenwerbung (4,9 %), Radio/Audio (3,4 %) und mit 0,4 % Kino (ZAW 2021). Ohne klassische Werbung in den Massenmedien ist es sehr schwierig, Bekanntheit zu erreichen.

Während der Anteil der Online-Werbung weiter stark zunimmt, wird diese meist ähnlich wenig beachtet wie Offlinewerbung. Bannerklickraten außerhalb von Suchmaschinen liegen i. d. R. unterhalb von 0,2 %. Verbesserungen der Klickraten sind durch großformatige, dynamisch gestaltete Banner möglich, die aufgrund ihrer Größe unmittelbar ins Auge fallen. Bei den Konsumenten wenig beliebt sind dagegen Interstitials (Unterbrecherwerbung), die sich entweder sofort wegklicken lassen oder einige Sekunden angezeigt werden. Hier besteht die Gefahr von Reaktanz, da Internetnutzer sich in ihrer Handlungsfreiheit eingeschränkt fühlen. Insbesondere technikaffine junge Zielgruppen verwenden oft sogenannte Adblockern, durch die Werbeanzeigen unterdrückt werden.

Werbeanzeigen sind online auch im Rahmen von Newslettern oder Apps möglich. Bei letzteren sind vor allem kurze Spots üblich. Ebenso finden sich kurze Werbespots als Vorspann vor der Darbietung des eigentlichen Videos, z. B. auf YouTube. Allerdings können Konsumenten aufgrund des Zwangs, die Werbung anzusehen, Reaktanz zeigen (siehe Abschn. 2.2.3).

Targeting

Die Digitalisierung ermöglicht eine Optimierung der Online-Werbung. Werbebanner können mittels *Targeting* intelligent und auf die Nutzer und deren Verhalten angepasst geschaltet werden, um aufgrund von höherer Relevanz bessere Klickraten zu generieren und Streuverluste zu vermeiden. Vergleichbar mit klassischen Medien kann das *Content Targeting* durchgeführt werden, in dem Werbebanner basierend auf dem Inhalt ge-

schaltet werden. Dies basiert auf der Annahme, dass bestimmte Zielgruppe sich für bestimmte Inhalte interessieren. Beispielsweise werden auf Websites über Computertechnik Werbebanner zu technischen Produkten wie Notebooks oder Smarthomes geschaltet.

Für *personalisiertes Targeting* werden Informationen herangezogen, die mithilfe des Einsatzes von Cookies (Datenpakete mit individuellen Nutzerdaten) gesammelt werden. Besuchen Internetnutzer z. B. Onlineshops und betrachten einige Produkte, so können spezifische Banner mit diesen oder ähnlichen Produkten geschaltet werden. Eine Variante ist das *Retargeting*, bei dem auf Basis von den gesammelten Nutzerdaten z. B. Produkte beworben werden, die sich der Nutzer angeschaut, aber nicht erworben hat. Retargeting ist effizient, da der Nutzer bei relativ geringen Kosten seinen Interessen entsprechend wiederholt kontaktiert wird. Nachteile des Retargetings sind, dass Nutzer sich beobachtet fühlen können und ein Stoppen des Retargetings von der Nutzerseite aus nicht einfach möglich ist.

Suchmaschinenwerbung

Suchmaschinenwerbung ist neben der bereits dargestellten Suchmaschinenoptimierung der zweite Teil des Suchmaschinenmarketing. Diese ist besonders interessant, da das Involvement und die Verhaltensabsicht der Nutzer eingeschätzt werden können. Hierzu wird das *Keyword Targeting* angewendet, bei dem Suchergebnisse anhand der Suchphrasen ausgegeben werden. Wenn z. B. nach „gute Bohrmaschine kaufen" gesucht wird, ist anzunehmen, dass ein Produktkauf geplant ist und zeitnah erfolgen kann. Die Schaltung von Suchmaschinenwerbung erfolgt im Rahmen eines Bieterverfahrens, bei dem der Werbeplatzierende Suchphrasen, Regionen und weitere Eigenschaften angeben kann, für die die Werbeanzeigen geschaltet werden sollen. Je nach Websitequalität und Wettbewerbsintensität differieren die Platzierungen in den Suchmaschinen und die Anzeigenpreise. In den letzten Jahren werden zudem vermehrt Anzeigenplatzierungen von Onlineshops und Verkaufsportalen angeboten, um eigene Produkte bevorzugt zu platzieren.

Affiliate Marketing

Eine Optimierung der Werbeplatzierungen verspricht das Affiliate Marketing. Die über ein Online-Werbemittel (z. B. Banner oder Influencer Referrals) generierten Klicks, Leads oder Verkäufe werden vom Werbetreibenden mit Provisionen vergütet (z. B. Pay per Click, Pay per Lead oder Pay per Sale), die deutlich über den Impressionsvergütungen liegen. Da allein der messbare Erfolg eine Rolle spielt, werden Werbeplatzierungen in Form von Affiliate-Links vorsichtiger eingesetzt. Gleichzeitig ist es notwendig, als Werbetreibender attraktive Vergütungsmodelle anzubieten, um interessante Werbeplatzierungen erreichen zu können.

▷ Klassische Offline- und Online-Werbung wird nur wenig beachtet. Positive Effekte der Digitalisierung zeigen sich beim Targeting und Retargeting, die eine nutzerspezifische Anzeigenschaltung ermöglichen. Affiliate Marketing ermöglicht den Einsatz von provisionsbasierter Werbung.

9.6.2 Sponsoring

Beim Sponsoring werden Zuwendungen von Unternehmen an Personen und/oder Organisationen an Gegenleistungen geknüpft: Für finanzielle Zuwendungen, Dienstleistungen, Sachmittel oder Know-how erhalten Unternehmen im Gegenzug kommunikative Unterstützung. Diese kann z. B. in Form von Werbung bei den gesponserten Veranstaltungen, Hinweisen auf Eintrittskarten oder auch mittels der Darstellung des Gesponserten auf den eigenen Produkten realisiert werden. Weitverbreitet ist insbesondere das Sportsponsoring. Zunehmend findet ebenso in kulturellen und ökologischen Bereichen sowie im Gesundheits- und Sozialwesen und in der Wissenschaft Sponsoring statt. Ebenso findet sich das Mediasponsoring z. B. für Fernsehsendungen, wobei hier die Differenzierung zur Werbung schwierig ist.

Ziele des Sponsorings sind einerseits die Erhöhung des Bekanntheitsgrades der Marke. Ein Beispiel dafür ist das Sponsoring auf großen Events wie der Fußballweltmeisterschaft oder der Olympiade, mit der ein großes internationales Publikum erreicht werden kann, inklusive in für den Sponsor neuen Märkten. Andererseits sind auch die positiven Imagewirkungen des Gesponserten auf die eigene Marke relevant. Ein Sponsoring von bei der Zielgruppe beliebten Gesponserten unterstützt die Etablierung der eigenen Marke im gewünschten Segment.

Ein Sonderfall des Sponsorings ist das *Cause-Related Marketing*, bei dem ein Teil des Produktpreises für wohltätige Projekte gespendet wird. Für eine positive Einstellung zum Cause-Related Marketing selber als auch für Umsatzsteigerungen spielt der Fit zwischen der Marke und dem guten Zweck eine bedeutende Rolle. Besonders hilfreich ist es, wenn positive Gemeinsamkeiten bestehen, wie z. B. zwischen den Werten einer Biomarke und der Schaffung von Lebensräumen für Insekten. Dagegen ist die Wirksamkeit begrenzt, wenn eine negativer Fit vorliegt, z. B. wenn eine Zigarettenmarke einen Selbsthilfeverein für Lungenkrebs fördert (Liebetrau et al. 2019).

9.6.3 Product-Placement

Beim Product-Placement wird ein Produkt als Teil des Films oder sonstigen Bewegtbildern eingebunden, ohne dies in den jeweiligen Szenen als bezahlte Kommunikation zu kennzeichnen und ohne dass dies von den Betrachtern als störend empfunden wird. Durch den Einbezug in die Handlung wirkt Product-Placement glaubwürdiger als Werbung. Wie auch beim Sponsoring kann die Marke hier vom positiven Imagetransfer des Umfelds profitieren. Zudem wird die Gefahr der Werbereaktanz deutlich verringert. Während Product-Placement im Kino unproblematisch ist, wurden in Deutschland die Einsatzmöglichkeiten durch die 13. Änderung des Rundfunkstaatsvertrags im Jahr 2010 geschaffen: Im Fernsehen ist der Einsatz streng geregelt, so ist bei den öffentlich-rechtlichen Sendern nur eine kostenfreie Produktbeistellung erlaubt. Bei vielen Sendungen wie Nachrichten, politischen Sendungen, Kinderprogrammen oder Verbrauchersendungen ist Product-Placement nach wie vor im Fernsehen verboten.

Die Sonderform *In-Game-Advertising* ermöglicht virtuelle Werbeanzeigen, die in die Aktionswelt eingebunden werden. So sind Bandenwerbung oder auch Plakatwände möglich. Da Werbung zum Alltag dazugehört, werden Spiele mit In-Game-Advertising realitätsnäher empfunden. Gleichzeitig kann sichergestellt werden, dass die Werbung, anders als in der Realität, nicht übersehen wird. Da die Stimmung beim Spielen i. d. R. gut ist, wird In-Game-Werbung zudem positiv aufgenommen werden.

9.6.4 Einsatz von Influencern

Seit Jahrzehnten spielen *Meinungsführer* in der Bekanntmachung und Verbreitung von neuen Produkten und Marken eine erhebliche Rolle. Mit dem Einzug der Social Media können Meinungsführer in einem digitalen Umfeld zu einer großen Audienz kommunizieren: Das Influencer Marketing ermöglicht eine reichweitenstarke Kommunikation zu den Followern des Influencers. Die Videos der Influencer werden von ihren Followern als unterhaltsam sowie informativ hochgeschätzt. Wie den Meinungsführern auch, vertrauen insbesondere jüngere Konsumenten ihren Influencern, sie sind gegenüber deren Kommunikation zudem weniger skeptisch als bei klassischer Werbung. Dass auch Influencer mit ihren Posts Werbung machen und diese dementsprechend als Werbung kennzeichnen, beeinflusst den Erfolg des Influencer Marketing kaum. Die von den Konsumenten wahrgenommene Bezahlung der Influencer führt zwar zu einer Minderung der subjektiv wahrgenommenen Markenliebe des Influencers gegenüber dem präsentierten Produkt, aber nicht zu einer Reduktion seiner Glaubwürdigkeit (Ullrich und Maisch 2019).

9.6.5 Celebrity Endorsement

Beim Celebrity Endorsement empfehlen bezahlte Prominente Marken und Produkte. Während damit unbestreitbar Aufmerksamkeit erzielt wird und sich sehr gut für die Bekanntmachung eines neuen Produktes oder einer neuen Marke eignet, bestehen auch einige Gefahren: So könnte den Prominenten die Produktverwendung nicht geglaubt werden, wenn es nicht realistisch erscheint, dass die Celebrities das Produkt auch selber benutzen oder wenn diese für unterschiedliche Marken werben. Zudem besteht das Risiko des Absackens der Gunst aufgrund von Fehlverhalten. Auch besteht die Möglichkeit, dass sich Konsumenten vor allem an die Celebritys in den Werbeanzeigen erinnern, anstatt an das beworbene Produkt.

9.7 Kommunikationsinstrumente und -ansätze der Earned Media

9.7.1 Word of Mouth

Klassisches Word of Mouth (auch: Mund-zu-Mund-Kommunikation, Mundpropaganda) gibt es schon immer: Menschen unterhalten sich gerne und helfen sich gegenseitig. Die Reichweite von Word of Mouth war jedoch relativ gering, zudem standen die Informationen nicht immer zur Verfügung. Auch die Qualität des Word of Mouth litt unter der meist mündlichen Weitergabe, wie z. B. das Kinderspiel „Stille Post" beweist. Im Internet dagegen kann *elektronisches Word of Mouth* asynchron ein Millionenpublikum erreichen. Durch die digitale Kommunikation wird der Inhalt im Ursprungszustand unverfälscht weitergegeben. Zudem ist das Word of Mouth dauerhaft verfügbar, sodass der Zugriff auf eine breite Meinungsvielfalt in jeder Phase des Buying Cycles, z. B. kurz vor dem Kauf, möglich ist. Ein wesentlicher Unterschied ist auch die Möglichkeit der anonymen Kommunikation, sodass es für den Normalverbraucher oft unklar bleibt, wer genau hinter einer Nachricht steht. Das Fehlen sozialer Präsenz, also die fehlende Beobachtbarkeit des Senders und damit die geringere soziale Kontrolle, kann zu einer höheren Informationsfreigiebigkeit als auch zu einem höheren Verfälschungsgrad führen.

▶ **Word of Mouth** Weitergabe von Informationen zwischen Individuen.

Funktionen menschlicher Kommunikation

Berger (2014) stellt fünf Hauptfunktionen der zwischenmenschlichen Kommunikation zusammen, die zur Verbreitung von Word of Mouth dienen. Diese können als Ansatzpunkt zur Gestaltung der Marketingkommunikation dienen, um Word of Mouth zu initiieren und zu fördern:

- Impression Management, mit dem der Eindruck gesteuert wird, den andere von ihnen haben sollen: Im Rahmen des Word of Mouth ist dies durch die Aufwertung der eigenen Person durch die geteilten Informationen, die Selbstdarstellung und das Verwenden von Small Talk zur Vermeidung von Gesprächslücken möglich. Impression Management führt dazu, dass Individuen sich über unterhaltsame Inhalte, nützliche Informationen, selbstkonzeptrelevante Inhalte, einen hohen Status vermittelnde Inhalte, einzigartige und besondere Inhalte, öffentlich sichtbare Inhalte und solche mit einer gemeinsamen Basis unterhalten. Weiterhin kann Word of Mouth auch durch angrenzende Themen getriggert werden. In einem erregten Zustand erzählen Individuen zudem häufiger.
- Emotionsregulation, z. B. den Ärger über ein nicht funktionierendes Produkt reduzieren: Hierzu kann soziale Unterstützung gesucht oder Frust abgelassen werden. Durch die Kommunikation kann auch ein besseres Verständnis über die eigene Situation erreicht werden. Zudem hilft das Erzählen bei der Dissonanzreduktion und dabei, sich zu revanchieren. Schließlich können positive Erlebnisse beim Erzählen in Gedanken erneut erlebt werden. Emotionsregulierung kann dazu führen, mehr emotionale Inhalte zu teilen, insbesondere jene erregender Natur. Je nach sozialer Distanz können die Inhalte jedoch abgemildert werden, um im Internet nicht negativ aufzufallen.
- Informationsbeschaffung mit dem Ziel, Ratschläge zu erhalten und Probleme zu lösen: Wenn Entscheidungen wichtig, komplex oder riskant sind, wird ebenso mehr nach Information gesucht als in Situationen, in denen es an vertrauenswürdigen Informationen mangelt.
- Soziale Bindung durch zwischenmenschliche Kommunikation: Stärkung der gemeinsamen Ansichten sowie Reduzierung von Einsamkeit und sozialer Ausgrenzung. Um die Bindung zu stärken, wird über Themen mit gemeinsamer Basis und Emotionales gesprochen.
- Überzeugung anderer: Hier sind besonders polarisierende Gespräche ebenso wie erregende Themen zu erwarten.

▶ Elektronisches Word of Mouth wird i. d. R. glaubwürdiger eingeschätzt als Marketingkommunikation und erzielt oft eine hohe Reichweite, da es dauerhaft online abrufbar ist.

Kundenrezensionen

Bei Kaufentscheidungen im Onlineshopping spielen Kundenrezensionen eine bedeutsame Rolle. In der Regel überzeugen sich Konsumenten zunächst anhand der Produktbeschreibung, dass das gewünschte Produkt die nötige Funktionalität bietet und die grundsätzlichen Bedürfnisse und Wünsche erfüllt. Danach liegt der Fokus vor allem auf den negativen Kundenrezensionen, um zu prüfen, ob relevante Gründe gegen einen Kauf sprechen. Dies ist nicht der Fall, wenn bei den negativen Kundenrezensionen zu erkennen ist, dass der Nutzer falsche Erwartungen hatte (z. B. beste Qualität zum kleinsten Preis), Anwenderfehler (z. B. falsche Bedienung) oder Einzelfälle (z. B. Buchungsfehler im Hotel) vorliegen. Werden valide Gründe gegen einen Kauf genannt, so kann bereits eine einzige Kundenrezension wirksam einer Kaufentscheidung entgegenstehen. Da die Entfernung falscher Kundenrezensionen oft über den Rechtsweg laufen muss, ist ein schnelles Agieren schwierig. Hilfreich sind vor allem zahlreiche positive Kundenrezensionen, die die negative Aussage widerlegen. Auch ein Kommentar der Marke selber ist hilfreich, wenn die Marke stark ist und dieser somit vertraut wird (Ullrich und Brunner 2015).

Konsumenten sind eher bereit, ihre Meinung bei Unzufriedenheit als bei Zufriedenheit zu äußern. Es ist deshalb wichtig, Kunden generell zu ermutigen, Kundenrezensionen zu verfassen. Wenn man davon ausgehen kann, dass die eigenen Produkte einen hohen Qualitätsstandard haben, so sollten die Kundenrezensionen im Regelfall positiv ausfallen. Ziel ist es, den Interessenten einen repräsentativen und objektiven Eindruck zu ermöglichen. Allerdings sind diese auch bei Kundenrezensionen nur eingeschränkt gegeben, denn immer wieder werden z. B. Kunden oder Agenturen für das Verfassen von Kundenrezensionen bezahlt, ob positiv für das eigene Produkt, oder negativ für Konkurrenzprodukte. Aktuell gibt es nur eingeschränkte und zeitaufwendige Möglichkeiten, dies z. B. gerichtlich zu unterbinden. Kunden ist dieser Umstand aber meist bekannt, sodass sie versuchen, echte und gefälschte Kundenrezensionen zu unterscheiden.

▶ Kundenrezensionen sind ein wichtiger Bestandteil der Kommunikation. Da unzufriedene Kunden sich eher äußern, ist es wichtig, möglichst viele Kunden zu motivieren, Kundenrezensionen zu verfassen.

9.7.2 Einsatz viraler Mechanismen

Marketingkommunikation im Internet spielt für den Unternehmenserfolg heute eine große Rolle. Jedoch ist es nicht einfach, für eine weite Verbreitung von Marketingkommunikation zu sorgen. Zahlreiche Unternehmen realisieren aufwendige Marketingkommunikation online, die nur ein begrenztes Publikum erreicht. Hier setzt virales Marketing an:

▶ **Viral Marketing** Einsatz von Techniken und Methoden zur Anregung der freiwilligen und kostenfreien möglichst exponentiellen Verbreitung von Kommunikation.

Die Verbreitung kann unterschiedlich erfolgen. Während früher Interessantes oft per E-Mail weitergeleitet wurde, werden heute vor allem die Social Media und Messenger wie WhatsApp und Telegram verwendet. Insbesondere bei sozialen Netzwerken wie Facebook, Instagram oder Lin-

kedIn können durch Likes oder das Teilen Nachrichten schnell „viral gehen".

9.7.3 Publicity in den Medien

Nicht zu vernachlässigen ist auch heute die Berichterstattung in den Medien. Unternehmen können diese fördern, indem sie interessante Anlässe bieten, die auf Publikumsinteresse stoßen. So sind z. B. First-Mover-Aktivitäten, regionale oder das Allgemeinwohl unterstützende Aktivitäten interessant. Auch für die Leser relevantes Expertenwissen wird gerne veröffentlicht.

9.8 Kommunikationstechniken

Um zu vermittelnde Botschaften effektiv (Botschaft wird vom Empfänger richtig wahrgenommen) und effizient (geringe Kosten) zu kommunizieren, sind wirksame Kommunikationsmittel einzusetzen. Zunächst ist die Herstellung des Kontaktes erforderlich, damit die Botschaft überhaupt wahrgenommen werden kann. Angesichts der kurzen Betrachtungszeiten gilt es, die Informationen klar und einfach zu darzustellen. Der Einsatz von Emotionen ist aufgrund deren vorrangigen Wirkung essenziell. Schließlich ist dafür Sorge zu tragen, dass die kommunizierte Botschaft im Langzeitgedächtnis gespeichert wird.

9.8.1 Herstellung des Kontaktes

Die Kontaktschaffung ist sowohl über Above-the-Line- als auch Below-the-Line-Kommunikation möglich. Entscheidend ist hier zunächst die Auswahl der für die Zielgruppe relevanten Kommunikationsinstrumente. Sind diese eruiert, so hängt der Erfolg der Kontaktaufnahme einerseits von der Aktivierungskraft der Marketingkommunikation ab und andererseits von dem Werbedruck, also der Wiederholungsfrequenz der Kommunikation.

Um Kommunikation verarbeiten zu können, ist ein Mindestmaß an Aktivierung nötig. Diese kann als Erregung und innere Spannung definiert werden, sie ist die Grunddimension aller Antriebskräfte. Bei Vorliegen von Aktivierung sind Individuen leistungsfähig (siehe Abschn. 2.2.1; Kroeber-Riel und Gröppel-Klein 2019, S. 54). Aktivierung dient einerseits der *Kontaktwirkung*, schafft also Aufmerksamkeit für die aktivierende Quelle und deren Nutzung. Andererseits wird durch leicht erhöhte Aktivierung auch eine *bessere Informationsverarbeitung* ermöglicht (siehe ebenda).

Die Aktivierungstechniken zur Kontaktherstellung sind auf das vorliegende Involvement auszurichten. Printwerbung in Zeitschriften benötigen einen großen Einsatz an Aktivierungstechniken, um wahrgenommen zu werden. In Verkaufsgesprächen dagegen ist keine weitere Kontaktherstellung notwendig, sodass hier Aktivierungstechniken allein zur besseren Informationsverarbeitung sporadisch eingesetzt werden sollten. Zur Aktivierung stehen mehrere Techniken zur Verfügung (Kroeber-Riel und Esch 2015, S. 263 ff.):

▶ **Techniken der Aktivierung**
- Physisch intensive Reize: groß, bunte und laute Reize sowie kurze Schnitte bei Fernsehwerbung
- Emotionale Reize: z. B. erotische Reize oder das Kindchenschema
- Kognitiv überraschende Reize: z. B. Humor oder gedankliche Konflikte

Die Auswahl der Aktivierungstechnik hängt vom Umfeld der Kommunikation ab: Wenn diese vor allem in einem physisch-intensiven Umfeld geschaltet wird, so eignen sich emotionale Reize besser, die sich vor allem im Gegensatz zu physisch-intensiven Reizen wenig abnützen. Kognitiv-überraschende Reize sind mit Vorsicht einzusetzen, da es schwierig ist, diese im Rahmen der integrierten Kommunikation (siehe Abschn. 9.8.4) zu verwenden: Einerseits erfordern sie immer neue kognitive Konflikte, sodass ein langfristiger Aufbau von Markenwissen erschwert wird. Andererseits passen kognitiv-überraschende Reize nicht zu jeder Produktkategorie und zu jeder Marke.

Aktivierung dient unter Bedingungen niedrigen Involvements der Kontaktherstellung, ist aber kein Selbstzweck. Es ist deshalb zu berücksichtigen, dass die Werbebotschaft auch vermittelt wird. Dementsprechend sollten beim Einsatz von Aktivierungstechniken die folgenden Fehlerquellen vermieden werden (Kroeber-Riel und Esch 2015, S. 275 ff.):

▶ **Gefahren der Aktivierung**
- Irritation: Provozierende Werbung, die Unmut und Verunsicherung auslöst.
- Vampireffekt: Aktivierender Reiz lenkt von der Marke bzw. der Kernbotschaft ab.
- Bumerangeffekt: Die ausgelösten Wirkungen entsprechen nicht dem Werbeziel.

Um sicherzustellen, dass Werbeanzeigen von Konsumenten auch wahrgenommen werden können, sind zudem *Frequenztechniken* einzusetzen: Die Werbung ist mehrfach und auf verschiedenen Kanälen (Crossmedia) zu schalten. Innerhalb eines Werbemediums können kürzere oder kleinformatigere Reminder-Anzeigen für eine erneute Verarbeitung der Werbung im Gedächtnis sorgen. Online wird dies durch Retargeting ermöglicht.

9.8.2 Informationen wirksam darstellen

Marketingkommunikation wird heute meistens nur sehr kurz betrachtet. So kann man bei Werbeanzeigen im Format DIN A4 davon ausgehen, dass die meisten Leser diese lediglich ein bis drei Sekunden lang betrachten. In diesen kurzen Zeiträumen können nur wenige Inhalte wahrgenommen und verarbeitet werden. Insbesondere die Informationsaufnahmemöglichkeit durch sequenzielles Lesen ist begrenzt. Schneller und mit weniger mentalem Aufwand können Bilder holistisch wahrgenommen werden, weswegen Bilder in der Kommunikation eingesetzt werden sollten (siehe Abschn. 2.3.3.5).

Bei der Informationsvermittlung gilt: Weniger ist mehr. Die wichtigsten Botschaften sollten innerhalb von wenigen Sekunden wahrgenommen werden. Das Markenlogo sollte auf den ersten Blick sichtbar sein, idealerweise in Verbindung im Zusammenhang mit dem aktivierenden Reiz oder in der Headline präsentiert werden. Alternativ oder zusätzlich ist sie groß genug im typischen Blickverlauf der Konsumenten einzubinden, also z. B. rechts unten.

Die zweitwichtigste Botschaft unterscheidet sich nach dem bestehenden Markenwissen der Zielgruppe. Sind die Produktkategorie, die durch die Marke erfüllbaren Bedürfnisse und Wünsche sowie die USPs der Zielgruppe nicht bekannt, so stehen diese in der Vermittlungshierarchie direkt hinter der Marke.

Das Werbemittel sollte klar und übersichtlich gestaltet sein, damit die Informationen schnell wahrgenommen werden. Dies gilt auch für Websites oder Social-Media-Präsenzen. Eine einfache Navigation ist bei diesen elementar. Mittels Personalisierung können zudem auf den Empfänger zugeschnittene Informationen vermittelt werden. Wenn der Empfänger bereit ist, mehr Zeit für das Lernen informativer Inhalte aufzubringen, so stellt das sogenannte Storytelling eine gute Möglichkeit dar, diese unterhaltsam und verständlich darzustellen.

▷ Aufgrund der kurzen Betrachtungszeiten von Marketingkommunikation sollten relevante Informationen klipp und klar vermittelt werden. Wahrnehmungsbarrieren müssen vermieden werden.

9.8.3   Emotionen verwenden

Im Vergleich mit kognitiven Beurteilungen entstehen Emotionen schneller, innerhalb von Sekundenbruchteilen (siehe Abschn. 2.1.4). Zudem erfolgte in vielen Situationen eine vorrangige Beeinflussung durch Emotionen gegenüber Kognitionen (Abschn. 9.3.3). Die Verwendung von Emotionen ist deshalb in der Kommunikation elementar. Hierzu gibt es zwei Möglichkeiten, die auch kombiniert eingesetzt werden können.

Positive Wahrnehmungsatmosphäre: Die Kommunikation sollte mit positiven peripheren Reizen gestaltet werden, um zu einer positiven Stimmung beizutragen. Möglich sind atmosphärische Reize wie großflächige Bildelemente (z. B. Sonnenschein, schöne Landschaft), aber auch Einzelreize

(z. B. Blumen oder ein lachendes Gesicht). Diese gefühlsmäßigen Eindrücke beeinflussen die Informationsverarbeitung positiv.

Emotionale Konsumerlebnisse: Durch die Einbindung der Produkte in spezifische Erlebnisse (Abschn. 5.7) ist eine Abgrenzung von der Konkurrenz möglich, auch wenn sich die Produkte sonst wenig unterscheiden. Dies wird durch eine emotionale Produktdifferenzierung erreicht, für die die Marke und deren Produkte mit spezifischen emotionalen Erlebnissen verbunden werden sollen. Der bisher „neutrale" Markenname wird mit einem emotionalen Erlebnis verknüpft, indem sie möglichst fortlaufend gleichzeitig mit eben diesem präsentiert wird. Dies gilt sowohl für die Werbung (siehe evaluative Konditionierung am Beispiel Radeberger in Abschn. 2.3.3.2) als auch alle anderen Customer Touchpoints (Kundenkontaktpunkte) wie z. B. dem Produkt selber, der Verpackung oder der Präsentation in Flagship-Stores. Die in emotionalen Konsumerlebnissen enthaltenen Emotionen sollten der Markenpositionierung (Abschn. 5.7) entsprechen oder zumindest mit dieser kompatibel sein.

Schließlich bleibt wiederholt festzuhalten, dass Konsumenten Marketingkommunikation meist nur sehr kurz beachten. In dieser kurzen Zeitspanne bilden sie sich ein Urteil über die Werbemittel. Wenn diese emotional positiv gestaltet ist, so sind Gefallenswirkungen zu erwarten, auch wenn der Inhalt selbst nicht verstanden wurde. Diese positive Bewertung trägt langfristig auch zu einer besseren Einstellung bei.

▷ Emotionen wirken schnell und ohne gedankliche Steuerung. Die Bewertung von Marketingkommunikation erfolgt auch über die Gefallenswirkungen, die mit emotionaler Gestaltung ausgelöst werden können. Mit der Schaffung einer positiven Wahrnehmungsatmosphäre durch den Einsatz emotionaler Reize wird ein positives emotionales Klima erzeugt, welches die Stimmung positiv beeinflusst.

Die langfristige Verknüpfung eines Markennamens mit emotionalen Konsumerlebnissen dient dagegen zur Produkt- und Markendifferenzierung. Besonders wirksam ist die Aufladung mit emotionalen Bildern, die biologisch vorprogrammierte und kulturübergreifende (z. B. Kindchenschema oder Erotikschema), kulturell geprägte (z. B. Bayernschema oder Ostseeschema) oder zielgruppenspezifische (z. B. Basketballschema oder Fußballschema) Schemata treffen.

9.8.4 Langfristige Gedächtniswirkungen erzielen

Die kommunizierten Informationen sollen von den Adressaten gelernt werden. Hierzu dient eine erhöhte Aktivierung, die im Rahmen der Kontaktherstellung hervorgerufen werden sollte. Da das Involvement auch bei wirksamen Aktivierungstechniken relativ niedrig bleibt, sollte die Kommunikation für den Leser einprägsam gestaltet werden, damit klare Wissensschemata aufgebaut werden können. Statt auf gängige Stereotype zurückzugreifen und damit das Risiko einzugehen, sich kaum von anderer Kommunikation zu unterscheiden, bietet sich der Zugang über Anlehnungen an Schemata mit klaren Abweichungen an. Eine solche eigenständige Gestaltung, mit auffälligen, herausstehenden Merkmalen, an die man sich leicht erinnert, findet sich z. B. beim ZDF. Dieses wirbt seit Jahren mit dem Slogan „Mit dem Zweiten sieht man besser" und der Geste der beiden Finger, die vor ein Auge gehalten werden. Zudem ist der Einsatz von einprägsamen Bildern (siehe Abschn. 2.3.3.5) empfehlenswert. Auch für optimierte Werbung reicht die einmalige Darbietung nicht aus. Zahlreiche Wiederholungen sind erforderlich, damit die wichtigsten Informationen im Gedächtnis bleiben.

Integrierte Kommunikation

Um langfristig Einstellungen aufzubauen, Bekanntheit zu schaffen und eine Differenzierung von der Konkurrenz zu erreichen, können die Erkenntnissen der Lerntheorien genutzt werden (siehe Abschn. 2.3.3). Diesen folgend sollten – unter den heutigen Kommunikationsbedingungen – die Botschaften langfristig einheitlich kommuniziert werden, um durch Wiederholungen langfristig ein klares Bild aufzubauen. Hierzu eignet sich das Konzept der integrierten Kommunikation.

▷ **Integrierte Kommunikation**

> „Integrierte Kommunikation ist ein strategischer und operativer Prozess der Analyse, Planung, Durchführung und Kontrolle, der darauf ausgerichtet ist, aus den differenzierten Quellen der internen und externen Kommunikation von Unternehmen eine Einheit herzustellen, um ein für die Zielgruppen der Kommunikation konsistentes Erscheinungsbild des Unternehmens bzw. eines Bezugsobjektes der Kommunikation zu vermitteln" (Bruhn 2014, 38).

Im Rahmen der integrierten Kommunikation werden alle Kommunikationsmaßnahmen formal und/oder inhaltlich sowie zeitlich aufeinander abgestimmt, um die vermittelten Assoziationen zu vereinheitlichen und zu verstärken (Esch 2011).

Formale Integration ist mit den klassischen Corporate-Design-Merkmalen wie Farben, Formen und Typographien sowie visuellen Präsenzsignalen (z. B. das Lacoste-Krokodil) oder Wort-Bildkombinationen möglich, die den Wiedererkennungswert fördern sollen. Deshalb kann durch formale Integration die Markenbekanntheit gestützt werden. Da durch die formale Integration Inhalte im Wesentlichen nur gestützt, aber nicht unmittelbar vermittelt werden, eignet sich diese für Angebote mit unterschiedlichen Positionierungsinhalten sowie unterstützend zur inhaltlichen Integration von Angeboten mit klaren Positionierungen.

Die *inhaltliche Integration* eignet sich dagegen für den Markenimageaufbau, weshalb diese auf die Markenidentität abzustimmen ist. Inhaltliche Integration basiert auf der kontinuierlichen Vermittlung gleicher Inhalte. Die Integrationsmittel sind hier sprachlicher Natur (identische Aussagen, z. B. als Slogan, oder semantisch gleiche Aussagen) sowie wirkungsstarke Bilder (gleiche Bildinhalte oder Schlüsselbilder, z. B. die entschleunigende nordfriesische Atmosphäre in Jever-Spots).

Die formalen und inhaltlichen Integrations-klammern sind klar und eindeutig zu gestalten, damit diese auch von den Konsumenten wahrge-nommen werden (Esch 2011, S. 124). Sie sind zudem strategisch-langfristig zu planen, damit die vermittelten Inhalte auf Konsumentenseite auch hinreichend gelernt werden können. Durch zerstreute Kommunikation mit unkoordinierten unterschiedlichen Kommunikationsmaßnahmen wird dagegen der Lerneffekt gestört.

Bei dem typischerweise vorliegenden gerin-gen Involvement sind aufgrund des flüchtigen Betrachtungsverhaltens die Gestaltungsräume in-tegrierter Kommunikation gering. Dagegen be-stehen bei hohem Involvement mehr Freiheits-grade für die integrierte Kommunikation, z. B. bei Verkaufsgesprächen. Die Lerneffekte kann man durch den Einsatz multisensualer Kommu-nikation weiter steigern. Informationen mit ei-nem Fit von mehreren Reizen, z. B. akustischen, olfaktorischen und visuellen Reizen, werden we-sentlich besser gelernt als die gleichen Informati-onen, die nur auf einer sensuellen Ebene vermit-telt werden (Esch et al. 2009).

Die Integration der Kommunikation ist zeit-lich wie auch zwischen den Kommunikations-maßnahmen zu steuern.

Kernbotschaften zu den Lernzielen

- Heute konkurriert eine Vielzahl von Produk-ten mit einer Flut von Botschaften auf gesät-tigten Märkten. Um Aufmerksamkeit zu erzielen, werden die kommunikativen An-strengungen, auch in den Social Media, weiter intensiviert. Damit ist es schwierig geworden, Zielgruppen kommunikativ zu erreichen, zu-dem ist ein zunehmendes Abschirmverhalten dieser zu beobachten. Gleichzeitig hat im Rahmen der Digitalisierung nicht nur der Kommunikationsumfang zugenommen, sie ist auch schneller geworden und kann dabei indi-vidualisiert werden. Die Interaktivität der Me-dien ermöglicht es Nutzern zudem, sich mitei-nander auszutauschen und eine große Reichweite ihrer eigenen Botschaften zu er-zielen.

- Kommunikation kann strategischen Zielen (z. B. Aufbau eines Markenimages) oder tak-tischen Zielen (z. B. Informieren über ein ak-tuelles Angebot) dienen. Dafür stehen die drei Beeinflussungsziele der Aktualisierung, Emo-tion und Informationsvermittlung zur Verfü-gung.

- Mit der Mediaplanung wird der Kommunika-tionseinsatz koordiniert, z. B. hinsichtlich der Kommunikationskanäle und der Kommunika-tionszeitpunkte. Die werbliche Eignung, die Reichweite und die relativen Kosten sind für die Mediaselektion relevant.

- Die Wirkung von Kommunikation kann mit Partialmodellen erklärt werden, z. B. Sender-Empfänger- oder dualen Prozessmodellen.

- Zur Kommunikation stehen unterschiedliche Kommunikationsformen wie interne und ex-terne Kommunikation, persönliche und Mas-senkommunikation, verbale und nonverbale Kommunikation sowie Above-the-Line- und Below-the-Line-Kommunikation zur Verfü-gung. In Abhängigkeit der Honorierung und Steuerungsmöglichkeit der Kommunikation kann man diese in Owned Media, Paid Me-dian und Earned Media unterteilen.

- Für eine erfolgreiche Kommunikation ist zu-nächst die Kontaktherstellung erforderlich. Bei Kontakt können Informationen vermittelt und/oder Emotionen ausgelöst werden. Die Kommunikation ist so zu gestalten, dass diese langfristige Wirkungen entfalten kann.

Mindmap zum Kapitel 9

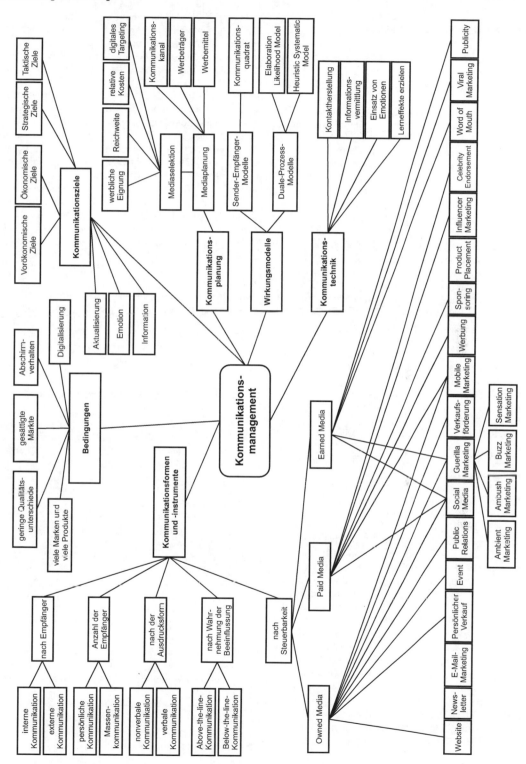

Literatur

Im Kapital zitierte Literatur

AdAlliance (2021a). *Basisinformationen Der Spiegel.* https://gujims.com/uploads/onepager/261/de/DER-SPIEGEL_xmedia_Onepager.pdf. Zugegriffen am 01.03.2021.

AdAlliance (2021b). *Digital Rate Card 2021.* https://www.ad-alliance.de/cms/portfolio/digital/preise.html. Zugegriffen am 04.02.2021.

Berger, J. (2014). Word of mouth and interpersonal communication: A review and directions for future research. *Journal of Consumer Psychology, 24*(4), 586–607.

Bruhn, M. (2014). *Integrierte Unternehmens- und Markenkommunikation* (6. Aufl.). Schäffer-Poeschel.

Chaiken, S., & Ledgerwood, A. (2012). A theory of heuristic and systematic information processing. In P. A. M. van Lange, A. W. Kruglanski & E. T. Higgins (Hrsg.), *Handbook of theories of social psychology* (Bd. 1, S. 246–266). Sage.

Chaiken, S., Liberman, A., & Eagly, A. H. (1989). Heuristic and systematic information processing within and beyond the persuasion context. In J. S. Uleman & J. A. Bargh (Hrsg.), *Unintended thought* (S. 212–252). Guilford Press.

Denic. (2021). *Monatsauswertungen.* https://www.denic.de/wissen/statistiken/monatsauswertung-de. Zugegriffen am 01.03.2021.

Esch, F.-R. (2011). *Wirkung integrierter Kommunikation. Ein verhaltenswissenschaftlicher Ansatz für die Werbung* (5. Aufl.). Gabler.

Esch, F.-R., Brunner, C., & Ullrich, S. (2009). Umsetzung der integrierten Kommunikation. In M. Bruhn, F.-R. Esch & T. Langner (Hrsg.), *Handbuch Kommunikation: Grundlagen, innovative Ansätze, praktische Umsetzungen* (S. 459–483). Gabler.

Gedenk, K. (2002). *Verkaufsförderung.* Vahlen.

Kroeber-Riel, W., & Esch, F.-R. (2015). *Strategie und Technik der Werbung. Verhaltens- und neurowissenschaftliche Erkenntnisse* (8. Aufl.). Kohlhammer.

Kroeber-Riel, W., & Gröppel-Klein, A. (2019). *Konsumentenverhalten* (11. Aufl.). Vahlen.

Liebetrau, J., Basil, D. Z., Runté, M., & Ullrich, S. (2019). Toward a valence model for fit in cause-related marketing: An abstract. In P. Rossi & N. Krey (Hrsg.), *Finding new ways to engage and satisfy global customers, developments in marketing science: Proceedings of the 2018 Academy of Marketing Science World Marketing Congress* (S. 839–840). Springer.

Petty, R. E., & Cacioppo, J. T. (1986). *Communication and persuasion. Central and peripherals routes to attitude change.* Springer.

Redler, J. (2019). Die digitale Transformation der Markenkommunikation verstehen, einordnen und nutzen. In F.-R. Esch, T. Tomczak, J. Kernstock, T. Langner &

J. Redler (Hrsg.), *Corporate brand management* (4. Aufl., S. 521–560). Springer Gabler.

Redler, J. (2021). Mediaplanung im Dialogmarketing. In H. Holland (Hrsg.), *Digitales Dialogmarketing* (2. Aufl., S. 379–410). Springer Gabler.

Schulz von Thun, F. (1981). *Miteinander Reden – Störungen und Klärungen. Psychologie der zwischenmenschlichen Kommunikation.* Rowohlt.

Schulz von Thun, F. (2021). *Das Kommunikationsquadrat.* https://www.schulz-von-thun.de/die-modelle/das-kommunikationsquadrat. Zugegriffen am 21.02.2021.

Stiftung Warentest. (2015). Matratzenkauf – Unter Schaumschlägern. *Test, 10,* 56–60.

Ullrich, S. (2012). *Markenbindung durch personalisierte Internetauftritte.* Springer Gabler.

Ullrich, S., & Brunner, C. B. (2015). Negative online consumer reviews: Effects of different responses. *Journal of Product & Brand Management, 24*(1), 66–77.

Ullrich, S., & Maisch, M. (2019). *Influencer marketing on Instagram: Effects of perceived brand love and perceived influencer payment.* Global Brand Conference.

Weinberg, P. (1986). *Nonverbale Marktkommunikation.* Physica.

ZAW. (2021). *Überblick Infografik – Zentralverband der deutschen Werbewirtschaft ZAW e.V.* https://zaw.de/wert-der-werbung/ueberblick-infografik. Zugegriffen am 01.03.2021.

Weiterführende Literaturhinweise

Bruhn, M. (2018). *Kommunikationspolitik. Systematischer Einsatz der Kommunikation für Unternehmen* (8. Aufl.). Vahlen.

Bruhn, M., Esch, F.-R., & Langner, T. (Hrsg.). (2016a). *Handbuch Instrumente der Kommunikation. Grundlagen – Innovative Ansätze – Praktische Umsetzungen* (2. Aufl.). Springer Gabler.

Bruhn, M., Esch, F.-R., & Langner, T. (Hrsg.). (2016b). *Handbuch Strategische Kommunikation. Grundlagen – Innovative Ansätze – Praktische Umsetzungen* (2. Aufl.). Springer Gabler.

Esch, F.-R., Langner, T., & Bruhn, M. (Hrsg.). (2016). *Handbuch Controlling der Kommunikation. Grundlagen – Innovative Ansätze – Praktische Umsetzungen* (2. Aufl.). Springer Gabler.

Kloss, I. (2012). *Werbung. Handbuch für Studium und Praxis* (5. Aufl.). Vahlen.

Kroeber-Riel, W., & Esch, F.-R. (2015). *Strategie und Technik der Werbung. Verhaltens- und neurowissenschaftliche Erkenntnisse* (8. Aufl.). Stuttgart: Kohlhammer.

Langner, T., Esch, F.-R., & Bruhn, M. (Hrsg.). (2018). *Handbuch Techniken der Kommunikation. Grundlagen – Innovative Ansätze – Praktische Umsetzungen* (2. Aufl.). Springer Gabler.

Stichwortverzeichnis

© Springer Fachmedien Wiesbaden GmbH, ein Teil von Springer Nature 2021
J. Redler, S. Ullrich, *Marketing klipp & klar*, WiWi klipp & klar,
https://doi.org/10.1007/978-3-658-34538-9

Printed in the United States
by Baker & Taylor Publisher Services